Ursula Prutsch und Manfred Lechner (Hg.)

Das ist Österreich

Innensichten und Außensichten

Studien zur Gesellschafts- und Kulturgeschichte 11

Veröffentlichung des Ludwig Boltzmann Instituts für
Gesellschafts- und Kulturgeschichte

herausgegeben vom
Ludwig Boltzmann Institut für Gesellschafts- und Kulturgeschichte
unter der Leitung von Rudolf Ardelt, Reinhard Kannonier und Helmut Konrad

Das ist Österreich

Innensichten und Außensichten

Herausgegeben von
Ursula Prutsch und Manfred Lechner

Döcker Verlag

Druck gefördert durch die Steiermärkische Landesregierung
und BMWV

Titelbild: This is Austria. The story of a beautiful country.
London: Austrian Centre, Young Austria 1942, gefunden im Literaturhaus Wien.

Die Deutsche Bibliothek - CIP-Einheitsaufnahme

Das ist Österreich : Innensichten und Außensichten / hrsg. von
Ursula Prutsch und Manfred Lechner. - Wien : Döcker, 1997
(Studien zur Gesellschafts- und Kulturgeschichte ; 11)
ISBN 3-85115-247-6

ISBN 3-85115-247-6

A-1030 Wien, Hintzerstr. 11

Druck: MA-TISK, Marburg

Inhaltsverzeichnis

Ursula Prutsch und Manfred Lechner

Das ist Österreich
Innensichten und Außensichten. Ein Vorwort

Bilder enthalten einen doppelten, wenn nicht mehrfachen Sinn: sie setzen sich aus Vorstellungen und Reflexionen zusammen und können sich zu Stereotypen und Mythen verfestigen. Sie implizieren die Bandbreite zwischen Metaphorik und Wörtlichkeit (Georg Schmid), ein reiner Abbildungscharakter kommt ihnen kaum zu; ihre illustrative Bedeutung tritt gegenüber anderen Funktionen in den Hintergrund.

Sich „ein Bild von etwas zu machen" resultiert aus schematischer Vorstellung von scheinbar Bekanntem oder noch Unbekanntem, das durch vage Informationen vorgeformt wurde. Bilder können virulent sein, *Wahrheiten* oder *Realitäten*, d.h. eine scheinbare *Authentizität* vermitteln. Sie können propagandistisch wirksam eingesetzt und als Identifikationshilfen suggeriert werden, um Identitäten zu erzeugen und um Vorstellungen zu bestätigen.

Bilder sind räumlich und zeitlich einordenbar; sie dokumentieren Befindlichkeiten von Gesellschaften und geben Aufschluß über deren politische, soziale, sowie ökonomische Bedingungen. Ihre „Macht" drückt sich durch ihr repetitives Auftreten in Form von Symbolen und Ikonen aus - den Resultaten gesellschaftlicher Übereinkünfte. *Bilder* haben gegenüber schriftlichen Quellen ungleich größere Kraft als abstrakte Darstellungsmedien. Seit über einem Dezennium werden sie als historische Quellen herangezogen und „dechiffriert". Auch dem Film als eine rasche Abfolge von Bildern kommt nicht nur fiktiver, sondern auch historischer Gehalt zu.

Historische Arbeit manifestiert sich im ständigen Umgang mit herrschenden Geschichtsbildern, die aus politischem Kalkül inszeniert, von politischen Richtungen jeweils unterschiedlich tradiert und dadurch auch verfestigt wurden. Es gilt, Geschichtsbilder zu relativieren und zu analysieren. Gerade Mechanismen von Verdrängungs- und Legitimationsverhalten können durch Demontage und kritische Überprüfung anschaulich gemacht werden. Aufgrund von Rückprojektionen gegenwärtiger Vorstellungen in die Vergangenheit sind Geschichtsbilder jeweils verzerrt und deshalb schwer dekodierbar.

Der vorliegende Sammelband will einige dieser identitätsstiftenden *Bilder* aus dem Fundus des österreichischen Selbstverständnisses herausgreifen. Der zeitliche Rahmen wird von der Ersten bis zur späten Zweiten Republik gespannt. Dadurch können auch Perspektiven auf Kontinuitäten und Diskontinuitäten, auf Bedeutungswandel sowie auf Trägheitsmomente von *Bildern* eröffnet werden.

Von den Autoren und Autorinnen des Bandes wurde der Kanon zahlreicher Österreich-*Bilder*, der Mosaiksteine für kollektive Identitäten, unter die Lupe genommen. Die Beiträge diskutieren aus unterschiedlichen Perspektiven das Entstehen, den Wandel und die Wiederkehr von mit Österreich identifizierbaren *Bildern* und Symbolen. Denn Konstitutionsbedingungen von Identitäten lassen sich gerade in ihren symbolhaften Manifestationen zeigen und beschreiben. Ihre Verfestigung zu Stereotypen und Mythen, die politisch oder wirtschaftlich bewußt eingesetzt werden können, wird hier sichtbar. Gerade zu Klischees verkommene *Bilder* zählen durch ihre emotionalen Dispositionen, durch ihre entpersonalisierte und dehistorisierte Form, zum soziokulturellen Besitzstand eines Landes. Stereotypen ergeben einen Diskurs des Trivialen, sind schwerer falsifizierbar und auch darum werbewirksam einsetzbar. Mythen stellen als „systems of images" verfestigte *Bilder*ketten dar, an denen allzeit gewoben wird.

Wie multifunktional und mehrdeutig *Bilder* sein können, ergibt ihre Erarbeitung durch die verschiedenen, im Sammelband dargelegten historischen, literaturwissenschaftlichen, politischen, ja werbetechnisch motivierten Perspektiven. Die Vielfalt der Bertrachtungsebenen wird noch durch eine subjektive, eine literarisch fiktionale Dimension bereichert. Die sich daraus ergebenden Überschneidungen von Perspektiven demonstrieren den Facettenreichtum: „Natur- und Landschafts*bilder*" dienen als literarisches Mittel, indem ihnen einerseits Symbolik für Restauration und für den Wunsch nach einer heilen Welt zugeschrieben wird; andererseits vermitteln sie einen alarmierenden Zustand einer Gesellschaft. Sie stehen zum einen für Fortschritt und Modernisierung, zum anderen für Tradition und Ewigkeit. Ebenso stellen solche Landschafts*bilder* ein wichtiges assoziatives Element für den Wirtschaftsfaktor Tourismus nach außen hin dar, der Vorstellungen bestätigen oder sogar übertreffen soll.

Im vorliegenden Band sollte jedoch nicht nur auf (Selbst)Darstellungen und deren Rezeption in Hinblick auf *Bilder* eigener Befindlichkeiten bezug genommen werden. Es war uns vielmehr wichtig, auch eine Außensicht entgegenzusetzen. Hiebei wurde die Frage gestellt, ob Außen- von Innensichten durchwegs divergieren, aber auch, ob von Österreich intendierte *Bilder* ungebrochen im Ausland aufgenommen wurden.

Einige Beiträge verdeutlichen die Brechung vorgeformter, nach außen getragener *Bilder*. Gerade in den Darstellungen über Emigration und Auswanderung wird deutlich, daß Außen- und Innensichten keine klar trennbaren Gegensätze darstellen müssen. Als Transporteure von kulturellen Codes und *Bildern* haben Migranten wichtige Funktion in Rezeptions- und Reflexionsmechanismen, da sie Innensichten nach außen tragen. Die Mischung aus Distanz und dem - zum Teil verklärten - Bewahren von *Bildern* als identitätsstiftende Komponenten in der Emigration läßt die Existenz von Mehrfach-Identitäten gut erkennen. Interessante Details ergaben sich aus der Beobachtung, daß *Bilder* beispielsweise den Charakter von gesellschaftlichem Allgemeingut, d.h. überparteilichen Status erhielten und von unterschiedlichen Gruppen - unabhängig von deren politischer Couleur - verwendet wurden. Daß ins Ausland transferierte *Bilder* und Codes dort nicht nur rezipiert, sondern sogar - wie in einem Beitrag gezeigt - von einer Siegermacht als konstitutive Elemente für ein zu konstruierendes „Wir-Gefühl" am Beginn der Zweiten Republik Österreich eingesetzt werden, rundet die Thematik ab.

Die Auflösung reiner Selbstreflexion und Nabelschau wird durch Einbeziehung der Außensicht zum bestimmenden Faktor für den vorliegenden Sammelband. Inszenierungen und Präsentationen nach innen wie nach außen, deren Aufnahme, Verarbeitung und Akzeptanz sollen helfen, Realitäten und Mythen sichtbar zu machen, zu beschreiben und einzuordnen.

Die Herausgeber Graz, 1997

Klaus Zeyringer

„Das mögliche Österreich ist an euch vorbeigegangen"

Literarische Österreich-Bilder aus der Innensicht der Außensicht der Innensicht

1 Verdichtungen

Der letzte Österreicher lautet der Titel einer Erzählung, die Alfred Kolleritsch, der einstige Motor und Mentor österreichischer Avantgarde, im Herbst 1995 publizierte, als literarische Österreich-Ansichten einen deklarierten „Schwerpunkt" in der deutschen Auslage der Frankfurter Buchmesse darstellten. Die Überschrift ist ein Bild-Signal, das die Prosa auf einer gesellschaftlich-zivilisatorischen sowie auf einer imagologischen Ebene situiert und in einem intertextuellen Verweis Assoziationen u.a. zu James Fenimore Cooper zuläßt. Während dessen *Letzter Mohikaner* in der spannenden kriegerischen Verteidigungs-Aktion gegen das Fremde getötet und in der Rezeption später zum Symbol-Bild der gewaltsamen Vernichtung eines Volkes wird, kämpft der im Sterben liegende *Letzte Österreicher* mit den Bildern des Eigenen, die ihn an den Vergangenheiten, den Bewußtseinskrisen Österreichs leiden lassen - diese gespannte Auseinander-Setzung findet im Kopf statt und äußert sich in einer langen Rede, die das Eigene nur auf unsicherem Boden anzutreffen vermag.

Kolleritsch läßt in den Erinnerungen eines Grazer Malers eine komprimierte österreichische Mentalitätsgeschichte dieses Jahrhunderts erstehen, in der ein Komplex erst in der Möglichkeitsform Formen annimmt: „Österreich, das war für ihn ein 'komplizierter Komplex' dafür, was Kultur sein könnte". Der klagende Künstler erteilt jenen eine Absage, die - wie dies Gatekeeper des deutschen Literaturbetriebes oft und gerne tun - Österreichisches umstandslos dem Deutschen anschließen: „Daß sich die Deutschen und Österreicher ähnlich seien, hielt er für die

Urlüge, an der sein Land zugrunde gegangen sei." Eine gesellschaftliche Identitätsbezeichnung erweist sich hier, in der Reflexion des fiktiven Künstlers, als falsche Beziehung, in der das Fremde dem Eigenen als das größere, vorgeblich eigentliche Eigene übergestülpt ist und dies so in eine fremde Fallgrube führt. Die defensive Abgrenzung (im Gewand der Niederlage) ist dem Maler möglich - und er spielt sie mit seinen Freunden auch kriegerisch nach, indem er die Schlacht von Königgrätz im Kleinformat, mit Zinnsoldaten, wiederholt -, eine haltbare Selbstbestimmung aber wird zurückgewiesen. Das Österreichische habe sich im Gegensatz zum „Geist der Deutschen" nicht „geoffenbart"; die Österreicher wüßten nie, wer sie eigentlich seien. Der Krankenschwester befiehlt der Maler, nach seinem Tod jedem über den Mund zu fahren, der „das Österreichische" sage, denn - so flucht er: „Das mögliche Österreich ist an euch vorbeigegangen."[1]

Diese Sätze sind Rollenprosa. Sie sind Teil eines langen, zu einer Erzählung geformten Schlußmonologes einer fiktiven Figur, die ihrer literarischen Funktion gemäß in der delirierenden Rede ihrer Österreich-Klage auch Phrasen reproduzieren kann (etwa jene, daß die Österreicher nie wüßten, wer sie „eigentlich" seien), sind Teil eines literarischen Programmes, das von der Mehrdeutigkeit und den vielfältigen möglichen (inter- und außertextuellen) Beziehungen lebt. Hinter den Sätzen stehen Möglichkeiten, hinter den Zeichen Be-Deutungen, hinter den Bildern Systeme. So verziert etwa der Maler die Kacheln seines Ofens und sieht darin eine Öffnung zur Welt: Auf dem zentralen und blindesten „Fenster" prunkt der Doppeladler - ein altes Österreich-Bild, das Symbol des „habsburgischen Mythos" (Claudio Magris), findet sich reduziert in anheimelnd ästhetischer Funktion, als Ornament auf einem landläufigen Gemütlichkeits-Symbol.

In der Rolle des an seinem verflachten Land leidenden und sterbenden Künstlers bietet Kolleritsch eine Verdichtung einer Österreich-Imagologie, wobei er den literarischen Boden nicht als einen der Tatsachen, sondern als jenen der Möglichkeiten bereitet. Identitäts-Zu-Schreibungen erscheinen grundsätzlich von einem Möglichkeitssinn relativiert, zugleich anwendbar und aufhebbar. Die Metaphern- und Symbolsprache der Wesens-Festlegungen unterliegt einem Textgefüge, in dem es der „literarische Pakt" nicht erlaubt, Sicherheiten auszustellen; es gilt vielmehr Unsicherheiten zu bedenken. Indem Symbole und Rituale - Produkte einer Übereinkunft - literarisch besetzt und in eine Fiktion gestellt werden, können sie nicht nur einerseits gesellschaftliche Bilder verdichten, sondern auch andererseits eine in öffentlicher Symbolik angelegte Funktionalisierung von Geschichte kontern, bildhaft abgesicherte Ordnungen auf einem unsicheren Boden des Ästhetischen ins Schwanken bringen. So ist auch in den Texten von Thomas Bernhard, des bekanntesten und konsequentesten Österreich-Imagologen unter den Nachkriegsautoren, als ästhetisches Verfahren und zentraler Mechanismus das „Umspringbild" (Wendelin Schmidt-Dengler) wirksam, das in *einer* Form mehrere - auch antithetisch gegeneinander gestellte - Möglichkeiten aufleuchten lassen kann. Bernhard, der das Land mit einer groß angelegten Schimpftirade überzog und in eine Inszenierung des Skandals einbezog (*Heldenplatz*, 1988), läßt seine Texte als Doppelgänger der Realität auftreten, die eine „Gegen-Authentizität" schaffen: die Literatur als Rivalin einer Wirklichkeit.[2]

Literarische Österreich-Bilder sind demnach nicht einfach mit einer sog. „Lebensrealität" aufzurechnen, sondern als mehrfach gebrochene Spiegelbilder zu sehen; sie sind Teile von Texten, in denen sich Kontexte ästhetisch manifestieren. Als Verdichtungen ermöglichen sie wohl Rückschlüsse auf Identitäts-Zuschreibungen, können sie Ausdruck latenter Vorstellungen sein, aber nicht für sich beanspruchen, irgendwelche „Wesens"-Merkmale zu fixieren und mit den höheren Weihen einer Kultur-Patina zu versehen. Durch die Rezeption freilich - insbesondere in Medien, die Normen vorgeben und vehikulieren (z.B. in Schulbüchern) - bauen literarische Bilder an einem staatlichen Über-Ich mit. Sie geben gesellschaftlich sanktionierte Muster vor, werden als kulturstereotype Produkte verwendet, somit zu Gliedern diachronischer Reihen und synchronischer Zusammenhänge gemacht. Sie dienen auch als Identitäts-Reflexionen, indem sie Abbilder vom Eigenen und vom Fremden vorstellen, sind deren symbolhafte Manifestationen, die an der ideologischen Funktion von Basis-Topiken, die in der Regel das eigene

System positiv und das fremde negativ bewerten, mitarbeiten oder es relativieren können. Literatur ist dabei gegenüber der alltäglich erfahrenen Realität das - ästhetisch grundierte - Andere, in dem sich das Eigene sowohl spiegeln als auch vorspiegeln läßt.[3]

Auch Identitäten selbst sind Konstrukte, sind Verdichtungen von Legenden, Mythen, Symbolen, die konzentriert Selbst- und Fremdbestimmungen fixieren. Sie werden in sozialen Prozessen gebildet, in symbolischen Interaktionen abgestützt. Diese sind an dem Aufbau eines Bündels von Distinktionen beteiligt, das schließlich als jene „Differenz" angesehen werden kann, die die Abgrenzung einer Identität schafft. Feinstrukturen von Identitätskonstruktionen bedürfen „in ausdifferenzierten Gesellschaften in der Praxis gewöhnlich der Entwurfs- und Korrekturarbeit"[4], vor allem auf den Gebieten der Politik, der Wissenschaften und der Künste, hier: der Literatur, wenn deren Stellenwert sozial nur hoch genug veranschlagt wird.

Rituale - wie etwa des Malers, des Letzten Österreichers, Nach-Spielen der Schlacht von Königgrätz - sind dabei Ordnungsprinzipien, die symbolische Gesten in Handlungsketten verknüpfen; gemeinsam mit den symbolhaltigen Bildern, den Identitäts-Vorstellungen wirken sie meist positiv auf die Gruppensicherheit und bauen Selbst-Vertrauen auf. Das kollektive Bewußtsein bedient sich im Fundus des Selbstverständnisses und schafft Identitäts-Abbilder, die in verkürzter Formelhaftigkeit handhabbar sind. Sie können für eine Gesellschaft gelten und von ihr geltend gemacht werden; diese Zuschreibungen aber als ungebrochene Gleichungen anzusetzen und auszustellen, zeugt von Simplifizierung und Mythisierung im Imagologischen. An diesen Bruchstellen hat die Literatur immer wieder angesetzt, indem sie den vermeintlich eindeutigen Formeln ihre Mehrdeutigkeiten entgegenhielt (die Problematik der Vergleiche, Urteile, Abbilder und ihres sprachlichen Ausdrucks ist Thema eines grundlegenden Textes der österreichischen Moderne, nämlich von Hofmannsthals *Chandos-Brief*).

Jeder, meinte Max Frisch, erfindet eine Geschichte, die er für sein Leben hält - dies tun auch Gruppen und Staatsgemeinschaften.[5] Wo Geschichten erfunden werden, beginnt der Bereich der Literatur. Und diese gilt - fassen wir zusammen - als Konvention, die Fiktion verspricht, als kultureller Prozeß, der einen Teil der Ernte in die Scheune des gesellschaftlichen Bildervorrates einfährt und auch an Selbstbestimmungen teilhaben kann, obwohl die Literatur gerade derartigen Sicherheiten den Riegel ihres Möglichkeitssinnes vorzuschieben scheint.

2 Differenzen

Die Beziehung Literatur - Österreich wurde im 19. Jahrhundert durch deutsch-national orientierte Meinungsbildner gestört, die den Nations-Begriff sprachlich besetzten. In dieser vereinfachten Schlußfolgerung wurde einer multikulturellen staatlichen Realität, als deren Kultur-Nenner man mit Deutsch die Sprache der dominierenden Gruppe ansetzte, eine Krankheit zum Tode diagnostiziert. „Der Retter Oesterreichs kann nur der deutsche Geist sein", folgerte 1872 der österreichische Germanist Wilhelm Scherer.[6] Damit wollte er einen Anspruch festschreiben, der im 18. Jahrhundert vom protestantischen deutschen Norden gestellt worden war - nämlich jenen auf sprachliche, dann literarische Vorherrschaft. Diese verstanden Deutschnationale im 19. Jahrhundert, insbesondere in den führenden Literaturgeschichten, als Vorbereitung für die politische Dominanz, die 1866 eben in Königgrätz kriegerisch fixiert wurde. Österreichische Identitäts-Bestimmungen hatten sich demnach zunächst mit „dem Deutschen" auseinanderzusetzen (sich freilich allerdings nicht darauf zu beschränken): eine Konstante, die seit dem späteren 18. Jahrhundert, etwa seit der Kontroverse (1781/82) zwischen Friedrich Nicolai, dem Berliner Aufklärer, und Aloys Blumauer, dem Wiener Josephiner, zur Geschichte der österreichischen Literatur gehört. Während die deutsche Sicht im Österreichischen vor allem das Periphere, Abweichende, Kleine, Mindere bemerkte, verwies man aus der Defensive der österreichischen Seite eher auf das „wahre Gefühl", die „hohe Kultur von alters her" und insgesamt „das Künstlerische" (wie Grillparzer 1836), das einen Kultur-Bonus vorstellen sollte. Es ging, faßt Walter Weiss zusammen, „um sprachliche, literarische, weltanschauliche Selbstbehauptung, immer wieder auch mit politischen Implikationen, gegenüber dem missionarischen Geltungsanspruch des Deutschen, des 'protestantischen' Deutsch, der preußischen Form der Aufklärung, des deutschen Idealismus, der hegelianischen Dialektik."[7] Eine unzureichende Abgrenzung bot die „österreichische Idee"[8], auf deren Grundlage - nämlich die „Reichs- und Staatsidee", die von universalistischen (freilich auch von übernationalen) Gedanken und der Mythologie des Heiligen Römischen Reiches geprägt war - schließlich zu einem Teil auch die Apologeten eines Deutschen Reiches rekurrieren konnten.

Vor diesem Hintergrund stehen die meisten literarischen Österreich-Bilder vom Ende des 18. bis in die Mitte des 20. Jahrhunderts. Freilich sind sie beileibe nicht immer auf „das Deutsche" fixiert; dieses Verhältnis - bisweilen als „gespanntes" oder „schlampiges" apostrophiert - schwingt jedoch fast immer mit. Es findet seinen Ausdruck in Grillparzers lyrisch artikulierter Gegenposition zu Hegel, in Nestroys Attacken gegen Hebbel und Wagner, in Stifters „sanftem Gesetz", das in der Tradition des österreichischen Anti-Idealismus steht; und es ist mit umgekehrten Vorzeichen auch präsent in Ferdinand Kürnbergers Grillparzer-Kritik („Seine Poesie fängt an mit deutschem Verständnisse der Zeit und endet mit österreichischer Abwendung von der Zeit"[9]). Bei Hofmannsthal, oft als Kronzeuge des Österreichischen zitiert, gerinnt es 1917 zum Schema *Preuße und Österreicher*, in Musils *Mann ohne Eigenschaften* firmiert es als Parallelaktion und bildet so den Ausgangspunkt des Möglichkeits-Denkens - bei beiden Autoren treten deutsche Sendboten als „Geistesvormünder" auf[10], die in den *Letzten Tagen der Menschheit* (großteils 1915 bis 1918 entstanden) den Mund so voll nehmen, daß sie von den österreichischen Figuren kaum noch verstanden werden: „Ahwoswoswaßiwossöwulln".[11]

Karl Kraus verdichtet das Gemein-Wesen zu einem unschönen Gesicht: das „österreichische Antlitz" sitzt greinend am Schalter der Lebensbahn, einer Geisterbahn in Richtung Apokalypse. In seinem Essay *Das österreichische Antlitz* hatte Felix Salten 1909 noch ein märchenhaft-wundermildes Kaiser-Bild ausgestellt: In Franz Joseph spiegle sich das österreichische Wesen, das von „kultiviertem Geschmack" geprägt sei.[12] Das „sanfte Lächeln", das Salten erkennen will, entpuppt sich nur einige Jahre später als grinsendes Kriegsgesicht. Nach dem bekannten Zitat ist bei Karl Kraus Österreich die „Versuchsstation des Weltuntergangs", den u.a. eine Unkultur der Phrase als österreichische „Extraausgabee" ausruft und hervorruft. Die Sprach- und Denkformeln sind in Symbolen und Ritualen faßbar, wie sie etwa von den vier Offizieren an der Sirk-Ecke leitmotivisch vehikuliert werden, die eine unfaßbare Barbarei der vermeintlichen Kultur repräsentieren. Ein derartiges, vielsagendes Ritual als Ordnungsprinzip hat Karl Kraus in einem konzentrierten Bild zitiert, das er den *Letzten Tagen der Menschheit* vorangestellt sehen wollte: es ist ein Photo des hingerichteten italienischen Politikers Battisti und der neben dem Toten grinsenden österreichischen Larven und Lemuren. Bei Kraus erhalten Österreich-Bilder, erhält die Literatur eine Korrektur-Funktion. Die gewöhnliche extreme Verkürzung der Sachzusammenhänge in den kulturstereotypen Symbolen und symbolischen Gesten wird in dem breit angelegten Drama ausgewalzt und so aufgerissen; mit dem riesigen, aus feinen Zitat-Facetten einer Wirklichkeit erstehenden Bild findet sich eine gesellschaftliche Funktion der Basis-Topiken gekontert: Das eigene System kann nicht mehr positiv bewertet werden.

Joseph Roth hat in seinen späten Werken die Bewertung des alten Österreich relativiert und seine Vorstellungen auch im Kontrast zu der tristen Lage der dreißiger Jahre, zu Austrofaschismus und Nationalsozialismus, entwickelt. Das habsburgische Österreich geht auch auf der metaphorischen Ebene unter, die Bilder der Ordnung zerfallen. Hatte 1909 bei Felix Salten das „österreichische Antlitz" als allerhöchstes Porträt „von überall her" (im ersten Satz des Essays) und „bis in späte Tage noch" (im letzten Satz) weise herabgeblickt[13], so hängt in Roths *Radetzkymarsch* (1932) das oberste Konterfei, in dem sich die Koordinaten der Macht des ganzen Reiches als Schein und Abglanz konzentrierten, schließlich in einem Ort der Dekadenz, der Aufhebung gesellschaftlicher Normen. Der Enkel des Helden von Solferino (auch hier, wie dann in Königgrätz: eine Niederlage), der junge Trotta, kann die leibliche Errettung des Kaisers nur mehr als unnütze Ersatzhandlung wiederholen und das von Fliegen beschissene Bild Franz Josephs aus dem Bordell entfernen: eine unmögliche Rettung im Ritual.

Die Kontroversen der Ersten Republik wurden häufig auf dem Umweg über Symbole und symbolhafte Handlungen geführt[14]; bei Joseph Roth enden sie an einem symbolischen Ort: in der Kapuzinergruft. Die neuen Rituale begraben die alten Symbole (die dann als vorgebliche Identitäts-Zeichen nach 1945 wieder hervorgeholt wurden, um der neuen Selbst-Bestimmung eine Tradition beizustellen).

Die Werke von Kraus, Roth, Schnitzler, Hofmannsthal, Horváth, Musil, Broch sind durchaus als Texte aus einem österreichischen Kontext zu verstehen und nicht flugs einer Literatur der Weimarer Republik zuzuschlagen, wie dies in (west-)deutschen Literaturgeschichten Usus ist: Hier wird Literatur aus Österreich „just in diesen Zonen vernachlässigt, in denen sich ihre gesellschaftlichen Konturen am deutlichsten zeichnen ließen“[15]. Sie bieten literarische Österreich-Bilder aus der Zwischenkriegszeit und sind nicht nur als Ab-Bilder des „alten“, habsburgischen Österreich präsent; Spiegelungen und Spuren der Auseinandersetzungen und Fragen in der Ersten Republik sind auch in literarischen Texten (von Hugo Bettauer u.a.) manifest.[16] Staatspolitisch benützt wurden konservativ stabilisierende Österreich-Bilder, wie sie Leopold von Andrian, Oskar Benda, Anton Wildgans in essayistischen Abhandlungen malten - von Wildgans literarisch umgesetzt im rustikalen Österreich-Epos *Kirbisch* (1927), in dem ländliche Verwicklungen mit antikem Hexametergewand ästhetisch geadelt dastehen sollen. Dies zielt auch auf jenen Kultur-Bonus ab, mit dem dann der Austrofaschismus argumentierte, um Österreich als das „bessere Deutschland“ zu präsentieren.

Andrians Essay *Die Sprache des Österreichers* (1933) sieht denn Felix Salten in einem Verehrungsschreiben an „Baron Andrian“ auch „wundervoll erfüllt und getragen vom österreichischen Gefühl“ - worauf Salten genau auf jene Abgrenzung hinsteuert, die in dieser Zeit gefragt schien: „und von der unüberwindlichen, weil im Blut wie im Instinkt unter der Bewusstseinsschwelle sich regenden Abneigung gegen das preußische Wesen“. Diese mythische Österreich-Ideologisierung macht Salten sodann eben an mythischen Vor-Bildern fest, im Negativen an

Friedrich II., dem er „Verrat" vorwirft, und im Positiven an dem Über-Vater („den Kaiser Max, den sie den letzten Ritter nennen") und an der Über-Mutter („Maria Theresia in wahrer menschlicher, mütterlicher Grösse und in wirklicher Regentenmajestät"). Als Fazit erscheint auch hier jenes, in diesen Jahren so oft bemühte Kulturgewand, das gerade „das Österreichische" so schön kleide: „Deshalb trennen den Oesterreicher von den übrigen Deutschen, ganz besonders aber von den Preussen ungefähr dieselben Abgründe, die einen Künstlermenschen auf ewig von einem Banausen trennen."[17] Die Österreicher als Deutsche, aber eben besser - das ist eine Argumentation, die der Austrofaschismus in einer paradoxen Taktik der Abgrenzung verstärkt im Mythischen wesentlich simplifizierter Bilder ansiedeln mußte. Im Politischen konnte sie nur schiefgehen.

3 Vor-Bild-Instrumentalisierung

Ein Beispiel von verschiedenen Identifikations-Aufforderungen und Identitäts-Zuschreibungen anhand einer einzigen, zum Symbol verdichteten Figur sind die Prinz-Eugen-Feiern 1933 (250. Jahrestag der Befreiung Wiens, 200. Todestag von Prinz Eugen) sowie die in diesem Umkreis und in den folgenden Jahren geschriebenen literarischen Texte. Sie ergeben gemeinsam mit Österreich-Essays ihrer Autoren bezeichnende Verbindungen von den letzten Jahren der Monarchie in die dreißiger Jahre und von dort in die ersten Dezennien der Zweiten Republik, und zwar überraschenderweise nicht nur auf der extrem-rechten sondern auch auf der linken Seite.

Die Figur des Feldherrn war sowohl für liberale Vorstellungen als auch für den Austrofaschismus und für nationalsozialistische Geschichtsklitterungen von Interesse; die beiden autoritären Lager organisierten in Wien ihre „Türkenbefreiungsfeier": am 13. Mai 1933 fand der NS-Aufmarsch statt, am 14. Mai ein „Siegeszug" der Heimwehr (die Sozialdemokraten versuchten mit republikanischen Freiheitsfeiern zu reagieren).

Die Regierung Dollfuß, deren Ideologie des universalistischen Österreich sich auf die - zirkelschlüssig im Sinne des Austrofaschismus interpretierte - „historische Sendung“ und Kultur des Landes stützte, wollte den Sieg über die Türken symbolisch in ihr Konzept einpassen; ein vergangener Triumph über ein stereotyp negativ rezipiertes, fremdes Über-Ich sollte in Zeiten der drastischen österreichischen Ich-Schwäche ein starkes eigenes Über-Ich ausbauen helfen. Die Nationalsozialisten ihrerseits waren daran interessiert, die „ewige Sendung des Deutschtums“ vorzuführen; entsprechend ausgelegt konnte dem totalitären deutschen Führer-Ich und den geplanten Überfällen ein Schein der Legitimation gegeben werden: Die in der Geschichte des soldatischen Führers Eugen hervorgehobenen Kämpfe gegen das verhaßte Versailles und um den „Lebensraum“ im Osten erschienen derart, in einer „Wiederkehr des Gleichen“, als vorgebliche Aufgabe des deutschen Volkes.

Für derartige Mythisierungen und Mystifikationen erwies sich die Literatur, die ja mit und an fiktiven Bildern - sie verdichtend - arbeitet, als besonders geeignet. Da zudem der Historische Roman als bürgerlich-liberale Gattung in Mode war, großen Absatz versprach und auch besonders die soziale Schicht der Meinungsbildner erreichte, wurden nicht selten „geschichtsmächtige“ Figuren wie jene des Prinzen Eugen von mehreren Autoren porträtiert: zwischen 1930 und 1950 erschienen auf Deutsch mehr als 40 Prinz-Eugen-Bücher.

Die austrofaschistische Seite konnte auf Hugo von Hofmannsthal verweisen, der den Feldherrn als Beispiel eines vaterländisch gesinnten Österreichers bezeichnet hatte. Hofmannsthals Worte zum Gedächtnis des Prinzen Eugen sind in einem anderen Kontext, nämlich im Dezember 1914, geschrieben und schlagen genau die Töne an, die der Austrofaschismus 1933 weiterposaunte: „Dem Geiste nach ist Prinz Eugen ein Lebender unter uns, seine Taten erneuern sich in diesen Kriegstaten unsres Geschlechts, und seine unverweslichen Gedanken sind das einzige politische Akanum in einer ungewissen, zukunftsschwangeren Gegenwart“.[18] Das Zitat der Hofmannsthalschen Lobpreisung brachte dem Dollfuß-Regime mit einem Schlag zwei Kronzeugen seiner Österreich-Ideologie, eine Symbolfigur für die Aktion, den Kampf (die körperliche Kraft), und eine für die Kultur (die geistige Kraft): den Feldherrn und den Dichter.

Die Applikation eines österreichischen Mythos sollte im Ständestaat Sendungsbewußtsein verinnerlichen und die gegenwärtige Lage überdecken. Dementsprechend großräumig waren die vaterländischen Inszenierungen des Prinz-Eugen-Bildes angelegt, die man auf der Bühne des Staates und auf der Staatsbühne aufführen ließ. So erhielt der durch Historien-Stücke bekannte Schriftsteller Hans Sassmann den Auftrag, ein Prinz-Eugen-Drama zu verfassen; es hatte am 10. Juni 1933 im Burgtheater Premiere.[19] Zur Eröffnung einer Prinz-Eugen-Ausstellung im Belvedere traten am 29. April 1933 neben Bundespräsident Miklas, der den Feldherrn „im Bewußtsein eines jeden vaterländischen Österreichers eingegraben" sah[20], Bundeskanzler Dollfuß sowie italienischen Regierungsvertretern auch Schriftsteller auf, unter ihnen Ferdinand Bruckner und Paul Frischauer - diese „Türkenfeier" verarbeitete wiederum Rudolf Brunngraber in seinem 1949 erschienenen Roman *Der Weg durch das Labyrinth.*

Angesichts dieses Hintergrundes ist es nicht verwunderlich, daß das 1933 eben von Paul Frischauer bei Zsolnay veröffentlichte Buch *Prinz Eugen. Ein Mensch und hundert Jahre Geschichte* von der *Arbeiter-zeitung* im August dieses Jahres umstandslos den austrofaschistischen Instrumentalisierungen zugerechnet wurde: Der „Wiener jüdische Schriftsteller" habe die Vaterländische Front „um eine Prinz-Eugen-Biographie bereichert".[21] Dabei legt aber der Historiker Frischauer, der im Mai 1933 beim P.E.N.-Kongreß in Ragusa eindeutig gegen den Nationalsozialismus Partei ergriffen hatte, die Betonung auf historische Quellen und versucht, Geschichte nicht vorrangig politisch zu instrumentalisieren, sondern als ein Netzwerk verschiedener Vorstellungen, Einflüsse und Entscheidungen zu vermitteln.

Seine Schilderung bietet eine andere Perspektive als jene der plakativen Symbol-Ideologeme der austrofaschistischen oder vor allem der „völkischen" Welt-Anschauung. Den propagierten Staatsgedanken setzte letztere in den Titel der entsprechenden Instrumentalisierungen: *Prinz Eugen. Des Reiches Bannerträger an Donau und Rhein* (Rupert von

Schumacher 1935), *Prinz Eugen und das Reich* (Alfons von Czibulka 1938), *Eugenio von Savoy. Heimlicher Kaiser des Reiches* (Walter von Molo 1938), *Der Traum vom Reich* (Mirko Jelusich 1941) - in der alles „Völkische“ umfassenden Symbolfigur sollte auch das umfassende Reich, das „Dritte“ nunmehr, erstrahlen. Gefordert wird hier die Einordnung in eine angebliche historische Stringenz, in „das Ganze“, die Wiedergeburt der Nation durch die Opfer der Gefallenen; und so könne das „Dritte Reich“ als dauerhafter Endsieg der Pläne des Vor-Bildes erstehen. Lehrmeister des Volkes ist mithin der soldatische Mensch, der Führer, mit Blick auf Österreich: der im östlichen „Abwehrkampf“ erfolgreiche und die habsburgischen Lande in das deutsche Reich führende geniale Feldherr.

Den Reichsgedanken referiert Paul Frischauer seinerseits als politische Vorstellung in einer späteren Phase der Entwicklung von Prinz Eugen; zuvor aber steht die österreichische Staatsidee in einer Möglichkeitsform als Überschrift des zentralen dritten Teiles „Österreich über alles, wenn es nur wollte“. Frischauer berichtet, wie der Prinz von Savoyen, der hier weniger als Soldat sondern mehr als toleranter „Geistesmensch“ erscheint, zum Österreicher *wird*, wie und warum seine Vorstellung vom Reich entsteht. Zwar geht dem Erzähler bei der Schilderung des ersten Rittes von Eugen durch die österreichische Landschaft - mit dem Entsatzheer die Donau entlang, in Richtung Wien - die Begeisterung durch: „Auf einem solchen Ritt [...] wirst du im Augenblick Patriot“.[22] Aber er nimmt den Enthusiasmus, der ein verallgemeinerndes „du“ diktiert und ein Über-Ich fixiert, bald wieder zurück. Nach seiner ersten Nacht im befreiten Wien erwacht Eugen „mit einem katzenjämmerlichen Gefühl“ und fragt sich, wie er „in diesem barbarischen Land“ heimisch werden solle. Noch nach seinem Vorstoß bis Belgrad denkt er über „das eigenartige Temperament der Österreicher“ nach. Erst als er erkennt, daß seiner Karriere keine andere Möglichkeit offensteht, weiß er, „daß er ganz und gar Österreicher sein müsse“.[23] Das Reich erklärt sich in Frischauers Text nicht als mythische Volkssendung oder gar als Gebilde einer „Vorsehung“, es ist hier vielmehr ein Ziel politisch-taktischen Kalküls.

Die vergleichende Analyse der verschiedenen Prinz-Eugen-Romane zeigt ein Symbol eines Siegers als Leerformel, die mit unterschiedlichen Inhalten gefüllt werden kann. Dies fiel umso leichter, als ja auch ein späteres zentrales Konzept des Prinzen, die „Reichsidee", nicht eindeutig abgegrenzt ist und sowohl im Sinne einer „Österreich-Idee" verstanden als auch nach deutschnationalen, völkischen Vorstellungen interpretiert werden konnte. Die historische Persönlichkeit ist auf eine Fassade einiger Signal-Merkmale (z.B. der starre soldatische Blick, der Panzer in den Texten der völkischen Autoren) reduziert und somit als Identifikations-Angebot leichter handhabbar. In einer Verallgemeinerung der Reduktion, die als simple Wahrheit ausgegeben und vorgeschrieben wird, steht die Figur im Panzer der symbolträchtigen Schlagwörter für ein idealtypisches Bild des „Volkes" und des Landes, das unweigerlich Nachahmung fordere. Das scheinbar durch „*die* Geschichte" objektivierte und in der Vergangenheit eines Über-Ich verankerte Vor-Bild findet sich so als Vorgabe instrumentalisiert, in der ein angebliches historisches So-Sein ein zukünftiges Soll-Sein zur Aufgabe stellt. Selbst wo „Wahrhaftigkeit" ernsthaft angestrebt wird (wie z.B. bei Paul Frischauer), ist eine Instrumentalisierung im aktuellen politischen Kontext wegen der Rezeptions-Intention, die den Text entsprechend interpretiert, unvermeidlich. Historischer Versuche zum Trotz tendiert das Über-Ich eines Gemeinwesens (etwa eine in Symbolen fixierte „österreichische Identität") dazu, in zeitlosem Gewand zu erscheinen, sich aber mit zurechtgezeichneten Emblemen aus der Vergangenheit zu schmücken.

So hat sich denn auch Alfred Döblin 1937 in der heftigen Diskussion um den Historischen Roman auf den Satz „Mit Geschichte will man etwas" gestützt.[24]

Die Historischen Romane der Emigranten wertet Schmidt-Dengler „in bezug auf Österreich als späte[n] Gegenstoß gegen die freche Geschichtsklitterung der national-völkischen Autoren", gegen die Zerstörung der Historie, wie sie in den Texten von Jelusich u.a. betrieben wurde.[25] Paul Frischauer propagierte sein Bild von einem „freien Österreich" verstärkt in der Emigration (in England, Brasilien[26], den USA); und auch Ferdinand Bruckner (im Exil in den USA), der ebenfalls bei der Prinz-Eugen-Feier im Belvedere Ende April 1933 aufgetreten war, kehrte den österreichischen Patrioten hervor - 1946 meinte er, daß das österreichische Volk, „anders vielleicht als das deutsche", „gerettet" werden könne. Der Retter ist nun natürlich nicht mehr der „deutsche Geist" Wilhelm Scherers, sondern der Mythos des Österreichischen, des Geistigen. Mit Nestroy begründet Bruckner „eine Art Ontologie des österreichischen Seins, wonach die Österreicher immer schon Österreicher waren, weil sie Österreicher sind".[27]

Die Identitäts-Bestimmungen sind hier in der Reduktion ihres eigenen Wesens als Zirkelschlüsse, als Instrumentalisierung der Tautologie erkennbar, wie sie 1973 auch Reinhard P. Gruber in seinem bekannten Aufriß von Identitäts-Zuschreibungen montiert: „wenn unser steirisches land nicht herrlich wäre, könnten auch wir steirer nicht herrliche menschen sein"[28] - die simpelste Differenz-Fixierung ist derart das „Wir sind wir". Ferdinand Bruckner seinerseits erläutert die Funktion einer „österreichischen Fiktion", der metaphysischen Begründung, „warum die Österreicher auf der Welt sind": „Damit die Österreicher nicht erst viel Fragen stellen, wurden sie seit je zum Gegenstand einer oft wechselnden, aber immer erhabenen Idee gemacht."[29]

Die „Sendung" einer „österreichischen Fiktion", einer Identitäts-Begründung in dem Vor-Bild des Prinzen Eugen war freilich nach 1945 nicht ad acta gelegt. Es erschien nicht nur 1960 eine Eugen-Biographie des erzkonservativen Alexander Lernet-Holenia, der in einem vielzitierten Ausspruch im November 1945 implizit einen „Anschluß" an den austrofaschistischen Ständestaat propagiert und gemeint hatte, daß einfach dort fortzusetzen sei, „wo uns die Träume eines Irren unterbrochen haben"[30]; es erfuhr nicht nur der nationalsozialistische Prinz-Eugen-Roman von Mirko Jelusich beinahe unverändert im Grazer Stocker-Verlag 1979 eine Neuauflage - es wurde der Symbolfigur auch von ganz anderer Seite Aufmerksamkeit zuteil: 1955, im Jahr des im Belvedere unterzeichneten Staatsvertrages, versuchte Ernst Fischer - KPÖ-Politiker und „Paradeintellektueller" der Nachkriegszeit in Österreich, der die Bestimmung eines „österreichischen Menschen" noch 1945 als „Gespenst in Literaturköpfen" abgelehnt hatte - mit einem, dem (links-liberalen) literarischen Erbe der dreißiger Jahre verhafteten Prinz Eugen den „österreichischen Volkscharakter" zu illustrieren.[31]

4 Restaurationen - Destruktionen

Nach 1945 haben die verschiedenen Instanzen der Zweiten Republik österreichische Kultur in den Dienst der Ausbildung eines nationalen Selbst-Bewußtseins gestellt. Der Nationalsozialismus hatte Österreich-Bilder umzupolen oder wegzuradieren versucht, die Ich-Schwächen ausgenützt und dafür Kompensationsmöglichkeiten bereitgestellt. In dem 1945 erzwungenen bewußtseinsgeschichtlichen Bruch - der sich in Werken von Thomas Bernhard, Alfred Kolleritsch u.a. im Abnehmen des Hitler-Bildes und Aufhängen des Kreuzes symbolhaft konzentriert findet - galt es, das „frühere Ich" auszulöschen und eine neue Identität aufzubauen. Dabei griff man auf einen alten Vorrat zurück: Inhalte der konservativen Österreich-Idee wurden übernommen, indem insbesondere das im kulturellen Leben - vor allem über das Unterrichtsministerium - bestimmende konservative Lager an Konzepte, Symbole und Metaphern anknüpfte, die auch der faschistische Ständestaat verwendet hatte (im ÖVP-Parlamentsklub hängt ja bekanntlich das Dollfuß-Bild). Von der „Stunde Null" konnte also keine Rede sein. Die schönen Österreich-Kulissen der alten Völkischen fanden wieder in den Lesebüchern und Anthologien Verbreitung: Die Wegweiser zu einem neuen staatlichen Über-Ich propagierten hier etwa Max Mells *Apostelspiel* (1923), in dem die Kraft des Glaubens alles Böse (in der Zeit des Kalten Krieges gerne als Kommunismus interpretiert) überwindet, und die Ablenkungs-Bilder von Karl Heinrich Waggerl, der in *Fröhliche Armut* (1948) und *Lob der Wiese* (1950) ungebrochen Naturidyllen feiert, die von der Fremdenverkehrswerbung ja zum neuen, unschuldigen Image des Landes stilisiert wurden.

Das „betonte Ich", gegen das Ilse Aichinger 1946 im Heft 7 der kritischen Zeitschrift *Plan* zum Mißtrauen aufrief, war im kulturellen Leben der ersten Nachkriegsjahrzehnte das laute österreichische, das mit dem Rekurs auf eine Kunst der „glorreichen" Vergangenheit, mit Bildern des gegenreformatorischen Barock etwa, den Blick auf ein neues Österreich freigeben sollte. Der konservativen Restauration zufolge war österreichische Literatur ein Baustein des Österreich-Bewußtseins, sie mußte den „österreichischen Menschen" an die „große Kultur von alters her" erinnern: 1962 erschien als 100. Band der Reihe *Das österreichische Wort* die Essaysammlung *Das große Erbe*. „Österreich ist als zweite Republik auferstanden", schrieb Hans Weigel 1962/63, „in Wahrheit aber recht eigentlich erstanden, ist gesichert, geborgen, aufbewahrt, ermöglicht im Wort seiner Autoren von heute".[32] Die freilich waren in vielen Fällen auch die Autoren eines autoritären, barbarischen Gestern, von dem sie ihr „mögliches Österreich" meist nur in den Fassaden abgrenzten. „Das mögliche Österreich", flucht - wie wir wissen - Kolleritschs *Letzter Österreicher*, dem andere Facetten vorschweben, „ist an euch vorbeigegangen".

Gegen eine Literatur, die derart, politisch wie ästhetisch, in konservative Dienste getreten war, richteten sich in den fünfziger, sechziger Jahren zunehmend kritische Versuche, die einer Avantgarde-Kunst verpflichtet waren und einen Blick hinter die schönen Bilder der neuen Kulissen warfen. In diesem Spannungsfeld zwischen Restauration und Destruktion, zwischen Symbol-Anschlüssen und Bild-Umkehrungen stand die österreichische Literatur bis zur Etablierung der Avantgarde in den siebziger Jahren und zur umfangreichen kritischen Besichtigung der „Republik der Skandale und Affären" in den achtziger Jahren. Noch nie zuvor, meint Schmidt-Dengler, habe Literatur „so zu einer differenzierten Bestimmung der österreichischen Identität beigetragen, wie in der Zeit nach 1945".[33]

Die Strategie der vehement betriebenen Österreich-Ideologie, wie sie auch in der Literatur der konservativen Autoren des - das literarische Leben beherrschenden - P.E.N.-Club ihren Ausdruck fand, konterten immer deutlicher, wenn auch öffentlich in Österreich zunächst weniger wahrgenommen, ab Mitte der fünfziger Jahre kritische Werke z.B. von Ingeborg Bachmann, Erich Fried, der „Wiener Gruppe". Wie bei Karl Kraus erhielt ihre Literatur eine Korrektur-Funktion, indem fragwürdige

Restaurationen gestört und bildhaft zerstört wurden.

Hans Lebert veröffentlichte 1960 seinen Blick hinter die vorgeschriebenen Bilder und stellte in seinem Roman *Die Wolfshaut* die im Grunde unverändert faschistische Gemeinschaft der österreichischen Provinz in ihrem bedrückenden Fassaden-Schwindel dar. Der heimatliche Wald ist der Wiederaufbau-Idyllik und der bildungsbürgerlichen Natur-Kulissen-Harmonie entkleidet, hingegen mit Finsternis und Tod verbunden - der Wald ist ja laut Canetti das Massen-Symbol der Deutschen, kriegerisch verstanden im Heer als der „marschierende Wald".[34] Bei Lebert erscheint die Landschaft als riesiger Leichnam, begraben unter einer leitmotivisch wiederholten „Schieferplatte des Himmels". In Umkehrung eines Bild- und Symbolmusters liegt Heimat nicht mehr in „schöner Natur", sie hat ihre Unschuld spätestens in jener Blut-und-Boden-Zeit verloren.

Den falschen Schein eines öffentlichen und privaten Bewußtseins, das es sich schnell wieder in den Klischees des geistigen Gestern bequem gemacht hatte, stellte Gerhard Fritsch 1967 aus. Sein Roman *Fasching* hebt die demokratische Verkleidung der alten Nazis in der Maskerade des Faschings auf und läßt darunter die nie abgelegte faschistische Uniform blitzen. Der Transvestismus ergreift als zentrale Metapher alles, vom „Volkskörper" bis zum Körper des Einzelnen. Das Wir-Gefühl tritt in seiner ganzen Stärke auf, aber trotz neuer Kleider ist es das alte, verhaftet in autoritärer Selbst-Verständlichkeit, jede Rede beschließend. Der frühere Nazi-Kommandant und Führer des Kameradschaftsbundes in den fünfziger Jahren stellt die Demokratie im Mieder der ewigen Werte dar: „Die Kameradschaft sagte er, er sagte Demokratie" - der faschistische Opportunist ist gespiegelt zwischen soldatischem Wir-Gefühl und dem davon bestimmten neuen politischen Gewand. Nach einer „wirkungsvolle[n] Pause" fährt er fort: „ist richtig, wenn sie den unverrückbaren Werten die Treue hält". So, erläutert der Erzähler, spreche „kein Obmann von Besiegten, kein schlechtes Gewissen, hier artikulierte eine gut ausgebildete Stimme Pflichterfüllung im Krieg und Frieden. Wir sollten uns niemals schämen, sagte sie, daß wir." Damit bricht der Satz ab, das verpflichtende Wir versiegelt mit seinem Selbst-Verständnis die direkte Rede und die Gemeinschaft. Politische Verwandlung wird in der Phrase der Pflichterfüller aufgehoben zu einem karnevalesken und letztlich todernsten Stereotyp, auftretend in dem als Ballsaal maskierten völkischen Turnsaal, in dem die „Hölle der Gemeinschaft" die Wiederkehr des Gleichen feiert: „Österreich taucht auf aus dem Konkurs mit alten Phrasen", erläutert der Erzähler.

Während also Hans Weigel umstandslos Österreich im Wort seiner Autoren auferstanden und "recht eigentlich ermöglicht" sieht, geht es Fritsch darum, hinter die Fassaden dieser sprachlichen Verkleidungen zu schauen. In den *Letzten Tagen der Menschheit* hatte Karl Kraus den durch die Phrasen heraufbeschworenen Untergang nachgezeichnet, in *Fasching* tauchen sie in alter Virulenz wieder auf und bilden immer noch das tautologische Netz, in dem die totalitären Strukturen eines österreichischen Gemeinwesens sitzen. Seit 1918 hat das „österreichische Antlitz" zahlreiche Veränderungen erfahren, viele Züge sind aber - unter wechselnder Maske - unverändert geblieben. Und so marschierte, heißt es bei Fritsch, der soldatische Mensch, als sei es eins, „für Franz Joseph Karl Hitler".[35]

Derart wurden in literarischen Texten der sechziger, siebziger Jahre zunehmend Destruktionen gegen eine Repräsentanz-Politik und gegen die oberflächlichen Restaurationen gestellt. Diese betrieben etwa die idyllisierenden Abziehbilder der Tourismuswerbung - der später wiederum Peter Turrini, Elfriede Jelinek u.a. vorwarfen, die den dauernden Wirt spielenden Österreicher in ein anderes, falsches Ich projiziert zu haben. Das vorgeblich Erholsame, die ländliche Gegend, erstarrt in Thomas Bernhards *Frost* (1963) zu einem Ort des Schreckens und der Finsternis; das angeblich Niedlich-Putzige, das von sogenannten Heimatdichtern besungene Dorf, erscheint im österreichischen Antiheimatroman als „Bauern-KZ" (Franz Innerhofer: *Schöne Tage*, 1974). Die Texte von Gert Jonke (*Geometrischer Heimatroman*, 1969), Elfriede Jelinek (*Die Liebhaberinnen*, 1975), Michael Scharang (*Der Sohn eines Landarbeiters*, 1976), Gernot Wolfgruber (*Auf freiem Fuß*, 1975) erzählen keine heile Welt abseits von Geschichte, sondern eine soziale Realität in Bildern „von unten". Für diese literarischen Erfahrungsberichte gilt Peter

Handkes bekannter Satz: „Das Fette, an dem ich würge: Österreich".[36] Hier steht eine Identitäts-Zuschreibung im Spannungsfeld von Ich-Bezogenheit und Über-Ich-Bezug; das nationale Selbst-Verständnis, das Mitte der siebziger Jahre für einen sehr großen Teil der österreichischen Bevölkerung schon positiv besetzt war, sieht sich vom individuellen des Schriftstellers, vom literarischen des Erzählers gekontert. In einer Außensicht der Innensicht der Außensicht vermerkten dies auch westdeutsche Meinungsbildner des Literaturbetriebes, die die österreichischen Schriftsteller als „Experten für Österreich-Kritik" bezeichneten und eine „Verösterreicherung" der Literatur in deutscher Sprache feststellten.

Die Gegenpositionen traten auch in den metaphorischen Konzeptionen hervor. Während in offiziellen Selbstdarstellungen das Land als „Insel der Seligen" (als Außensicht der Innensicht zum Vorbild vorgegeben) in einem abgeschlossenen Glücks-Bild firmierte, griff die literarische Imagologie zu immer dunkleren Negativen, so daß in den achtziger Jahren als Obertitel *Kein schöner Land* (Felix Mitterer, 1987) galt. Besonders nachdem der nationale Persilschein als Kurt Waldheim 1986 zum Staatsprinzip gewählt worden war und erstmals eine breite öffentliche Diskussion über eine „verschüttete" Vergangenheit ausgetragen wurde, versuchten viele Autorinnen und Autoren in vielfältigen literarischen Texten, eine intensive Auseinandersetzung mit der Geschichte Österreichs einzufordern und die NS-Vergangenheit zu reflektieren (z.B. Heimrad Bäcker in *nachschrift*, 1986, einem Hauptwerk der Konkreten Poesie). Hinter dem Plakat einer Festspiel- und Operetten-Kultur scheinen so gebrochene Facetten einer kranken Gesellschaft hervor. Unter dem Titel *auf der insel der seligen* zerstört Gerhard Jaschke die Klischees: „zwischen pestsäule und riesenrad / wirbt es sich fürs wiener blut / nicht jeder herzinfarkt / ist gleich eine operette aus wien / das land des lächelns ist versunken / der bettelstudent trägt zeitungen aus".[37] Barockes Lebens-Todes-Monument und Amüsement als Welten-Karussell - die Phrasen der „Kultur von alters her" - können nicht mehr gelten. Thomas Bernhard hatte 1966 geschrieben: „Österreich, mit seiner Vorstellung, die wir davon haben, muß der Wahrheit zum Opfer fallen."[38]

Die „Wahrheit“ ist bei Bernhard Literatur, und diese ersteht in einem ästhetischen Verfahren des „Umspringbildes“. Österreich, das ist hier ein Bild der Enge, aus der der Text - dem im *Stimmenimitator* (1978) aufgebauten Höhlensystem gleich - herausführt, in die er zugleich wieder hineinweist; das ist hier und stets erneut Ausgangspunkt, Bild des Abkehrens und der Rückkehr (wie in *Ausgewandert*, wo der Protagonist zwischen der Steiermark und Australien unschlüssig hin und her pendelt, bis zum Selbstmord), somit Fixpunkt und Epizentrum eines Schimpf- und Kunst-Werkes. „Die Österreicher“, heißt es in einer oft zitierten Stelle des Romanes *Auslöschung. Ein Zerfall* (1986), „haben nicht den geringsten Geschmack, jedenfalls schon lange Zeit nicht mehr. [...] Eine solche Kultur von alters her, sagte ich, und eine solche barbarische Kulturlosigkeit heute, eine verheerende Unkultur. Ganz zu schweigen von den deprimierenden politischen Verhältnissen.“[39] Der Verweis auf die „Kultur von alters her“ bringt kein Bild eines „gesicherten, geborgenen“ Österreich (wie dies Weigel vorschwebte), sondern eine - im epanaleptischen „sagte ich“ des Erzähler-Ich immer wieder gebrochene - Feststellung eines Zerfalls.

Die kritisch ausgeleuchtete Bühne in unzähligen Texten der achtziger Jahre ist Österreich, immer noch die kleine Welt, in der die große ihre Probe hält. „Daß aber als Schauplatz [...] gerade Österreich gewählt wird, ergibt sich daraus, daß hierorts am besten beobachtet werden kann, was anderswo weniger auffällt“, erklärte Albert Drach 1988.[40] So spiegelt sich im Topos von Österreich als der Welt im Kleinen eine Ansicht des Landes in einer Welt-Betrachtung.

5 Schwankender Boden

Spätestens Mitte der achtziger Jahre war in literarischen Österreich-Bildern deutlich geworden, daß eine vorgeblich gesicherte (gesellschaftliche wie literarische) Identität auf einem schwankenden Untergrund steht und in einer allgemeinen Doppelbödigkeit aufgehen mochte; daß Ansätze eines neuen Realismus, wie ihn Gustav Ernst ab Mitte der siebziger Jahre reflektiert hatte, nicht weitergeführt werden konnten, da ein ungebrochenes Verhältnis zu einer Realität weder philosophisch noch literarisch haltbar erschien. In den Texten von Alois Hotschnig, Antonio Fian, Norbert Gstrein, Robert Menasse, Peter Turrini u.a. steht eine brüchige Welt auf der literarischen Bühne, wird „Ich ist ein anderer" wiederholt und vielfältig variiert. In der jüngsten österreichischen Prosa wird auffallend oft gefragt „Wer spricht hier?" und „Zu wem spreche ich?". „Das stimmte nicht", „Aber das ist falsch" - diese beiden Sätze gehören offenbar seit Anfang der neunziger Jahre zur Grundausstattung österreichischer Literatur.

Es stellt sich etwa das Werk Werner Koflers (wie schon die österreichische Avantgarde der fünfziger, sechziger Jahre) gegen die Konvention einer runden, abgrenzbaren Identität der Figuren und der Erzählinstanz. Im Gestrüpp der Anspielungen bleibt ein Österreich-Bild hängen - eine „Wirklichkeitsparodie aus der Realitätsferne" (Franz Haas) -, das sich zu einer Aussage verdichtet, die die geheimen Fäden zwischen der unseligen Vergangenheit und der dämonischen Banalität gegenwärtiger Geschichtchen knüpft. Diese lassen Figuren, Ereignisse, Medien, Strukturen einer österreichischen Wirklichkeit auftreten, die verschiedene Erzählhaltungen so lange abwandeln, bis in Weiterführung des Bernhardschen Mechanismus durch die Zerstörung der Zerstörung nur mehr im literarischen Geflecht ein Halt (Einhalt) geboten zu sein scheint.

Auf völlig andere Weise, quasi in einer literarischen Gegenposition, sucht Peter Handke diesen Halt in der Schrift, in der er ein neues, mystisches Heil in Aussicht stellt, z.B. im utopischen Bild des - nach Voltaire und Stifter zurechtgestutzten - Mustergartens in *Die Wiederholung* (1986). Diese Vorstellung einer sanften Ordnung liegt freilich in einem mythischen Land, und auch Handkes bislang letzter Roman mit dem Untertitel *Ein Märchen aus den neuen Zeiten* spielt in einem als „Niemandsbucht" gezeichneten Ort. Die vielen Fragen, Zwischenzeiten und Zwischenräume, die im ersten Teil sichtbar werden, bilden langsam ein Ganzes: „Endlich erschienen mir die österreichischen Dinge mitsamt ihren Zwischenräumen und rückten auseinander zu einer Umgebung". Hier erstehen nicht die skandalösen österreichischen Umstände, die kritisch zu betrachtenden Strukturen, hier sind es die Objekte und die vorgeblichen Zwischentöne ihrer Abbilder, die eine österreichische Weltgegend in der Erzählung, in der Schrift bilden. Diese „Umgebung" kann nicht in vordergründiger Realität angesiedelt sein, denn es denkt Handkes Erzähler von der „Märchenhaftigkeit als der höchsten der Wirklichkeiten" (aus einer literarischen Gegenposition wird ein ähnlicher Schluß gezogen wie bei Bernhard); die letzte Verwandlung bestünde in einem „Michaufmachen für das Erzählen".[41] Identität erschließt sich hier über die Literatur, bedeutet zugleich einen ständig möglichen Wandel.

Der Wandel, die Verwandlung des Über-Ich im Blick eines Autor- und eines Erzähler-Ich gehören zu den Spiel-Regeln der Literatur. Die Innensicht einer Außensicht einer Innensicht spiegelt und bricht zugleich eine Welt-Vorstellung in einem ästhetischen Kalkül, in dem die Rechnung des „literarischen Paktes" prinzipiell offen bleibt. Das Bild Österreichs in den literarischen Werken ist, können wir zusammenfassen, immer das mögliche Österreich, das an den Rezipienten „vorbeigeht".

Anmerkungen:

1 Alfred Kolleritsch: Der letzte Österreicher. Salzburg/Wien 1995, Zitate: S. 17, S. 57, S. 19, S. 25, S. 59, S. 20.

2 Vgl. Wendelin Schmidt-Dengler: Der Übertreibungskünstler. Studien zu Thomas Bernhard. Wien 1986. Vgl. auch Wolfram Bayer: Das Gedruckte und das Tatsächliche. Realität und Fiktion in Bernhards Leserbriefen. in: W. B. (Hg.): Kontinent Bernhard. Zur Thomas-Bernhard-Rezeption in Europa. Wien/Köln/ Weimar 1995, S. 58-80.

3 Als z.B. im Juni 1996 Peter Handke im österreichischen Parlament seinen

Serbien-Text las, vertraten die meisten Politiker die Meinung, daß es sich um keine „politische Äußerung" handle, da Literatur bekanntlich ja „*anders*" sei.

4 Gerhard Botz/Albert Müller: Differenz/Identität in Österreich. Zu Gesellschafts-, Politik- und Kulturgeschichte vor und nach 1945. in: Österreichische Zeitschrift für Geschichtswissenschaften 6 (1995) 1, S. 7-40, hier S. 7f.

5 Vgl. Thomas Bleicher: Elemente einer komparatistischen Imagologie. in: Komparatistische Hefte 2 (1980), S. 12-24.

6 Wilhelm Scherer: Unpolitische Glossen zu einem politischen Aktenstücke. in: Deutsche Zeitung (Wien), 12.1.1872. (Abgedruckt in: W. Sch.: Vorträge und Aufsätze zur Geschichte des geistigen Lebens in Deutschland und Oesterreich. Berlin 1874, S. 320f.)

7 Walter Weiss: Zum Deutschen in der österreichischen Literatur. in: Werner M. Bauer/Achim Masser/Guntram A. Plangg (Hg.): Tradition und Entwicklung. Festschrift für Eugen Thurnher zum 60. Geburtstag. Innsbruck 1982 (=Innsbrucker Beiträge zur Kulturwissenschaft 14), S. 52.

8 Vgl. z.B. Viktor Suchy: Die „österreichische Idee" als konservative Staatsidee bei Hugo von Hofmannsthal, Richard von Schaukal und Anton Wildgans. in: Friedbert Aspetsberger (Hg.): Staat und Gesellschaft in der modernen österreichischen Literatur. Wien 1977 (= Schriften des Institutes für Österreichkunde 32), S. 21-43.

9 Ferdinand Kürnberger: Österreichs Grillparzer, 14.1.1871, zum 80. Geburtstag. in: F. K.: Literarische Herzenssachen. Wien 1877, S. 284.

10 Vgl. Weiss (Anm. 7), S. 53f.

11 Vgl. Hermann Schlösser: „Ahwoswoswaßiwossöwulln". Deutsche als komische Figuren bei Kraus und Hofmannsthal. in: Wendelin Schmidt-Dengler/Johann Sonnleitner/Klaus Zeyringer (Hg.): Komik in der österreichischen Literatur. Berlin 1996, S. 198-211.

12 Felix Salten: Das österreichische Antlitz. in: F. S.: Das österreichische Antlitz. Berlin 1909, S. 267-276, hier S. 274.

13 Ebda, S. 267, S. 276.

14 Vgl. Wendelin Schmidt-Dengler: Abschied von Habsburg. in: Bernhard Weyergraf (Hg.): Literatur der Weimarer Republik 1918 - 1933. München/Wien 1995 (=Hansers Sozialgesch. der dt. Lit. 8). Zitiert nach der dtv-Ausgabe (=dtv 4350), S. 483-548, hier S. 543f.

15 Wendelin Schmidt-Dengler: Prolegomena zu einer Sozialgeschichte der österreichischen Literatur der Zeit zwischen 1918 und 1938. in: Eduard Beutner u.a. (Hg.): Dialog der Epochen. Studien zur Literatur des 19. und 20. Jahrhunderts. Walter Weiss zum 60. Geburtstag. Wien 1987, S. 23-34, hier S. 25.

16 Vgl. ebda.

17 Felix Salten an Leopold von Andrian, Wien, 20.6.1933. Brief in: Nachlaß Leopold von Andrian, Deutsches Literaturarchiv, Marbach am Neckar, A: Andrian, Nr. 7125.

18 Hugo von Hofmannsthal: Worte zum Gedächtnis des Prinzen Eugen. Geschrieben im Dezember 1914. in: H. v. H.: Reden und Aufsätze II. 1914-1924. Frankfurt a.M. 1974 (=H. v. H.: Gesammelte Werke FT 2167), S. 375-383, hier S. 378.

19 Vgl. John Warren: Austrian Theatre and the Corporate State. in: Kenneth Segar/ John Warren (Hg.): Austria in the Thirties: Culture and Politics. Riverside, CA 1991, S. 278.

20 Zitiert nach:"Prinz-Eugen-Ausstellung" eröffnet. in: Wiener Allgemeine Zeitung, 29.4.1933.

21 Das Vorwort Mussolinis. in: Arbeiterzeitung (Wien), 17.8.1933.

22 Paul Frischauer: Prinz Eugen. Ein Mensch und hundert Jahre Geschichte. Berlin/ Wien/Leipzig 1933, S. 163.

23 Ebda, S. 183, S. 241, S. 258.

24 Alfred Döblin: Der historische Roman und wir. in: Das Wort (Moskau) (1937) 4, S. 56-71, hier S. 62.

25 Wendelin Schmidt-Dengler: Bedürfnis nach Geschichte. in: Franz Kadrnoska (Hg.): Aufbruch und Untergang. Wien/München/Zürich 1981, S. 393-403, hier S. 402.

26 Vgl. z.B. Frischauers Vortrag in der brasilianischen Akademie: Paul Frischauer: Literatura da Austria. in: Academia Brasileira de Letras (Hg.): Panorama de Literatura Estrangeira Contemporánea. Rio de Janeiro 1943, S. 97-115.

27 Gerhard Scheit über Bruckners „wahrhaft patriotischen Volks-Rausch" in: Gerhard Scheit: Hanswurst und der Staat. Eine kleine Geschichte der Komik: Von Mozart bis Thomas Bernhard. Wien 1995, S. 173. Hier auch die Bruckner-Zitate aus: Ferdinand Bruckner: Patriotismus und Kultur. Österreichisches Tagebuch. 20.4.1946, S. 4f.

28 Reinhard P. Gruber: Aus dem Leben Hödlmosers. Ein steirischer Roman mit

Regie. Salzburg/Wien 1973, S. 7.

29 Ferdinand Bruckner: Nestroy und Österreich. Zitiert nach: Scheit (Anm. 27), S. 173f.

30 Alexander Lernet-Holenia, in: Der Turm (1945) 4/5, S. 109.

31 Vgl. Friedbert Aspetsberger: Metaphysische Grimassen. Zum biographischen Roman der Zwischenkriegszeit. in: Klaus Amann/Albert Berger (Hg.): Österreichische Literatur der dreißiger Jahre. Ideologische Verhältnisse - Institutionelle Voraussetzungen - Fallstudien. Wien/Köln/Graz 1985, S. 268.

32 Hans Weigel in: Sprache im technischen Zeitalter (1962/63) 2/3, S. 458.

33 Wendelin Schmidt-Dengler: Bruchlinien. Vorlesungen zur österreichischen Literatur 1945 bis 1990. Salzburg/Wien 1995, S. 7. Vgl. auch Klaus Zeyringer: Innerlichkeit und Öffentlichkeit. Österreichische Literatur der achtziger Jahre. Tübingen 1992.

34 Vgl. Elias Canetti: Masse und Macht. Frankfurt a.M. 1980 (=Fischer Taschenbuch 6544), S. 90 und auch S. 190: „Was anderen am Heere kahl und öde erscheinen mochte, hatte für den Deutschen das Leben und Leuchten des Waldes."

35 Gerhard Fritsch: Fasching. Roman. Frankfurt a.M. 1995 (=st 2478), Zitate: S. 99, S. 143, S. 96.

36 Peter Handke: Das Gewicht der Welt. Ein Journal (November 1975 - März 1977). Frankfurt a.M. 1979 (=st 500), S. 21.

37 Gerhard Jaschke: auf der insel der seligen. in: G. J.: Das zweite Land. Wien o. J. (etwa 1986), S. 22.

38 Thomas Bernhard: Politische Morgenandacht. in: Wort in der Zeit 12 (1966) 1, S. 11-13.

39 Thomas Bernhard: Auslöschung. Ein Zerfall. Frankfurt a.M. 1986, S. 104.

40 Albert Drach: „Der liebe Gott ist kein Hofrat". in: profil, 10.10.1988, S. 98.

41 Peter Handke: Mein Jahr in der Niemandsbucht. Ein Märchen aus den neuen Zeiten. Frankfurt a.M. 1994, Zitate: S. 406, S. 316, S. 226f.

Thomas Woldrich

Das schöne Austria

Tourismuswerbung für Österreich mittels Landschaft, Kultur und Menschen

Graz, 13. April 1884. Um 10.15 Uhr hat der Herr Redacteur Josef Stradner den ersten „Delegirtentag zur Förderung des Fremdenverkehrs in den österreichischen Alpenländern"[1] eröffnet. Um die 150 Vertreter von Gemeinden, Fremdenverkehrsvereinen und Alpenvereinssektionen bevölkern die Landstube. Beim ersten Referat - „Über die Aufgabe der Fremdenverkehrsvereine und ihre bisherige Thätigkeit" - sind die Zuhörer noch recht frisch. Das ist gut so, denn es wird mit Abstand das Interessanteste der Tagung bleiben.

Heinrich Graf Attems vom Steiermärkischen Kunst-Industrieverein beschreibt, wie es um die österreichischen Alpenländer bestellt ist: „Unsere Berge, unsere Alpen, die lieblichen Thäler, das biedere brave Volk, die Culturentwicklung der Alpenländer, die Prosperität des Volkes, die verdienen das Aufgebot der Kraft der Besten, auf daß es gelinge, der immer mehr und mehr um sich greifenden Verarmung der Alpenländer wirksam zu begegnen."

Die Zukunft liegt im Fremdenverkehr und die Aufgabe „patriotisch gesinnter Männer" in dessen Förderung. An die Zweifler gerichtet: „In Tirol namentlich und auch in unserem Steirischen und in den Kärntner und Krainer Alpen ist der Tourist ein wirthschaftlich belebender Factor. Der Schwerpunkt des Fremdenverkehrs liegt bislang in der s.g. Bergkraxelei und verkennen diejenigen, welche die Förderung der s.g. *Bergfexerei* als müßige Liebhaberei bezeichnen, die große Tragweite dieser Aufgabe."

Um den Weg in die touristische Zukunft zu ebnen, haben vor allem die Fremdenverkehrsvereine einiges zu tun. Es geht darum, „agitatorisch zu wirken durch Wort, Schrift und Bild", denn man muß „Behörden, Gemeinden und das Volk selbst aufklären, belehren und heranbilden". Warum tun Aufklärung, Belehrung und Heranbildung not? Der Österreicher ist noch nicht so weit wie sein Land: „Der Zug der Zeit begehrt so ziemlich das, was unsere herrlich grünen Berge bieten, bieten könnten, wenn sie es anders bieten würden. Nicht die Schweiz, nicht die Modebäder dürfen uns als Vorbild vorschweben, nein unsere grünen Berge, unser Land, unsere Leute sind das Materiale aus welchem wir die Zukunft gestalten wollen. Wir müssen all´ den charakteristischen Eigenschaften dieser Factoren Rechnung tragen und daraus ein harmonisches Bild zu gestalten trachten. Land und Berge brauchen wir nicht umzuwandeln, wohl aber müssen wir das Volk umwandeln, in gewisser Beziehung. Es muß einsehen lernen, daß es so nicht geht. Wie heute die Unterkunfts-Verhältnisse existiren, ist das Land nicht geeignet für regen Fremdenverkehr. Es ist weltbekannt, daß die Cultur das biedere, brave, aber schrecklich reformscheue Volk noch wenig tangirt hat."

Es sollte noch einiges zukommen auf dieses Volk ...

Attems´ Referat ist nicht nur amüsant zu lesen, sondern leitet auch sehr gut die Geschichte ein, die ich hier nachzeichnen werde: die der Fremdenverkehrswerbung und des Bildes, das sie von Österreich entwirft. Erstens ist der Vortrag an sich ein Stück österreichischer Tourismusgeschichte, und er beschreibt auch einen Ausschnitt derselben. Aus Attems´ Ausführungen geht hervor, daß der österreichische Fremdenverkehr zwar noch in den Kinderschuhen steckte, aber eine gewisse Entwicklung hinter sich und Veränderungen vor sich hatte. Zweitens steht seine Rede am Beginn der institutionalisierten Fremdenverkehrswerbung. Die Rede wurde im Rahmen eines Treffens von Delegierten aus den österreichischen Alpenländern gehalten. Aus einem Gebiet also, das dem heutigen Österreich in etwa entspricht. Im Grazer Fremdenverkehrstag wird deshalb oft der Ausgangspunkt der organisierten Fremdenverkehrspolitik Österreichs gesehen. Drittens wird die Werbung ins Spiel gebracht. *Agitation* sei erforderlich, um aus Österreich ein Fremdenverkehrsland zu machen. Diese drei Aspekte - Tourismusgeschichte, institutionalisierte Werbung und Grundlagen der Werbung im allgemeinen - werde ich zu Beginn darstellen.

Viertens schließlich skizziert der Referent zwei wesentliche Inhalte der Werbung. Er stellt das *Material* vor, aus dem die Attraktivität Österreichs als Destination zu schaffen ist: Natur und Menschen sind - zusammen mit Kunst und Kultur - die Faktoren, die die Fremdenverkehrswerbung prägen werden und denen ich mich zur Beschreibung des Bildes, das die Fremdenverkehrswerbung von Österreich entwirft, eingehend widmen werde.

Fremdenverkehr in Österreich

Bis ins späte 18. Jahrhundert beschränkten sich die Österreich-Reisen sowohl von In- als auch Ausländern grob gesagt auf Wallfahrten, Handelsreisen oder auf bloße Durchreisen zu gefragteren Zielen. Den modernen Tourismus - also weitgehend zweckfreies Reisen um des Reisens willen - gab es noch nicht. Die Bildungsreisen der Aristokratie bildeten allerdings eine Vorstufe dazu. Bildungsreisende und Forscher hatten schon gegen Ende des 18. Jh. einige Gegenden Österreichs für sich entdeckt, darunter vor allem das Salzkammergut, über das Alexander von Humboldt 1797 schrieb: „Ich gestehe, daß ich in der Schweiz keine solchen Naturszenen kenne als diese oberösterreichischen."[2]

Als das Reisen zu Beginn des 19. Jahrhunderts den bis dato prägenden humanistischen Bildungsanspruch zu verlieren begann[3] und sich die durch die Romantik propagierte Zurück-zur-Natur-Bewegung breitmachte, entstand allmählich der Tourismus, wie wir ihn kennen, natürlich davon abgesehen, daß das Reisen der Haute Volée, vor allem den Adeligen, vorbehalten war. Die einen erlebten die Natur durch den Alpinismus in der eindrucksvollen Bergwelt, zuerst der Schweiz und dann eben Österreichs. Die *Bergfexerei,* von der Attems in seinem Vortrag sprach, muß wirklich so manchem seltsam vorgekommen sein, liest man diesen Ausruf Hermann von Barths aus dem Jahr 1870 - gleichsam eine Kriegserklärung an die Berge: „Unberührt bleibt keiner unter den Gewaltigen von meinen Eisen, solange noch der Fuß sich regt, die Faust den Bergstab führt; gerichtet wird die Frage >Du oder Ich?< an ihren jeden, und mit den Felssplittern, die von der Schneide des Brandjochs ins Hippental hinunterklappern, fällt auch der Fehdehandschuh in ihre Mitte."[4]

Die anderen fuhren zur Sommerfrische in die Natur: „Im Frühjahre ziehen die verehelichten Aristokraten nach dem letzten Pferderennen, zumeist Ende Mai, auf das Land hinaus, um den Beginn der Saison mit etwas Jagen, Reiten und Besuchen bei Nachbarn zu verbringen. Dies dauert bis in den Hochsommer, wo ein nicht geringer Theil derselben Reisen in die Schweiz, in die Seebäder, oder auch in die österreichischen Hochländer unternimmt, wo sie unter größter Langweile das Ende des Sommers abwarten.“[5]

Der Wiener Kongreß von 1814/15 gab daneben einen ersten Startschuß zum Städtetourismus, der mit der Weltausstellung im Jahre 1873 richtig in Schwung kam. Der Trend zur Gesundheit beflügelte den Bädertourismus zu den Thermen Österreichs und Ungarns. Karlsbad, Franzensbad, Marienbad und Teplitz-Schönau waren in ganz Europa bekannte und beliebte Kurzentren. Aber auch Baden bei Wien hatte sich Anfang des 19. Jahrhunderts schon einen Namen gemacht, 1823 wurde Ischl zum „Bad“ und bald zu einer vielbesuchten Destination.

Diese vier Faktoren - Bädertourismus, Städtetourismus Wiens, Sommerfrische und Alpinismus - boten die Grundlage zu einer anhaltenden Entwicklung Österreichs zum ausgesprochenen Fremdenverkehrsland. Der Erste Weltkrieg unterbrach vorläufig diesen Trend. Der Tourismus kam zum Erliegen, und nach Kriegsende setzte er nur zögernd wieder ein. Vielbesuchte und renommierte Orte und Gegenden lagen nun außerhalb des neuen Österreich: Südtirol mit dem Luftkurort Meran, die Kurbäder in Böhmen, die Adria mit Grado sowie Dalmatien und Istrien. Die übrig gebliebenen *Alpenländer* sollten sich aber in den folgenden Jahrzehnten sukzessive zu einer der führenden Fremdenverkehrsnation der Welt entwickeln.

Vor allem Modetrends prägten den Beginn des modernen Tourismus in Österreich. Landschaftsmaler und andere Naturbeobachter "entdeckten" sehenswerte Gegenden, die Aristokratie bereiste sie ein wenig später, und wer es sich leisten konnte, machte es - wieder etwas zeitversetzt - nach. Trends sind es auch, die - in Kombination mit den vielfältigen Erleichterungen des Reisens - die Form des Tourismus bestimmen, von der Sommerfrische zum Aktivurlaub. Die Werbung, die

Touristen bewegen sollte, in und nach Österreich zu reisen, knüpfte an diese Trends an.

Institutionalisierte Österreich-Werbung

Von 1896 bis zum Ersten Weltkrieg war die einzige Institution, die für die gesamte Monarchie Fremdenverkehrspolitik und -werbung machte, das k.u.k. Eisenbahnministerium. Auf regionaler Ebene warben die Fremdenverkehrsvereine der Gemeinden und die Alpenvereine, beide zum Teil recht professionell, um Touristen.

Nach dem Krieg schloß man an diese Aufteilung der Verantwortung an, und das Eisenbahnministerium gründete 1918 das „Österreichische Verkehrsbüro". 1923 wurde die „Österreichische Verkehrswerbung Ges.m.b.H." eingerichtet, um der raschen Entwicklung des Fremdenverkehrs Rechnung zu tragen und gesamtösterreichisch Fremdenverkehrspropaganda zu betreiben. 1934 erhielt diese Verkehrswerbung den zusätzlichen Namen „Werbedienst des Bundesministeriums für Handel und Verkehr". Geworben wurde sowohl im Inland als auch im Ausland - mit Außenstellen in Europa, Indien, Südafrika, Ägypten und den USA.

Daß in dieser Zeit nicht nur sehr ansprechende Plakate und Prospekte entstanden, sondern daß die Fremdenverkehrswerbung auch in beachtlichem Maß präsent war, stellte etwa Fritz Jaeger fest, der 1936 - wenn auch mit einiger Übertreibung - schreibt: „Die Werbung für den Fremdenverkehr herrscht heute überall im Leben und alles ist durchdrungen von den vielen tausend Fäden, die eine vorzügliche Werbeorganisation zu einem feinen Netzwerk gespannt hat." Wenn man Jaegers Darstellung Glauben schenken will, erscheint ihr Einfluß geradezu beängstigend: „Ins öffentliche Leben, ebenso wie ins stille Heim reichen überallhin die Fühlarme der Fremdenverkehrswerbung um *seine Majestät den Gast* in 1000 kleinen Einzel-Werbeaktionen zu gewinnen."[6]

Ab Juli 1938 wurde die Fremdenverkehrswerbung für Österreich in Berlin bestimmt, vom „Reichsausschuß für Fremdenverkehr", dem der Reichsfremdenverkehrsverband unterstand. Alle bis dahin bestehenden Fremdenverkehrsorganisationen Österreichs wurden aufgelöst, und an ihre Stelle traten sechs Landesfremdenverkehrsverbände.

Nach dem zweiten Weltkrieg kümmerte sich die „Stelle für Wiederaufbau der Fremdenverkehrswirtschaft" - ab 1946 mit einer eigenen Stelle für „Publizität" - um die Tourismuswerbung, bis sie 1950 wiederum von einer „Österreichischen Verkehrswerbung" ersetzt wurde.

1955 ging aus der Verkehrswerbung der Verein „Österreichische Fremdenverkehrswerbung" hervor, deren Name 1989 in „Österreich Werbung" geändert wurde und die heute noch die für die nationale Fremdenverkehrswerbung zuständige Institution ist.

Werbung

Ziel der Werbung ist die Beeinflussung des Verhaltens von Menschen. Wenn ein Waschmittelhersteller wirbt, so wird versucht, Touristen zu bewegen, ins Land zu kommen (oder natürlich: Österreicher zu bewegen, in Österreich zu bleiben). So unmittelbar ist allerdings (gottseidank) kaum jemand durch Werbung zu manipulieren. Daher bedient man sich der Psychologie: In Marketing- und Werbekreisen wird davon ausgegangen, daß Einstellungen eine wichtige oder sogar ausschlaggebende Grundlage des Verhaltens sind. Man versucht, ein Produkt - sei das nun ein Waschmittel oder Österreich - mit positiven Gefühlen oder Gedanken des Umworbenen zu verknüpfen. Das Waschmittel dient nicht einfach dem Wäschewaschen, sondern es wäscht *rein, weißer* etc.; Österreich ist nicht einfach ein Land, das für manche auf dem Weg nach Italien liegt, sondern es ist *wanderbar*, ein *Festland*[7] etc.

Schon 1936 schrieb Theodor Brieger über die Durchführung und Gestaltung der Fremdenverkehrswerbung:

> Je klarer und übersichtlicher die Aufstellung aller wirklichen Besonderheiten erfolgt, desto größer wird der Interessentenkreis sein. Ein Bei-

spiel soll dies zeigen: Ein Ort schreibt in seinem Prospekt: "In prächtiger Lage, von einem Kranz schöner Berge umgeben, mit allen Erholungsmöglichkeiten, Tourengebieten, Wanderungen, in der Nähe bekannter Kunststätten, liegt das einzig schöne Alpendorf Z." Das ist ausgesprochener Quatsch, den viele Orte über sich schreiben können. Das Publikum ist gegen jede Art von Reklame mißtrauisch und verlangt Tatsachen, keinen *Schmus*.
Wie anders wirkt der Text, wenn er etwa so zusammengestellt wird:
Klima und Lage: Vor den Südabstürzen der mächtigen Kalkwände des X-Gebirges in wind- und wettergeschützter Landschaft liegt Z. (Fünfzigjähriger Durchschnitt: 7 Regentage im Juli).[8]

Geworben wird mit Attraktionen, *unique selling propositions* - einzigartigen Verkaufsversprechen - im Werbejargon. Die Botschaft der Werbung ist daher im Grunde sehr einfach: Warum soll der Tourist nach Österreich fahren? Weil es attraktiv ist. Warum hierher und nicht anderswohin? Weil Österreich attraktiver ist. Daran hat sich seit Bestehen der Fremdenverkehrswerbung, also seit über hundert Jahren, nichts geändert.

Geändert hat sich der Stil der Werbung. Stand zu Beginn noch die Vermittlung von Informationen im Vordergrund, so geht es heute darum, Emotionen und Stimmungen zu erzeugen. Geändert hat sich auch die Zahl der zur Verfügung stehenden Werbemittel. Wofür früher nur fliegende Blätter, Plakate und Werbetafeln bereitstanden, dafür können heute darüber hinaus Radio, Fernsehen, Internet, Videoband etc. eingesetzt werden. Geändert hat sich schließlich die Palette der angepriesenen Attraktionen. Die „hochradioaktiven Thermalquellen“, mit denen Bad Einöd um 1922 warb, klingen heute nicht mehr sonderlich verlokkend.

Was kann nun eine Geschichte der Fremdenverkehrswerbung in Österreich realistischerweise darstellen?

Zuallererst wird sie eine Dokumentation des Wandels im Verständnis von dem, was als attraktiv wahrgenommen wird, sein. Sie wird Moden aufzeigen, die einerseits die Erwartungen des Touristen prägen und andererseits die Beurteilung dieser Erwartungen von seiten der Werbenden widerspiegeln.

Zweitens beleuchtet diese Betrachtung die Veränderungen am Bild Österreichs, die der Fremdenverkehr ausgelöst oder verstärkt hat. Österreichs Landschaft, Kultur und letztlich auch seine Bewohner wurden Gegenstand der Werbung, wurden damit zu Produkten, die das Fremdenverkehrsland feilbietet.

Drittens schließlich zeichnet die Geschichte der Fremdenverkehrswerbung das Bild nach, das der reisewillige Aus- und Inländer von Österreich als touristischem Land gewinnen konnte, oder besser: gewinnen sollte.

Landschaft

Die natürliche Umwelt an sich ist noch nicht *Landschaft*. Diese entsteht erst durch die Wahrnehmung und Interpretation des Betrachters. Die Werbenden projizieren Bilder auf Plakatwände, Zeitungsannoncen, Prospekte etc., die eine bestimmte, möglichst attraktive Landschaft konstruieren. Und der Fremde, der ein Land, eine Region, einen Ort bereist, schafft seinerseits eine solche. Das Phänomen Landschaft ist im wahrsten Sinne des Wortes *Ansichtssache* und unterliegt gerade deshalb sehr stark modischen Einflüssen.

Zudem handelt es sich dabei, wie Lucius Burckhardt sagt, um einen „Trick unserer Wahrnehmung, der es uns ermöglicht, heterogene Dinge zu einem Bilde zusammenzufassen und andere auszuschließen".[9] Das erklärt, warum es so etwas wie eine *österreichische Landschaft* geben kann. Trotz der tatsächlichen Vielfalt an Landschaften innerhalb der geographischen Grenzen, die den Staat Österreich bilden, erlaubt eine selektive Wahrnehmung oder Präsentation die Schaffung eines Resümees von Gegenden - im Konkreten: einer Landschaft von Bergen und Seen.

Schließlich macht der Fremdenverkehr die Natur zum Konsumgut. Auf verschiedenste Weisen wurde und wird sie vom Touristen genutzt bzw. konsumiert. Das gilt um so mehr, wenn Landschaft als die wesentliche touristische Attraktion propagiert wird. Schon 1893 schrieb Josef Stradner, Obmann des Vereines zur Förderung des Fremdenverkehrs in Steiermark: „In den Ländern, die der Fremde des Naturgenusses und der Erholung wegen aufsucht, gehören [...] Berge, Wälder, Thäler, Flüsse, Wasserfälle usw. zu den wirtschaftlichen Gütern, deren Ertrag an vielen Orten einen beträchtlichen Teil des Volkseinkommens ausmacht. An solchen Orten wird man daher bestrebt sein, die Gebrauchsfähigkeit dieser Güter zu erhalten und wenn möglich zu steigern."[10] Österreich soll, so der Tenor der Fremdenverkehrswerbung der letzten hundert Jahre, gerade zum Zwecke eines Landschaftskonsums bereist werden - und wird es auch.

Eine Zeitlang genügte sich jener „Trick unserer Wahrnehmung" selbst. Schöne Landschaften waren um ihrer selbst willen eine Reise wert. Monika Wagner charakterisiert dieses Reisemotiv folgendermaßen: „Die touristische Reise zwischen dem Ende des 18. und dem zweiten Drittel des 19. Jahrhunderts konstituierte sich durch das Einheimsen malerischer An- und Aussichten."[11] Der Konsum von Natur bestand im Betrachten, im Aufsaugen von Eindrücken, kurz: im Schaffen der inneren Bilder, die die Landschaft konstituieren.

Eine Vorreiterrolle in der Entdeckung neuer Gegenden spielte dementsprechend eine Gruppe, die auf solche An- und Aussichten angewiesen war: die Landschaftsmaler. „[...D]ie Maler sind die *Locationhunter* des zukünftigen Tourismus. Ihre neueroberten Bilder verfestigen sich zu Images, die dann von einer Stafette moderner Medien weitergetragen werden, vom Faltpanorama bis zum Souvenirglas mit aufgemalter Vedute,"[12] so Wolfgang Kos über die erste Hälfte des 19. Jahrhunderts. Sie sind Entdecker von Gegenden und Trendsetter in deren Betrachtungsweise, indem sie diese in Gemäldelandschaften umwandeln. Dasselbe gilt auch für Schriftsteller. Rousseaus Naturbeschreibungen und später Schillers „Wilhelm Tell" bewirkten geradezu einen Boom des Reiseverkehrs in die Schweizer Alpen und eine deutliche Erwartung in bezug auf deren Aussehen. Beides breitete sich später auch auf Österreich aus.

Auch die Werbung setzte folglich auf das *Malerische* der Landschaft, sei es mittels gemäldehafter Plakate, sei es in der verbalen Beschreibung Österreichs. Das Land ist vor allem *schön*. Und das hieß - dem touristischen Zeitgeist entsprechend - gebirgig; ein ästhetischer

Anspruch, dem Österreich nach dem Ersten Weltkrieg durchaus entsprechen konnte.

1918 blieben von der Donau-Monarchie nur jene Länder übrig, deren Vertreter sich 1884 zum Fremdenverkehrstag getroffen hatten: die österreichischen „Alpen-Länder". Durch das schon vorher geförderte Landschaftsbild und die Idealisierung des Landlebens in den Dreißigern[13], wird Österreich zur „Alpenrepublik" und - die Assoziation liegt nahe - in der Werbung zum Gebirgs-Land. Selbst der Sekretär der Fremdenverkehrskommission für Wien und Niederösterreich - nicht eben gebirgige Gegenden - sprach in den späten Zwanzigern von Österreich als „diese[m] herrliche[n] Bergland"[14]. Fremdenverkehr und Fremdenverkehrswerbung konzentrierten sich auf die Bergregionen, sei das nun der Semmering, sei es die Rax, oder seien es die Zillertaler Alpen.

Diese waren nach wie vor hoch in Mode, wenn sich auch mittlerweile die Nutzung der Landschaft weg vom bloßen Betrachten hin zu einem Erleben verschoben hatte. Auf der einen Seite wird die Natur zum *Erholungsraum*. Sommerfrischler und Ausflügler konsumieren die Ruhe und die Unberührtheit, die die Stadt nicht bieten kann. Kururlauber bedienen sich der Seen, der Thermalquellen und der Höhenluft zur physischen Regeneration. Auf der anderen Seite dient die Umwelt der körperlichen Ertüchtigung und der Selbstbestätigung. Die Alpinisten bezwingen das Gebirge.

Gerade dieser Trend verstärkte sich ab den Zwanziger Jahren, da nun eine neue touristische Saison in Mode kam: der Winter. Schon 1905 war der österreichische Skiverband gegründet worden, und 1907 fanden die ersten österreichischen Skimeisterschaften statt. Die verschiedenen Weiterentwicklungen von Fahrtechnik und Material ließen das Skifahren bis um 1930 zum Modesport der Oberen Zehntausend und bis Ende der Fünfziger zum Breitensport werden. Der Wintertourismus wurde einerseits durch gezielte Maßnahmen und andererseits durch massive Werbung populär gemacht: Gasthöfe öffneten im Winter als Berghütten, der Typus *Sporthotel* wurde geschaffen, Skikurse wurden veranstaltet und öffentlichkeitswirksame Wettbewerbe ausgetragen. Die Werbung für den Winterfremdenverkehr - insbesondere in den Plakaten

- entsprach voll und ganz der Vorreiterrolle, die Österreich einnahm. So modern, wie der Skilauf war, so modern waren auch die Präsentationen. Kaum ein Werbemittel kam ohne die Darstellung modischer, aktiver Skifahrer aus. Sie dienten jedoch nur als Staffage für die eigentliche Attraktion, eine neue Landschaft, die mit Österreich zu assoziieren war, und die einen geradezu visitkartenhaften Charakter gewann: die tiefverschneide Bergwelt.

Modern zu sein und modern bleiben zu wollen, verlangt aber auch, moderne Mittel einzusetzen, und so nahm eine Entwicklung ihren Anfang, die die Landschaft und das in der Werbung erzeugte Landschaftsbild Österreichs auch heute noch entscheidend prägt: Die systematische "Erschließung" der Natur mit Hilfe der Technik. Zwischen 1926 und 1928 wurden nicht weniger als zehn neue Seilbahnen errichtet, vom Semmering bis in die Silvretta. Ebenso wie schon vorher durch die Eisenbahn wurde der Natur die Technik gegenübergestellt - ganz massiv auch durch die Werbung. Es entstand nicht nur ein konkretes Spannungsfeld zwischen unberührter Landschaft und Bebauung, sondern ebenso ein allgemeines zwischen Ursprünglichkeit und Modernität.

Diese Gegensätze wurden sehr wohl erkannt, auch von den Verantwortlichen der Fremdenverkehrswerbung. Erwin von Naswetter, damaliger Direktor der Österreichischen Verkehrswerbung, prophezeite schon im Jahr 1936 sehr richtig: „Der Verkehr der Zukunft wird [...] insbesondere durch zwei Momente gekennzeichnet sein: Masse und Motor. [...] Hierbei wird vor allem festzustellen sein, welchen Weg man diesem ständigen Fremdenstrom innerhalb Österreichs weisen will, weil die Aufnahmefähigkeit der österreichischen Landschaft für einen derartigen Massenverkehr keineswegs in allen Teilen gegeben ist und die Zerstörung gewisser auf der Idylle beruhender Reize vieler Orte unbedingt vermieden werden muß.“[15] Wenn auch sonst kaum etwas gegen diese drohende Zerstörung unternommen wurde - sieht man einmal von Blumenbalkons, Park-, Wald- und Wiesenbänken etc. ab, so bemühte sich die Werbung eifrig, das Bild einer Idylle aufrechtzuerhalten, nicht ohne aber auf die Fortschrittlichkeit Österreichs hinzuweisen. Idyllische Sommer- oder Winterlandschaften, garniert mit technisch modernen

Seilbahnen oder mit modisch modernen Personen waren das Leitmotiv der Werbung, daran änderten weder der „Anschluß“ noch die Kriegszeit etwas.

In den Nachkriegsjahren hält die Fremdenverkehrswerbung um so stärker an der idyllischen Landschaft fest, als nirgendwo sonst das Potential so groß war, Vertrautes, Zeitloses, Fort- und immer weiter Bestehendes zu finden. Mit demselben Hintergedanken wurden Österreich-Bildbände veröffentlicht, wurde die Bundeshymne getextet, und wohl aus eben diesem Grund waren die unzähligen Heimatfilme jener Zeit ein derartig großer Erfolg.

Erst in den Sechzigern, nach dem Wiederaufbau, im allgemein wiederkehrenden Aufschwung, wuchs die Bedeutung der Technik und der Naturbeherrschung über die der *schönen* Landschaft hinaus. In den Vordergrund wurden von den Werbenden die technischen Attraktionen gestellt, mit denen eine Region, bzw. Österreich aufwarten konnte. Hallenbäder, Sportanlagen, Lifte, Parkplätze, Straßen und sogar Hochspannungsleitungen sollten den Touristen anlocken. Damit wurde auch einem neuen Trend im Tourismus Rechnung getragen: die (An-) Reise mit dem Pkw. Waren bisher *Automobilisten* eine kleine Gruppe von Urlaubern gewesen, denen man wohlwollend *Tourenvorschläge* unterbreitete, sind sie seit Mitte der fünfziger Jahre in einer überwältigenden Mehrheit. 1957 waren bereits 77,8% der ausländischen Touristen mit dem Auto unterwegs, 1960 sogar 83,7%. „Masse und Motor“ hatten sich breitgemacht. Was zählte, war die Infrastruktur, und die Natur wurde zu deren Bestandteil gemacht. Besonders die aufkommenden Panoramakarten machen das deutlich: Die Landschaft wird aus der Vogelschau dargestellt als ein Netzwerk von Straßen, Liften, öffentlichen Gebäuden und Hotels, mit eingestreuten Bergen und Seen.[16]

Mitte der siebziger Jahre beginnt sich die Wahrnehmung von Landschaft grundlegend zu ändern. Schon in den Anfängen des Tourismus war Natur immer wieder als schützenswert betrachtet und hingestellt worden - wenn auch primär aus ökonomischen Motiven. Jetzt allerdings wird vielfach und mit einiger Medienpräsenz um sie gekämpft. Anstelle von *Zurück zur Natur* gilt nun: *Helft der Natur.* „An die Stelle der alten Dialektik von Naturbeherrschung und Naturgenuß trat die Vorstellung von der Natur als Pflegefall, dem die sorgende und schützende Anteilnahme der Menschen zu gelten hat."[17] Die Idee einer kranken Umwelt verstärkt das Bedürfnis nach einer gesunden und steigert deren Erholungswert. Wieder trat die unberührte, heile Natur in den Mittelpunkt von Österreichs Fremdenverkehrswerbung. Dabei wurde begonnen, Landschaft nicht mehr einfach abzubilden wie schon auf den Veduten der Jahrhundertwende, sondern auch gleich einen Bedeutungsinhalt mitzuliefern. Immer mehr *Atmosphäre* wird in die Bilder gepackt, die immer öfter im Dienste eines Slogans stehen: „In der Wiese liegen und mit der Seele baumeln", „Wanderbares Österreich", „Festland Österreich", „Servus in Österreich", „Sommerfrische Europas".

Seit dem Beginn der achtziger Jahre, mit einer starken Zunahme der Psychologie in der Werbeforschung, werden diese Bilder zunehmend auf wirkungsvolle Details reduziert. Die Darstellung von Landschaft wird mehr und mehr verknappt. „Atmosphärische Stimmungskürzel" nennt Kos diese Bilder. „Der Blick wird [...] auf atmosphärische und topographisch nicht festmachbare Details gelenkt: Bretterzaun, Blumenfenster, Fels im Abendrot, Holzwand, Stein im tiefgrünen Bächlein, Wiese mit Fleckviehdekor."[18] War die Landschaft bisher aus dem Zusammenspiel großer geographischer Formen - von Bergen, Tälern, Seen, Wäldern etc. - erzeugt worden, so soll sie nun aus kleinen stimmungsgeladenen Fragmenten entstehen.

Mittlerweile werden diese Fragmente bunt miteinander gemischt. Zum einen soll auf diese Weise der wachsenden Vielfalt an möglichen Landschaftsnutzungen und Lebensstilen Rechnung getragen werden. Zum anderen spricht man in Marketingkreisen seit etwa einem Jahrzehnt vom *multioptionalen* Konsumenten, der gestern ein Produkt der unteren Preisklasse kaufte, heute eins der mittleren erwirbt und morgen auf ein Luxusgut zurückgreifen wird. Ebenso wird der Tourist multioptional, was im Grunde nichts anderes heißt als unberechenbar. Im einen Moment kann er Landschaft konsumieren als Erholungsraum, im nächsten als Sportgerät. Beide Trends - Vielfalt und Unberechenbarkeit - führen zum Angebot einer multioptionalen Landschaft, die vorgibt, alle Erwartungen des Touristen besser erfüllen zu können. Das Bestreben - oder die Überzeugung -, jede Art von Landschaft bieten zu können, muß zwangsläufig zur Überzeichnung der tatsächlich vorhandenen natürlichen Umgebung führen. Hügel werden zu Gebirgen, Teiche zu Meeren, Vorgärten zu Almwiesen.

Kunst und Kultur

Was für die Landschaft die *Naturschönheiten*, sind für die Kultur die *Kunstschätze*. Die Landschaft ist attraktiv, weil sie schön ist - was auch immer dieses Attribut im jeweiligen Trend der Zeit bedeuten mag. Kunst und Kultur sind attraktiv, weil sie wertvoll sind.

Angesichts der übermächtigen Bewerbung von Österreichs Landschaft nimmt es kaum wunder, wenn andere mögliche Attraktionen nur als Lückenbüßer, als Zusatzprodukt oder bestenfalls als *Zuckerl*, auftauchen. Der Versuch, Kunst und Kultur Österreichs in den Vordergrund zu rücken, wurde allerdings immer wieder unternommen oder zumindest gefordert, so etwa Mitte der dreißiger Jahre von Erich Gebert:

> [... D]ie Kultur als solche muß speziell auf dem Gebiete des Personenverkehrs ihren Kundenwerbedienst tun, so wie hochqualifizierte Gütererzeugung ein Stück wertvollster Exportpropaganda darstellt. Fremdenwerbung durch Kultur! [...] Man kann den Ruf allgemeiner landschaftlicher Schönheiten wirken lassen, und er wird tausende Fremde anlokken, man kann aber auch - und vielleicht noch wirkungsvoller, weil individueller - die Möglichkeit nützen, mit dem stolzen Hinweis auf die großartige Hinterlassenschaft früherer Generationen, die in Museen und Sammlungen aufgespeichert ist, Propagandatätigkeit entfalten, man wird dabei aber immer besorgt bleiben müssen, Neues zu schaffen und den Ruf besonders geschmackvoller oder künstlerischer Leistungsfähigkeit fortlaufend von neuem zu begründen (ein typisches Beispiel hiefür gibt ja Salzburg mit den Festspielen).[19]

Natürlich sind es besonders die Städte, die mit ihrem Kunst- und Kulturangebot werben und die auch in der österreichweiten Fremdenverkehrswerbung immer wieder herausgestellt werden - allen voran Wien und Salzburg. Wien hatte schon durch den Kongreß 1814/15 und vor allem durch die Weltausstellung 1873 den Grundstein für den Städtetourismus gelegt. Nach dem ersten Weltkrieg bedurfte es aber einiger Anstrengungen, den Fremdenverkehr wieder anzukurbeln, lag die Stadt doch nun abseits aller wichtigen Reiserouten. Seit 1921 wurde deshalb zweimal jährlich die Wiener Messe veranstaltet, 1928 wurden die Wiener Festwochen gegründet. Gleichzeitig schuf Salzburg mit der ersten Jedermann-Aufführung im Jahr 1920 die Basis für die Salzburger Festspiele, die zum ersten Mal 1921 stattfanden und seit 1922 im Festspielhaus untergebracht sind.

Durch diese international viel beachteten Veranstaltungen blieben Wien und Salzburg lange die Protagonisten des *kulturellen Österreich* der Fremdenverkehrswerbung - und sind es im Grunde heute noch. In der *Wiener Zeitung* wurde Karl Renner 1945 folgendermaßen zitiert: „Wir brauchen den Fremdenverkehr und laden alle Welt zu uns zu Gaste. Wien und Salzburg werden als Stätten der Kunst, unsere Alpen als touristische Ziele ersten Ranges die Fremden mit Freude begrüßen.“[20] An dieser Kompetenzaufteilung hat sich bis heute nur sehr wenig geändert. Und was die Fremdenverkehrswerbung mittels Kultur betrifft, werden andere Ereignisse wie die Bregenzer Festspiele, der Steirische Herbst, die Linzer Klangwolke etc. und potentielle Sehenswürdigkeiten wie Baudenkmäler oder Museen, von den Hochburgen Wien und Salzburg überschattet. Das liegt allerdings weniger am mangelnden Willen der Werbenden, als vielmehr an der angestammten und frühen Prominenz der beiden Städte.

Abgesehen von der Präsenz in der Werbung ist Wien auch durch seine Rolle als Bundeshauptstadt maßgeblich am Bild Österreichs und im speziellen am Bild des kulturellen Österreich beteiligt. Oft wird das Wissen über die Hauptstadt eines Landes mit der Vorstellung vom ganzen Land verknüpft. Auf die Frage, warum sie seit 30 Jahren ausgerechnet in diesen Tiroler Ort fahre, antwortete eine deutsche Urlauberin, sie liebe unter anderem die wunderbare Schrammelmusik, die sie dort geboten bekomme. Ich kann mit Sicherheit sagen, daß diese im betreffenden Ort zwar mindestens vom Hörensagen bekannt ist, aber ganz gewiß nicht gespielt wird - im Unterschied zu Blas- oder Zithermusik. Die Schrammeln, die Oper, Ausstellungen, Bälle, Museen, die Spanische Hofreitschule, der Stephansdom, die Kaffeehäuser usw. sind Aushängeschilder Wiens, wesentliche Attraktionen in Sachen Fremdenverkehrswerbung (abgesehen davon, daß Wien - dem Werbeslogan zufolge - „anders" sei) und schließlich auch Faktoren, die die Vorstellung über Österreich als Ganzes prägen.

Fast noch besser zeigt sich die Stellvertretung einer Stadt für das ganze Land aber am Beispiel von Salzburg. Mozart, die Festspiele, die Nockerln etc. waren und sind bestimmt keine schlechten Touristenattraktionen. Noch mehr als diesen verdankt Salzburg aber seine Popularität - vor allem in den USA - dem überraschenden und fulminanten Erfolg des Films „Sound of Music". Österreich wurde über Nacht zum „Country of Sound of Music" - wenigstens bei denen, die in der Lage waren, der Stadt Salzburg den Staat Österreich zuzuordnen. Die Wirkung hält bis heute an: 75% der 627.000 amerikanischen Touristen, die 1992 nach Österreich kamen, nannten den Film als Hauptgrund für ihre Österreich- bzw. Salzburgreise.[21]

Trotzdem: Nicht nur in Salzburg und Wien wird musiziert, Theater gespielt und gemalt. Ginge es nach Eduard Heinl, wären die Österreicher ein Volk von Künstlern. Er schrieb 1946: „Österreichs Kunststätten, diese unsterblichen Dokumentationen österreichischen Geistes, stellen weitere Anziehungspunkte dar. Nicht nur Wien, die Stadt der Oper und Operette, die Stadt Haydns, Mozarts, Beethovens, Schuberts, Bruckners, Hugo Wolfs, Mahlers u.a., nicht nur Salzburg mit seinen Festspielen sind hier zu nennen: überall singt es und klingt es in Österreich, überall herrscht Freude am Schauspiel und immer wieder erneuert sich aus der Volkskunst die große Kunst volksnah und weltweit. Diese Überfülle muß in Musik- und Theaterwochen, in Ausstellungen, in Volksfesten den Gästen von nah und fern gezeigt werden."[22] Diese Worte, unmittelbar nach dem Krieg vom Bundesminister für Handel und Wiederaufbau geschrieben, hatten natürlich in erster Linie das Ziel, Mut und Hoffnung zu machen. Allerdings ist die Forderung, die Volkskunst dem Gast näherzubringen, sowohl realistisch als auch praxisnah.

Obwohl sich die Werbung für die Folklore in Grenzen hielt, erlangte sie doch eine gewisse Bekanntheit und Beliebtheit. Das liegt in erster Linie daran, daß sie einerseits ein Kuriosum für den Touristen darstellt, eine etwas fremde Eigenschaft der etwas fremden Menschen, andererseits aber dank ihrer Verformung und Anpassung an die touristischen Gegebenheiten leicht verständlich und gefällig wird.

In gewissem Maß dienten Brauchtum und Volkskunst daher seit Beginn des Tourismus als Kulisse. Jodler, Schuhplattler, Schrammeln etc. boten auch für den Touristen eine willkommene Unterhaltung oder zumindest Belustigung. Es war naheliegend, auf dieser Basis spezielle Touristenattraktionen zu schaffen.

Ein gutes und berüchtigtes Beispiel dafür sind die Tirolerabende. Bereits zur Mitte des 18. Jahrhunderts war der Zillertaler Peter Prosch mit einer Gruppe von Sängern und Tänzern in Deutschland unterwegs gewesen, wo er an den Höfen auftrat und sicher seinen Teil zum Bild des Tirolers als lederhosentragendem Schenkelklopfer und Jauchzer beitrug. Hans Gschnitzer charakterisiert diese Zeit folgendermaßen: „Im 18. Jahrhundert *entdeckte* der Adel das einfache ländliche Leben. Man spielte Schäfer und Schäferin. Schon damals erkannten Tiroler Wanderhändler, daß ihre Urigkeit, ihre Tracht mit dem Federschmuck am Hut, ihre Jodler und Tänze leichter in Geld umzusetzen sind, als die Handelsware, die man an den Höfen Europas verkaufen wollte.“[23] Anfang des 19. Jahrhunderts traten die Nationalsänger in London und sogar in New York auf. Dabei stellte sich heraus, daß das gesungene Lied wesentlich weniger gut angenommen wurde, als der Jodler, der ja nicht an die Sprache gebunden ist. Im Zuge der Vorbereitung und der Feiern für das 100-Jahre-Jubiläum des Tiroler Freiheitskampfes von 1809 verlieh sich nicht nur jeder Ort, der noch keine hatte, eine mehr oder weniger spezifische Tracht, sondern es wurden auch neue Volkstänze kreiert: Zufalls- und ausgesprochene Kunstprodukte, die kaum eine Verankerung im Brauchtum haben. Mitte der vierziger Jahre wurden schließlich die organisierten Tirolerabende veranstaltet, die diese Elemente publikumswirksam vereinen sollten.

Ein ganz anderes Beispiel für die Beeinflussung und Veränderung von Brauchtum und Traditionen liefert die Neugründung von Trachten-, Musik- und Schützenvereinen im Zuge des Aufschwungs des Tourismus. Bei aller Verzerrung und Verfremdung der Kultur, die der Fremdenverkehr mit sich bringt, hat er auch vielfach den Anstoß zur Wiederbelebung von bereits abgelegten Traditionen gegeben - sei es, weil sie für den Touristen attraktiv sein sollten, sei es, um sich im Gegensatz dazu vor einem drohenden *Ausverkauf* von Brauchtum und Kultur zu schützen. Natürlich läßt sich darüber streiten, wie *echt* diese neuen alten Bräuche dann sind. „Auf der bäuerlichen Tracht der ersten Hälfte des 19. Jahrhunderts wurde im 20. Jahrhundert die historisierende Uniform der Schützenkompanien, das tief dekolletierte Dirndl der Bardame oder die erneuerte Festtagstracht aufgedonnerter Großindustriellen-Gattinnen."[24]

Ob *echtes* Brauchtum oder *falsche* Folklore, beides ist gutes Material für die Fremdenverkehrswerbung, auch wenn sie sich vorrangig mit der Darstellung von Landschaft beschäftigt. Beide - Brauchtum und Folklore - sind geeignet, eine ländliche, ursprüngliche, harmonische Welt zu vermitteln. Sie fügen sich daher anstandslos in die meisten der propagierten Landschaftsbilder Österreichs ein. Dasselbe geschieht in der Fremdenverkehrswerbung mit dem Bewohner dieses Landes.

Menschen

Die Begegnung mit der Fremde macht einen wesentlichen Teil des Reizes einer Reise aus, man wird oft - wenigstens auf die eigene Erfahrung bezogen - zum *Entdecker*. Die Begegnung mit dem Fremden hingegen ist vielfach Anlaß zu Unruhe oder sogar Angst. Das Risiko, zum Beispiel falsch verstanden zu werden oder falsch zu verstehen, ist im fremden Sprach- oder Kulturraum recht hoch und vor allem vorher schwer kalkulierbar. Der ideale Einheimische ist deshalb jemand, der ein paar liebenswerte Eigenarten hat, im großen und ganzen aber durchschaubar und einigermaßen vertraut ist.

Wie schon von Graf Attems in seinem Referat anläßlich des ersten Fremdenverkehrstages 1884 gefordert, ging es seit den Anfängen des österreichischen Tourismus immer wieder darum, die Bevölkerung „umzuwandeln", sie aufzuklären, zu schulen, kurz: sie für den Touristen attraktiv zu machen. Vor allem unter dem Schlagwort *Dienst am Kunden* wurde die Schaffung einer touristengerechten Geisteshaltung des Österreichers zum erklärten Ziel der Österreich-Werber.

Einerseits müsse sich der Österreicher der Bedeutung des Fremdenverkehrs und des Gastes bewußt sein. „Das Hotelpersonal, das wieder zur alten österreichischen Höhe gebracht werden muß, wie alle, die mit Besuchern aus dem Inland wie aus dem Ausland zu tun haben, müssen wissen, daß sie im Gast keine einmalige *Wurzen*, die es gründlich zu schröpfen gilt, erblicken dürfen, sondern einen Besucher, der sich hier wohlfühlen, der Österreich kennen und lieben lernen und der als Freund des Landes dann in seiner Heimat werben soll", so Heinl im Jahr 1946.[25] Andererseits sei der Bevölkerung klarzumachen, daß sie - so wie die österreichische Landschaft und Kultur - ein touristisches Gut zu sein hat, das für den Touristen attraktiv ist. „Jeder Österreicher, im besonderen aber die unmittelbar mit dem Fremdenverkehr befaßten Berufe, sollen und müssen sich bewußt sein, daß sie persönlich in jedem Einzelfall Österreich repräsentieren, daß von ihrem Auftreten und Benehmen Eindruck und Urteil des Fremden über das ganze Land abhängt."[26]

Der Österreicher sollte also nach den Vorstellungen der Werbenden vor allem freundlich, gastlich und sich der Wichtigkeit des Fremdenverkehrs bewußt sein. Dieses Bild versuchte man auf der einen Seite der Bevölkerung selbst und auf der anderen Seite dem potentiellen Urlauber zu vermitteln.

Die Darstellung des Österreichers in der Werbung hat einige Stereotype hervorgebracht, die sich besonders akzentuiert in den Plakaten widerspiegeln. Am öftesten begegnet man dem Bauern- oder Hüterbuben: natürlich, fröhlich, einfach und brav. Zwar soll er nicht in erster Linie ein Abbild des Österreichers sein, sondern versinnbildlicht vielmehr die Muße, Erholung und Zufriedenheit, die der Tourist in der Natur gewinnen kann. Da aber der Bub offensichtlich kein Tourist ist, ist es nur verständlich, daß seine Attribute auf den Österreicher übertragen werden.

Dieselben Eigenschaften finden sich zudem bei den meisten der übrigen Personendarstellungen in der Fremdenverkehrswerbung. Trachtenpärchen, Volkstänzer, knorrige und verwurzelte Bauern, Musikanten, Schifahrer und Schilehrer transportieren das Bild eines wirklich liebenswerten Menschen; liebenswert und interessant, etwa weil er scheinbar seine Traditionen bewahrt, liebenswert und risikomindernd, weil er gutmütig, lustig und gastlich ist.

Die Botschaft, die bei der Darstellung des *Gastgeber Österreicher* immer mehr oder weniger offen mitklang, war: Wir brauchen den Urlauber! Es hat sich wiederholt gezeigt, daß diese Haltung recht verletzbar macht. Die Drohung, Österreich als Urlaubsland zu boykottieren, hat inzwischen Tradition. „Sollte diese Greuelpropaganda nicht bald aufhören, würde in Deutschland die Parole verbreitet: ein anständiger Deutscher reist nicht nach Österreich!", schreibt die Heilbronner Zeitung schon im Jahr 1933 als Reaktion auf die ablehnende Haltung einiger öffentlicher Stellen Österreichs angesichts der Machtergreifung Hitlers in Deutschland[27]. Der jüngste Streit um die Einführung der Autobahngebühr auf Österreichs Straßen wurde ebenfalls sehr rasch mit einer sehr ähnlichen Argumentation geführt.

Mit dieser Abhängigkeit und Erpreßbarkeit geht der Verdacht - und oft der Vorwurf - einher, der Österreicher verliere im und durch den Tourismus seine Identität. Die vorangehenden Betrachtungen sind geeignet, diesen Verdacht zu erhärten. Daher will ich noch einige vielleicht relativierende Überlegungen anschließen.

Daß sowohl der Fremdenverkehr als auch die Fremdenverkehrswerbung Veränderungen bewirken, steht außer Frage. Durch das Bemühen, dem Touristen das Gefühl zu geben, *nicht daheim und doch zu Hause* zu sein, durch das dauernde Zurverfügungstellen der touristischen Produkte Landschaft, Kunst, Kultur und Österreicher, kann auch den Einheimischen in stark frequentierten Orten ein Gefühl des *nicht daheim und doch zu Hause* befallen. Andererseits konstruiert die Tourismuswerbung ein möglichst ansprechendes touristisches Angebot, ein möglichst schönes Österreich. Es wird mit Eigenschaften geworben, die als besonders attraktiv erachtet und immer wieder als solche hingestellt werden. So gesehen ist diese Fremdenverkehrswerbung fähig, Verbundenheit zu Österreich zu fördern, Schönes ins Bewußtsein zu rufen und dort zu halten, sowie die Erhaltung desselben zu bewirken - beim Touristen wie beim Einheimischen.

Die Tourismuswerbung - so infam das klingen mag - trägt dazu bei, eine österreichische Identität zu schaffen. Kaum jemand wird sich gern voll und ganz mit dem dort dargestellten Bild des Österreichers identifizieren. Aber selbst dessen Ablehnung - „so sind wir nicht" - bewirkt etwas keineswegs Selbstverständliches: ein Wir-Österreicher-Gefühl. Sogar in kritischen Auseinandersetzungen mit dem Fremdenverkehr begegnet man deshalb einer österreichischen Identität mit eben jenen Attributen, die von der Werbung propagiert werden: „[...] denn gerade Gastfreundschaft, Gemütlichkeit, Kultur und der direkte Kontakt mit den Einheimischen [...] gehören zu jenen Ingredienzen des österreichischen Urlaubsangebots, die von zufriedenen Gästen gelobt werden. Sie bilden die vermarktbaren Aspekte österreichischer Identität, denen in den Kommunikationsformen touristischer Werbung besonders Rechnung getragen wird."[28]

Das Bild, das die Fremdenverkehrswerbung von Österreich zeichnet, hat eine gewisse Macht. Diese Macht besteht darin, daß dieses Bild als touristisches Angebot Wirklichkeit wird. Aber darüber darf nicht vergessen werden, daß diese Wirklichkeit nicht das wahre oder das einzige Österreich darstellt, sondern *nur* ein mögliches.

Anmerkungen:

1 Vgl. zum Folgenden: Verhandlungen des am 13. und 14. April 1884 in Graz abgehaltenen Delegirtentages zur Förderung des Fremdenverkehrs in den österreichischen Alpenländern: nach stenographischen Aufzeichnungen, Graz 1884. Zitiert nach: Alois Brusatti: 100 Jahre österreichischer Fremdenverkehr: Historische Entwicklung 1884-1984. Wien 1984, S. 35-76. [sic]

2 Brusatti, Fremdenverkehr, S. 15.

3 Vgl. Hasso Spode: Geschichte des Tourismus. in: Hans Hahn/ H. Jürgen Kagelmann: Tourismuspsychologie und Tourismussoziologie: Ein Handbuch zur Tourismuswissenschaft. München 1993, S. 3-9.

4 Zit. n. Toni Hiebeler/Sepp Keller: Karwendel. München 1981, S. 13.

5 Anonym, 1878 „Von einem Österreicher", zit.n. Brusatti, Entwicklung, S. 83.

6 Fritz Jaeger: Werbung im Fremdenverkehr: Eine wissenschaftliche Untersuchung der Tiroler Verhältnisse. Innsbruck 1936, S. 5.

7 „Festland Österreich" war der Slogan der Österreichischen Fremdenverkehrswerbung in den Jahren 1984-1987, „Wanderbares Österreich" von 1978 bis 1983.

8 Theodor Brieger: Wie werben wir? Linz 1936, S. 12.

9 Lucius Burckhardt: Ästhetik der Landschaft, S. 63. in: Wolfgang Kos (Hg.): Die Eroberung der Landschaft: Semmering, Rax, Schneeberg (Katalog zur Niederösterreichischen Landesausstellung Schloß Gloggnitz 1992). Himberg 1992, S. 65-70.

10 Zit.n. Robert Müller: Fremdenverkehrswerbung in Österreich: Historische Beispiele seit 1884. Wien 1984, S. 31.

11 Monika Wagner: Ansichten ohne Ende - oder das Ende der Ansicht?: Wahrnehmungsumbrüche im Reisebild um 1830, S. 328. in: H. Bausinger (Hg.): Reisekultur: Von der Pilgerfahrt zum modernen Tourismus. München 1991, S. 326-336.

12 Wolfgang Kos: Die Eroberung der Landschaft: Zu einem kulturhistorischen Ausstellungsprojekt, S. 23. in: ders., Eroberung, S. 20-48.

13 Vgl. Wolfgang Kos: Imagereservoir Landschaft: Landschaftsmoden und ideologische Gemütslagen seit 1945, S. 601. in: Reinhard Sieder/Heinz Steinert/

Emmerich Tálos (Hg.): Österreich 1945-1995: Gesellschaft, Politik, Kultur. (=Österreichische Texte zur Gesellschaftskritik, Bd. 60). Wien 1995, S. 599-624.

14 Zit. n. Müller, Fremdenverkehrswerbung, S. 36.

15 Zit. n. Brusatti, Entwicklung, S. 185.

16 Vgl. Kos, Imagereservoir, S. 621.

17 Ebda, S. 619.

18 Ebda, S. 623.

19 Erich Gebert: Halbheiten der zwischenstaatlichen Vertragspolitik. Zit. nach: Müller, Fremdenverkehrswerbung, S. 49.

20 Zit.n. Brusatti, Fremdenverkehr, S. 143.

21 Vgl. Kurt Luger: Salzburg als Bühne und Kulisse: Die Stadt als Schauplatz der internationalen Unterhaltungsindustrie. S. 184. in: Hanns Haas/Robert Hoffmann/ Kurt Luger (Hg.): Weltbühne und Naturkulisse: Zwei Jahrhunderte Salzburg-Tourismus. Salzburg 1994, S. 176-187.

22 Eduard Heinl: Die Probleme des Fremdenverkehrs. S. 13. in: Franz Dörfel (Hg.): Österreichs Fremdenverkehr: Zwei Aufsätze. (=Fremdenverkehrs-wissenschaftliche Schriftenreihe, Heft 1). Wien 1946, S. 7-18.

23 Hans Gschnitzer: Wahre Volkskultur - Volkskultur als Ware. S. 6. in: Arbeitskreis Freizeit & Tourismus an der Universität Innsbruck (Hg.): Volkskultur und Wirtschaft, Volksmusik und Tourismus. (=Materialien für Freizeit und Tourismus, Heft 3). Innsbruck 1988, S. 6-8.

24 Ebda.

25 Heinl, Probleme, S. 12.

26 Ebda.

27 Zit.n. Brusatti, Fremdenverkehr, S. 120.

28 Kurt Luger/Franz Rest: Mobile Privatisierung. Kultur und Tourismus in der Zweiten Republik. in: Österreich 1945 - 1995. Hg. v. Reinhard Sieder/Heinz Steinert/Emmerich Tálos. Wien 1995. (=Österreichische Texte zur Gesellschafts-kritik. 60), S. 655 - 670, hier S. 663.

Werner SUPPANZ

Geschichtsbilder im Ständestaat

> Didier dagegen wußte, was das [Vaterland] war, die Familie über Generationen existierte deutlich für ihn, und das Land, in dem er geboren war, durch dessen Geschichte; er nannte Jeanne d'Arc nur bei ihrem Vornamen, und Gut und Böse waren für ihn ebenso festgelegt wie sein gegenwärtiges und zukünftiges Schicksal. (Albert Camus: Der erste Mensch. Reinbek b. H. 1995, S. 235)

1 Geschichtsbilder im "Ständestaat"

Ein Abschnitt der österreichischen Zeitgeschichte, der in der Entwicklungsgeschichte des Österreichbewußtseins oft vernachlässigt wird, ist der "autoritäre Ständestaat". Die Jahre der Diktatur durch die Regierungen Dollfuß und Schuschnigg brachten allerdings eine sehr spezifische Form des Selbstverständnisses - eine "Österreich-Ideologie" (Anton Staudinger)[1] - hervor, die sich sowohl von dem der vorangegangenen Jahre der Ersten Republik als auch von dem der Zweiten Republik deutlich unterschied. Es diente der Legitimation der innenpolitischen Ordnung des Regimes und der Eigenstaatlichkeit des Landes in der Abwehr des Nationalsozialismus. Eine zentrale Rolle in dieser Österreich-Ideologie spielte die Ausformulierung einer "österreichischen Geschichtsauffassung"[2]. Sie sollte den Anspruch auf Unabhängigkeit bei gleichzeitiger Betonung des deutschen Wesens auf der Grundlage eines besonderen Geschichtsverlaufs begründen und in den Österreichern patriotische Begeisterung erwecken.

Die Formulierung "Geschichtsbilder im Ständestaat" ist im Grunde genommen irreführend. Denn es ist kennzeichnend für das autoritäre Österreich, daß sein offizielles historisches Selbstverständnis ein hohes Maß an Einheitlichkeit und verordnetem Charakter, man könnte sagen: Kanonisierung, aufweist. Welche Interpretation österreichischer Geschichte als systemkonform galt, daran existierte kein Zweifel. Es gibt kaum eine Epoche, die nicht in Publikationen oder internem Schulungsmaterial der Vaterländischen Front (VF) behandelt wird, um daraus das "richtige" Geschichtsbild zu vermitteln, das wir in Ableitung aus der Rhetorik jener Zeit als "vaterländisches Geschichtsbild" bezeichnen können. Daher läßt sich wohl ohne Übertreibung von einem geschichtsideologischen Gedankengebäude sprechen.[3] Die Kulturpolitik der VF versuchte mit großem Aufwand, das kollektive Gedächtnis der Österreicher zu intensivieren und inhaltlich in ihrem Sinne zu formen. Kennzeichnend ist dabei, daß wahrscheinlich bereits weitgehend verankerte Denkkategorien, Personen und Ereignisse (Deutschtum, Reich, Prinz Eugen, Türkenbelagerung etc.) nun unter dem Paradigma des "christlichen Deutschtums" uminterpretiert und in ihrer Bedeutung präzisiert wurden. Dabei blieb dennoch vieles vage und widersprüchlich.

Der Pluralismus war begrenzt. Marxistische Auffassungen fanden keine legale Möglichkeit zur Verbreitung. Der eigentliche Gegner im geschichtsideologischen Kampf war aber, wie wir sehen werden, der Nationalsozialismus, in dessen historischer Argumentation zum Teil dieselben Begriffe - z. B. Reich, Deutschtum - eine zentrale Rolle spielten.

Eine Stellung zwischen dem vaterländischen Geschichtsbild und den illegalen Ideologien nahm die "gesamtdeutsche Geschichtsauffassung" ein, deren prominentester Vertreter Heinrich von Srbik war.[4] Sie hatte keinen offiziellen Charakter und wurde teilweise von den Vertretern der Österreich-Ideologie heftig kritisiert. Hauptgrund dafür waren ihre Sympathien für den Anschluß an das nationaldeutsche Reich, in dem Österreich keine Sonderstellung gehabt hätte. Dennoch galt sie in ihrer Anerkennung der österreichisch-habsburgischen Leistungen für das Gesamtdeutschtum als empfehlenswerte Literatur.[5]

Eng verbunden mit dem vaterländischen Geschichtsbild waren auch die Legitimisten, die am anderen Ende des Meinungsspektrums standen. Ihre Vertreter hielten für die Schulungsabteilung der Vaterländischen Front historische Vorträge bzw. konnten in Zeitungen der Regierungsorganisationen publizieren.[6] Hier gab es also deutliche Überschneidungen, die allerdings angesichts der legitimistischen Sympathien in der Staatsführung - allen voran Schuschnigg und Starhemberg - nicht überraschen.[7] Allerdings versuchten 'radikalere' Vertreter unter ihnen bewußt gegen das offizielle historische Selbstverständnis - insbesondere dem als deutscher Staat - zu polemisieren und setzten ihm ein österreich-nationales und betont slawenfreundliches Bild entgegen.[8]

Im Kreise der Vertreter des vaterländischen Geschichtsbildes im engeren Sinne, z.B. den Schulungsbeauftragten der Vaterländischen Front, lassen sich zwei Strömungen unterscheiden: die "deutsch-" oder "national-katholische" und die "abendländisch-" bzw. als Entsprechung zu den "betont Nationalen" die "betont katholische" Richtung. Erstere, die sich als politisch dominant bewerten läßt, hob stärker den Charakter Österreichs als katholisches Deutschtum hervor; der Übergang zur gesamtdeutschen Geschichtsauffassung war hier durchaus fließend. Selbst zu den Nationalsozialisten gab es Nahebeziehungen. Die "Abendländisch-Katholischen" dagegen betonten stärker den übernationalen Anteil an Österreichs Geschichte und Wesen sowie Österreichs Leistungen für Christentum und Abendland im allgemeinen.[9] Diese Tendenz setzte sich bei den Legitimisten fort, die, wie erwähnt, die Zugehörigkeit zum Deutschtum überhaupt in Frage stellten. Von den Extrempositionen abgesehen handelte es sich hier aber keineswegs um gegensätzliche Standpunkte. Im Gegenteil ist unter den beiden Richtungen eher eine Bandbreite im Rahmen eines gemeinsamen Österreichbewußtseins zu sehen, das auf zwei Säulen beruhte: Christentum/Katholizismus und Deutschtum.

2 Christentum/Katholizismus

Die Maiverfassung 1934 definierte Österreich in ihrer Präambel unter anderem ausdrücklich als "christlichen, deutschen Bundesstaat".[10] Das Dollfuß-Regime lehnte liberale und säkulare Vorstellungen vom Staat ausdrücklich ab. Die Trennung von Staat und Kirche und vor allem die Äquidistanz des Staates zu den Konfessionen galten als Irrwege, die zu überwinden waren. Hingegen sollte Österreich eine historische Mission als Avantgarde der Rekatholisierung ausführen. Konkreter Ausdruck dieser Bestrebungen war die Berufung auf die Enzyklika "Quadragesimo anno" Papst Pius XI. von 1931, die als programmatische Grundlage für die Umgestaltung Österreichs von einer liberal-kapitalistischen Gesellschaft zu einem Staat der Berufsstände galt, in dem die Arbeiter entproletarisiert, der Klassenkampf überwunden und die soziale Harmonie wiederhergestellt werden sollten.

Dieses Programm beruhte auf einem universalhistorischen Geschichtsbild, das die gesellschaftliche Entwicklung Europas seit der Aufklärung als ständigen Verfallsprozeß auffaßte. Dagegen war das Mittelalter "jene Zeit, in der das Volk berufsständisch organisiert und gegliedert war, [...] jene Zeit, in der der Arbeiter gegen seinen Herrn nicht aufstand und organisiert war, jene Zeit, wo Wirtschaft und Leben auf der Zusammenfassung aller gegründet war, die in einem Berufe ihr Brot erhalten haben", verkündete Bundeskanzler Dollfuß in der "Trabrennplatz-Rede" vom 11.9.1933. Diese Gesellschaft ohne soziale Antagonismen beruhte auf zwei Pfeilern, der ständischen Ordnung, in der jeder seinen Platz in der Welt akzeptierte, und deren Legitimation durch die Kirche. Die "neue Geistesrichtung" verdrängte dieses "System gesellschaftlicher und wirtschaftlicher Ordnung" allerdings für anderthalb Jahrhunderte und führte zur Unterdrückung der Mehrheit des Volkes durch die Herrschaft der "Geldmacht" und der Technik. Liberalismus und die von ihm provozierte Gegenreaktion, der Marxismus, verkörperten ein "Zeitalter der Willkür und der reinen Macht" und "brutalen Materialismus".[11]

Das christliche Mittelalter war also gut, Aufklärung, Liberalismus und Säkularismus waren dagegen schlecht. Dieses Konzept macht das rückwärtsgewandte Selbstverständnis des Ständestaates schon sehr deutlich, das auch auf der politischen Ebene der vaterländischen Geschichtsideologie sichtbar ist. Nicht zufällig spielt darin die Idee des mittelalterlichen Reiches eine zentrale Rolle. Der katholische und der deutschnationale Aspekt dieses Geschichtsbildes sollen nun im folgenden getrennt - aber unvermeidlich mit zahlreichen Überschneidungen - skizziert werden:

Die enge Verbindung Österreichs mit dem Christentum und die darauf beruhende Verpflichtung gegenüber dem Papsttum fanden ihren Ursprung bei Karl dem Großen. Das entscheidende Datum war die Gründung der Karolingischen Ostmark, für die zumeist die Jahre 791 oder 803 angegeben wurden. Diesem Ereignis schrieb man in mehrfacher Hinsicht fundamentale Bedeutung nicht nur für das Werden, sondern auch für das Wesen Österreichs zu: Die Entstehung Österreichs war damit unmittelbar auf den ersten mittelalterlichen Kaiser, den indirekten Gründer des Heiligen Römischen Reiches, zurückzuführen. Als Ostmark hatte es von Anfang an eine besondere Mission für Kaisertum und Papsttum auszuführen, die das Land schließlich zum Träger und "authentischen Interpreten" der Reichsidee machen sollte. Auch als Österreich von der Mark zum Reich wurde, blieb es seinen Aufgaben als Bollwerk gegen die Heiden und Barbaren und als Brücke für die christlich-deutsche Kultur verpflichtet: "Das erste Österreich war eine Grenzmark, gegründet im Osten durch Kaiser Karl den Großen, später erneuert von den Babenbergern, dazu bestimmt, wilde Horden abzuhalten und die westliche Kultur gegen Osten auszubreiten. Auch heute ist Österreich gleichsam die östliche Zitadelle von Europa", erklärte Bundespräsident Miklas anläßlich der Türkenbefreiungsfeier am 12.9.1933 auf dem Wiener Heldenplatz.[12] Diese "österreichische Mission" und ihre ideelle Grundlage - die "österreichische Idee" - wiederzubeleben war das vorrangige Ziel der vaterländischen Geschichtsideologie.

Die Gründung der Karolingischen Ostmark war damit auch die Geburtsstunde Österreichs. Aus der Sicht des Jahres 1996 ist es interessant festzustellen, daß in den dreißiger Jahren des 20. Jahrhunderts das Datum 996 im Vergleich dazu nur den Charakter eines historischen Details am Rande hatte. Die Wurzeln des Landes bei Karl dem Großen galten dagegen als ruhmreicher Beginn, der auch, wie erwähnt, der "österreichischen Idee" vollkommen entsprach: "Glanzvoll ist der Ursprung der Ostmark. An ihrer Wiege stand der bedeutsamste König, der je die Krone des Reiches trug: Karl der Große!"[13]

In den folgenden Jahrhunderten erfüllte Österreich immer wieder seine Aufgabe als Bollwerk des Christentums und des Reiches. Seine größten Herrscher zeichneten sich gerade durch ihre Treue gegenüber der Kirche aus - Musterbeispiel dafür ist der Babenberger Leopold III. der Heilige, dessen 800jährigen Todestages im Jahr 1936 auch entsprechend gedacht wurde: "Österreich gehorcht Gott und dem Papst bekundeten nicht nur Leopold II. und der heilige Leopold, es ist vielmehr die Haltung aller Babenberger".[14]

Mit dem Ende des Mittelalters begann aber gemäß der vaterländischen Geschichtsideologie jener Verfallsprozeß, der Österreich zum Vorkämpfer des wahren Christentums machen sollte. Denn die religiöse Spaltung sei "die Tragik der Reichsgeschichte seit 400 Jahren, die Hinwendung zur materialistischen Lebensauffassung, die Entwicklung zum bürgerlichen Liberalismus, zu Nationalvergottung und Bolschewismus: die Tragik von damals und heute".[15] Auch wenn es sich hier um eine radikale Formulierung handelt, galt die Reformation im vaterländischen Geschichtsbild eindeutig als Wurzel allen Übels der Gegenwart und bewirkte natürlich auch das Ende des Heiligen Reiches, das klarerweise auf der konfessionellen Einheit beruhte.

Hier wird nun die besondere Rolle Österreichs und der Habsburger deutlich. Seit dem 16. Jahrhundert und insbesondere seit dem Dreißigjährigen Krieg richtete sich ihre Mission nicht mehr nur gegen äußere Feinde, sondern sie sei auch innerhalb des Deutschtums wirksam gewesen, gegen jene Reichsfürsten, die die Einheit des Reiches und die Autorität des Kaisers untergruben. Infolge der Reformation sei die innere Kraft des deutschen Volkes in unheilvoller und unheilbarer Spaltung zerbrochen, hieß es in einem Kursbehelf der VF, aber das romtreu gebliebene Österreich wurde dadurch der "Träger einer alten Überlieferung, die echteste deutsche Überlieferung war".[16] Diese Aufgabe brachte Österreich auch in einen unauflösbaren Widerspruch zu Preußen, einen Konflikt, der einen ersten Höhepunkt im Gegensatz zwischen Maria Theresia und Friedrich II. von Preußen erreichte.

Weiterhin blieb das habsburgische Österreich aber auch Bollwerk des Christentums gegen die äußeren Reichsfeinde. Höhepunkt dieses heldenhaften Wirkens waren natürlich die Türkenkriege, das "Heldenzeitalter" Österreichs. Das Barock galt als Blütezeit der österreichischen Geschichte, in der die Verbindung von weltlicher Herrschaft der Habsburger und Kirche zum Segen von Reich und Abendland ihren Höhepunkt erreicht habe. Es ist nur konsequent, daß später die Franzosenkriege gegen das revolutionäre und napoleonische Frankreich das "zweite Heldenzeitalter" waren.[17]

Nach den Türkenkriegen spielte die christliche Mission in der österreichischen Geschichte jedoch eine geringere Rolle. Dafür waren mehrere Gründe verantwortlich. Erstens beendeten sie für lange Zeit die Bedrohung aus dem Osten. Zweitens wurden die Habsburger von Preußen zunehmend in die Defensive gedrängt. Und drittens mußte Österreich immer heftiger sein "katholisches Wesen" gegen die Kräfte der Aufklärung, des Liberalismus und Nationalismus verteidigen, sodaß es auch im Inneren Prozessen ausgesetzt war, die aus der Sicht der vaterländischen Geschichtsideologie nur als Zersetzung zu bewerten waren.

1918 schienen diese Kräfte gesiegt zu haben. Die "finstere" Zeit der Ersten Republik war angebrochen, in der Marxismus und Liberalismus das Sagen hatten. Nur Ignaz Seipel, einer "wahren Lichtgestalt" - der "größte Staatsmann und idealste Mensch" der Ersten Republik - , sei es zu verdanken gewesen, daß das wahre Österreich erhalten und sich seiner Mission bewußt blieb.[18] Dollfuß, der Vollstrecker seines Vermächtnisses, hatte daher das göttliche Recht auf seiner Seite, indem er durch die Ausschaltung des Parlaments und das politische Monopol der Vaterländischen Front "unösterreichische" Zustände beseitigte. Der Ständestaat konnte wieder an die jahrhundertealte österreichische Mission anknüpfen. Denn der Bolschewismus war der neue Feind aus dem Osten und der Nationalsozialismus jener Feind, den Österreich seit Jahrhunderten in Gestalt der Reformation und des säkularistischen Preußentums bekämpft hatte.

3 Deutschtum

Die zweite Säule des Österreichbewußtseins im Ständestaat war das Bekenntnis zum Deutschtum. Es wurde mit demselben Pathos vorgebracht wie die katholische Identität. Beide Eigenschaften, "deutsch" und "katholisch", galten als voneinander untrennbar. Der Österreicher war der katholische Deutsche schlechthin und damit der wahre Deutsche. Denn, wie wir schon gesehen haben, kam es gemäß der vaterländischen Geschichtsideologie mit der Reformation zur Abkehr von der christlichen Reichsidee, die letztlich zur Gründung des preußisch beherrschten deutschen Nationalstaats führte. Seinem Einfluß konnten sich bis zum Ständestaat nur die Österreicher entziehen, die die christlich-übernationale und damit auch wahrhaft deutsche Reichsidee zu verkörpern für sich beanspruchten: "Dadurch wurde Österreich der Träger einer alten Überlieferung, die echteste deutsche Überlieferung war."[19]

Die Frage, warum die Österreicher Deutsche seien, ist aus der Sicht des Geschichtsbildes des Ständestaates leicht zu beantworten. Es war natürlich die Besiedlung durch "deutsche" Stämme, insbesondere die Bajuwaren, im Frühmittelalter und die Eingliederung in ein zumeist von Anfang an als "deutsch" empfundenes Reich, die Österreich zu deutschem Boden machten. Damit war das Land auch seit seiner Entstehung Träger überlegener Kultur, denn kulturelle und zivilisatorische Aufbauarbeit schrieb man ausschließlich den "Deutschen", niemals aber den Slawen und schon gar nicht den aus dem Osten kommenden Ethnien zu. Als mitteleuropäisches Deutschtum hatte Österreich daher eine eine besondere Verantwortung: "Kulturgeschichtlich liegt Österreich dort, wo das 'westöstliche Kulturgefälle' am stärksten war und wo die großen Kulturströme Europas wie nirgend sonst aufeinandertreffen [...]. Daher die zwei großen Sendungen Österreichs: zunächst kulturelle Erziehung der kleinen Nationen und deren Durchdringung mit deutschem Wesen um dann Brücke zwischen den verschiedenen Kulturen zu sein", lehrt das "Schulungsgut" der VF.[20] Dieser teils unterschwellige, teils ausdrückliche Überlegenheitsanspruch bestimmte das Geschichtsbild im Ständestaat bis zur Darstellung der franziskojosephinischen Zeit.

Schon in der Behandlung der mittelalterlichen Anfänge der historisch-politischen Individualität "Österreich" strich man die Sonderstellung innerhalb des Deutschtums heraus. Als Ostmark lag das Land an der Grenze, an der die größten Gefahren drohten, wo aber auch die größten Aufgaben in der Vermittlung christlich-deutscher Kultur zu vollbringen waren. Unter den Babenbergern, besonders unter Leopold III. dem Heiligen und Heinrich II. Jasomirgott, wird die Sonderstellung schon deutlich sichtbar: Leopold sei sich der österreichischen Mission deutlich bewußt gewesen, indem er auf die deutsche Königskrone verzichtete. Denn er habe erkannt, daß es die Bestimmung seines Landes war, dem Deutsch- und dem Christentum als Brücke und Bollwerk und nicht als Machtzentrum zu dienen. Heinrich II. Jasomirgott erreichte schließlich mit dem Privilegium minus endgültig die rechtliche Ankennung der Tatsache, daß die "Ostmärker" ganz besondere Deutsche waren.[21]

Nach dem Aussterben der Babenberger drohte noch einmal die Gefahr, daß Österreich der deutschen Kultur und Politik entrissen werden könnte. Daher galt der Sieg Rudolfs von Habsburg über Przemysl Ottokar als ganz besonderes Verdienst. Die ersten Habsburger, insbesondere Rudolf IV. (Privilegium maius) und Albrecht II. (der Erste, der die deutsche, ungarische und böhmische Krone innehatte), bereiteten aus der Sicht des vaterländischen Geschichtsbildes den Weg zu jener Doppelfunktion, die Österreich im Rahmen seiner Mission einzunehmen hatte: als Träger der Reichsidee das Oberhaupt des Reiches zu stellen und als Brücke und Bollwerk ein christlich-deutsches Mitteleuropa sowohl zu verteidigen als auch kulturell zu durchdringen.

Die größten Heldentaten, die auch die größten (Eigen-)Lobpreisungen seitens der Autoren des Ständestaates einbrachten, vollbrachte das habsburgische Österreich in der frühen Neuzeit. Es mußte sich einerseits fast ohne Hilfe durch die Reichsfürsten den Türken und den Franzosen entgegenstellen. Die Position allein "gegen eine Welt von Feinden"[22] sollte das historische Selbstverständnis Österreichs anscheinend nachhaltig bestimmen, denn auch im Ersten Weltkrieg sah es nicht besser aus. Gleichzeitig mußten die Habsburger die göttliche Reichsidee auch im Inneren gegen die protestantischen Reichsfürsten verteidigen, die die Existenz des Heiligen Römischen Reiches durch ihren Egoismus aufs Spiel setzten: "So wurde dem Kaiser der Kampf um die Glaubenseinheit der katholischen Kirche aufgezwungen."[23]

Österreich und seine Dynastie handelten in dieser Darstellung natürlich nie egoistisch und auch nie aggressiv. Sie waren immer nur Verteidiger, nicht ihrer Interessen, sondern des Katholizismus und des Heiligen Römischen Reiches. Solange sie sich dieser Mission bewußt waren, konnten ihre Handlungen gemäß der vaterländischen Geschichtsideologie nur legitim sein und entzogen sich jeder Kritik. Diese Sichtweise bestimmte auch die Darstellung jener Auseinandersetzung, die die Kluft zwischen "wahrem" und "falschem" Deutschtum endgültig öffnen sollte: Österreich gegen Preußen.

Ebenso wie der Kampf gegen die Türken hatten die Konflikte und Kriege mit Preußen geradezu manichäischen Charakter. Nicht einfach zwei verfeindete Mächte standen demgemäß einander gegenüber, sondern es war eine Auseinandersetzung zweier Prinzipien, von Gut und Böse. Aus der Sicht des Ständestaates war es ein Konflikt um die wahre Auffassung vom deutschen Wesen. Katholisches, und damit übernationales, antinationales und antiliberales Deutschtum Österreichs stand als "Vermittler und Bannerträger eines uralten Stückes deutscher Kultur und universalistischen deutschen Geistes"[24] dem nationalen und säkularen Prinzip Preußens gegenüber, das wesenhaft "undeutsch" war, oder anders ausgedrückt: "Reich und Staat, katholisch-universale und protestantisch-territoriale Staatsauffassung".[25] Denn es war unangreifbares Gedankengut des Ständestaates, daß erst das römische Christentum aus den Germanenstämmen das deutsche Volk hervorgebracht habe: "Nicht die Gründung des Karolingerreiches, sondern die Bekehrung zum Christentum, die dieses Reich erst möglich gemacht hat, hat aus den germanischen Stämmen Mitteleuropas das deutsche Volk gemacht", hieß im Redner-Informationsdienst der VF die Antwort auf die rassische Definition der Nationalsozialisten.[26]

Preußen galt nun als die politische Verkörperung der Reformation und damit der Abkehr von einer übernationalen, christlich-abendländischen Auffassung vom Deutschtum, kurz gesagt: vom deutschen Wesen schlechthin. Die zunehmende Macht Preußens, die Niederlage von 1866 und die Gründung des "Zweiten" Deutschen Kaiserreiches 1871 führten zur Verpreußung Deutschlands, der sich einzig und allein Österreich entziehen konnte. "Je mehr das Reich deutsch wurde, je mehr mußte Österreich österreichisch werden", erläuterte Hermann M. Görgen vom Traditionsreferat der VF die Notwendigkeit der Trennung vom nationalen Reich.[27] Diese Verpreußung drohte im Land selbst, in Gestalt der Aufklärer, der Liberalen, der Alldeutschen in der Zeit bis 1918. Sie hätte beinahe gesiegt, als nach dem Untergang der Monarchie Großdeutsche und Sozialdemokraten den Anschluß anstrebten. Aber dank Seipel und später dank Dollfuß sei sich das österreichische Deutschtum seiner eigenen Wesensart und seiner Mission bewußt geworden.

Noch galt die Gefahr der Verpreußung jedoch nicht als beseitigt. Denn das kleine Österreich stand einem mächtigen nationalsozialistischen Preußen-Deutschland gegenüber. Der Ständestaat setzte daher jenen Kampf um das wahre, christlich-abendländische Deutschland fort, den schon Franz Joseph, Maria Theresia und in gewissem Sinne Ferdinand II. im Dreißigjährigen Krieg geführt hatten. Ein Flugblatt der VF brachte diese Haltung auf den Punkt: "Aber wir lehnen den Ruf von Potsdam ab, der ein Schlag ins österreichische Antlitz, der trotz aller nationalen Umhüllung undeutsch ist! Der Nationalsozialismus ist die barbarische Erneuerung von Potsdam!"[28] Der Kampf gegen den Anschluß, das war in der vaterländischen Geschichtsideologie in Wahrheit ein neuer Höhepunkt in einer jahrhundertelangen Auseinandersetzung.

4 Reichsideologie

Die Idee des Reiches verknüpfte den deutschen und den katholischen Charakter Österreichs. Sie gab dem österreichischen Deutschtum seinen spezifischen Charakter. Der Kampf gegen den Nationalsozialismus war daher aus der Sicht des Ständestaates auch ein Kampf divergierender Auffassungen vom Reich.

Österreich stellte dem realen Übergewicht Deutschlands einen historisch begründeten geistig-symbolischen Führungsanspruch entgegen. Der Bezug auf das "Alte" oder "Erste Reich" war für die VF vorrangig: "Im Vordergrund des österreichischen Geschichtsbildes steht die Reichsidee, wie sie im heiligen römischen Reiche als Ordnungsidee für das ganze Leben der Staaten untereinander und innerhalb der Staaten wirksam war".[29] Seine Tradition lebte - über das habsburgische Österreich-Ungarn vermittelt - hierzulande fort. Das Deutsche Reich selbst galt dagegen als ein Pseudo-Reich, das mit der Reichsidee nichts mehr zu tun hatte, da ihm der sakrale Charakter völlig fehlte. Folglich hatte Österreich nicht nur das Recht, sondern sogar eine Verpflichtung, seine Unabhängigkeit gerade gegen einen "Anschluß" zu verteidigen: "Österreich ist Träger des Gedankens vom sacrum imperium, Verteidiger der ewigen Reichsidee, die in Rom ihre Hauptstadt hat, gegen das häretisch-protestantische Gegenreich des Königs von Preußen und seiner nationalsozialistischen Epigonen. Auch diese Trägerschaft der Reichsidee ist deutsche Sendung Österreichs."[30]

Was unterschied nun die Reichsideen voneinander? Wie bereits erwähnt, war es erstens der sakrale Charakter, der das wahre Kaisertum kennzeichnete. Österreich fühlte sich, so hieß es, in seiner ganzen Geschichte in erster Linie der Treue zu Rom und der katholischen Kirche verpflichtet. Ein Reich, das aus dem Geist des Nationalismus und des Liberalismus - also der Trennung von Kirche und Staat - entstanden war, verdiente diese Bezeichnung nicht. Das galt sowohl für das napoleonische Kaisertum als Inbegriff der Revolution als auch für das preußisch-deutsche: "Dieses 'erste' deutsche Kaiserreich war christlich-übernational und trug von den nationalstaatlichen Zielen der Gegenwart nichts an sich. Grundgedanke war wie beim alten römischen Reich Herrschaft über das christliche Abendland." [31]

Ein Deutsches Reich als Nationalstaat galt daher als Widerspruch in sich, als Abirrung vom Geist Karls des Großen oder Ottos I. Die "Deutschen" Österreichs dagegen waren durch den ständigen Kontakt mit anderen Kulturen, insbesondere der italienischen, gewissermaßen veredelt, ohne damit aber ihren deutschen Charakter zu verlieren, wie es ihnen die Nationalsozialisten immer wieder vorwarfen. In den "Richtlinien zur Führerausbildung" hieß es daher: "Innerhalb der einzelnen Nationen sind jene Stämme die kulturell lebendigsten, welche am meisten in kultureller Beziehung zu anderen hochstehenden Nationen stehen [...]. Da nun kein deutscher Stamm so innigen Anschluß an andere Nationen hatte, wie der österreichische, konnte sich in Österreich eine besonders hohe und eigenartige deutsche Kultur entwickeln (Baukunst, Musik usw.)."[32]

Zur Idee des Reiches gehörte aber auch der Föderalismus. Als übernationales Gebilde hatte es die Einheit in der Vielfalt der Völker und Stämme zu garantieren. Im vaterländischen Geschichtsbild war die Vielfalt der Stämme, Kulturen und Mentalitäten in der Einheit des Deutschtums ein durch die Geschichte hindurch immer wieder feststellbarer und bewiesener Wert. Ein Staat wie der nationalsozialistische verstieß aus dieser Sicht daher gerade durch seinen Zentralismus und die Gleichschaltung aller Gebiete gegen das Wesen des Deutschtums und der Reichsidee. Die Habsburger dagegen hätten sich immer als wahre Österreicher erwiesen, indem sie die ethnische und kulturelle Vielfalt innerhalb des Heiligen Römischen Reiches und ihrer Kronländer von wenigen Ausnahmen abgesehen durchwegs respektierten.[33]

Die Reichsideologie diente auch dazu, Deutschtum und Katholizismus als völlig gleichwertige und miteinander untrennbar verbundene Elemente österreichischen Wesens darzustellen. Tatsächlich aber war diese Frage nicht so eindeutig zu lösen, sie spitzte sich im Problem zu: Wie "deutsch" war das Heilige Römische Reich? Im offiziellen Sprachgebrauch war auch das "Erste Reich" unreflektiert ein Deutsches Reich, obwohl oft im selben Atemzug der christlich-abendländische Charakter dieses politischen Gebildes herausgestrichen wurde. Die Schulbücher des Ständestaates, wie z.B. die *Vaterlandskunde*, sprachen vom "Deutschen Reich" und von "Deutschen Kaisern" auch im Mittelalter. Allerdings äußerte sich gerade in diesem Punkt der Unterschied zwischen der "deutsch-katholischen" und einer "abendländisch-katholischen" Geschichtsauffassung.

Die extreme Auffassung der zweiten Richtung lautete: Österreich ist das "Abendland im Kleinen".[34] Es verkörperte die christliche Reichsidee auch in seiner Kultur und Bevölkerung, da es spätestens seit dem Hochmittelalter Schmelztiegel der europäischen Einflüsse war. Das Verhältnis zum Deutschtum war aus dieser Sicht klar: Es war ein, wenn auch gewichtiges, Element unter vielen. Die christliche Identität Österreichs hatte daher eindeutigen Vorrang vor der deutschen. Gleichzeitig aber wurde das "Gerede" vom europäischen oder abendländischen Deutschtum abgelehnt. Ein "Heiliges Römisches Reich deutscher Nation" habe es nie gegeben, schrieb Berthold Dietrich im *Vaterland*, es sei "Falschmünzergut" und ein zu bekämpfendes "Irrlicht".[35] Wenn Österreich europäisch oder abendländisch war, dann konnte es nicht gleichzeitig deutsch sein.

Dieser Gedankengang war eine Minderheitenmeinung. Die meisten Vertreter der abendländisch-katholischen Richtung hatten durchaus ihren Platz innerhalb der vaterländischen Geschichtsideologie (und der Vaterländischen Front). Sie betonten die internationalen Einflüsse auf Bevölkerung und Kultur Österreichs stärker und relativierten die deutsche Identität. Gleichzeitig aber hatten sie keinen Zweifel daran, daß das Land christlich-universal-europäisches und damit besseres Deutschtum verkörperte.

5 Habsburger

Eine herausragende Rolle im Geschichtsbild des Ständestaates nahm natürlich die Herrscherdynastie der Habsburger ein. Sie galten nicht unbedingt als Schöpfer Österreichs, aber sie waren das Haus, das die österreichische Mission über Jahrhunderte hindurch getreu durchgeführt hatte. Es gab "schwarze Schafe" unter ihnen - Maximilian II., Rudolf II., Matthias, die mit den Protestanten sympathisiert hatten oder ihnen gegenüber zu schwach gewesen waren, zum Teil Joseph II. mit seinen Sympathien für Aufklärung und Zentralismus -, aber das waren vorübergehende und keineswegs repräsentative Erscheinungen. Österreich und Habsburg galten als untrennbare Einheit, der Bezeichnung "Haus Österreich" schrieb man hohe symbolische Bedeutung zu. Frontführer Starhemberg faßte diese Haltung am Ersten Bundesappell der VF am 19.1.1936 zusammen: "Es ist unmöglich, die österreichische Geschichte und den Begriff Habsburg zu trennen. [...] es ist ganz unmöglich, zu leugnen, daß im Ablauf der Jahrhunderte Habsburgs Größe auch Österreichs Größe und Habsburgs Not auch Österreichs Not war."[36]

Die Treue zur habsburgischen Tradition war daher eine der höchsten Verpflichtungen des vaterländisch gesinnten Österreichers. Das Ende der Monarchie im Jahr 1918 galt als schwerer Fehler und Irrweg. Ebenso schlimm war aber der große Einfluß der habsburgfeindlichen Sozialdemokraten und der Großdeutschen in der Ersten Republik, der das Land auf einen "unösterreichischen" Weg geführt habe. Dollfuß und die neue autoritäre Regierung rechneten es sich daher als Verdienst an, die Kontinuität zur Monarchie und die Ehre der Habsburger wiederhergestellt zu haben.

Die Dynastie galt ausdrücklich als deutsches Herrscherhaus. "So deutsch wie die österreichische Geschichte seit Jahrhunderten war, ebenso deutsch ist das Haus Habsburg", verkündete Starhemberg, ausdrücklich gegen die NS-Propaganda gerichtet.[37] Es vertrat bis zuletzt und bis in die Gegenwart des Ständestaates hinein die wahre, deutsch-christlich-übernationale Reichsidee und damit das wahre Deutschtum: "Schwarz-gelb aber war die Farbe des heiligen Römischen Reiches deutscher Nation. Als es 1806 zusammenbrach, übernahm Kaiser Franz I. von Österreich die schwarz-gelbe Fahne und den Doppeladler für sein österreichisches Kaisertum, um damit auszudrücken, daß Österreich die legitime Fortsetzung des heiligen Römischen Reiches sei."[38]. In dieser Eigenschaft verteidigte die geschichtsideologische Publizistik die Habsburger vehement gegen die nationalsozialistischen Vorwürfe, die völkischen Interessen verraten zu haben.

Das Bekenntnis zur Monarchie war begleitet von einer Verherrlichung des Ersten Weltkrieges. Die Identifikation mit den Habsburgern war deutlich an die Kriegsgeneration, an "Alt-Österreichs schönstes Heer in seinem letzten, schwersten Kampf",[39] gerichtet, die für das "neue Österreich" gewonnen werden sollte. Anstelle der Mißachtung ihrer Tapferkeit und ihrer Treue gegenüber Kaiser und Vaterland, die in der Republik angeblich überhand genommen hatten, sollte nun das Andenken an die "gute, alte Zeit" und ihren "Untergang in Ehren" wieder hochgehalten werden.

6 Der "Feind aus dem Osten"

Ein zentraler Topos im Geschichtsbild des Ständestaates war der "Feind aus dem Osten". Diese Formulierung scheint zwar in keiner offiziellen Darstellung auf, aber unter ihr läßt sich ein Feindbild zusammenfassen, das das historische Selbstverständnis der vaterländischen Geschichtsideologie in hohem Maße bestimmt.

Österreich gilt hier als Land, das schon seit der Römerzeit Grenzland war. Die Bevölkerung war daher seit Jahrtausenden in der Abwehr geprüft. Der große historische Kampf wurde gegen das "östliche Barbarentum" geführt, gegen die Gefahr aus dem Osten und Südosten: "Österreich war immer der Schutzwall gegen den westwärts stürmenden Osten. Awaren-, Magyaren-, Türkenstürme und bolschewistische Einbrüche wurden hier aufgefangen", lehrte die VF.[40] Es war im Grunde immer derselbe Feind, der mit wechselndem Gesicht, aber unverändertem Wesen gegen die Ostmark/Österreich als Bollwerk des Christentums und des Deutschtums, d.h. der Kultur schlechthin, anbrandete. Die Barbaren aus dem Osten waren damit das Komplement zum ewig gleichen österreichischen Wesen, das eine von Gott übertragene Mission erfüllte. Nirgendwo im vaterländischen Geschichtsbild wird der Übergang zwischen Historie und Mythos so fließend, wird das ahistorische Element in ihm so deutlich.[41]

Seinen Höhepunkt erreichte dieser als ruhmreich gepriesene Kampf natürlich in den Türkenkriegen. Aber die Abwehr des "Feindes aus dem Osten" gehörte schon zu den Anfängen der österreichischen Geschichte, sie brachte Österreich sogar hervor. Denn am Anfang stand ja die Karolingische Ostmark, die das Abendland gegen die Awaren schützen sollte. Ihnen folgten die Magyaren, später die Mongolen. In der Verteidigung gegen diese Gefahr brachte das Land mit Friedrich dem Streitbaren einen Märtyrer hervor.[42]

Der längste, schwerste und verlustreichste Kampf wurde natürlich gegen die Türken geführt. Das Osmanische Reich wurde in den Geschichtsdarstellungen des Ständestaates ausschließlich negativ bewertet. Die inneren Strukturen, die kulturellen Leistungen fanden keinerlei Berücksichtigung. Die Türken galten als böse, rein zerstörerische Macht, die als Negation der - je nach Schwerpunkt - abendländischen oder christlich-deutschen Werte auftraten.[43] Sie unterschieden sich darin in keiner Weise von den Hunnen, Awaren oder Magyaren. Die Leistungen Habsburgs waren in den Türkenkriegen insgesamt umso größer, als sie diesen Kampf - wie man propagandistisch hervorhob - praktisch allein, ohne Hilfe der deutschen Reichsfürsten austragen mußten. Erst 1683 fanden sich noch einmal Reich und Abendland unter der Führung Österreichs zusammen.[44]

1683 war auch der große Wendepunkt in der Auseinandersetzung mit dem "Feind aus dem Osten". Es war der Triumph des Reiches, des Abendlandes und auch der katholischen Kirche. Die Belagerung und der Entsatz von Wien wurden im Ständestaat als legendenumrankte Ereignisse propagiert. Die Helden traten in ihnen geradezu epidemisch auf. Der besondere Anteil der römischen Kirche wird in der Gestalt des Marco d'Aviano herausgestrichen. Er war der päpstliche Legat, der durch seine Predigten in den Entsatztruppen jene Entschlossenheit und jenes Gottvertrauen entfacht haben soll, die den Sieg über die Ungläubigen ermöglichten. Der Kapuzinerpater erlebte im Zuge der Türkenbelagerungsfeiern geradezu kultische Verehrung.[45]

1683 war die Wende in dieser beinahe mythischen Auseinandersetzung mit den östlichen Barbaren, denn nun konnte das Haus Habsburg und mit ihnen das Reich in Südosteuropa in die Offensive gehen. Hier vollbrachte nun der größte Held des vaterländischen Geschichtsbildes seine Taten: Prinz Eugen, "der 'edle Ritter', der Befreier aus Türkennot, der Heerführer, und nachdem er mit seinen Siegen den Frieden gebracht hatte, Führer in glorreicher Zeit", wie ihn das

Gedenkblatt für den ermordeten Bundeskanzler Dollfuß pries.[46] Das Osmanische Reich wurde bekanntlich weit zurückgedrängt, und was dem vaterländischen Geschichtsbild am wichtigsten war: Österreich habe nun seine Mission als Vermittler christlich-deutscher Werte ausüben und Südosteuropa in die kulturelle Sphäre des Reiches einbringen können. In den folgenden zwei Jahrhunderten bis 1918 erlebte es seinen Höhepunkt als Kulturbrücke in den 'barbarischen (Süd)Osten' und machte die Slawen "zu Kulturnationen".[47]

Allerdings war der Sieg über den "Feind aus dem Osten" nicht endgültig. Der Zusammenbruch der Monarchie erschwerte die Erfüllung der österreichischen Mission vorübergehend und ließ die österreichische Idee sogar in Vergessenheit geraten. Gleichzeitig ließ man im vaterländischen Geschichtsbild das Haupt des alten Feindes sich wieder erheben, diesmal in Gestalt des Bolschewismus. Die Führung im Kampf gegen diese neue mächtige, dem christlichen Abendland feindliche Bedrohung beanspruchte wiederum Österreich für sich.[48]

7 Die Inszenierung des vaterländischen Geschichtsbildes

Die "vaterländische" Interpretation der österreichischen Geschichte war ein wesentlicher Bestandteil der Propaganda des Dollfuß-Schuschnigg-Regimes. Ihre Vermittlung an die Bevölkerung gehörte zum ideologischen Kampf gegen den Marxismus und vor allem den Nationalsozialismus. Zur Verbreitung dieser historisch legitimierten Österreich-Ideologie diente zum einen eine intensive Schulung der Amtswalter der Vaterländischen Front. Umfang- und detailreiche Unterlagen wurden erarbeitet, um sie argumentativ in der Rechtfertigung der österreichischen Eigenstaatlichkeit und des Anspruchs, die "besseren Deutschen" zu sein, zu rüsten.[49]

Selbstverständlich versuchte man das vaterländische Geschichtsbild auch der gesamten Bevölkerung direkt zu vermitteln. Wesentliche Schritte waren dabei die Umformulierung der Lehrpläne für den Geschichteunterricht und der allmähliche Austausch der

Geschichtelehrbücher.[50] Wesentliches Ziel dieser Maßnahmen war die Ersetzung des vorher tatsächlich dominierenden kleindeutschen und habsburgkritischen Geschichtsbildes durch die "österreichische Geschichtsauffassung" auch im Schulwesen. Es ist sicherlich keine Übertreibung zu behaupten, daß die Darstellung österreichischer Geschichte nie so detailliert in den Lehrplänen vorgeschrieben war wie im Ständestaat.[51]

Ein weiterer Schwerpunkt war die Förderung von Büchern, vor allem Jugendbüchern, die österreichische Geschichte in heroisierter und idealisierter Form volkstümlich machen sollten. Romane über Heldentaten der habsburgischen Armee erlebten eine Blüte.[52] Ein typisches Produkt dieser Geschichtsvermittlung ist das Buch *Helden der Ostmark*, herausgegeben vom Österreichischen Jungvolk der VF, das auf 365 Seiten in einer Unzahl von Erzählungen vorbildhafte Ereignisse und Personen der Vergangenheit beschreibt. Allen voran steht Prinz Eugen, dessen Porträt die Titelseite ziert.[53]

Am öffentlichkeitswirksamsten waren aber sicherlich die Veranstaltungen und Feiern in der Zeit des Ständestaates. Es handelte sich dabei nicht nur um offizielle Feiern des "Bundesstaates Österreich", sondern ebenso um Initiativen von Vereinen, der Kirche etc., die sich aber großzügiger Förderung seitens der Regierung erfreuten.

Der thematische Schwerpunkt waren die Türkenkriege und da vor allem das Gedenken an das Jahr 1683, dessen 250-Jahr-Jubiläum man praktischerweise 1933 feiern konnte. Damals veranstalteten die Heimwehren am 14.5. in Schönbrunn die Türkenbefreiungsfeier, und es fand der Allgemeine Deutsche Katholikentag vom 7. bis 12.9. statt, der wiederum als Rahmen für grundlegende Proklamationen Dollfuß' (die Trabrennplatzrede) diente. Der Tenor beider Veranstaltungen war die Propagierung des Sieges von 1683 als Triumph des von Österreich und Habsburg angeführten Reiches und Abendlandes über die Gefahr aus dem Osten. Er sollte Mut geben für die Kämpfe der Gegenwart gegen die neuen Bedrohungen der abendländischen Kultur, insbesondere den Bolschewismus.[54] Im Zusammenhang mit der Türkenbelagerung erlebte auch Marco d'Aviano hochgradige Verehrung. Bis 1935 fanden immer wieder Feiern und Aktionen zu seinem Gedenken statt, in die auch die Schulkinder ganz Österreichs eingebunden wurden.[55]

Selbstverständlich galt der Sieg in den Türkenkriegen als untrennbar verbunden mit der Person des Prinzen Eugen. Ihm war 1933 eine Ausstellung des "Vereines der Museumsfreunde" gewidmet, 1936 wurde seines 200. Todestages ausgiebig gedacht.[56]

Ein weiterer Schwerpunkt war der Erste Weltkrieg. Die Taten der österreichisch-ungarischen Armee erlebten eine ungeheure offizielle Aufwertung, die gezielt gegen die habsburgkritische Sicht der Sozialdemokraten und die reichsfreundliche der Großdeutschen und Nationalsozialisten gerichtet war. Ziel insbesondere der Einweihung des "Österreichischen Heldendenkmals" im Äußeren Burgtor am 9.9.1934 war es, Österreich-Ungarn im Ersten Weltkrieg als tapferen Vorkämpfer des Deutschtums und treuen Verbündeten des Reiches darzustellen, der aber letztlich zum Opfer der aggressiven, nationalistischen Politik Wilhelms II. wurde.[57] Der Gegensatz zwischen Habsburg als Vertreter der wahren deutschen Interessen voll friedlicher, europäischer Gesinnung und dem eigentlich "undeutschen" Preußen-Deutschland findet sich hier ebenso wieder wie in der Franz-Joseph-Ausstellung des "Vereins der Museumsfreunde" von 1935 im Schloß Schönbrunn. Sie diente in erster Linie der Darstellung Österreich-Ungarns als Raum, in dem christlich-deutsche Kulturarbeit die Völker Ost- und Südosteuropas erfolgreich und friedlich missionierte.[58]

8 Die innen- und außenpolitischen Funktionen des vaterländischen Geschichtsbildes

Aus unserer bisherigen Analyse geht schon eindeutig hervor, daß das vaterländische Geschichtsbild in hohem Maße politisch instrumentalisierbar war. Seiner Vermittlung an die Bevölkerung und an opinion leaders wie Funktionäre der Vaterländischen Front schrieb man dementsprechend hohe Bedeutung zu. Die Geschichtslehrbücher in den Schulen wurden ihm angepaßt, und die Aktivisten der VF erhielten Schulungen in österreichischer Geschichte. Das Geschichtsbild diente als Waffe im ideologischen Kampf gegen die politischen Gegner, die Sozialdemokraten, die Nationalsozialisten und die Vertreter des Liberalismus.

Eine Aufgabe war die Legitimation der inneren Ordnung des autoritären Österreichs. In diesem Bereich erscheint das Geschichtsbild des Ständestaates wie eine exakte Rückprojektion der politischen und kulturellen Zielvorstellungen der Gegenwart. Der Schwerpunkt lag dabei auf der Vorstellung von Österreich als christlich-katholischem Staat seit seiner Entstehung. Liberale und säkulare Weltanschauungen waren daher von vornherein "unösterreichisch". Solche Strömungen zu bekämpfen und aus dem politischen Gefüge auszuschalten galt als im Interesse des Staates unabdingbar. Politischer und kultureller Pluralismus außerhalb der schmalen "vaterländischen" Meinungsvielfalt war daher keinesfalls legitim, denn er führte gemäß dem Selbstverständnis der vaterländischen Geschichtsideologie zwangsläufig zur Selbstaufgabe Österreichs. Die Erste Republik galt dafür als abschreckendes Beispiel. Ein anderes Österreichbewußtsein als das des politischen Katholizismus konnte aus dieser Sicht nur zum Verlust der österreichischen Identität, zum Untergang der "österreichischen Idee" führen.

Eine weitere Rechtfertigung für die Errichtung des autoritären Regimes war die Tatsache, daß sowohl die Großdeutsche Partei als auch die Sozialdemokraten als Vertreter des Anschlusses galten. Die Anschlußerklärung an die neue Deutsche Republik von 1918 schrieb man ausschließlich diesen beiden Strömungen zu. Sie galt neben der ablehnenden Einstellung gegenüber den Habsburgern als weiterer Beweis für den unösterreichischen Charakter dieser beiden Parteien, die Österreich - wie man es darstellte - den Preußen ausliefern wollten. Die Anschlußfreundlichkeit in der Christlichsozialen Partei wurde verschwiegen.

Die "Verpreußung" war das Schreckgespenst, das die Vaterländische Front als Folge des Abbaus österreichischen Wesens an die Wand malte. Um sie zu vermeiden, galt die Erhaltung der österreichischen Eigenstaatlichkeit als unbedingt erforderlich. Mehrere historische Argumente, die wir hier noch einmal zusammenfassen, sollten die Berechtigung und Notwendigkeit des unabhängigen Österreichs nachweisen:

> Österreich vertrat das wahre deutsche Wesen, das in der Tradition des "Ersten Reiches", des Heiligen Römischen Reiches zum Ausdruck kam. Der wahre Deutsche hatte von christlicher und übernationaler Gesinnung zu sein.
>
> Das mittelalterliche "Deutsche Reich", auf das sich die Geschichtsideologen des Ständestaates immer wieder beriefen, galt als zutiefst vom Föderalismus und Stammescharakter des Volkes geprägt. Die Existenz zweier deutscher Staaten war daher mit dem Wesen des Deutschtums ohne weiteres vereinbar. Im Gegenteil, der Zentralismus und die Gleichschaltung im Dritten Reich waren vollkommen "undeutsch".
>
> Österreich als christlich-deutscher Staat war Träger der "österreichischen Mission". Die Geschichte habe bewiesen, daß nur Österreich in der Lage war, das Deutschtum und das Abendland geistig und militärisch zu verteidigen. Nun war es zwar ein Kleinstaat ohne Heeresmacht, aber eine geistige Großmacht, die Europa nach dem durch die Aufklärung und die Französische Revolution verursachten sittlich-kulturellen Verfall wieder aufrichten konnte.
>
> Österreich war damit auch das letzte Bollwerk gegen die Verpreußung Deutschlands. Die Kampfbereitschaft gegen das nationalsozialistische Dritte Reich sollte durch antipreußische Ressentiments aufgestachelt werden. Denn der Konflikt mit dem Reich war nur eine neue Etappe in der jahrhundertelangen Auseinandersetzung mit dem protestantischen und säkularen Preußen, das nach und nach ganz Deutschland überwältigt hatte.

In all diesen Eigenschaften waren die Österreicher die "besseren Deutschen", die die Tradition des mittelalterlichen und damit wahren Deutschtums bis in die Gegenwart pflegten: "Wir Österreicher glauben mit der Bewahrung unserer Katholizität und Weltaufgeschlossenheit sehr gute, wenn nicht bessere Deutsche zu sein."[59] Alle diese Argumente waren "Waffen" im ideologischen Kampf gegen den Nationalsozialismus als Erben Potsdams. Sie dienten dazu, der realen Macht des Dritten Reiches einen ideellen, historisch begründeten Führungsanspruch Österreichs propagandistisch entgegenzustellen. Der Heimatschutz brachte 1934 diese für die Österreich-Ideologie des Ständestaates charakteristische Haltung auf den Punkt: "Das Reich, dessen Träger und Kern das österreichische Deutschtum durch Jahrhunderte war, kann erst wieder erstehen, wenn Österreich in ihm den gebührenden Platz als Führer und Wegweiser einnimmt."[60]

Alle diese Punkte machen aber deutlich, daß hinter diesem Geschichtsbild ein Selbstverständnis als Großmacht stand. Österreich hatte demnach immer noch jene Bedeutung, die es in der Zeit der Habsburger besaß, führte nach wie vor die Kämpfe, die es in den vergangenen Jahrhunderten ausgefochten hatte - nur eben nicht mehr mit militärischer Stärke, sondern jetzt einzig mit der ignorierten Autorität der göttlichen Bestimmung.

Das Geschichtsbild des Ständestaates, das von der Vaterländischen Front und überhaupt von allen offiziellen Publikationen vertreten wurde, wies ein hohes Maß an Immunisierung und ideologischem Charakter auf. Hinter den Darstellungen der Geschichte Österreichs und des Reiches stand der Anspruch zu zeigen, wie es wirklich gewesen ist. Dabei beanspruchten die Repräsentanten des autoritären Regimes ein Erkenntnis- und Definitionsmonopol für sich: nur ihre Sichtweise war wahr, nur sie verfügten über die notwendigen Einsichten in Gesetzmäßigkeiten, die Österreichs Geschichte prägten. Wer eine andere Meinung vertrat, war entweder ein Feind Österreichs und damit des Deutschtums oder von gegnerischer Propaganda irregeleitet. Auf diesem Einblick in die Geschichte beruhte auch der Anspruch, allein definieren zu können, was "österreichisch" ist, und damit allein im Namen Österreichs als historisch-politischer Individualität sprechen zu können.

Das argumentative Instrument dafür war die Einsetzung von Wesenheiten als Grundlage historischen Geschehens. Ein stark ahistorischer Zug prägt das vaterländische Geschichtsbild. Es sind immer dieselben zeitlosen Subjekte - Österreich als "Ewigkeitsbegriff"[61], das Deutschtum, die östliche Barbarei - die in ständig neuer Gestalt, aber mit ewig gleichem Wesenskern agieren. Die Polemik gegen den Marxismus ebenso wie gegen Protestantismus, Preußentum und Nationalsozialismus beruht auf dem Vorwurf, unvereinbar mit österreichischem Wesen zu sein, dessen Erkenntnis aus der Geschichte abgeleitet wird. Die "österreichische Geschichtsauffassung", die unter diesem Namen in die Öffentlichkeit getragen wurde, entzog sich damit jeder Kritik. Gut und Böse waren in zeitloser Gültigkeit festgelegt. Geschichte wurde damit vor allem im Kampf gegen den Nationalsozialismus, der selbstverständlich ebenso - rassisch und nicht kulturell gewendet und daher mit noch weitaus aggressiveren Konsequenzen - mit essentialistischen Denkfiguren Propaganda machte, zur ideologischen Waffe.

Die Frage, inwieweit die massive Verbreitung eines spezifisch österreichischen historischen Selbstverständnisses das kollektive Gedächtnis der Österreicher tatsächlich formte und damit den Weg zur österreichischen Nation vorbereitete, drängt sich hier natürlich auf, ist in diesem Rahmen aber nur schwer zu beantworten. Wohlwollenden Einschätzungen, die die Dollfuß-Schuschnigg-Ära als Voraussetzung für das österreichische Nationalbewußtsein der Zweiten Republik darstellen[62], muß aber doch etwas Skepsis entgegengebracht werden. Das historische Selbstbild des Ständestaates war alles in allem ein großdeutsches, das die Eigenstaatlichkeit Österreichs nicht mit der Andersartigkeit gegenüber dem Deutschen Reich, sondern mit einem natürlich irrealen Führungsanspruch als "wahre" Deutsche rechtfertigte. Wenn man darin einen Schritt zur bewußten Loslösung vom deutschen Selbstverständnis sehen will, dann war er bestenfalls sehr klein. Die langfristige Wirkung des Österreichbewußtseins im Ständestaat dürfte wohl vor allem in der Bereitstellung von Argumenten gelegen sein, die gerade die katholisch-konservativen, aber auch die kommunistischen Vertreter der österreichischen Nation nach 1945 in einen neuen Interpretationszusammenhang stellten und den Schritt vom (offiziellen) nicht-preußischen zum nicht-deutschen Selbstbild vollzogen.

Anmerkungen:

1 Anton Staudinger: Zur "Österreich"-Ideologie des Ständestaates. in: Das Juliabkommen von 1936. Vorgeschichte, Hintergründe und Folgen. Protokoll des Symposiums in Wien am 10. und 11. Juni 1976 (WKV 4). Wien 1977.

2 Siehe dazu: Konrad Josef Heilig: Grundfragen und Aufgaben einer österreichischen Geschichtsauffassung. in: Der Christliche Ständestaat. Österreichische Wochenhefte 3 (19.7.1936), S. 684 - 686.

3 Der Ideologiebegriff soll in diesem Zusammenhang nicht weiter diskutiert werden. Er erscheint mir angemessen, weil das vaterländische Geschichtsbild eine relativ geschlossene Gesamtheit darstellt, die das Denken und Fühlen der Menschen beeinflussen sollte, mit dem Anspruch auf unumstößliche Wahrheit auftrat und zu diesem Zweck einen hohen Grad an Immunisierung aufwies. Kernelemente wie die "österreichische Idee" und die Behauptung von Wesenhaftigkeiten ("Deutschtum", "wahre Reichsidee") entziehen sich jeder empirischen Nachprüfbarkeit. Zum Ideologiebegriff siehe z.B.: Ernst Topitsch und Kurt Salamun: Ideologie, Herrschaft des Vor-Urteils. (=Langen-Müller Stichworte 5). München/Wien 1972.

4 Siehe dazu vor allem: Josef Nadler/Heinrich von Srbik (Hg.): Österreich. Erbe und Sendung im deutschen Raum. Salzburg/Leipzig 1936. Zur gesamtdeutschen Geschichtsauffassung im Rahmen der Entwicklung der österreichischen Geschichtswissenschaft: Günter Fellner: Ludo Moritz Hartmann und die österreichische Geschichtswissenschaft. (=Veröffentlichungen des Ludwig-Boltzmann-Instituts für Geschichte der Gesellschaftswissenschaften 15). Wien/Salzburg 1985.

5 Vaterländische Front. Landesführung Wien. Werbereferat. 111 Bücher über Österreich (1.12.1937) (AdR. VF Kt.16).

6 Z.B. Hans Zeßner-Spitzenberg: Österreichische Feststellungen (Pressestelle der Vaterländischen Front. Ausgabe für die Landeshauptstädte) (AdR. VF Kt. 45). Zeßner-Spitzenberg war Mitglied der legitimistischen "Österreichischen Aktion". Hermann M. Görgen war Funktionär des Traditionsreferates der VF, Konrad Josef Heilig hielt Geschichtsvorträge für die Schulungsabteilung und publizierte in der VF-Presse. Zu ihren Auffassungen siehe: Julius Wolf/Konrad J. Heilig/Hermann M. Görgen: Österreich und die Reichsidee. (=Ideengeschichtliche Reihe 1). Wien 1937. Ein Forum für legitimistische Standpunkte war auch der auf Initiative von Dollfuß gegründete "Christliche Ständestaat". Siehe dazu: Rudolf Ebneth: Die österreichische Wochenschrift "Der Christliche Ständestaat". Deutsche Emigration in Österreich 1933 - 1938. (=Veröffentlichungen der

Kommission für Zeitgeschichte: Reihe B, Forschungen 19). Mainz 1976.

7 Ingrid Mosser: Der Legitimismus und die Frage der Habsburger-Restauration in der innenpolitischen Zielsetzung des autoritären Regimes in Österreich (1933 - 1938). Phil. Diss. Wien 1979.

8 Z.B. C.F.Hrauda: Welcher Nationalität sind wir? in: Vaterland. Blätter für katholisches Österreichertum, 11 (Juli 1937), S. 32 - 35; Berthold Dietrich: Slawentreue. in: ebda, 10 (November 1936), S. 81f.

9 Der prominenteste Vertreter dieser Richtung war Konrad Josef Heilig, der im Schulungsprogramm der VF stark vertreten war. "Betont-katholische" Geschichtsauffassung findet sich im "Sturm über Österreich", dem Organ der Ostmärkischen Sturmscharen, das darin in gewissem Gegensatz zu deren Führer Schuschnigg stand, und im "Christlichen Ständestaat", der vor allem seit 1936 zunehmend Legitimisten Raum für österreichisch-nationale Thesen gab.

10 BGBl. I Nr. 239/1934.

11 Zit. nach Klaus Berchtold (Hg.): Österreichische Parteiprogramme 1868 - 1966. München 1967, S. 427f.

12 Der Bundespräsident spricht. Von Österreichs Wesensart und Sendung. Wien 1934, S. 17.

13 Fritz Herndl: Österreich. Seine Geschichte für Jugend und Volk. Innsbruck/Wien/München 1934, S. 24.

14 Joseph August Lux: Das Goldene Buch der Vaterländischen Geschichte für Jugend und Volk Österreichs. Wien 1934. Siehe auch: Konrad Josef Heilig: Leopold und Österreich. in: Sturm über Österreich, (15.11.1936) 46, S. 4.

15 Lux, Goldenes Buch, S. 211.

16 Oesterreich, sein Werden und seine Sendung. Kursbehelf 5, S. 9. (AdR. VF Kt. 14).

17 Vaterlandskunde. Geschichte, Geographie und Bürgerkunde Österreichs für die achte Klasse der Mittelschulen verfaßt von Dr. Alois Hinner/Dr. Oskar Kende/Dr. Heinrich Montzka/Dr. Mathilde Uhlirz. Wien 1938.

18 So Dollfuß in seiner "Trabrennplatz-Rede", zit. nach: Berchtold, Parteiprogramme, S. 428.

19 Oesterreich, sein Werden und seine Sendung. Kursbehelf 5, S. 9. (AdR. VF Kt. 14).

20 Richard Dolberg: Bau- und Zerstörungskräfte des Gemeinschaftslebens. in: Das Schulungsgut der Vaterländischen Front, S. 54. (AdR. VF Kt. 54).

21 Konrad Josef Heilig: Osteuropäischer Einfluß auf die Gründungsurkunde Österreichs, das sog. Privilegium minus. in: Sturm über Österreich (10.3.1935) 47, S. 3.

22 Z.B. kämpfte auch Maria Theresia im Siebenjährigen Krieg gegen "eine Welt von Feinden". Ebda, S. 11.

23 Der Jugendführer. Zeitschrift des VF-Werkes Österreichisches Jungvolk 3 (Februar 1937), S. 29. (AdR. VF Kt. 56).

24 Rede Bundeskanzler Schuschniggs auf dem Ersten VF-Bundesappell, zit. nach: Der Erste Bundesappell am 19.1.1936. Wien 1937, S. 7.

25 Otto Maria Fidelis: Österreichs europäische Sendung. Ein außenpolitischer Überblick. Wien 1935, S. 52f.

26 "Mein Kampf" - und was die V.F. dazu zu sagen hat. in: Redner-Informationsdienst Nr. 11 (August 1937), S. 9f. (AdR. VF Kt. 55). Vgl. Konrad Josef Heilig: Geschichte und vaterländische Erziehung. in: Schulungsgut (AdR. VF Kt. 54); Rede Schuschniggs in: Allgemeiner Deutscher Katholikentag Wien 1933. 7. bis 12. September, S. 62f.

27 Hermann M. Görgen: Geschichtliche Grundlagen der österreichischen Idee. in: Der Österreichische Arbeitsdienst 3, F. 11 (1937), S. 7. (AdR. BMsV. FAD 872).

28 Flugblatt "Österreicher, lernt eure Geschichte!", o.O. o.J. (AdR. VF Kt. 51, Mappe Flugblätter).

29 Viktor Guttmann: Österreichische Geschichtsauffassung. in: Schulungsgut, S. 138 (AdR. VF Kt. 54). Viktor Guttmann war Leiter der Schulungsabteilung im Generalsekretariat der VF.

30 Fidelis: Sendung, S. 38f.

31 Wir gedenken! Das heilige römische Reich deutscher Nation. in: Der Jugendführer 1/1938, S. 33.

32 Richtlinien zur Führerausbildung. VF Bundeswerbeleitung zum Eigengebrauch o.O. o.J., S. 110.

33 Siehe dazu: Konrad Josef Heilig: Österreich & vaterländische Erziehung. in: Schulungsgut, S. 173ff. (AdR. VF Kt. 54).

34 Dietrich von Hildebrand: Österreich und die lateinische Kultur. in: Der Christliche

Ständestaat, 3 (1936), S. 1186.

35 Berthold Dietrich: Heiliges Römisches Reich deutscher Nation? in: Vaterland 11 (1938), S. 133f.

36 Der Erste Bundesappell am 19. Jänner 1936. Hg. vom Generalsekretariat der Vaterländischen Front. Wien 1937, S. 29.

37 ebda., S. 30.

38 Gebt dem Heer die alten Fahnen wieder! in: Sturm über Österreich (4.8.1935) 16, S. 6.

39 Herbert V. Patera: Alt-Österreichs Schicksalsstunde. in: Helden der Ostmark. Wien 1937, S. 231.

40 Richtlinien, S. 136. Vgl. Lux: Goldenes Buch, S. 11, S. 328.

41 Siehe dazu: Michael Mitterauer: Politischer Katholizismus, Österreichbewußtsein und Türkenfeindbild. Zur Aktualisierung von Geschichte bei Jubiläen. in: Beiträge zur Historischen Sozialkunde (1982), S. 111 - 120.

42 Hugo Hantsch: Geschichte Österreichs. 1. Bd. Innsbruck/Wien/München 1937, S. 88.

43 Lux: Goldenes Buch, S. 195.

44 Rede des Bundespräsidenten Miklas anläßlich der Türkenbefreiungsfeier am 12.9.1933, zit. nach: Bundespräsident, S. 13; vgl. Hugo Hantsch: Österreich. Eine Deutung seiner Geschichte und Kultur. Innsbruck/Wien/München 1937², S. 57f.

45 Hermann Zerzawy: Zweite Türkenbelagerung Wiens (1683); Heinrich Suso Waldeck: Marco d'Aviano. Beide in: Helden, S. 57-65, S. 66-71.

46 Bundeskanzler Dr. Engelbert Dollfuß. Gedenkblatt, o.O. o.J., S. 2. Siehe auch: Ignaz Philipp Dengel: Prinz Eugen, der edle Ritter. in: Helden, S. 72.

47 Fritz Herndl: Österreich. Seine Geschichte für Jugend und Volk. Innsbruck/Wien/München 1934, S. 186.

48 Teilweise, vor allem von 'betont-katholischer' Seite, wurden Bolschewismus und Nationalsozialismus miteinander identifiziert. So schrieben die Ostmärkischen Sturmscharen anläßlich des Besuches eines unliebsamen NS-Funktionärs aus dem Deutschen Reich: "Am Vorabend des Jahrestages der Türkenbefreiung wird Wien zum zweitenmal das Symbol der bedrohten Kultur Europas." (Der Tag von Aspern!) in: Sturm über Österreich (14.5.1933) 4, S. 1.

49 Das Schulungsgut der Vaterländischen Front (AdR. VF Kt. 54), Schulungsblätter. Hg. v. der Schulungsabteilung im Amt des Frontführers (VF Kt. 55), Redner-Informationsdienst (Kt. 55).

50 Zur Überprüfung der Lehrbücher nach habsburgfeindlichen und propreußischen Inhalten siehe: AVA. Bundesministerium für Unterricht, Fasz. 4856 und 4857.

51 Vgl. dazu die Haupt- und Mittelschullehrpläne BGBl. Nr. 127 und 128/1928 und BGBl. Nr. 237/1935 und 238/1935.

52 Z.B. Robert Skorpil: Pasubio. Innsbruck/Wien/München 1934.

53 Helden der Ostmark. Wien 1937.

54 Heimatschutz in Österreich. Wien 1934; Allgemeiner Deutscher Katholikentag Wien 1933. 7. bis 12. September; Festführer zum Allgemeinen Deutschen Katholikentag in Wien. 7. bis 12. September 1933. Hg. v. Pressekomitee des Katholikentages. Wien 1933.

55 Siehe dazu: Zum Gedenken an Markus von Aviano. Wien 1935; AVA. Bundesministerium für Unterricht, Fasz. 4207.

56 Siehe dazu: Katalog der Prinz-Eugen-Ausstellung. Wien-Belvedere Mai-Oktober 1933. Wien 1933; Karl Deutsch: Prinz Eugen. Zum 200. Todestag. in: Vaterländische Front (April 1936) 13, S. 18.

57 Siehe: Österreichs Heldenfeier. Wien 1935; Österreichische Kriegsbilderausstellung 1914 - 1918. Wien 1934.

58 Kaiser-Franz-Joseph-Ausstellung. Schönbrunn Mai - Oktober 1935. Verein der Museumsfreunde in Wien. Wien 1935.

59 Fidelis: Sendung, S. 86.

60 Heimatschutz in Österreich. Wien 1934, S. 336.

61 Rede des Vizekanzlers und Frontführers Starhemberg auf einer Vaterländischen Kundgebung in Wien-Fünfhaus, 24.1. 1935. zit. nach: Unser Staatsprogramm. Führerworte. Wien 1935, S. 24.

62 Z.B. Gerhard Botz: Das Anschlußproblem (1918 - 1945) aus österreichischer Sicht. in: Deutschland und Österreich. Ein bilaterales Geschichtsbuch. Hg. v. Robert A. Kann/Friedrich E. Prinz. Wien/München 1980, S. 187.

Auswahlbibliographie

ÖSTA, AdR. Bestand "Vaterländische Front" (insbesondere Kt. 51, 54 und 55).

BOTZ Gerhard: Das Anschlußproblem (1918 - 1945) aus österreichischer Sicht. in: Deutschland und Österreich. Ein bilaterales Geschichtsbuch. Hg. v. Robert A. Kann/Friedrich E. Prinz. Wien/München 1980.

BREUNING Klaus: Die Vision des Reiches. Deutscher Katholizismus zwischen Demokratie und Diktatur (1929 - 1934). München 1969.

Der CHRISTLICHE STÄNDESTAAT. Österreichische Wochenhefte. Jg. 1 - 5 (1933/34 - 1938).

DOLLFUSS an Österreich. Eines Mannes Wort und Ziel. Hg. v. Edmund Weber. Wien 1935.

FELLER Barbara: Ein Ort patriotischen Gedenkens. Das österreichische Heldendenkmal im Burgtor in Wien. in: Kunst und Diktatur. Architektur, Bildhauerei und Malerei in Österreich, Deutschland, Italien und der Sowjetunion 1922 - 1956 (2 Bde.). Hg. v. Jan Tabor. Baden 1994.

FIDELIS Otto Maria: Österreichs europäische Sendung. Ein außenpolitischer Überblick. Wien 1935.

HÄUSLER Wolfgang: Wege zur österreichischen Nation. Der Beitrag der KPÖ und der Legitimisten zum Selbstverständnis Österreichs vor 1938. in: Römische Historische Mitteilungen 30 (1988), S. 381 - 411.

HEILIG Konrad Josef: Geschichte, Entwicklung und Bedeutung des Kruckenkreuzes. Wien 1934.

HELDEN der Ostmark. Wien 1937.

Österreichs HELDENFEIER 9. September 1934. Wien 1935.

HERNDL Fritz: Österreich. Seine Geschichte für Jugend und Volk. Innsbruck/Wien/München 1934.

LEB Josef: Der österreichische Mensch. Wien 1934.

LUX Joseph August: Das Goldene Buch der Vaterländischen Geschichte für Jugend und Volk Österreichs. Wien 1934.

MITTERAUER Michael: Politischer Katholizismus, Österreichbewußtsein und Türkenfeindbild. Zur Aktualisierung von Geschichte bei Jubiläen. in: Beiträge zur Historischen Sozialkunde 4 (1982), S. 111 - 120.

REITERER Albert F.: Die unvermeidbare Nation. Ethnizität, Nationalität und nachnationale Gesellschaft. Frankfurt a. M./New York 1988.

SCHUBERT Rainer: Das Vaterländische-Frontwerk "Neues Leben". Ein Beitrag zur Geschichte der Kulturpolitik der Vaterländischen Front. Phil. Diss. Wien 1978.

Österreichs Erneuerung. Die Reden des Bundeskanzlers Dr. Kurt SCHUSCHNIGG. Bd. 1 - 3. Wien 1935 - 1937.

Vaterländische SPRECHCHÖRE. Hg. v. der Vaterländischen Front Oberösterreichs. Landesfachgruppe Unterricht. Linz 1935.

Unser STAATSPROGRAMM. Führerworte. Wien 1935.

STAUDINGER Anton: Zur "Österreich"-Ideologie des Ständestaates. in: Das Juliabkommen von 1936. Vorgeschichte, Hintergründe und Folgen. Protokoll des Symposiums in Wien am 10. und 11. Juni 1976 (WKV 4). Wien 1977.

STIMME der Heimat. Mitteilungsblatt der Vaterländischen Front an die Auslandsösterreicher. Jg. 1 - 4 (1935 - 1938).

STURM über Österreich, Jg. 1 - 6 (1933 - 1938).

VATERLAND. Blätter für katholisches Österreichertum. Jg. 7 - 11 (1933 / 34 - 1937/ 38).

VATERLANDSKUNDE. Geschichte, Geographie und Bürgerkunde Österreichs für die achte Klasse der Mittelschulen verfaßt von Dr. Alois Hinner/Dr. Oskar Kende/ Dr. Heinrich Montzka/Dr. Mathilde Uhlirz. Wien 1938.

Ursula Prutsch

„Brückenschlag zur Heimat"
Österreichbilder für Auswanderer in der Zwischenkriegszeit und ihre Rezeption in Brasilien

Am Beginn des Jahres 1923 setzte sich Heinrich Montel, der Vorstand des Wanderungsamtes, mit den Argumenten für und wider eine staatlich gelenkte Auswanderungspolitik auseinander. Der Zusammenbruch des Vielvölkerstaates, die sozioökonomischen Probleme der neuerrichteten Republik und die mangelnde Identifikationsmöglichkeit mit dem „Rumpfstaat" Österreich lösten gerade unter Heeresangehörigen und Staatsbeamten erste größere Migrationswellen im Jahr 1919 aus, die ihre Höhepunkte Mitte der zwanziger Jahre erreichten. Von 1921 bis Ende 1937 hatten - nach den offiziellen Statistiken des dem Bundeskanzleramt unterstellten Wanderungsamtes - 75 155 Menschen die Auswanderung aus Österreich dem Ausharren im verarmten Staat vorgezogen. 31 014 Personen entschieden sich für die USA, 13 931 für Brasilien, 10 969 für Argentinien.

Hatte der österreichische Staat bis Mitte der zwanziger Jahre Auswanderung als ein - zumindest die Arbeitslosenzahlen verringerndes - Übel hingenommen, sich aber meist von einer dezidierten Unterstützung von Migrationsprojekten distanziert, um im Falle des Scheiterns dieser Gruppen keine Verantwortlichkeit übernehmen zu müssen, so setzte er sich bis Ende der zwanziger Jahre gezielter mit Migration auseinander und tendierte dazu, ihr Nützlichkeit zu attestieren. Der Ständestaat zog - seiner Ideologie entsprechend - Siedlungsprojekte im Inland vor.

Gerade die Proponenten der „Kolonisierungsgesellschaft" argumentierten mit dem großen volkswirtschaftlichen Nutzen von staatlich unterstützten Migrationsgruppen und verfolgten darin eine - bereits in der zweiten Hälfte des 19. Jahrhunderts aus einem Konkurrenz-Wunschdenken gegenüber dem Deutschen Reich begonnene - Politik einer kleinen Gruppe. Voraussetzung für „handelspolitische Kolonien", die regen Warenaustausch mit der „alten Heimat" betreiben sollten, bildete allerdings ein geringerer assimilatorischer Druck des Aufnahmelandes als ihn etwa die USA auszuüben versuchten. Die Überlegung, daß solche Unternehmen nur glücken könnten, wenn Auswanderer der Heimat „nicht entfremdet", sondern wenn die Bindungen zu ihr durch verschiedene Maßnahmen erhalten werden, mündete in den dreißiger Jahren schließlich in eine politisch mehr oder weniger kaschierte Beeinflußung des Auslandsösterreichers, die „Sendung" des Ständestaates von Dollfuß und Schuschnigg zu tragen.

Ein wirksames propagandistisches Vehikel waren Zeitschriften. Das staatlich verordnete Österreich-Bild der dreißiger Jahre sollte ein klar umrahmtes, harmonisches sein, mit dem sich der Auswanderer guten Gewissens identifizieren konnte und auch sollte. Daß der Ständestaat missionarische Konkurrenz durch die Nationalsozialisten vorfand, läßt sich am Beispiel von Auswanderervereinen festmachen. Wie Ikonen, Symbole, Ideologien wirkten, wie Bilder rezipiert und wie innenpolitische Konflikte im Ausland „im kleinen" ausgetragen wurden, soll am Beispiel Brasilien analysiert werden, da es nach den USA zwischen 1918 und 1938 an zweiter Stelle der Aufnahmeländer für Österreicher rangierte und dort zahlreiche, sehr aktive Auswanderungsvereine entstanden.

Bis Ende der zwanziger Jahre war mit der offiziellen Verbreitung von Österreich-Bildern auch Migrationsintention und -politik verquickt. Der schließlich 1926 gegründete „Österreichische Auslandsbund" vereinte diese Interessen. Das Ministerium für Inneres und Unterricht glaubte, allein durch die Wortwahl „Auslandsösterreicher" auf die „Mentalität" der Ausgewanderten Rücksicht genommen zu haben.

> Sie wollen nicht als Auswanderer gelten oder zum mindesten nicht als solche bezeichnet werden, sie wollen vielleicht aus übertriebener Aengstlichkeit - jedenfalls aber im Gegensatze zu vielen anderen Nationen - durch ihre Beziehungen zur Heimat nicht einmal den Anschein

> erwecken, dass sie aus nationalen Gründen ihrem Aufenthaltslande als Fremde gegenüberstehen oder seine Einrichtungen gering schätzen.[1]

Zu ihnen zählte man österreichische Bundesbürger, aber auch Ausgewanderte aus allen Teilen der Monarchie, die sich noch als Österreicher fühlten. Auch war den Betreibern des Auslandsbundes bewußt, daß Ex-Österreicher wohl ein gewisses Mißtrauen dem Staat gegenüber hegten, der ihnen mangels Vertretungsbehörden im Ausland bislang wenig Unterstützung geboten hatte. Der Auslandsbund wollte durch einen „Brückenschlag zur Heimat" nun eine Art psychologisch wirksame Wiedergutmachung leisten und verpflichtete sich in seinen Statuten zu Aufgaben, die nicht in den Haupt-Kompetenzbereich der Gesandtschaften und Konsulate fielen: zur rechtlichen, wirtschaftlichen, ökonomischen Unterstützung des Ausgewanderten, zur Beratung, Dienst- und Arbeitsvermittlung, zur Schaffung von Wohlfahrtseinrichtungen. In einem Bericht beschrieb der Auslandsbund 1930 sein - für seine imagologische Aufgabe aufschlußreiches - Betätigungsfeld: er beschaffte Dokumente (Heimat-, Geburtsscheine), Gnadengaben, Wappen, Schmuck für Vereinsheime und Festräume, Fahnen in österreichischen Farben, Abzeichen, Noten, Musikalien, Bilder, Filme, Dias aus Österreich, Material für die Fremdenverkehrswerbung und von heimischen Firmen; er beriet bei der Wahl von österreichischen Sommerfrischen und Bädern sowie in der Frage von Festgeschenken.[2]

Politische Betätigung schloß er auf dem Papier (im Paragraphen 1 der Satzungen) völlig aus; allein schon die personelle Zusammensetzung der Vereinsleitung läßt freilich daran zweifeln. Doch wollte der Auslandsbund, der auch außerhalb Österreichs auf die Gründung von Zweigvereinen zielte, Konflikte nicht in Staaten provozieren, die politische Betätigung von Ausländern verboten. In Großbritannien oder in Brasilien wären politisch deklarierte Vereine von Ausländern nicht gestattet worden. Erster Präsident des Auslandsbundes wurde Bundeskanzler Johannes Schober. Das Sekretariat befand sich in den Büros des Wanderungsamtes (Herrengasse 23, Wien I), dessen Vorstand, Heinrich Montel, den Posten des Vizepräsidenten übernahm. Da in Staaten wie Brasilien lange Zeit keine Meldegesetze existierten, die Fluktuation unter Immigranten groß, die Reichweite der Konsulate in den riesigen, dünn besiedelten Einwandererländern der westlichen Hemisphäre hingegen gering war, hoffte das Wanderungsamt durch den geplanten Informationsaustausch mit Vereinen unter der Ägide des Auslandsbundes nun auf einfacherem Wege wertvolle Informationen über die österreichischen Auswanderer zu erhalten.

Von den 36 Mitgliedern der Vereinsleitung mußten zumindest 12 ihren Wohnsitz in Österreich haben und 27 österreichische Bundesbürger sein. Zum Vorstand zählten Vertreter der Regierung (des Bundeskanzleramtes, des Bundesministeriums für Handel und Verkehr und für soziale Fürsorge), der Arbeiterkammer, des Bundespressedienstes, der Hochschule für Welthandel sowie der Vorsitzende der österreichischen Kolonisierungsgesellschaft Alfons Knaffl-Lenz. Alle drei Jahre wurde die Hauptversammlung, der sogenannte „Weltkongreß", abgehalten. 1928 beschloß der Auslandsbund, daß die im Ausland gegründeten Vereine, die sich ihm zur „gemeinsamen Erfüllung der patriotischen Aufgabe" anschlossen, einen Sitz in der Vereinsleitung erhalten sollten. Vereine boten den Auslandsösterreichern die Möglichkeit der sozio-kulturellen Identifizierung. Das „Festhalten an der alten Heimat" stand nicht in Widerspruch zu „Adaption" und „Dankbarkeit" für die „neue Heimat". „Assimilation", d.h. das im Jargon der dreißiger Jahre bezeichnete „Aufgehen in der Bevölkerung des Aufnahmelandes", galt hingegen als Negativum im Immigrationsprozeß.[3]

Im Jänner 1927 erschien die erste Nummer des „Offiziellen Organes des Österreichischen Auslandsbundes", die Monatsschrift *Österreich*. Sie bestand bis zum Ende des Jahres 1936 und lag in allen Konsulaten auf. Der um 1930 hinzugefügte Untertitel „Zeitschrift für die Österreicher und Freunde Österreichs im Ausland" drückte das Bemühen, nicht nur Innensicht zu betreiben, zumindest theoretisch aus. Das Cover des Heftes zierte ein Bild des Stephansdomes, wohl eines der am häufigsten mit dem Staat assoziierten Symbole. Das Publikationsforum gibt ein signifikantes Spektrum von Bildern im doppelten Sinn des Wortes, die Österreich-Identität bewahren oder formen sollten: solche im eigentlichen Wortsinn und jene im metaphorischen Sinn, die das imaginative, immaterielle Bild meinen, das von Klischees und Stereotypen hervorgerufen wird. Vermittelt wurden diese Bilder teils durch Texte, deren Inhalte mit illustrierenden Fotos unterstrichen waren, teils durch häufig eingesetzte Fotographien als Abbildungen von „Wirklichkeiten".[4] Das für den Auslandsösterreicher relevante Porträt des Staates setzte sich aus folgenden Feldern grob zusammen: Wirtschaft, Geographie, Tourismus, Geschichte, Politik, Literatur, Musik, berühmte Persönlichkeiten, Denkmäler, Symbole der jeweiligen Ideologien.

Der argumentativen Schwierigkeit, daß hier Ausgewanderte zum Patriotismus angehalten werden sollten, die doch das Land meist aus Frustration und Hoffnungslosigkeit verlassen hatten, versucht Bundespräsident Michael Hainisch in seinem Geleitwort beizukommen. Im seinem Appell an ein nostalgisches Heimatgefühl stellt er Vaterlandsliebe pauschal als Faktum dar:

> Denn es dürfte wohl nur wenig Länder geben, die ihren Bewohnern soviel bieten, wie Österreich. Darum [...] bleibt der Österreicher gern in der Heimat und bekommt Heimweh, wenn er durch die Verhältnisse gezwungen ist, sich im Auslande aufhalten zu müssen.[5]

„Heimweh" bedeutet symbolische Rückkehr zu einem Erlebnisraum, der von Ereignissen besetzt war, die Satisfaktionswert hatten.[6] Die Zeitschrift *Österreich* sei symbolisches Bindeglied zwischen der Heimat und den „Kindern in der Fremde", meinte Hainisch. Eine „Re-Education" zum Heimatbewußtsein wurde in paternalistischer Weise angestrebt: die Heimat vergißt ihre Kinder nicht, erwartet aber Dankbarkeit und Engagement. Hermann Bausinger stellte fest, daß dort, wo Heimatliebe ausdrücklich genannt und ins Bewußtsein gehoben werde, sie kompensativen Charakter habe. Wo die subjektiven Elemente des Heimatbegriffes zu objektiven und allgemein verbindlichen Kriterien erhoben werden, setzt die Ideologisierung des Heimatbegriffes ein.[7] *Österreich* bot eine Heimat mit Kulissencharakter.

Die Zeitschriften *Österreich* und *Stimme der Heimat* als Bildergalerien

Zahlreiche Informationen und Berichte mit Lokalbezug zielten auf eine flächendeckende Identifikationsebene, die umso allgemeiner angelegt schien, als die Verfasser der Beiträge nur selten namentlich zeichneten: In den Rubriken „Unterhaltung und Wissen", „Aus dem Staats- und Wirtschaftsleben" oder in der nach Bundesländern gegliederten „Österreichischen Chronik" fand der Auslandsösterreicher Nachrichten von Vereinen und Konsulaten, aus dem Bereich der Kultur (Denkmalerrichtungen, Konzerte, Bälle, Kongresse, Ehrungen berühmter Österreicher), Informationen über außenpolitische Ereignisse, gesetzliche Bestimmungen etc. Der Feuilletonteil brachte vorwiegend Schriftsteller-, Künstler- oder Erfinderporträts mit ihren Werken und Erzeugnissen. Präsentiert wurde eine Männerwelt, in der Frauen - mit einigen Ausnahmen - keinen Platz fanden. Aktuelles aus den Bereichen Wirtschaft (Industrie und Technik) wurde detailliert, bis in die Bezirksebene reichend, geschildert. Die Präzision der Angaben manifestierte sich in Statistiken, Zahlen und Daten von Kilometern gebauter Straßen und elektrifizierter Eisenbahnlinien, von erzeugten Strommengen und Tonnen geernteter landwirtschaftlicher Produkte bis hin zu den Nächtigungszahlen der Tourismusbranche - dem volkswirtschaftlichen und kulturellen Aushängeschild.

Die Migrationsthematik berührte einen heiklen Punkt. Wurden im Hinblick auf die Intention des Auslandsbundes eher positive Bilder von „Kolonien" gezeichnet, so hielten die Autoren ihre Bedenken bei Auswanderungsplänen meist nicht zurück. In der ersten Ausgabe umriß der Vorstand des Wanderungsamtes sogleich die Ziele österreichischer Migrationspolitik, deren wünschenswerteste Form des intensiven Kontaktes zwischen alter und neuer Heimat auf der Anwerbung durch Freunde und Verwandte basiere. Abgedruckten Erzählungen von Kolonisten war der Abenteuer-Charakter nicht abzusprechen. Ebenso wurden beispielhafte Kolonisten porträtiert, die in der neuen Umgebung reüssiert hatten. Das Ausland biete dabei den Vorteil, Standes- und Gesellschafts-

Unterschiede zu relativieren (unter dem Motto: Adelige werden zu guten Landarbeitern). Sachlich, nüchtern und fundiert waren allerdings die Berichte Fritz Ragers, des Sekretärs der Arbeiterkammer, über die Höhe der Arbeitslosigkeit und die Wirtschaftslage. Seine Recherchen sollten Auswanderungswillige in den späten zwanziger Jahren - als erste Tragödien von ausgewanderten Gruppen bekannt geworden waren - eher desillusionieren als ermutigen. Ausgewanderte stellte Rager nicht als gescheiterte, sondern als besonders energische und innovative Personen dar.[8]

Generell zeichnete die Zeitschrift das Bild Österreichs als das des zunehmend prosperierenden und modernisierten Staates. Politische Meldungen erweckten in ihrer scheinbaren Objektivität vor allem ab den dreißiger Jahren die Vorstellung eines harmonischen Gesellschaftsgefüges, das zu bewahren und zu verteidigen einziges Ziel der Regierung gewesen sei.

Ein Potpourri von Klischees und Stereotypen charakterisierte die *Bundesländer*. Landschaften wurden konstruiert und die von ihnen geprägten Menschen, Brauchtums- und Trachtenvarianten vorgestellt, dabei wandte man zum Teil die Theorien der „Stämme" an. Das Hervorholen vertrauter Bilder diente gleichzeitig der Tourismuspropaganda: Österreich bedeute ideales Urlaubsland mit hohem kulturellen Niveau. Wien, die „glänzende Residenz eines tausendjährigen Reiches", war Konnotat für Messe, Prater, Heuriger, Kaffeehaus, Spanische Hofreitschule, Augarten-Porzellan; Schönbrunn wurde als Repräsentationsobjekt habsburgischer Macht besonderer Raum gewidmet; der Symbolcharakter historischer Stätten Wiens, des Haus-, Hof- und Staatsarchivs, des Münzamtes, des Technischen Museums, zahlreicher Denkmäler wurde herausgestrichen. Salzburg verband die Zeitschrift mit den Festspielen, mit Heilbädern (Badgastein) und Wintersport; die niederösterreichische Wachau und der Bregenzerwald symbolisierten die Ewigkeit der Naturschönheiten, deren Ursprünglichkeit durch „sanften" Tourismus, der von industrieller Vermarktung absehen wollte, erhalten bleibe.[9]

Bilder und Schilderungen der Tiroler und Kärntner Seen- und Bergwelten veranschaulichten die Heimat „fröhlicher, arbeitsamer" Menschen „deutscher Kultur", die in „wohlgestalteten Häusern" lebten, während der Tiroler Freiheitskämpfer Andreas Hofer als Symbol des Widerstandes gegen die Unterjochung durch Deutschland fungierte.[10] Der Autor des Tirol-Beitrags beklagte zudem die Zerissenheit des Landes nach der „unrechtmäßigen" Abtrennung Südtirols. Zum Teil an Kärnten, doch vielmehr am Burgenland wurde die Grenzlandthematik sehr beschönigend dargestellt, wie der Titel der 1930/31 gebrachten Artikelserie „Wie Österreich für seine nationalen Minderheiten sorgt" verriet. Im Jahr 1933 freilich informierte die Zeitschrift über das Gesetz gegen die „Zigeunerplage".[11] Steiermark und Oberösterreich wurde weniger Gewicht verliehen, letzteres stand im Zusammenhang mit (sozialistischen) Industrietragödien in Steyr.

Landschaft in ihrer Funktion als Identitätsvehikel trat in den zwanziger Jahren wieder stärker in den Vordergrund: als ergänzende Illustration eines Textes oder als Ikone in Verbindung mit Symbolen. Die in *Österreich* häufig benutzte fotographische Verbindung von Landschaft (Wienerwald, Großglockner, Krimmler Wasserfälle) mit Kirchen, Klöstern (Melk), Burgen und Ruinen (Forchtenstein, Aggsbach) - wobei Bauten von ihrer Historizität losgelöst erscheinen - versinnbildlicht Katholizismus, Repräsentationswillen, Macht und Schutz, Geschichte und Tradition, das „Gute und Wahre".[12] Dagegen weist die nun angewandte Verbindung Landschaft mit Technik auf Modernisierung und Fortschritt hin, wobei deren Ausdrucksformen eine durchaus ästhetische Komponente verliehen wurde, wie Fotos der Flexen- oder Großglockner-Hochalpenstraße unter Beweis stellen sollten. Abbildungen von Lokomotiven und Autos vor dem Hintergrund einer Gebirgskette symbolisierten Fortschritt durch raschere Überwindung von Distanzen und Horizonterweiterung. Elektrifizierung und Wasserkraft („der Schatz der Bundesbahnen"), beide Zugpferde des österreichischen Modernisierungskarrens der Zwischenkriegszeit, standen für ökonomischen Aufschwung und Autarkie in Österreich, das dem Modernisierungs-Vorbild Deutschland Gleichwertiges entgegenzusetzen trachtete und Eigenstaatlichkeit demonstrierte. Die Zeitschrift *Österreich* rückte den Staat mit seinen verkehrstechnischen Investitionen in zahlreichen Beiträgen wie „Die Geschwindigkeit der österreichischen Bundesbahnen" ins Zentrum des europäischen Verkehrsnetzes.[13] An das Bild der Kleinheit des Landes wird immer wieder jenes Bild Österreichs gereiht, das es - gemessen an seiner wirtschaftlich-strategischen Position, die nicht umgangen werden könnte -, als Herz Europas präsentiert.

Nicht nur Symbole der Modernisierung, auch ihre Konstrukteure wurden präsentiert (Josef Ressel, Karl Ritter von Ghega, Viktor Kaplan), besonders jene, die im fernen Ausland reüssiert hatten (der Straßenkonstrukteur und Schloßarchitekt in Persien, Albert Gasteiger). Die Leistungen der Wiener Medizinischen Schule wurden gepriesen. Über den zweifellos größten Wirkungsgrad verfügten österreichische *Komponisten*, da ihre Gedenktage gerade von Auslandsösterreicher-Vereinen zelebriert, die Bilder des musikalischen Österreich in besonderem Maße rezipiert wurden. Neben dem eingemeindeten Ludwig van Beethoven, dessen 100. Todestag 1927 begangen wurde, waren dem 1928 besonders gefeierten Franz Schubert, Wolfgang Amadeus Mozart und Joseph Haydn zahlreiche musikalische Veranstaltungen gewidmet. Der Geburtstag von Haydn, den die Zeitschrift gerade auch als Hymnenkomponist in den Vordergrund stellte, jährte sich 1932 zum 200. Mal. Die Theorie seiner Abstammung von „Slawen oder gar Zigeunern" wurde als falsch „entlarvt", dagegen seine „urdeutsche" Abstammung betont.[14] Der erste, 1928 in Wien abgehaltene, Weltkongreß des Auslandsbundes fand denn auch etwa zur selben Zeit wie das 10. Deutsche Sängerbundfest statt, das Reminiszenzen an die „großen Zeiten Wiens" anklingen ließ, ohne Multikulturalität einbeziehen zu wollen. Im Bewußtsein der Kleinheit Österreichs - auf die immer wieder angespielt wird, die ein „Herausragen" erschwere - schrieb die Zeitschrift neben der Musik auch dem *Sport* wichtige Prestigefunktion zu; gerade Fußball gebe der Völkerversöhnung Ausdruck.[15]

Übernahmen Musik und Sport den Part der Internationalität Österreichs und Wiens, so wurde der *Literatur* die Verwaltung des Heimatbegriffes zugeteilt. Hier regierte Antimoderne und Bodenständigkeit. Nicht zufällig kamen Autoren zu Wort, von denen die meisten es einige Jahre später kaum erwarten konnten, ins Deutsche Reich „heimzukehren“: Josef Friedrich Perkonig, Emil Ertl, Franz Karl Ginzkey, Rudolf Hans Bartsch, Karl Hans Strobl, Hans Klöpfer, Robert Hohlbaum, Karl Schönherr, Karl Heinrich Waggerl, Peter Rosegger. Ihre Auswahl wirft auf die Zeitschrift - vor allem den Literaturteil betreffend - das Licht deutschtümelnder, völkischer Gesinnung, der im politischen Teil nicht in diesem Maße aufscheint. Doch waren die genannten Autoren auch in ständestaatlichen Lesebüchern präsent. Aus heutiger Sicht befremdend scheint, daß gerade Literatenbiographien von Ginzkey und Hohlbaum Vorbildfunktion im patriotischen Verhalten und in der „Heimatverbundenheit“ für Auslandsösterreicher haben sollten: In Hohlbaum, einem Sudetendeutschen schlesischer Herkunft, spiegle sich „deutsche Kultur und Größe“ wider; der in Istrien geborene Ginzkey habe sich als Beamtensohn eines sudetendeutschen Vaters deutsche Kultur und Bodenständigkeit bewahrt, obwohl gerade Beamten durch ihre Versetzungen „abgeschliffen“ worden seien. Den Österreicher definierte die Zeitschrift nach den Kriterien der Abstammung und Sprache klar als Deutschen. In Texten wie „Österreich und das Kulturleben der Gegenwart“ wurde zwar die übernationale Zusammensetzung des Habsburgerreiches und die Interaktion kultureller Codes betont, die aber den deutschen Kern, das Zentrum, nicht zu beeinflussen vermochten.[16]

In die Bildergalerie wurden jene Autoren gehängt, die auch noch in der Zweiten Republik für Österreichbekenntnisse herhalten müssen: Franz Grillparzer (*Der Österreicher*) und Anton Wildgans (*Rede über Österreich*, abgedruckt 1932 aus Anlaß seines Todes). Eduard von Bauernfelds Überlegungen zur Wiener Mundart, *Heimatlich* von Ernst Freiherr von Feuchtersleben, sowie *Ruf der Heimat* von Selma Lagerlöf wurden abgedruckt. Den völligen Ausschluß jüdischer, liberaler und sozialdemokratischer Autoren und Autorinnen durchbrach nur eine Ausnahme, nämlich Alfred Polgar. „Heimat“ ist für ihn im gleichnamigen, Ende November 1930 publizierten Essay eine großstädtische, die Vorstellung von ihr eine nur subjektiv wahrnehmbare, durch Vertrautheit und seelisch wohltuendes Klima beschreibbare Größe.[17]

Abgesehen von Polgar zeigt die literarische Manifestation des präsentierten Heimatbegriffes - der im Ständestaat ein agrar-romantizistisch bodenständiger war - bei den zeitgenössischen Autoren die fatale Ähnlichkeit mit den nationalsozialistischen Definitionen. Das Feindbild Nationalsozialismus vergilbte in der Zeitschrift, die sich als apolitisch verstehen wollte und bis 1933/34 mehr Andeutungen als Aussagen in politischer Hinsicht machte. Politische Veränderungen lassen sich dennoch deutlich ablesen: so formte sich die Zeitschrift *Österreich* zunehmend zum Sprachrohr der Vaterländischen Front. Wie politische Ereignisse reflektiert wurden, um den Auslandsösterreicher in „objektiver" Art und Weise über seine alte Heimat zu informieren, kann anhand einiger Beispiele verdeutlicht werden.

Nicht nur Literaten-, sondern auch *Politiker*porträts wurden präsentiert: Wilhelm Miklas, Michael Hainisch, Ignaz Seipel, Engelbert Dollfuß, Kurt Schuschnigg. 1928 informierte *Österreich* über die Republikfeier und Denkmalenthüllung am Schmerlingplatz, zwei Jahre später sogar in einem Leitartikel über die Feiern zum 10. Jahrestag der Kärntner Volksabstimmung vom 10. Oktober 1920. Dieses Bundesland habe bewiesen, daß Heimatliebe stärker sei als alle Möglichkeiten wirtschaftlicher Besserung, schrieb das Blatt, das auch die außenpolitischen, von Österreich zurückgewiesenen Bedenken gegen die Festlichkeiten zugab. Gerade Feiern zur Kärntner Volksabstimmung waren nicht selten in Veranstaltungskalendern von Auslandsvereinen zu finden. Ab Ende 1929 trat das österreichische Bundesheer als Garant militärischer Stärke in den Vordergrund und wurde ab 1933/34 immer wieder thematisiert.[18]

Um das politisch-ideologische Konzept gegenüber den Auslandsösterreichern artikulieren zu können, griff die Zeitschrift *Österreich* - wie später die *Stimme der Heimat* der Vaterländischen Front - zum selben didaktischen Mittel: Sie referierte Gerüchte über Österreich, widerlegte diese, und nahm sie zum Anlaß, um politische Strategien darzulegen und diese gleichzeitig als einzig richtige Verteidigungsmaßnahme zu legitimieren. Selten wurden die vermeintlichen Verbreiter der Gerüchte genannt - ein „Teil der Wiener Presse" wurde gelegentlich der „Täterschaft" bezichtigt. 1930 berichtete *Österreich*, daß die französische Zeitung *Populaire* fälschlich von einem „Massaker in St. Pölten" geschrieben habe. Zudem dementierte es wiederholt die Bürgerkriegsgefahr mit der absurden Begründung, daß diese allein wegen Österreichs „Gemütlichkeit" nie bestehen könne. Mit Statements wie „Nirgends in Österreich lauern geheime Pläne oder stille Sehnsucht nach Umsturz und Zerstörung", beruhigte die Zeitung den Auslandsösterreicher.[19] Die rasche Konsolidierung nach der Weltwirtschaftskrise wurde beteuert und die Notwendigkeit verschiedener Maßnahmen (Notverordnungsrecht, Entpolitisierung der Obersten Gerichtshöfe, Machtstärkung der Bundespolizei) versichert. Ende 1931 bereicherten Nachrichten über eine Donauföderation und die Restauration der Monarchie die Gerüchteküche.

„Auch von uns Österreichern fordert die Gegenwart jetzt vor allem Taten des Friedens in Erfüllung der hohen kulturellen Sendung Österreichs, die zugleich eine deutsche und eine universelle ist," ermahnte *Österreich* seine Leser im Jahr 1933, das im Zeichen der Türkenbefreiungsfeiern stand und die Figur des Prinz Eugen in den Mittelpunkt rückte. Der Leitartikel der Oktobernummer präsentierte die staatspolitischen Aufgaben des Bundeskanzlers Dollfuß, Österreich zu einem christlichen, deutschen, sozialen Staat auf ständischer Grundlage zu formen. Autorität bedeute geordnete Macht, „Führung verantwortlicher, selbstbewußter, zu Opfern bereiter Männer".[20] Der Deutschtumsbegriff wurde strapaziert und historisch legitimiert, Österreich als übernationale „Idee" propagiert. Die „stille Allianz" von katholisch-österreichischem und deutsch-nationalem Bewußtsein schlug sich auch in der Ostmark-Frage, im Begriff vom „alten, echten Deutschtum" nieder. Der innenpolitische Wandel des Staates wurde in der Zeitschrift rasch vollzogen. Denn vier Jahre zuvor, anläßlich der Verfassungsreform von 1929, hatte *Österreich* noch ein leidenschaftliches Plädoyer für die Demokratie mit einer „gesunden und zeitgemäßen Reform des Parlamentarismus" abgegeben.[21]

1930 waren Bürgerkriegsgefahren dementiert worden, im März 1934 schilderte jedoch der ausführliche Bericht „Wien in der Revolution" die Ereignisse in denkbar verzerrter Form als karnevalesken Aufmarsch:

> Wo immer es zwischen Schutzbund und Militär Gefechte gab, wurden sie unter wienerischer Gemütlichkeit und Schonung, soweit man dies bei so wilden und blutigen Gefechten sagen kann, ausgetragen [...]. Passanten wurden immer geschont, Unbeteiligte suchte man ängstlich vom Kampfe fernzuhalten.[22]

Die Zeitschrift behauptete sogar, daß von Gewalt kaum Gebrauch gemacht worden sei. Diese Konstruktion einer heilen Welt wird mit dem Mittel der Verharmlosung versucht. Ein gesteuertes, falsches (Geschichts-)Bild einer Gruppe wird erzeugt, das der politischen Realität diametral entgegengesetzt ist. Ob mit solchen Formen der Geschichtsklitterung Identität erzielt werden konnte, ist fraglich.

Nach der Verfassungsänderung vom Mai 1934 verwendeten die Regierung und damit auch die Zeitschrift den Begriff „Bundesstaat" statt Republik; auf dem Cover prangte nun auch der Doppeladler. Den Auslandsösterreichern wurden Entstehung und Symbolgehalt des Kruckenkreuzes und der Farben Rot-Weiß-Rot erläutert.

Bis zur Einstellung der Zeitung im Dezember 1936 diente *Österreich* als Forum ständestaatlicher Politik, deren Strategien recht martialisch geäußert wurden. Außenpolitisch gab man sich versöhnlich. Berichte wie solche über die Beziehungen zu den Nachbarstaaten oder über das Kulturabkommen Österreich-Italien gipfelten 1936 schließlich in Darstellungen des „Juli-Abkommens" („Die Verständigung zwischen Deutschland und Österreich") als „friedensfördernde Maßnahme für die Entwicklung Gesamteuropas". Diese Mission Österreichs als dem „absoluten Friedensstaat" hatte auch das sogenannte „zehnte Bundesland", das sind die im Ausland lebenden Landsleute, zu tragen, denn sie stellten für die Regierung eine wichtige Kraft für den Lebenskampf in der Heimat dar. Sie hätten das ihnen aufoktroyierte Bild von Österreich als dem mit „gesundem Wehrwillen" durchdrungenen Bannerträger des Reiches, zu glauben und zu verbreiten gehabt.[23]

Die Zeitschrift *Österreich* stellt ein gutes Beispiel dafür dar, wie ein Geschichtsbild komponiert und gestaltet wird, indem jene Bilder konstruiert wurden, die die Regierung gerade benötigte, um ihre Politik zu legitimieren. Veränderungen und Entscheidungen werden als „nützlich" und notwendig interpretiert, auf diese Weise wird „Wahrheit" produziert. Auslandsösterreichern selbst wurde freilich kaum das Wort erteilt. Die im Dezember 1932 abgedruckte Kritik eines Ausgewanderten an Formen peinlicher österreichischer Selbstdarstellung als Hort der „Gemütlichkeit" und des Phäakentums bildete eine Ausnahme: „Die Zeit, wo es in Österreich [...] 'gemütlich' war, ist längst vorbei, ganz davon abgesehen, daß sich diese Gemütlichkeit keineswegs im ausschließlichen Backhendelessen, Walzertanzen und 'Drahn' erschöpfte."[24]

Daß *Österreich* durchaus nicht apolitisch war, ist hinlänglich dokumentiert worden. Doch an ideologischem Sendungsbewußtsein übertraf die im April 1935 gegründete *Stimme der Heimat*, das „Mitteilungsblatt der Vaterländischen Front an die Auslandsösterreicher", die Vorgängerin weit. Dieses großformatige, sechsseitige Monatsblatt mit unattraktiver Aufmachung beanspruchte ebenfalls die Aufgabe des „Brükkenschlages zur Heimat", warb jedoch ausschließlich pro domo. Es bildete einen Bestandteil der Auslandsmission der im Mai 1933 gegründeten Vaterländischen Front (VF). Im August 1934 hatte diese an alle österreichischen Gesandtschaften und Konsulate Fragebogen ausgesandt, deren Ausarbeitung eine Basis zur Errichtung von Auslandsstellen bilden sollte. Die Antworten fielen nicht selten negativ aus. Eine Tätigkeit für eine Partei in Österreich auszuüben, empfand man vielerorten als Zumutung. Im Laufe des Jahres 1935 wurden vom VF-Generalsekretariat in Wien Vertrauensleute (Amtswalter) im Ausland ernannt. Den forcierten Propagandastrategien der Nationalsozialisten in Ländern mit einer großen deutschsprachigen Minderheit sollten Konzept und Ideologie des Ständestaates wirksam entgegengestellt werden, „damit der bewußte Österreicher in der Fremde immer weiß, daß er einem lebendigen, seiner Verantwortung bewußten Volke angehört".[25]

In Brasilien etwa stellte die Gesandtschaft auch einen „gutorganisierten österreichischen Nazismus" fest. Aus folgenden Gründen wählte die VF hier jedoch die Taktik vorsichtiger Zurückhaltung:

> An ein Hervortreten der VF den dortigen Behörden gegenüber, sowie auf eine auffallende und lärmende Werbung, die unsere bei Reichsdeutschen bediensteten Landsleute materiell gefährden könnte, ist nicht

gedacht, wie auch alle Aktionen und die Betätigung der VF im Einvernehmen mit den zuständigen Vertretungsbehörden erfolgen sollten.[26]

Die *Stimme der Heimat* warb denn auch für den Beitritt zur VF, stellte deren Organisationen und ihre Träger vor, setzte Auslandsösterreichern in mühsamen Artikeln das irrationale Konzept der „wahren Volksgemeinschaft" auseinander. Ihre Berichte schnitt sie klar auf zwei Persönlichkeiten zu, deren Vorträge und Reden häufig gebracht wurden: Kurt Schuschnigg und Ernst Rüdiger von Starhemberg. Während Schuschniggs Überlegungen häufig die Begriffe „Duldertum" und „Passionsweg" im Zusammenhang mit der „österreichischen Sendung" enthielten, appellierte Vizekanzler Starhemberg - gleichzeitig Bundesführer-Stellvertreter der VF - an „Kampfwillen" und „Verteidigungsbereitschaft gegenüber dem übermächtigen Feind". Dollfuß erscheint in der Zeitung als inspirierender „Übervater". Noch häufiger als in *Österreich* verurteilte die *Stimme der Heimat* „Lügenpropaganda" gegen den Staat: Bilder vom Kerker, von der Diktatur, die Marxisten und Sozialisten schlecht behandle, vom heimlichen „Regenten" Starhemberg. Dem stellte sie ihre eigenen Ab-Bilder entgegen: jene vom festen Staatsgebilde, das Gedankenfreiheit kenne, Gleichschaltungsexperimente vermeide, Einstimmigkeit in der VF bewahre.[27] Zuvor dementierte Regierungsumbildungen - der Abgang Starhembergs Mitte 1936 beispielsweise - wurden a posteriori als „Zeichen der Einigkeit" dargestellt; ausländische Kritiken am Juli-Abkommen, hier als erster Schritt zur „kalten Gleichschaltung" bezeichnet, kurz abgetan.

Im Gegensatz zu *Österreich* äußerte sich die *Stimme der Heimat* häufiger und positiv zu legitimistischem Gedankengut. Literarische Beiträge waren selten, doch wurden zahlreiche Empfehlungen für „vaterländische" Bücher abgegeben. Mit dem Anspruch der Richtigkeit von Urteilen sollte dem „patriotischen Kitsch" - ohne diesen freilich zu definieren - der Kampf angesagt werden. Nach den Vorstellungen der Zeitschrift wandelte sich die Heimat jedoch endgültig zu einer ländlich-sittlichen, sogar die Großstadt Wien sei „schollennah" wie keine andere Großstadt der Welt.[28] Dieses Heimatkonzept wurde - im Gegensatz zur

Zeitschrift des Auslandsbundes - fotographisch viel deutlicher festgehalten, in Bildern von bäuerlichem Feierabend, von Brauchtum, Ernte, von der „Heimat im Volksgewande“: Fotos von Menschen, die Äcker bestellten oder ernteten, waren in *Österreich* nicht vorgekommen. Das Militär wurde noch stärker in den Vordergrund gerückt und durch Erzählungen über die Soldatenzeit von Schuschnigg und Dollfuß illustriert. Die politische Ausrichtung der *Stimme der Heimat* als Propagandablatt der VF im Ausland übertraf jene der Zeitschrift *Österreich* weitaus. Obwohl sie sich ab 1937 stärker auf Aktivitäten von Auslandsösterreicher-Vereinen bezog, befriedigte sie freilich ihre eigenen Ziele und keineswegs die Interessen der (Ex-) Bundesbürger, für die die anspielungsreichen Diskurse, die von innerer Nabelschau zeugten, wohl häufig nicht nachvollziehbar sein konnten.

Die Folgen des „Brückenschlages“ - Reaktionen, Rezeption

Im Jahr 1930 verschickte der österreichische Auslandsbund an die Amtsbezirke der Konsulate Fragebogen, um die Existenz österreichischer Vereine, die Zahl der Auslandsbund-Mitglieder und jene der österreichischen Bundesbürger zu ermitteln. Zu den aktiven österreichischen Verbänden in Brasilien zählten jene in den Metropolen: der Verein „Donau“ in São Paulo, die „Vereinigung Austria“ in Rio de Janeiro und der „Österreichische Verein Porto Alegre“. Von seinen 600 Mitgliedern waren lediglich 18 Paßösterreicher, ca. 20 Mitglieder des Auslandsbundes. Kleinere Zusammenschlüsse, wie der „Klub der Österreicher und deren Freunde“ in Ponta Grossa (Paranà) fielen weniger ins Gewicht. Es scheint daher sinnvoll, die erstgenannten auf die Rezeption von Österreichbildern hin zu beleuchten. Sie hatten sich alle als „apolitische“ Vereine konstituiert, in den Statuten die Pflege der „Geselligkeit“ und des „Volkstums“ festgelegt.[29]

Österreich- und Wienbilder manifestierten sich u.a. in Kostümbällen („Eine Nacht im Wiener Prater“, in Curitiba), in Operettenabenden (Porto Alegre), in Schubert- und Haydnfeiern (São Paulo, Rio und Porto

Alegre). Porto Alegre stellte 1930 sogar ein Schubert-Orchester auf. Die *Rio-Zeitung* würdigte 1931 das internationale Mozart-Jahr. Auf politische Ereignisse reagierten Vereine ebenfalls: in Porto Alegre beging man 1931 feierlich den 12. November, indem die von Anton Wildgans 1929 verfaßte *Rede auf Österreich* verlesen, die österreichische und brasilianische Hymne gesungen wurden. Derselbe Verein hatte 1930 dem Dezennium der Kärntner Volksabstimmung gedacht:

> Die Bühne des Saales war mit den österreichischen Farben rot-weiß-rot geschmückt ,an der Seite stand eine allegorische Figur, das freie Kärnten darstellend, mit der kärntnerischen Landesfarbe weiß-rot-gelb in der Hand.

Konsul Karl Weis hatte in seiner Ansprache die Bedeutung dieses Gedenkens für die „Kolonie" zu erläutern versucht und es als „österreichisches Fühlen" interpretiert, als „Zugehörigkeits- und Treue-Bekenntnis zur alten Stammesheimat Österreich [...] ähnlich dem Kärntner Bekenntnis."[30] Die *Stimme der Heimat* kündigte in einer Notiz auch für Mai 1937 eine Feier zur Verfassung vom 1.5.1934 in Porto Alegre und Recife an. Stiftungsfeste von Vereinen boten ebenfalls Möglichkeiten, Heimatliebe zu demonstrieren. Anläßlich des Jahrestages der Gründung des Vereines „Babenberg" (São Paulo) wurde 1936 das Theaterstück „Der Verräter von Tirol. Ein historisches Volksschauspiel aus der Zeit der Tiroler Freiheitskämpfe 1809-1810" zur Aufführung gebracht: „War doch alles ein Stück österreichischer Geschichte aus dem Lande Tirol, man sah Trachten, Sitten, Gesang und Gebräuche und Heimatleute unserer Muttererde [...]", berichtete die *Stimme der Heimat.*[31] Fotos dokumentierten, daß das Kruckenkreuz nun ein wichtiges Dekorationssymbol für Auslandsvereine geworden war. In der südbrasilianischen Stadt Porto Alegre, in der 1935 vom VF-Amtswalter F.W. Richter ein „Centro Católico Juvenil Engelbert Dollfuß" eingerichtet worden war, fanden auch Dollfuß-Gedenkmessen statt. Vereine erwiesen sich in ihrer Ersatzfunktion für gelockerte Bindungen zur alten Heimat als beliebte Austragungsorte politischer Konflikte, die auf verschiedenen, von Europa transferierten, ideologischen Konzepten beruhten.

Informationen bezogen die Auslandsösterreicher vor allem auch aus den zahlreichen deutschsprachigen Zeitungen in Brasilien. Die *Rio-Zeitung* druckte 1930 Ignaz Seipels Äußerungen über drei große weltpolitische Probleme ab, brachte aber auch Artikel über Starhemberg und die Heimwehr, sowie 1931 einen kritischen Beitrag des Vizekanzlers und Außenministers Johannes Schober über den Heimatschutz. Seine Darstellung der „Mission Österreichs" im selben Blatt war auch vom D*eutschen Volksblatt* in Porto Alegre übernommen worden.[32]

1933 übte die NSDAP ihren Einfluß auch auf deutschsprachige Zeitungen aus. Die auflagenstärkste Tageszeitung, die *Deutsche Zeitung* in São Paulo, gehörte dem österreichischen NS-Sympathisanten Rudolf Troppmair. Im Juli 1934 bot die Zeitung ein gänzlich verzerrtes Bild vom Dollfuß-Mord, indem es die Nationalsozialisten als Märtyrer darstellte. Es sorgte für Unsicherheiten und Proteste in der österreichischen „Kolonie". *Der Morgen* sympathisierte ebenfalls mit dem Hitlerregime und brachte gehässige Berichte gegen Österreich. Die von Ludwig Holztrattner in Porto Alegre herausgegebene Zeitung *Fürs's Dritte Reich* hatte sich über die ökonomischen Folgen der 1000-Mark-Sperre Adolf Hitlers für Österreich mittels antisemitischer Attacken ausgelassen: „Krummnasige und plattfüßige Juden in 'Buam und Dierndlkostüm' werden ja versuchen, den Verlust zu mindern"[sic].[33] Als Reaktion auf diese Zeitung gründete sein Landsmann F.W. Richter ab Juni desselben Jahres *Die österreichischen Nachrichten* als Sonderbeilage des antifaschistischen *Deutschen Volksblattes* in Porto Alegre (mit einer Auflage von 2500 Stück). Mittels dieser Beilage reagierte man auf antiösterreichische Attacken, um die Wirkung von „tendenziösen, irreführenden" Schriften, die in Brasilien verbreitet wurden, abzuschwächen. Zu diesen gehörten die vom Wiener Gauleiter Eduard A. Frauenfeld verfaßte Broschüre *Oesterreich's Deutsche Sendung.* Als F.W. Richter zum Amtswalter der Vaterländischen Front für Brasilien ernannt wurde, schworen sich *Die österreichischen Nachrichten* auf einen Dollfuß- und Schuschnigg-Kurs ein.

Mit der sogenannten "Deutschösterreichischen Vereinigung" (DÖV) konstituierte sich in einigen lateinamerikanischen Staaten ein österreichischer Ableger der NSDAP. Sie war in Gaue und Ortsgruppen gegliedert, hatte ihren Sitz in Chile, Uruguay, Argentinien und 1934 auch in Brasilien. Zwar dürfte die Mitgliederzahl der DÖV gering gewesen sein - die Gesandtschaft in Rio schätzte sie in São Paulo bei 3000 Paßösterreichern auf 120, in Rio auf 24 - doch schürte sie die Zwistigkeiten mit ihrem Anspruch, ein „Gegengewicht zu der von der österreichischen Regierung betriebenen Hetze und Verleumdung" zu schaffen. Das fortschrittliche Deutschland und Georg Ritter von Schönerer dienten als Vorbild. Bereits 1935 versuchte die Gesandtschaft zu verhindern, daß Exemplare des monatlich erscheinenden „Kampfblattes" der Vereinigung, *Der Deutschösterreicher,* weiterhin nach Österreich (Kärnten, Steiermark) versandt wurden. In Argentinien wurde das „Kampfblatt", dessen Cover Adler und Hakenkreuz zierten, beispielsweise an Deckadressen verschickt.[34] Die sparsam illustrierte Zeitung enthielt (wie die eine konservative Österreich-Ideologie vehikulierenden Blätter) fast ausschließlich Fotos von Kärntner Trachten, Landschaften und Kirchen [!] vor gebirgigem Hintergrund. Die Fotos unterschieden sich in ihrem Symbolgehalt nicht von jenen in *Österreich* oder in der *Stimme der Heimat.* Ausnahmen waren lediglich die Verbindung von Fotographien mit historischen Ereignissen, die der politischen Haltung der DÖV entsprachen: eine Bildunterschrift zu einem Foto der Karawanken erläuterte den Lesern, daß diese „Schauplatz schwerer Kämpfe mit den Tschutschen"[sic] gewesen seien.[35]Die Imagologie der Selbständigkeit setzt dort an, wo sie sich in Bildern des Eigenen deutlich manifestieren und assoziativ mit einem Abwehrkampf gegen das Fremde verhindern ließ. Die wenigen literarischen Texte stammten aus der Feder von Rosegger, Klöpfer und Kernstock. Die Zeitung brachte ein detailliertes Kaleidoskop der Vereinsaktivitäten: „Heimat- und Vortragsabende" , „Singen völkischer Lieder", Feiern zur Saar-Abstimmung 1935 und zum Juli-Abkommen sowie markige Reden im engen, geschlossenen Kreis.

Der Deutschösterreicher setzte sich primär aus repetitiven Attacken, gespickt mit gehässigen, wortgewandten Polemiken gegen seine Feinde zusammen: Juden („Die Freimaurer-Fibel für Brüder und Profane", „Juden herrschen in Österreich"), der „politische Katholizismus", die „christlich-soziale Clique", die Vaterländische Front und die Habsburg-Legitimisten. Ihren Haß richtete die Zeitung wiederholt gegen den „Jesuiten" Schuschnigg, gegen Starhemberg und Kardinal Innitzer:

> Wenn die katholische Kirche in Oesterreich fortfährt, mit dem undeutschen und unchristlichen Regime Schuschnigg-Starhemberg-Fey und seiner „Vaterländischen Front" gemeinsame Sache zu machen, dann werden Tausende unserer Gesinnungsgenossen in Südamerika ihr für immer den Rücken kehren.[36]

Mittels fingierter Briefe von Vätern an ihre ausgewanderten Söhne („Die Wahrheit über Österreich") informierte die DÖV im Ausland über „Greuelpropaganda", Terror und Menschenverachtung (beispielsweise über das Anhaltelager Wöllersdorf). „Vaterländische" Texte mit Österreich-Bezug wurden rasch verrissen: so der in der *Deutschen Zeitung*, São Paulo, abgedruckte Artikel „Die österreichische Idee und das Auslandsdeutschtum" von Hugo Hantsch, dem Obmann des „Österreichischen Verbandes für volksdeutsche Auslandsarbeit".[37] Die politischen Bilder der gegnerischen Gruppe werden gestürmt, um an ihre Stelle eigene zu setzen, als „Wirklichkeit" zu suggerieren und im Bewußtsein zu verankern.

Mit unglaublicher, bis in die Bezirksebene reichender Detailkenntnis, gespeist von vermeintlichem Wissen aus Insiderkreisen, vermittelte der *Deutschösterreicher* den Anschein, aus der Distanz österreichische Politik beurteilen zu können und deren Scheitern vorauszusehen. Auslandsösterreichern sollte - psychologisch geschickt - Nähe zur bedrohten Heimat vermittelt werden. Da Rudolf Kain, der zweifellos aus dem Bildungsbürgertum stammende Redakteur der Zeitung, Grazer war, wurde der lateinamerikanische Abonnent darüber informiert, daß der Boykott gegen die „Spielwarenfirma J.G. Koch, Graz, Hauptplatz" aufgehoben sei, während die Keksfabrik Kassar in der Sackstraße von Nationalsozialisten weiterhin gemieden werde: „Euer Geld nur den arischen nationalen Kreisen!" Eine andere Rubrik listete alle Spitzel und Denunzianten auf.[38] Am Beispiel des Konkurses der Grazer Waggon-Fabrik veranschaulichte das Blatt unter anderem, wie sehr die österreichische Wirtschaft darniederlag. Zahlreiche Inserate wiesen hingegen auf Bezugsstellen von S.A.-Schallplatten, Hitlerbildern, Hakenkreuzfahnen und Abzeichen in den jeweiligen lateinamerikanischen Städten hin.

Daß Auswandern von der NS-Ideologie verurteilt wurde, vermittelten einige in Deutschland gezeigte Filme wie *Der verlorene Sohn* (1934) oder *Der Kaiser von Kalifornien* (1936), die das Scheitern von Ausgewanderten schilderten. Im *Deutschösterreicher*, der sich direkt an die Auslandsösterreicher richtete, erhielt die neue Heimat natürlich Wertzuwachs als Beitrag zur „Volkstumsarbeit".[39] Obwohl sich die Zeitung auf einen kleinen Kreis bezog, beeinträchtigte sie die Beziehungen der Ausgewanderten im öffentlichen und privaten Bereich.

Zwischen pro- und anti-österreichischen Gruppen entwickelte sich in Brasilien ein Schlagabtausch auf „lokaler Ebene". Von der brasilianischen Regierung wurde er kaum wahrgenommen und eher als intrakoloniales Geplänkel abgetan; die brasilianische Presse reagierte zum Teil darauf. Das *Diario da Noite* berichtete im September 1935 in einem Leitartikel über die anti-österreichische Nazi-Propaganda der Deutschösterreichischen Vereinigung. Die Querelen belasteten vor allem das Klima zwischen Österreichern und Deutschen bei Arbeitsstellen und Vereinen. Der NSDAP mit ihrer aggressiven Propaganda und dem psychischen Druck, den sie auszuüben versuchte, kam zugute, daß zahlreiche Österreicher bei deutschen Firmen arbeiteten oder von deutschen Hilfsvereinen unterstützt wurden, und daß sich deshalb viele aus Angst vor Repressionen als „Opportunitätsnationalsozialisten" deklarierten. Der vaterländisch gesinnte österreichische Gesandte in Brasilien, Anton Retschek, erreichte zumindest, daß nationalsozialistisch gesinnten Österreichern, die politisch aktiv waren, die Bundesbürgerschaft entzogen wurde. Viele bezahlten die Maßnahme mit dem Verlust ihrer Pensionen, die sie aus Österreich bezogen hatten. Einer von ihnen war Ludwig Holztrattner, der Herausgeber der Zeitung *Für's Dritte Reich*.[40]

Die Bemühungen der VF und der *Stimme der Heimat* dürften kaum gefruchtet haben. Sie verfügte über geringe Geldmittel, die Werbung war zu zaghaft, der Vertrieb schlecht. „Mit einem solchen Programm eine verhetzte, übelwollende [...] in national-patriotischer Hinsicht indolente Menge“ gewinnen zu wollen, erschien einem kritischen Auslandsösterreicher unmöglich.[41]

Inwieweit unterschiedliche Außensichten von Österreich in den dreißiger Jahren Vereine entzweiten, welche Bilder sie rezipierten, kann anhand der Vereinigung Austria in Rio und der Donau in São Paulo anschaulich gemacht werden. Die Vereinigung Austria (Sociedade Austria) war am 10. Juni 1931 in Rio de Janeiro gegründet worden, trat ein Jahr später dem Auslandsbund bei und bezog somit die Zeitschrift *Österreich*. Zum Vereins-Symbol erkor sie das österreichische Wappen. In Rio sollen um 1930 ca. 1500 Österreicher gelebt haben; der Verein hatte ca. 80 Mitglieder. Eine zeitlang brachte die Vereinigung Austria selbst ein Mitteilungsblatt heraus, das in der Rubrik „Aus der Heimat“ buntgemischt wirtschaftspolitische und kulturelle Nachrichten aus Österreich brachte. Im November 1935 berichtete der Gesandte Anton Retschek dem österreichischen Auslandsbund detailliert über die internen Querelen, die schließlich zur Spaltung führen sollten. Die Vereinigung assoziierte ihre Situation mit jener in Europa, die sie aus der Zeitschrift *Österreich* herausgelesen hätte:

> Speziell der Hinweis Ihres sehr geehrten Herrn Vorsitzenden ueber die Zersetzungserscheinungen im Auslande, waren fuer uns sehr beachtenswert, zumal er auch fuer die Belange des oesterr. Kolonie in Rio de Janeiro geradezu den Nagel auf den Kopf getroffen hat.[42]

Retschek behauptete, einige Mitglieder wären bei der Deutschösterreichischen Vereinigung gewesen und hätten schon deshalb die Feiern am 1. Mai nicht im Sinne der Gesandtschaft zu gestalten versucht. Ein wesentlicher Streitpunkt bildete jedoch die Verordnung, daß sich alle österreichischen Vereine im Ausland in ihren Statuten zur ständestaatlichen Verfassung vom 1. Mai 1934 und damit zum christlichen, deutschen, unabhängigen Bundesstaat Österreich zu bekennen hatten. Drei Viertel der Vorstandsmitglieder mußten überdies österreichische Bundesbürger sein. Retschek schlug nun die Änderung der Statuten und den korporativen Beitritt der Vereinigung Austria zur VF vor. Einige Mitglieder bezeichneten dies als unnötig, da sie ja einem kulturellen Verein angehörten und zudem das Gerücht verbreitet wurde, daß Österreich wieder zur monarchischen Staatsform zurückkehren wolle: dann müßten die Statuten nochmals revidiert werden. Es ist anzunehmen, daß gerade den vor 1918 ausgewanderten Österreichern die Reaktion auf politische Veränderungen im fernen Europa aus der zeitlichen und räumlichen Distanz unverständlich und unwichtig erschien. Jüdische und sozialdemokratisch gesinnte Österreicher fühlten sich durch das plötzliche Bekenntnis zum Ständestaat provoziert. Diejenigen, die es sich nicht mit ihren Arbeitgebern oder den NSDAP-Sympathisanten verscherzen wollten, begründeten ihre Ablehnung damit, daß für Mitglieder, die „fern von der Heimat im Auslande, vorwiegend bei nicht oesterreichischen Firmen ihr Brot verdienen, ein Bekenntnis zur jeweiligen Verfassung unserer Heimat nicht zweckdienlich sei."[43] Einen Einfluß auf die österreichische Politik vermochten sie - auch aus Unkenntnis der Situation - ohnehin nicht auszuüben. Der Gesandte machte das politische Bekenntnis jedoch zur patriotischen Pflicht.

Die Abstimmung über die Statutenänderung ergab, daß die Mehrheit sich gegen Retscheks Vorsatz aussprach. Die Minderheit der sich zum „heutigen Österreich" Bekennenden verließ daraufhin den Verein und schloß sich im Juli 1935 zum „Österreichischen Hilfsverein" zusammen. Die verbliebene Mehrheit behielt die alte Bezeichnung bei.

Die Stadt São Paulo, Wohnsitz von ca. 10-13 000 Österreichern, hatte bis zur Mitte der dreißiger Jahre im Verein Donau mit fast 900 Mitgliedern ein bedeutendes Kommunikationszentrum und Ausdrucksmöglichkeit eines „Wir-Gefühls" - bis der ehemalige Kärntner Abwehrkämpfer Viktor Arneitz die Vereinigung zum Gesinnungs-Hort seiner reichsdeutschen Sympathien verändern wollte. 1934 provozierte eine Hakenkreuzfahne auf dem Sportplatz der Donau zahlreiche Mitglieder, die jedoch keine Proteste wagten. Die zu Rate gezogene Gesandtschaft war ebenfalls überfordert und leitete die Frage an die österreichische Regierung weiter, die bekannt gab, keinerlei Bedenken gegen das Hissen der Hakenkreuzfahne zu haben. Dem „charismatischen" Arneitz soll es gelungen sein, für Feiern zur Kärntner Volksabstimmung und zum Juli-Abkommen über 10 000 Feiernde zu mobilisieren. Die Mitglieder, die sich seiner Politik widersetzten, bildeten 1935 den Verein Babenberg. In den Mitteilungen des Vereines Donau, dessen Emblem mit dem Stephansdom [!] auf der linken oberen Ecke des Deckblattes prangte (alte verbindende Zeichen für nun andere Inhalte), war 1937 als Bekenntnis zu lesen: „Wir sind dem Staate nach Oesterreicher, dem Volkstum nach Deutsche!". In seiner Rede anläßlich der Feiern zum Jahrestag des „deutsch-österreichischen Freundschaftsvertrags" (dem Juli-Abkommen 1936) definierte Arneitz, der nie der NSDAP oder der DÖV beitrat, die „österreichische Heimat" als „den Willen des Volkes, die Menschen, unsere herrlichen Alpen-Berge, Seen, die Wiesen und Felder."[44] Der österreichische Mensch, die österreichischen Sprachvarianten seien hingegen von einigen Politikern künstlich in die Welt gesetzt worden und schon „vor ihrer Geburt gestorben", verkündete Arneitz, möglicherweise auf Dollfuß anspielend, der 1934 die österreichische Umgangsprache als Kriterium der nationalen Zugehörigkeit genannt hatte. In den Berichten über das große Fest zum „Freundschaftsvertrag" stand jedoch, daß es mit Kasperltheater, dem Grinzinger Heurigen, Schrammelmusik, Wiener Gulaschhütte und Sonnwendfeiern begangen worden wäre[45]: Die deutschnational betonte Form fand sich so unversehens mit „alt-österreichischen" Bildern unterlegt, die weniger auf eine „Gemeinsamkeit" denn auf markante Unterschiede verwiesen; dies aber schien im Phrasen-Geplärr, das die „Reichs- und Volks-Idee" als politische Hülle ausrief, nicht wesentlich aufzufallen.

Robert Chlum, der Gauleiter der VF für São Paulo, nahm in der von Hugo Henke herausgegebenen *Österreichischen Zeitung* (*Jornal Austríaco*) gegen die Behauptungen und antiösterreichischen Bemerkungen von Arneitz anläßlich der Feier Stellung und rechtfertigte die Politik Wiens - jedoch auf devote Weise: Österreich verdanke den Habsburgern viel und habe überdies für die Mächtigkeit Deutschlands „die grössten Opfer gebracht". Chlum beendete seinen Beitrag mit dem frommen Wunsch, daß der 11. Juli (1936) endlich Frieden schaffen möge. Daraufhin sollen - laut Gesandtschaftsbericht - einige deutsche Firmen ihre Annoncen im *Jornal Austríaco* zurückgezogen haben.[46]

Vaterländische Belehrungen ließ Arneitz an sich vorübergehen. Anläßlich des Abschiedsfestes für die Wiener Sängerknaben versprach er, die österreichische Bundeshymne in der Donau abzusingen. Tatsächlich stimmte man jedoch das Deutschland-Lied an: Die Bilder mochten die altbekannten sein - die Hymne aber mußte eine Zusammen-Gehörigkeit demonstrieren. Die harte Kritik der Gesandtschaft versuchte Arneitz damit zu rechtfertigen, daß die Mitglieder den Text der österreichischen Hymne nicht gekonnt hätten. Und auf den Hinweis der Gesandtschaft, daß sie ihm Texte geschickt hätte, antwortete er, daß er vergessen hätte, sie aufzulegen.[47]

Beispiele für derartige Angriffs- und Verteidigungsstrategien finden sich viele. Die Differenzen wurden zwar heftig ausgetragen, ihre Reichweite dürfte - abgesehen von den betroffenen Österreichern in städtischen Zentren - gering gewesen sein. Die verstreut auf dem Land lebenden Auswanderer nahmen davon sicherlich kaum Notiz. Auf einem Foto in der *Stimme der Heimat* war im März 1937 beispielsweise eine Gruppe von Kolonisten der österreichischen Siedlung Independencia in Paraguay abgebildet, die ein Exemplar der Zeitung in der Hand hielten. Im begleitenden Artikel berichtete die *Stimme der Heimat* von der ersten öffentlichen Versammlung der VF in Paraguay und von der Tatsache, daß es für viele neu gewesen sei, Nachrichten aus Österreich zu erhalten.[48]

Der Einfluß der Zeitschriften *Stimme der Heimat* und *Der Deutschösterreicher* war keineswegs groß; *Österreich* hatte noch die meisten Leser. Laut eigenen Angaben habe sie 1934 nahezu 6500 Abonnenten gehabt. Vielen Österreichern, die sich bereits einige Zeit im Ausland befanden, mußten das Begriffsinventarium der Parteien und ihre Fehden genauso wenig nachvollziehbar erscheinen, wie die Unterscheidbarkeit des ständestaatlichen Österreich-Konzeptes von Schuschnigg (Österreich als deutsches Land) gegenüber dem Deutschtumsbegriff der Völkischen und Nationalen. Die Bilder überlappen sich und verschwimmen durch die geographische Distanz. In der medialen Verbreitung seiner Diskurse vergaß der österreichische Staat die Interessen von Ausgewanderten. Diese hatten in den Zeitschriften allerdings keine Artikulationschance, wie José Landsteiner, ein in Brasilien lebender Österreicher, bemerkte, der das Wanderungsamt in zahlreichen Briefen über seine Lebenssituation und seine Eindrücke informierte. *Österreich* enthielte zwar manches „wertvolle", „wissenswerte", doch abonnierten wollte er es nicht.[49]

Doch bietet gerade *Österreich* ein interessantes Kaleidoskop von bunten Bilderfolgen, die sich als Mosaik österreichischer Wirklichkeit zusammenfügen sollten, Innensichten boten und sich oftmals als Trugbilder herausstellten. Welche Bilder sich verfestigten, ist anhand der Rezeption, der Außensicht zu ermitteln. Sieht man vom staatlich verordneten politischen Österreich-Bild des Austrofaschismus ab, so kann durchaus behauptet werden, daß Identifikations-Symbole und Bilder, die die Erste Republik für sich als Identifikationsvehikel beanspruchte und nach außen trug, auch noch in der Zweiten Republik als Charakteristika verstanden werden können wie der Stephansdom, die österreichischen Alpen und Seen und Komponisten.

Geschichtsbilder, Selbst- und Feindbilder, die Innensichten und Außensichten widerspiegeln, halten aber auch historische Konzepte fest. „Indem Geschichtsbilder soziale, ideologische oder politische Bedürfniskategorien in sich aufnehmen, sagen sie eigentlich mehr aus, wie die Vergangenheit sein soll, als wie diese Vergangenheit eigentlich gewesen ist." [50]

Anmerkungen:

1 Heinrich Montel an Josef Kostanjevic, Regierungsrat im Bundesministerium für Inneres und Unterricht. In: Österreichisches Staatsarchiv, Archiv der Republik, Bundeskanzleramt, Wanderungsamt [in der Folge zitiert als ÖStA, AdR, BKA, WA]; Kart. 2236/389, GZ. 27353/23. Vgl. Satzungen. in: Ebda, Kart. 2236/257, GZ. 40220-26.

2 Vgl. Aurel Poppauer: Der österreichische Auslandsbund. in: Österreich. Offizielles Organ des Österreichischen Auslandsbundes 1 (1930) S. 2.

3 Vgl. ebda; vgl. Satzungsentwurf. In: AdR, BKA, WA; Kart. 2236/389, GZ. 27353/23; vgl. zur Assimilation: Heinrich Montel: Auswanderung und Auslandsbund. in: Österreich 1 (1927) S. 2.

4 Vgl. Susanne Eybl: Das Geschichtsbild in den österreichischen Medien. ungedr. Diss. Wien 1993, S. 26f.

5 Michael Hainisch: Geleitwort. in: Österreich 1 (1927) S. 1.

6 Vgl. Ina-Maria Greverus: Der territoriale Mensch. Ein literaturanthropologischer Versuch zum Heimatphänomen. Frankfurt a.M. 1972, S. 34.

7 Vgl. Hermann Bausinger, zitiert nach ebda, S. 46.

8 Vgl. Fritz Rager: Österreichische Arbeiter im Ausland. in: Österreich 3 (1927) S. 25. Vgl. Peter Hammer: Drei Auswandererschicksale. in: Ebda, 4 (1932) S. 14; vgl. 6 (1930) S. 2.

9 Zu Bregenzerwald vgl. Österreich 10 (1927) S. 111. Bis in die Mitte der dreißiger Jahre bekamen Auslandsösterreicher Reisevergünstigungen.

10 Vgl. Josef Neumair: Das Land Tirol. in: Ebda, S. 110ff.

11 Vgl. Österreich 10 (1931) S. 21. Zur Zigeunerplage vgl. Zigeunerleben. in: Ebda, 3 (1933) S. 15.

12 Vgl. Elfriede Pöder: Die Funktion von (Landschafts)-Fotographien in österreichischen Zeitschriften der dreißiger Jahre. in: Die Habsburgischen Landschaften in der österreichischen Literatur. Hg. v. Stefan H. Kaszynski/Slawomir Piontek. Poznan 1995, S. 171-196.

13 Vgl. Österreich 9 (1927). Zu Elektrifizierung vgl. Peter Staudacher: Euphorie, Stagnation, Pragmatismus. Streiflichter auf die Geschichte der Elektrifizierung der österreichischen Eisenbahnen vom Ende des Ersten Weltkriegs bis zum Staatsvertrag. in: Technik, Politik, Identität. Hg. v. Klaus Plitzner. Stuttgart 1995, S. 149-169.

14 Vgl. Der Schöpfer der österreichischen Hymne. in: Österreich 3 (1932) S. 13. Ein Vorfahre Haydns habe sogar bei der Türkenbelagerung von Hainburg eine Rolle gespielt.

15 Vgl. Emil Reich: Eine Aktivpost österreichischen Ansehens. Die Leistungen unseres Sports [sic]. in: Österreich 8 (1927) S. 15. Als Beispiel diente das Eintreffen der schwedischen Fußballmannschaft zu einem Länderspiel in Wien

trotz Boykotts der Entente über die mitteleuropäischen Staaten nach dem Ersten Weltkrieg.

16 Vgl. zu Ginzkey: Österreich 3 (1929) S. 35; zu Hohlbaum: vgl. ebda 10 (1929) S. 119. Vgl. zu den Lesebüchern: Österreich - Volk - Staat. Wien 1936. Vgl. Axel Rohmdahl: „Österreich und das Kulturleben der Gegenwart. in: Ebda, 8 (1932) S. 2f.

17 Vgl. Alfred Polgar: Heimat. in: Österreich 11 (1930) S. 4.

18 Zur Kärntner Volksabstimmung vgl. Österreich 6 (1930) S. 9. Vgl. Ein Gruß Österreichs an das Kärntnerland. in: Ebda 8 (1930) S. 1.

19 Vgl. zur Populaire: "Gerüchte" über Österreich. in: Österreich 6 (1930) S. 1.

20 Die Sendung Österreichs. in: Österreich 10 (1933) S. 1.

21 Vgl. Um ein neues Österreich. in: Österreich 1 (1930) S. 3. Zum Nationsbegriff vgl. Albert F. Reiterer: Vom Scheitern eines politischen Entwurfes. in: ÖGL 1 (1986) S. 19-36.

22 Wien in der Revolution. in: Österreich 3 (1934) S. 2f.

23 Vgl. Die Aufgaben der Österreicher im Auslande. in: Österreich 2 (1930) S. 1; vgl. ebda 11 (1934) S. 4; vgl. ebda 4 (1935) S. 3. Vgl. Verständigungspolitik zwischen Deutschland und Österreich. in: Ebda 8 (1936) S. 1. (Juli-Abkommen).

24 Ein falsches Bild. in: Österreich 12 (1932) S.3. Zum Geschichtsbild vgl. Georg Schmid: Geschichtsbilder. Von der Metaphorik zur Wörtlichkeit und Retour. in: Zeitgeschichte 79/13 (1985/86) 8, S. 271-288.

25 Irmgard Bärnthaler: Die Vaterländische Front. Geschichte und Organisation. Wien/Frankfurt a.M./Zürich 1971, S. 89ff.

26 ÖStA, Gesandtschaft Rio de Janeiro; Kart. 5, Akte 1930-37, GZ. 1454/35.

27 Vgl. Stimme der Heimat. Mitteilungsblatt der Vaterländischen Front an die Auslandsösterreicher 5 (1935) 2; vgl. ebda, 8 (1935) 5, S.1.

28 Vgl. ebda 11 (1935) 8, S. 5.

29 Vgl. zu Vereinen AdR, BKA,WA; Kart. 2236/356.

30 Zur Kärntner-Feier vgl. Österreich 11 (1930) S. 11f. Zu Mozart- und Haydn-Feiern vgl. AdR, Neues Politisches Archiv (NPA); Kart. 517, Liasse 6/1, GZ. 30885-30.

31 In: Stimme der Heimat (1936) 30/31, S. 14. Vgl. zur Feier zur Verfassung: in: Ebda, 5 (1937) 26, S. 6.

32 Vgl. Ignaz Seipel: Drei grosse weltpolitische Probleme. in: *Rio-Zeitung*, 26.11.30 sowie *Deutsches Volksblatt*, Porto Alegre, 4.12.1930. Vgl. Johannes Schober: Die Heimwehrbewegung in Oesterreich. in: *Rio-Zeitung*, 22.1.1931; (= AdR, NPA; Kart 517, GZ. 20311-13/30; GZ. 20184-31, GZ. 21204-31; GZ. 21207-31).

33 Politische Umschau. in: *Für's Dritte Reich!*, 6 (1933) 11, S.1. (= AdR, NPA; Kart. 517, GZ.23828-13/33).

34 Vgl. AdR, NPA; Kart. 517, GZ. 31.981-35; vgl. GZ. 56755/13-34.

35 *Der Deutschösterreicher*, Folge 15 (15.11.1934) S. 187.

36 In: Ebda, S. 180.

37 Vgl. ebda, Folge 17 (18.12.1934) S. 209. Zu Die Wahrheit über Österreich vgl. ebda, Folge 27(15.5.1935) S. 149.

38 Parteiamtliche Mitteilungen der NSDAP Graz und Umgebung. in: Ebda, Folge 7 (15.7.1934) S. 75 (= AdR, NPA; Kart. 517, GZ. 218551). Kain erhielt das silberne Ehrenzeichen für Verdienste um die Republik Österreich.

39 Vgl. Georg Seeßlen: Tanz den Adolf Hitler. Berlin 1994, S. 95.

40 Propaganda Nazista contra a Austria no Brasil. in: *Diario da Noite* (13.9.1935) (= Gesandtschafts- und Konsulatsarchiv, Rio de Janeiro; Kart. 6, GZ. 2324-34). Vgl. zu Ausbürgerung: ebda, Kart. 4, GZ. 1870-36; vgl. Kart 2, GZ. 729/IX, 2550-33.

41 Bericht Karl Glössl. In: Gesandtschafts- und Konsulatsarchiv, Rio de Janeiro; Kart. 5, GZ. 995-35.

42 AdR, BKA, WA; Kart. 2236/356, GZ. 78839-35.

43 Vgl. ebda. Vgl. Brief von Anton Retschek an das Generalsekretariat des österreichischen Auslandsbundes, Rio de Janeiro, 9.11.1935 (= AdR, NPA; Kart. 515, GZ. 49051-35).

44 Österreichischer Verein Donau. in: *Deutsche Zeitung*, Rio de Janeiro, 13.7.1937 (= AdR, NPA; Kart 515, GZ. 43159/13). Vgl. Staat und Volkstum. in: Mitteilungen des Oesterreichischen Vereines Donau 6 (1937), S. 1. (= AdR, NPA; Kart. 515, GZ. 96987-37). Zum Hissen der Hakenkreuzfahne vgl. AdR, NPA; Kart. 515, Fol. 41, 1934).

45 Ebda, GZ. 96987. Zu Dollfuß vgl. Reiterer, Vom Scheitern eines politischen Entwurfes, S. 24f.

46 Vgl. Zum Abkommen vom 11. Juli. in: *Oesterreichische Zeitung* (*Jornal Austríaco)*, São Paulo, 24.7.1937 (= AdR, NPA; Kart. 515, GZ. 43159/13).

47 Vgl. AdR, NPA; Kart. 515, GZ. 50329/13-38.

48 Vgl. Stimme der Heimat 6/7 (1937) 27/28, S. 13f. Vom Gastland sei die Erlaubnis zur Feier eingeholt worden, schrieb das Blatt.

49 Vgl. AdR, BKA, WA; Kart. 2236/356, (Mappe Landsteiner). Brief von José Landsteiner an das Wanderungsamt, 29.4.1934.

50 Eybl, Das Geschichtsbild, S. 30.

Auswahlbibliographie

Österreich. Zeitschrift für die Österreicher und Freunde Österreichs im Ausland (Wien 1927-1936).

Stimme der Heimat. Mitteilungsblatt der Vaterländischen Front an die Auslandsösterreicher, Jg. 1-4 (1935-1938).

BÄRNTHALER Irmgard: Die Vaterländische Front. Geschichte und Organisation. Wien/Frankfurt a.M./Zürich 1971.

BRUCKMÜLLER Ernst: Sozialgeschichte Österreichs. Wien/München 1985.

EYBL Susanne: Das Geschichtsbild in den österreichischen Medien. ungedr. Diss. Wien 1993.

GREVERUS Ina-Maria: Der territoriale Mensch. Ein literaturanthropologischer Versuch zum Heimatphänomen. Frankfurt a.M. 1972.

PRUTSCH Ursula: Das Geschäft mit der Hoffnung. Österreichische Auswanderung nach Brasilien 1918-1938. Wien/Köln/Weimar 1996.

REITERER Albert F.: Die unvermeidbare Nation. Ethnizität, Nationalität und nachnationale Gesellschaft. Frankfurt a.M./New York 1988.

SCHMID Georg: Geschichtsbilder. Von der Metaphorik zur Wörtlichkeit und Retour. in: Zeitgeschichte 79/13 (1985/86) 8, S. 271-288.

Ursula Seeber-Weyrer *

„Ergötze dich am längst nicht mehr Vorhandenen“
Österreich-Bilder des Exils

Das gut handtellergroße, dünne Heft von schlechter Papier- und mangelhafter Druckqualität ist mit einer grüngelben Kordel an der Seite zusammengehalten und trägt den Titel *Biedermeier-Almanach.*[1] Reproduktionen von Altwiener Stichen mit Salon-Ambientes, zeitgenössischen Bühnenkostümen und Aufführungsszenen, Briefzitate, Handschriftenproben sowie ein Foto der Wiener Staatsoper, aufgenommen von einem gewissen Alfred Löbl, wechseln einander ab hin zur mittleren Doppelseite, wo sich die Besetzungsliste eines Stückes namens "Hofopernballett" befindet, womit sich die Broschüre als Programmheft ausweist. Als Autor dieser „Wiener Miniatur“ über die österreichische Tänzerin Fanny Elßler scheint Georg Terramare auf, Wiener Schriftsteller aus dem Kreis um Hugo von Hofmannsthal und seit 1934 Direktor des Deutschen Theaters in Prag.

Erschienen ist dieses Programmheft im Februar 1943, der Staatsopern-Fotograf Löbl nannte sich inzwischen längst Alfredo Linares und war zu einem bekannten Fotoreporter des Landes geworden; und dieses Heft erschien in La Paz, Bolivien, hergestellt für eine kleine Gemeinde von österreichischen Exilanten (rund 1.000 waren es), die - Georg Terramare, seine Frau Erna Terrel und den Schriftsteller und Regisseur Fritz Kalmar eingeschlossen - in der Andenrepublik vor Hitler Zuflucht gefunden hatten. Dort, an einer kleinen deutschsprachigen Bühne, versuchten die vertriebenen Theaterleute aus Wien mit diesem Stück, aber auch mit Texten von Arthur Schnitzler oder einer Reihe von literarischen Kammerrevuen im Stil des Wiener Vorkriegskabaretts („Wien wie es war, ist und wird“, „Ansichtskarten aus Österreich“) heimische Theatertradition im Exil fortzuführen und das Bild eines "anderen", nicht-faschistischen Österreich am Leben zu erhalten.[2]

Der Biedermeier-Kalender von 1943, dieses anachronistisch und zugleich exotisch anmutende Dokument, war der Ausgangspunkt für Überlegungen zu den Österreich-Bildern, die, zum Teil abseits von jedem europäischen oder sogar "westlich-abendländischen" Ambiente, von den österreichischen Exilanten entwickelt wurden: das imaginierte Österreich 1938 bis 1945, eine Vormärzidylle?

Den meisten Exilierten wurde erst durch die gewaltsame Vertreibung bewußt, wieviel die Bindung an die Heimat für ihr Leben bedeutete und wie unzerstörbar sie sei. Viele literarische und Erinnerungstexte halten "das arme, das schlimme, vor allem das geliebte Land als den wichtigsten Inhalt fest, um den ihre Gedanken kreisen"[3], wie etwa die nach England emigrierte Journalistin Elisabeth Janstein:

> Man hatte sie [die Heimat, US] von sich geschoben, nicht nahekommen lassen, in derselben Scheuheit und Gereiztheit, die man Blutsverwandten gegenüber empfindet, denen man weniger Geduld schenkt und geringeres Verstehen entgegenbringt als Fremden. Und plötzlich löste sich das alles und die alte, verwandte Liebe brannte wieder empor. Die alte und eine neue, aus Leiden geborene.[4]

Waren es vor allem die Schriftsteller, die in ihren Erinnerungen und Zukunftsprojektionen die "ebenso bittere wie produktive Entfernung"[5] von ihrer Heimat thematisierten und mit den Mitteln der Kunst zur Aufrechterhaltung eines Österreichbewußtseins im Exil beitrugen,[6] wurden von den verschiedenen österreichischen Exilgruppen - seien es Kommunisten und Sozialisten, Bürgerlich-Konservative oder Legitimisten - auch politische Konzepte entwickelt, die auf dem "Bild" eines künftigen freien und unabhängigen Nationalstaates Österreich aufbauten.[7]

Im Falle der "Hofopernballett"-Künstler um Georg Terramare handelte es sich zum Beispiel nicht nur um ein Theaterensemble, sondern auch um führende Mitglieder einer parteipolitisch nicht gebundenen Gruppe österreichischer Exilanten in Bolivien, die sich 1941 in der Organisation „Federación de Austríacos Libres“ zusammenschloß und ursprünglich nicht als politisches Komitee agierte, sondern vor allem karitative und kulturelle Funktionen erfüllte.[8] Ihr gehörten sowohl Kommunisten wie Heinz Markstein an - heute Jugendbuchautor und Journalist in

Wien - als auch die Familie Kalmar, deren Mitglieder teilweise aus der Pfadfinderbewegung kamen.

Bedenkt man, daß nur ein Bruchteil der etwa 130.000 österreichischen Hitlerflüchtlinge sich in Verbänden organisierte und daß diese oft so inhomogen waren wie der eben genannte in Bolivien, läßt sich erahnen, wie unterschiedliche Konzepte und emotionale Österreich-Bilder im Exil entworfen wurden.

Zum Nachdenken jedoch über die konkreten, nicht über die metaphorischen Österreich-Bilder des Exils regt der bolivianische *Biedermeier-Almanach* allemal an, zum Nachdenken über die ideologische Funktion von Abbildungen und Fotografien in Exilpublikationen. Als Textsorte bieten sich Periodika - Zeitschriften, Schriftenreihen - besonders an, sind sie doch oft geradezu ein "Zentaur aus Wort und Bild" (Wolfgang Max Faust).

Die Texttheorie als kommunikationsorientierte Disziplin der Linguistik[9] läßt die Annahme zu, daß eine Zeitschrift *ein* Text ist, der vom Herausgeber als ein einziger Kommunikationsakt realisiert und von den Lesern als solcher rezipiert wird. Dieser Textbegriff schließt alle Zeichen mit ein, auch nichtsprachliche. Abbildungen und Fotos als hierarchisch untergeordnete "Intexte" werden so zu integralen Bestandteilen des Gesamttextes und beziehen ihre besondere Funktion daraus, daß sie bereits auf die Rezeption wirken können, bevor die semantische Komponente des geschriebenen Textes entschlüsselt wird.

Um den Österreich-Bildern in der Exilpublizistik mit den Mitteln einer einfachen Inhaltsanalyse[10] nachgehen zu können, bedurfte es eines repräsentativen Beispiels, einer geschlossenen Datenmenge, die mit der Sammlung von Herbert Steiner, im britischen Exil Funktionär des Austrian Centre, später Historiker und Leiter des Dokumentationsarchivs des österreichischen Widerstandes in Wien, gegeben war.[11]

Das Austrian Centre, eine überparteiliche Exilorganisation in Großbritannien, an deren Gründung die Mitglieder der Kommunistischen Partei und des Kommunistischen Jugendverbandes maßgeblichen Anteil hatten, wurde am 16. März 1939 ins Leben gerufen. Im Vorstand der Trägerorganisation Association of Austrians in Great Britain waren Oskar Ko-

koschka, Paul Knepler und Anna Mahler, Ehrenpräsident war Sigmund Freud. Das Austrian Centre hatte sich zur kulturellen Aufgabe gestellt, "das Beste aus dem Kulturleben der Heimat in ein neues Österreich hinüberzuretten" und andererseits "das kulturelle Leben [...] des Gastlandes kennen- und verstehenzulernen."[12] Der Treffpunkt mit der Adresse 129 Westbourne Terrace im Londoner Stadtteil Paddington wurde als Club geführt, hatte bis zu 7.000 Mitglieder und bald mehrere Dependancen in London und im übrigen Großbritannien. Mit "Free Austrian Books" betrieb das Zentrum auch einen eigenen Verlag. Im Dezember 1941 gelang es, in der Dachorganisation Free Austrian Movement in Great Britain (FAM), eine politische Vertretung des österreichischen Exils in Großbritannien zu etablieren und die kommunistischen Verbände, die bürgerlich-legitimistische Emigration und zwei sozialdemokratische Dissidentengruppen zu vereinigen, wobei Kommunisten und ihre Sympathisanten federführend waren. Ziel der Kulturarbeit des FAM war es, "die kulturellen und sozialen Bedürfnisse der Flüchtlinge zu befriedigen und zugleich die Eigenständigkeit der österreichischen Nation zu propagieren; in der britischen Öffentlichkeit war sie die beste Werbung für Österreich überhaupt."[13]

Die Jugendorganisation des Austrian Centre, ebenfalls im März 1939 gegründet, nannte sich Young Austria und betreute u. a. einen Chor, eine Spielgruppe und publizierte mehrere Zeitschriften, von denen eine die Grundlage der folgenden Überlegungen ist.

Jugend voran, die "Zeitschrift der österreichischen Weltjugendbewegung", erschien kurzlebig von Februar bis Mai 1940 und ab Oktober 1942 bis Anfang 1945 in London und New York, ab Winter 1943/44 nur mehr in London, die Erscheinungsweise war etwa vierteljährlich.[14] Ins Leben gerufen hatten sie zugleich die Gruppen Junges Österreich - Young Austria (London) und Freie Österreichische Jugend - Free Austrian Youth (New York). Die rund 30 Seiten starken, kleinformatigen Hefte waren in Antiqua gedruckt und trugen ein stilisiertes jugendliches Paar vor rotweißroter Flagge im Titelsignet. Sie waren von ihren Herausgebern als Organ der österreichischen Jugendlichen aller freien und demokratischen Exilländer konzipiert, als Band "der Einheit im Kampfe gegen Hitler"[15]: Durch den "Anschluß" auseinandergerissene Freunde sollten sich auf diesem Wege wiederfinden, das Solidaritäts- und Heimatgefühl gestärkt, junge Soldaten und Kriegsgefangene mit Informationen versorgt werden. Ein besonderes Anliegen der Zeitschrift war zu zeigen, wie junge Österreicher an der Seite der Alliierten ihre Pflicht tun, um "unser österreichisches Vaterland von der Herrschaft des deutschen Faschismus zu befreien" (JV, Oktober 1942, 2).

Vom Typus her war *Jugend voran* eine Revue oder politisch-kulturelle Rundschau, nicht aber eine Jugendzeitschrift im heutigen Sinn, wiewohl Bildauswahl (etwa Gruppen von Jugendlichen, besonders bei Freizeit- und Kulturaktivitäten), Sportberichte und eine ständige Witzecke "Da lacht der junge Österreicher" doch als Zielgruppe jene erwarten lassen, die beim "Anschluß" um die 16 bis 20 Jahre alt waren. Neben optimistisch-propagandistischen Kurzberichten über den Widerstand in Österreich (von Sabotageakten bis zu Partisanenkämpfen, etwa: JV, Oktober 1942, 2; JV, Februar 1943, 9 f.; JV, Winter 1943-44, 9 f.) brachte *Jugend voran* auch Berichte über Fluchtziele Prominenter und ihre dortigen Aktivitäten, Neuigkeiten von den Exil-Jugendgruppen in aller Welt, Resolutionen und politische Kommentare, Leserbriefe ("Was uns Soldaten schreiben"), aber auch Lieder und Gedichte, Nachrufe und Totenlisten. Literarische Mitarbeiter und Beiträger waren unter anderem Erich Fried, Willy Verkauf (Palästina), Ernst Fabri (UdSSR), Bruno Frei (Mexiko), Egon Erwin Kisch (Mexiko) oder Arthur Rosenthal (heute Arthur West, London). Und : *Jugend voran* war mit Fotos illustriert.

Jedes Heft brachte durchschnittlich sechs Fotos, darunter Porträts der Heftmitarbeiter im Paßbildformat, so etwa von Herbert Steiner, Sekretär des Jungen Österreich in seinem Bericht über die "Weltjugendwoche 1944" (JV, Sommer 1944, 24); Porträts von Leserbriefschreibern wie "Walter und Erich, zwei österreichische Matrosen [Mitglieder der Royal Navy, US], im Land der Pyramiden" (JV, Anfang 1945, 13), selten Porträts von Idolen wie "Robert Kronfeld, der berühmte österreichische Segelflieger" (JV, Sommer 1943, 11), der von der Royal Navy als Fliegeroffizier ausgezeichnet worden war, oder von politischen Vorbildfiguren wie der 1943 hingerichteten KP-Funktionärin und Widerstandskämpferin Hedi Urach im Beitrag "Unsere Helden" (JV, Sommer 1943, 30 f.).

Zahlreiche Gruppenfotos, fast alle Amateuraufnahmen im patriotischen Ambiente, zeigen österreichische Jugendliche im Exil bei Vereins- und Kulturaktivitäten wie: Singgemeinschaft im britischen Ferienlager 1939 (JV, Oktober 1942, nach 20), Sportveranstaltung der Freien Österreichischen Jugend in New York 1943 (JV, Februar 1943, vor 11), Feier von Austria Libre in Bogotá, im Hintergrund ein überdimensionales Trachtenpärchen (JV, Sommer 1943, 27), Aufführung der Spielgruppe des Jungen Österreich von Raimunds "Verschwender" (JV, Sommer 1944, 35), Bergsteigen in den Anden (JV, Anfang 1945, 21). Sie stehen nicht immer im Zusammenhang mit einschlägigen Artikeln, haben mehr illustrativen als informativen Charakter und dienen offenkundig der Stärkung des Zusammengehörigkeits- und Heimatgefühls.

Fotos mit offen propagandistischem Impetus sind in der Minderheit, etwa die Aufnahme von Winston Churchill bei der Übergabe der österreichischen Kantine durch den österreichischen Gesandten Sir George Franckenstein im Februar 1942 (JV, Sommer 1943, 18) untertitelt: "[...] Es war bei dieser Gelegenheit, daß Churchill den historischen Ausspruch tat: 'Österreich ist eines der Länder, für dessen Freiheit vom preußischen Joch wir kämpfen'." Kontrastiert wird dieses Foto mit einer Reproduktion aus dem *Völkischen Beobachter* vom 20. Februar 1942 (JV, Sommer 1943, 19), der diesen Satz Churchills in nationalsozialistischer Rhetorik verzerrt: "Churchill verspricht galizischen Juden ein 'freies Österreich'".

Nur ein einziges Mal wird der fotohistorische Wert einer Aufnahme überhaupt thematisiert. Im selben Heft wurde der Bericht eines jungen Spanienkämpfers Franz P. gebracht (JV, Sommer 1943, 8 f.: "1600 kämpften in Spanien"), illustriert mit der Aufnahme österreichischer Schutzbündler bei einer illegalen Versammlung im Wienerwald. Darunter erschien eine Bildlegende mit dem Wortlaut: "Viele Journalisten, unter anderem Gedey in 'Fallen Bastions' schreiben über dieses interessante Bild. Dies ist die erste Veröffentlichung."

Fotocollagen, *die* Gattung der Bildpropaganda, fehlen in *Jugend voran* völlig, Zeichnungen und Karikaturen finden sich selten.

Aufschlußreicher in diesem Zusammenhang erscheinen aber weniger die personengebundenen Fotos als Gegenstandsfotografien und Landschaftsabbildungen. Obwohl mit einfachsten Mitteln hergestellt, hatte *Jugend voran* in mehreren Heften eigene, auf Kunstdruckpapier hergestellte Bildteile, oft Kunstfotografien - keine Amateuraufnahmen -, ohne Seitennumerierung und auch sonst offensichtlich nicht in den Fluß der Beiträge eingebunden.

Wie im linken Kontext von *Jugend voran* nicht anders zu erwarten, hatten Fotos von zwei Bauwerken des Roten Wien ihren zentralen Platz in der Zeitschrift, des Karl-Marx-Hofs (JV, Februar 1943) und des Matteottihofs (Winter 1943-44), ersterer als "Schauplatz der blutigen Februarkämpfe 1934" vorgestellt, letzterer in einer ausufernden emotionalen Legende als einer der "neuen Paläste unserer Stadt" und Höhepunkt des sozialen Reformwerks der Gemeinde.

Weitere gegenständliche Sujets aus Wien waren das Rathaus bei Nacht (JV, Oktober 1942), Ansicht des Rings mit Parlament und Rathaus (JV, Frühjahr 1943) und Praterstern mit Riesenrad (JV, Winter 1943-44), aus dem übrigen Österreich die Ruine Aggstein in der Wachau (JV, Winter 1943-44), der Domplatz in Salzburg (JV, Sommer 1944), die Innsbrucker Maria-Theresienstraße mit Nordkette (JV, Frühjahr 1943) und die Pfarrkirche von Vent im Ötztal mit Alpenpanorama (JV, Anfang 1945). Bei den reinen Landschaftsaufnahmen wird dem Großglockner mit der gleichnamigen Hochalpenstraße gleich zweimal ein prominenter Platz eingeräumt (JV, Oktober 1942: Titelseite; JV, Sommer 1944), gefolgt von der Ansicht des Ausseer Sees bei Winter.
(JV, Winter 1943-44)

Die Bildlegenden zeigen an, daß es sich bei den Fotos um eigene, unabhängig funktionierende "Texte" im vorhin beschriebenen Sinn handelt: "Es wird wieder unser sein" (Rathaus), "Innsbruck ich muß dich lassen ..." (Maria-Theresienstraße), "Wir treffen uns wieder" (Praterstern), "Unser schönes Salzburg" (Salzburger Dom). Ihre Funktion ist keine indexalische, dient nicht der Erläuterung des Gesehenen, sondern seiner Überhöhung. Roland Barthes spricht von der "affektiven Intentionalität", die der Fotografie innewohne, von einer Annäherung an den Gegenstand durch sie, die zugleich von "Verlangen, Abneigung, Sehnsucht nach Vergangenheit und Euphorie durchdrungen"[16] werde.

Daß diese Aufnahmen in *Jugend voran* als emotionale Projektionsflächen funktionieren, belegt nicht zuletzt ein Leserbrief: "Wenn man die Bilder sieht", schreibt ein österreichischer Kriegsgefangener an die Redaktion, "packt einen das Heimweh, und man möchte laut hinausschreien, was haben wir getan, daß uns Gott so hart gestraft hat!" (JV, Anfang 1945, 34).

Über die Tröstungsfunktion hinaus kommt den Landschafts- und Gegenstandsfotografien aber auch eine ideologische Funktion zu. Im Sinne Hofmannsthals, der in der Zeitschrift selbst mit dem Text *Österreich* zu Wort kommt,

> [...] es bleibt ein Verbindendes in der dumpferen Sphäre des Lebens, von Leib zu Leib, von Herz zu Herz, von Landschaft zu Landschaft, ein Unangreifbares und doch Starkes. Uns aber ist das wahre durchdrängende Gefühl unserer Gegenwart und die mächtige Ahnung der Vergangenheit, und daß sie beide eins sind - ja das ist uns in schweren Schicksalsstunden (JV, Sommer 1943, 17),

wird in diesen Fotografien nicht ein Staatsgebilde, sondern ein Ideengebäude, ein Mythos des Österreichischen aus Landschaft und Kultur beschworen:

Das Ausseerland etwa kommt in *Jugend voran* mit Recht als Inbegriff von Sommerfrische der bürgerlichen Wiener vor, zu denen viele der Emigranten zählten, und als Symbol glücklicher Kindheitserinnerungen. Es ist ein Ort, der auch in literarischen Österreich-Bildern des Exils mehrfach vorkommt, etwa in *Die Narzissenwiesen von Aussee* von Ernst Waldinger oder *Sehnsucht nach Altaussee* von Friedrich Torberg.[17] Und der Salzburger Dom fungiert als doppelte Assoziationsfläche: steingewordenes Zeugnis barocker Vergangenheit und Kulisse für Hofmannsthals *Jedermann*, Vorzeigestück des österreichischen Hochkulturbetriebs.

Daß die Verlusterfahrung des Exilanten zur Idealisierung des Herkunftslandes und zu seiner retrospektiven Stilisierung führen kann, die "durchaus der kontrafaktorischen Überzeichnung fähig ist, macht sich auch im deutschsprachigen Exil nach 1933 nachhaltig geltend"[18]. Die Fotografien in *Jugend voran* dokumentieren aber mehr als eine heile Vergangenheit, indem sie "nicht nur als ein Protokoll, sondern zugleich als eine Bewertung der Welt anzusehen sind"[19]. Die abgebildeten Landschaften und Städte-Ambientes, die stets ohne individuelle Menschen aufscheinen, stilistisch und geografisch abgehoben vom übrigen Text und durch wertende Legenden emotionalisiert werden, setzen Assoziationsreihen in Gang, die aus der affirmativen heimischen Publizistik der dreißiger Jahre bekannt sind[20] und hier zur ideologischen Stabilisierung des "Ständestaates" gegen Nationalsozialismus und Sozialdemokratie eingesetzt wurden: Österreich im Prisma der Idee von Repräsentationswille und Ordnung, Erbe und Alter, Macht und Schutz, Gegenwart der Vergangenheit.[21]

Die rückwärtsgewandte Idyllik vieler Fotografien bietet einen manchmal geradezu kuriosen Gegensatz zum Stil der programmatischen Texte über die Restitution eines österreichischen Staates in *Jugend voran*, wiewohl es in beiden Textsorten um dasselbe Anliegen geht. In "Die Ziele unserer Bewegung" formulierte der Vorsitzende der Weltjugendbewegung F. C. West:

> Die österreichische Weltjugendbewegung kämpft gegen die deutsche Fremdherrschaft in Österreich, für ein freies und unabhängiges Österreich. Österreich kann nur durch einen Sieg der Anglo-Amerikanisch-Sowjetischen Allianz und den Kampf des österreichischen Volkes selbst befreit werden [...] Das österreichische Volk wird, auf der Grundlage der Atlantic Charter, selbst über seine Staatsform entscheiden. (JV, Februar 1943, 7).

Und Willi Scholz, Generalsekretär des Austrian Centre, sprach in seinem Artikel "Volk von morgen" die Vorstellungen vom kommenden Wunschstaat so aus:

> Die österreichische Freiheitsfront will den lähmenden Gegensatz zwischen Stadt und Land, zwischen der sozialistischen Arbeiterschaft und den katholischen Bauern überwinden und eine nationale Einheit der

> Österreicher schaffen, aus der die österreichische Nation die Kraft für die Verteidigung ihrer Unabhängigkeit schöpfen wird. (JV, Sommer 1944, 1-4, dort 4)

Dieser einige Jahre vorher in diesem ideologischen Kontext noch undenkbar gewesene Patriotismus findet seinen Niederschlag auch in einer Reihe von literarischen Texten in der Zeitschrift, die beweisen, daß es vor allem die österreichische Kunst und Landschaft waren, in denen man die geeigneten Traditionsbezüge zur Entwicklung eines festen Nationalbewußtseins zu finden glaubte. Ernst Lothar brachte den Sachverhalt in einem Leserbrief (JV, Sommer 1944,13) auf den Punkt: "Wien wird wieder frei sein. Wien wird wieder schön sein. Schön in der Harmonie der Natur und des Geistes; frei in seiner Würde." Geradezu als "Bestseller"[22] erwies sich in dem Zusammenhang Ernst Fischers mentalitätsgeschichtlicher Abriß *Der österreichische Volks-Charakter*, der 1944 von Georg Breuer in *Jugend voran* rezensiert wurde und in dem Fischer vorgeblich österreichische Eigenschaften wie "die Natürlichkeit und die Toleranz, die Volkstümlichkeit und die Musikalität des Österreichers" beschwört (JV, Sommer 1944, 35 f., dort 36).

Nichts lag näher, als auch einen typischen österreichischen Dichterparnaß zu präsentieren. Selbst in den wenigen Heften von *Jugend voran*, die ja keine Kulturzeitschrift im engeren Sinn war, wurden als Kronzeugen aufgeboten: Peter Rosegger, der anläßlich seines 100. Geburtstages von der Vereinnahmung als "Vorkämpfer des Nationalsozialismus" gerettet werden sollte (JV, Sommer 1943, 29), oder Franz Grillparzer, den der nach Israel emigrierte Publizist und Maler Willy Verkauf in "Der Österreicher Franz Grillparzer" als unermüdlichen Kämpfer gegen die Reaktion darstellt: "In bedrängten Epochen wird der denkende Österreicher immer wieder auf Grillparzer zurückkommen" (JV, Sommer 1944, 30 f., dort 31).

Literarisches Landschaftslob kam in *Jugend voran* nicht nur von den Österreichern selbst. Mit Verwunderung liest man das "Bekenntnis zu Österreich" (JV, Sommer 1944, 21 f.) von Johannes R. Becher aus Moskau, immerhin ein 'gestandener' Reichsdeutscher, gefolgt von seinem auf Kindheitserinnerungen beruhenden Landschaftsgedicht *Tirol*

(JV, Sommer 1944, 23), in dem allerdings Südtirol und Teile Salzburgs annektiert werden.

Daß nationale Selbstbehauptung via Kulturarbeit erfolgte und daß die Männer und Frauen des Free Austrian Movement diese als psychologische Waffe im Kampf gegen die deutschen Besatzer verstanden, zeigen nicht zuletzt auch andere Publikationen aus diesem Umkreis, teilweise mit Fotos illustriert.

Zu den bekanntesten zählt die von dem Musikologen und Kritiker Hermann Ullrich herausgegebene *Kulturelle Schriftenreihe des Free Austrian Movement*[23], die unter anderem Hefte zu Grillparzer und Hofmannsthal, eine Salzburg-Nummer sowie Hefte zu den Themen "Österreichische Seele" oder "Das Wien unserer Großeltern" umfaßt. Auch hier, etwa im Editorial zur Nummer *Österreich vor hundert Jahren* ist der Tenor von der Gegenwart der Vergangenheit unüberhörbar:

> Aber wir haben Zaubermittel, die uns aus dem Grauen dieser Gegenwart in eine ruhigere, wenn vielleicht auch nicht bessere Welt zurückversetzen. Hier sind sie oder wenigstens eines davon. Und der Herausgeber verabschiedet sich vom Leser mit den Worten Mephistos: 'Ergötze dich am längst nicht mehr Vorhandenen.'[24]

Bisher unbeachtet geblieben sind hingegen zwei englischsprachige Broschüren über Österreich, gestalterisch aufgemacht von Wolfgang Schlosser im Stil von Fremdenverkehrsbroschüren: *This is Austria*[25], zu Weihnachten 1942 von den zwei größten österreichischen Exilorganisationen - Austrian Centre und Young Austria - den British Friends of Austria gewidmet; und *Austria*[26], ebenfalls den British Friends of Austria gewidmet. Anna Horniks Broschüre *This is Austria* gibt auf 26 Seiten historische, geografische, kulturelle und wirtschaftliche Basisinformationen für Nichtösterreicher ("Who has not heard of the Vienna Ringstrasse?", S. 18) und enthält auch einen Abschnitt über "The Fiction of a 'German' Austria" (S. 10f.). In den Bildcollagen jeweils auf den rechten Seiten wirken vordergründig die Abbildungen von Sommerlandschaften (Wachau, Großglockner, Salzkammergut) und kulturelle Sehenswürdigkeiten aus allen Bundesländern (Staatsoper, Kefermarkter Altar, Salzburger Dom, Goldenes Dachl), gelegentlich 'aufgefrischt' mit jungen Mädchen, wahlweise in Tracht oder Badeanzug. *Austria* - hier eine Frau in Tracht schon am Cover - ist ein anspruchsvollerer 32seitiger Sammelband mit Texten prominenter linker Exilpublizisten und -autoren wie Jenö Kostmann ("Our Cultural Heritage", S. 3-6), Kurt Blaukopf ("Mozart and his 'Figaro'", S. 7-11) oder Fritz Brügel ("Felix Grafe", S. 24-27) über den 1942 als Widerstandskämpfer hingerichteten österreichischen Lyriker. Die Bildteile sind ähnlich gestaltet wie beim vorigen (Kunstschätze mit Kefermarkter Altar und gotischem Bürgerhaus in Bruck an der Mur; Touristik mit Großglockner, Salzburger Dom und Dürnstein; Arbeit und Industrie mit Erzberg; Das neue Wien mit Rathaus und Gemeindebauten; Österreicher in Großbritannien mit jungen Exilanten in Krieg und Kriegsindustrie Großbritanniens) und sollen den historischen Charakter des spezifisch Österreichischen in allen Bereichen illustrieren, nur im ideologischen Kontext von Verlag und Herausgebern "andeutungsweise historisch-materialistisch instrumentiert"[27]: Die Bildcollage "Fight for Freedom" (S. 5) bietet von den Türkenkriegen über den Tiroler Freiheitskampf 1809 bis zum Februaraufstand und einer Protestkundgebung gegen den "Anschluß" Beispiele für den jahrhundertelangen Kampf des österreichischen Volkes gegen nationale Unterdrückung auf. Die Bildcollage "The People" (S. 25) schließlich bezieht sich ebenfalls ganz auf Geschichte, Tradition, Region und Natur: ein Tiroler Schütze, Frauen in Tracht, ein Kind auf einer Gebirgswiese und ein Porträt des österreichischen Ski-Champions Hannes Schneider.

Erwähnenswert erscheint in diesem Zusammenhang auch eine undatierte sechsteilige Postkartenserie von Free Austrian Books "View of Austria", die mit dem bereits bekannten Sujet der ländlichen Pfarrkirche und Bauern bei der Arbeit mit Wiener Ansichten von Grinzing, dem Heldenplatz, Cobenzl und Amalienbad Österreich-Bilder liefert.

Die hier entworfenen affektiven, um nicht zu sagen romantischen Österreich-Bilder des österreichischen Exils in Großbritannien aus dem Umfeld des Austrian Centre entfalteten sich jedoch nicht nur in den Köpfen und Schriften der Aktiven, sondern auch "als fresco" in den Vereinsräumen an der Westbourne Terrace. In einem Brief an den Leiter des

Austrian Centre Willi Scholz erinnert sich ein emigrierter Innsbrucker Universitätsprofessor mit liebevoller Ironie an die Treffen in Paddington:

> Seither saß ich einige Male in der Woche auf einem der wackligen Stühle an einem wackligen Tisch mit reichlich benütztem Tischtuch, aß Einspänner mit Kohl und bewunderte die Fresken an den Wänden, welche Szenen aus dem Leben einer ausgestorbenen Menschenrasse in prähistorischen Landschaften darstellen: Prater, Heuriger, Raxplateau.[28]

Im April 1945, als die provisorische österreichische Staatsregierung von den Russen anerkannt und in Wien die Wiederherstellung der Republik Österreich proklamiert wurde, war der Zeitpunkt gekommen, wo sich die Hoffnungen auf einen Neubeginn in die Tat umsetzen ließen, wo der Mythos Österreich an der Realität überprüfbar wurde.

Aus Tagebüchern und Autobiografien von Exilanten wissen wir, mit wieviel Sehnsüchten und Furcht die wenn auch nur vorübergehende Rückkehr verbunden war. Eine nähere Untersuchung der Traum- und Alptraumbilder der Vertriebenen, die mit der ambivalenten "Märchenfee"[29] Österreich verbunden wurden,[30] würde den Rahmen dieser Überlegungen überschreiten.

Dabei tritt weniger oft das Entsetzen des Heimkehrers über die ausgebombte Hauptstadt und die zerstörten Infrastrukturen zutage als die Einsicht, auf Schritt und Tritt Ariseure und Antisemiten zu treffen, kurz: vergessen zu haben, "wieviele Österreicher Nazis gewesen waren, ja daß Hitler selbst Österreicher war"[31].

Einer, der den "menschlichen Faktor" schon Anfang 1945 scharfsinnig in seinem amerikanischen Exil analysierte, war der Regisseur Berthold Viertel. Auf die rauschhaften Österreichvisionen des Theatermannes Ernst Lothar, die dieser Ende 1944 in der amerikanischen Exilzeitschrift *Austro-American Tribune* veröffentlichte, eine Predigt für die Erneuerung Österreichs aus der Natur und dem Geist Stifters und Grillparzers, via Salzburger Festspiele und Wiener Burgtheater, und das alles in österreichisch gefärbtem Deutsch[32], auf diese Visionen antwortete Viertel im Jänner 1945:

> Die Barockidylle von gestern, schon zu ihrer Zeit ein Anachronismus, wird sich nicht wiederherstellen lassen. Die fehlenden Autostraßen wird

> Hitler inzwischen gebaut, den Verkehr geregelt haben: obwohl selbst ein Österreicher, hat er in diesen Dingen bestimmt keine Schlamperei geduldet. [...] Und die Vorzüge der Landschaft bieten, im Verlauf der gesellschaftlichen Entwicklung, erst recht keine Garantie. Die Landschaft ist schon brav, wenn's nur auch die Leut alle wären.[33]

Diese im Exil imaginierten, auf Geschichte, Kultur und Natur aufgebauten Österreichbilder hielten, wie Viertel richtig erkannte, der österreichischen Nachkriegsrealität nicht stand. Und die Hiergebliebenen ihrerseits wollten sich in der Mehrzahl lieber gar kein Bild machen von ihrer Vergangenheit, schon gar nicht von ihrer jüngsten. Als repräsentativ für das österreichische Verdrängen und Tabuisieren der Themen Verfolgung und Vertreibung nach 1945 soll abschließend eine Kritik aus der Kulturzeitschrift *Der Turm* stehen, die sich als weithin sichtbares Bollwerk der österreichischen Tradition verstand. Auf die konkreten und authentischen Österreichbilder der antifaschistischen Ausstellung "Niemals vergessen!", die das Referat für Volksbildung und Kultur der Gemeinde Wien unter Stadtrat Viktor Matejka 1946 im Künstlerhaus zeigte, reagierte der Kritiker unter dem Titel "Die Wahrheit" mit - Wegschauen:

> Kinder mit Gasmasken, Menschen hinter Stacheldraht, Marschieren, Rüsten, Hungern und Sterben - weiß man es nun, woher und warum? Nein, auch das ist ist sie nicht, die ganze Wahrheit! Es ist jener kleine Teil von ihr, den man einfangen kann, der ein Argument ist, denkbar und mitteilbar. Doch es ist nicht jene große Wahrheit, die erlebte, erlittene unaussprechliche, ja im tiefsten unverstehbare. Es werden die kommen, die vermögen, sie auszusagen, vielleicht im Wort, vielleicht im Bild; jedenfalls im Medium der Kunst (nicht der künstlerischen Ausgestaltung). [...] Dann wird man nicht mehr ermahnen müssen, daß die Vergangenheit nicht vergessen werde, sondern sie wird als ein Wesentliches eingegangen sein in die Tiefe des Seinsverständnisses.[34]

Anmerkungen:

* Überarbeitete Fassung eines Referats "Österreich-Bilder des Exils", gehalten am 10. November 1995 beim Symposium "Für die Republik - gegen die Republik. Zum Republikverständnis österreichischer SchriftstellerInnen" des Instituts für Wissenschaft und Kunst IWK, Wien.

1 Biedermeier-Almanach auf das Jahr 1943. Bei den Pfadfindern. La Paz 1943.

2 Vgl. Edith Blaschitz: Bolivien. in: Wie weit ist Wien. Lateinamerika als Exil für österreichische Schriftsteller und Künstler. Hg. v. Alisa Douer/Ursula Seeber. Wien 1995, S. 73-76. Vgl. ebda. auch die Biografien von Fritz Kalmar, Georg Terramare und Erna Terrel, S. 80 f. und S. 85-87.

3 Gerhard Bauer: Die mitgeschleppte und die ausgedachte Heimat der Exilierten. in: Kulturelle Wechselbeziehungen im Exil - Exile across Cultures. Hg. v. Helmut Pfanner. Bonn 1986 (=Studien zur Literatur der Moderne. 14), S. 25-34, dort S. 25.

4 Elisabeth Janstein: Holloway. Unveröffentlichtes maschinschriftliches Tagebuch 1939. Standort: Dokumentationsstelle für neuere österreichische Literatur im Literaturhaus, Wien. Handschriftensammlung. Nachlaß Martina Wied, Sign.N. 42/4, S. 42.

5 Bauer (Anm. 3), S. 32.

6 Vgl. für diesen Abschnitt die einschlägigen Beiträge in: Exilforschung. Ein internationales Jahrbuch. Bd. 3. Gedanken an Deutschland im Exil und andere Themen. München 1985; Johann Holzner: Friedensbilder in der österreichischen Exilliteratur. Über Stefan Zweig, Vicki Baum, Ernst Waldinger und Theodor Kramer. in: Zagreber Germanistische Beiträge 4, 1985, S. 35-50; Ulrich Weinzierl: Politik und Literatur im österreichischen Exil - am Beispiel der nationalen Frage. in: Österreichische Literatur der dreißiger Jahre. Ideologische Verhältnisse. Institutionelle Voraussetzungen. Fallstudien. Hg. v. Klaus Amann/ Albert Berger. Wien/Köln/Graz 1985, S. 79-96.

7 Vgl. Peter Eppel: Österreicher im Exil 1938-1945. in: NS-Herrschaft in Österreich. 1938-1945. Hg. v. Emmerich Talos, Ernst Hanisch, Wolfgang Neugebauer. Wien 1988 (=Österreichische Texte zur Gesellschaftskritik. 36), S. 553-569, dort S. 557-561.

8 Vgl. die Festschrift: FAL. Zum dreijährigen Bestehen der Federación de Austríacos Libres en Bolivia. La Paz 1944.

9 Benützt wurden für diesen Abschnitt vor allem: Jörg Hennig, Lutz Huth: Kommunikation als Problem der Linguistik. Göttingen 1975 (=Kleine Vandenhoeck-Reihe. 1406); Siegfried J. Schmidt: Skizzen zu einer Texttheorie. in: Lektürekolleg zur Textlinguistik. Hg. v. Werner Kallmeyer (u.a.). Bd. 2. Reader. Frankfurt a.M. 1974 (=Fischer Athenäum Taschenbücher. 2051), S. 30-46.

10 Etwa nach Ralf Lisch, Jürgen Kriz: Grundlagen und Modelle der Inhaltsanalyse. Bestandsaufnahme und Kritik. Reinbek b. H. 1978 (=rororo studium. 117).

11 Herbert Steiner emigrierte 16jährig nach Großbritannien, erlernte in London den Beruf des Schriftsetzers und arbeitete als Sekretär der Jugendorganisation des Austrian Centre Young Austria in Great Britain. Er übergab 1994 der Österreichischen Exilbibliothek eine größere Sammlung von Materialien aus seinem britischen Exil, darunter mehrere Dutzend Flugblätter, Kleinschriften, Bücher, mehrere Jahrgänge des publizistischen Organs des Austrian Centre "Zeitspiegel" und andere Exilperiodika sowie zahlreiche Fotografien, die Aktivitäten der Freien Österreicher in Großbritannien betreffend. Viele der Publikationen waren von ihm selbst gesetzt und korrigiert worden. Vgl. auch seinen Beitrag: Die kulturelle Tätigkeit des Free Austrian Movement in Großbritannien. in: Eine schwierige Heimkehr. Österreichische Literatur im Exil 1938-1945. Hg. v. Johann Holzner, Sigurd Paul Scheichl, Wolfgang Wiesmüller. Innsbruck 1991. (=Innsbrucker Beiträge zur Kulturwissenschaft. Germanistische Reihe. 40), S. 153-167.

12 Siglinde Bolbecher, Konstantin Kaiser, J. M. Ritchie: Chronologie der kulturellen Ereignisse des österreichischen Exils in Großbritannien. in: Literatur und Kultur des Exils in Großbritannien. Hg. im Auftrag der Theodor-Kramer-Gesellschaft v. Siglinde Bolbecher/Konstantin Kaiser/Donal McLaughlin/J. M. Ritchie. Wien 1995. (=Zwischenwelt. 4), S. 353-374, dort S. 357 f. sowie S. 356 f. (über Young Austria) und S. 371 f. (über Free Austrian Movement).

13 Vgl. Helene Maimann: Politik im Wartesaal. Österreichische Exilpolitik in Großbritannien 1938-1945. Wien/Köln/Graz 1975 (=Veröffentlichungen der Kommission für neuere Geschichte Österreichs. 62), S. 113-170, dort S. 140 (über die Kulturabeit des FAM).

14 Die unnumerierten Hefte werden mit dem Kürzel JV, ihrem Erscheinungsdatum und Seitenkürzel zitiert.

15 Fritz Walter: Weltjugendbewegung - warum? JV, Oktober 1942, 1-2, dort 2.

16 Roland Barthes: Die helle Kammer. Bemerkungen zur Photographie. Frankfurt a.M. 1989. (=suhrkamp taschenbuch. 1642), S. 30.

17 Ernst Waldinger: Die Narzissenwiesen von Aussee. in: EW: Die kühlen Bauern-

stuben. Gedichte. New York 1946, S. 20; Friedrich Torberg: Sehnsucht nach Alt-Aussee. in: FT: Lebenslied. Gedichte aus 25 Jahren. München 1958, S. 51 f.

18 Berhard Spies: Exilliteratur - ein abgeschlossenes Kapitel? Überlegungen zu Stand und Perspektiven der literaturwissenschaftlichen Exilforschung. in: Exilforschung. Ein Internationales Jahrbuch. Bd. 14. Rückblick und Perspektiven. München 1996, S. 11-30, dort S. 21 f.

19 Susan Sontag: Über Fotografie. Frankfurt a.M. 1993 (=Fischer Taschenbuch. 3022), S. 87.

20 Für "Ständestaats"-Perodika vgl. die Arbeit von Elfriede Põder: Die Funktion von [Landschafts]-Fotografien in österreichischen Zeitschriften der dreißiger Jahre. in: Die habsburgischen Landschaften in der österreichischen Literatur. Beiträge des 11. Polnisch-Österreichischen Germanistentreffens Warschau 1994. Hg. v. Stefan H. Kaszynski/Slavomir Piontek. Poznan 1995, S. 171-196. Ich danke der Verfasserin, daß sie mir ihren Text noch vor der Publikation zur Verfügung gestellt hat.

21 Vgl. Friedbert Aspetsberger: Literarisches Leben im Austrofaschismus. Der Staatspreis. Königstein/Ts. 1980 (=Literatur in der Geschichte. Geschichte in der Literatur. 2), S. 64-83.

22 Weinzierl (Anm. 6), S. 90.

23 Vgl. H. E. Goldschmidt: Die kulturelle Schriftenreihe des "Free Austrian Movement" London 1942/1946. in: Österreicher im Exil 1934 bis 1945. Protokoll des Internationalen Symposiums zur Erforschung des österreichischen Exils von 1934 bis 1945. Hg. v. Dokumentationsarchiv des österreichischen Widerstandes, Dokumentationsstelle für neuere österreichische Literatur. Wien 1977, S. 459-467. Eine frühe österreichische Rezension der Kulturellen Schriftenreihe findet sich in: Der Turm 1 (1945/46), S. 408.

24 Hermann Ullrich: Österreich vor hundert Jahren. in: Österreich vor hundert Jahren. Landschaft, Städte, Menschen. Hg. v. Hermann Ullrich. London [1944] (=Kulturelle Schriftenreihe des Free Austrian Movement), Vorwort o.S.

25 Anna Hornik: This is Austria. The story of a beautiful country. Transl.: W. J. Piotrowsky. London: Austrian Centre, Young Austria 1942. Vgl. die Rezension dieser Broschüre von J.K.: Das schöne Österreich. in: Zeitspiegel, Nr. 51, 19.12.1942, S. 13: "Das mit wunderschönen Bildern ausgestattete Büchlein von Anna Hornik eignet sich vorzüglich dazu, englischen Freunden zum Geschenk gemacht zu werden."

26 Austria. London: Free Austrian Books [o. J, nach 1942].

27 Weinzierl (Anm. 6), S. 90.

28 W. Jerusalem: Das Haus in der Westbourne Terrace (London 1939). in: Young Austria in Großbritannien. Wiedersehenstreffen anläßlich des 50. Jahrestages der Besetzung Österreichs. Wien, im Mai 1988. Wien: Verein "Wiedersehenstreffen 1938-1988 Young Austria" 1988, S. 9. Die Wandmalereien in den Vereinsräumen des Austrian Centre stammten von Wolfgang Schlosser (mündliche Mitteilung Franzi Heidenreich und Ernst Eisenmayer, Wien, 23.6.1997).

29 Diese Bezeichnung fand die österreichische Lyrikerin und Herausgeberin Mimi Grossberg für Österreich. Dieses und andere "Bilder von Deutschland" aus der Literatur exilierter Frauen sind dokumentiert bei Christine Backhaus-Lautenschlager: ... Und standen ihre Frau. Das Schicksal deutschsprachiger Emigrantinnen in den USA nach 1933. Pfaffenweiler 1991 (=Forum Frauengeschichte. 8), S. 168-173, dort S. 169.

30 Vgl. etwa die aufschlußreichen eigenen Erfahrungen und Praxisberichte des in die USA emigrierten Psychotherapeuten und Schriftstellers Alfred Farau: Aus dem Tagebuch eines Emigranten. in: Modern Austrian Literature 10 (1977) 2, S. 103-124.

31 Erich Fried: Der Flüchtling und die Furcht vor der Heimkehr. in: EF: Gedanken in und an Deutschland. Essays und Reden. Wien/Zürich 1988, S. 150-160, dort S. 155.

32 Ernst Lothar: Zum Thema Österreich. in: Dramaturgie der Demokratie. Theaterkonzeptionen des österreichischen Exils. Hg. v. Peter Roessler, Konstantin Kaiser. Wien 1989, S. 74-78.

33 Berthold Viertel: Austria Rediviva. in: Dramaturgie der Demokratie (Anm. 32), S. 78-83, dort S. 81.

34 Der Turm 2, 1946/47, S. 100.

Peter Turrini

Wie verdächtig ist der Mensch?

Meine literarischen Werke kommen nicht ohne Titel aus. Meine Gedichtbände haben einen Titel, meine Essays haben einen Titel, meine Theaterstücke haben einen Titel, manche bestehen sogar nur aus einem Titel, und selbstverständlich hat auch diese Rede einen Titel. Er lautet: „Wie verdächtig ist der Mensch?", denn ich denke mir, daß wir uns gegenseitig nicht mehr wahrnehmen, sondern einander nur noch verdächtigen können. Wir können keine Stellung zueinander einnehmen, wir können uns nur etwas *unter*stellen, jeder verdächtigt jeden, und alle haben einen Verfolgungswahn. Wenn es so etwas wie eine österreichische Seele gibt, dann ist sie mit Sicherheit paranoid. Männer verdächtigen Frauen, und Frauen verdächtigen Männer. So nahe können wir gar nicht beieinander liegen, daß wir uns wirklich nahekommen. Denn zwischen uns nisten die Vorstellungen, wuchern die Bilder, türmen sich die Erwartungen zu solchen Bergen, daß wir uns nicht mehr sehen, wenn wir beieinander stehen oder miteinander liegen. Die Vorstellungen, die Bilder, die Erwartungen sind frei und grenzenlos, vereinigen alle Wunder, und wir sind so unförmig und so alt und so langweilig und haben womöglich noch einen Ausschlag. Wir sind, so sehr wir uns auch anstrengen und alles kaschieren, immer eine Enttäuschung.

Wenn Männer und Frauen einander nicht mehr entsprechen, dann gibt es einen Ausweg. Die Waren entsprechen immer, sofern die Auswahl groß genug ist. Die Pornoindustrie, welche mit ihren Umsätzen gerade die Stahlindustrie überrundet, bietet beispielsweise vierzig verschiedene Analstöpsel zur Auswahl an. Designer, welche früher in der Automobilindustrie gearbeitet haben, arbeiten jetzt in der Pornoindustrie, an immer perfekteren Nachbildungen von Männern und Frauen, in Latex. Die sind unverdächtig und keimfrei. Und sollten Sie, die hier Anwesenden, keinen Umgang mit solchen Artikeln haben, dann muß - statistisch betrachtet - die Bevölkerung außerhalb dieses Saales im Dauerkonsum liegen.

Glauben Sie nicht, daß ich von der Warte des besseren Menschen aus argumentiere oder gar moralisiere. Es ist mir grundsätzlich gleichgültig, wer sich womit verstöpselt. Als Dramatiker beschreibe ich die Konflikte zwischen den Menschen, das Glück und das Unglück in den Beziehungen, in meinen Stücken flüstern oder reden oder schreien die Menschen miteinander, aber was soll einer flüstern oder reden oder schreien, der mit einer aufblasbaren Latexpuppe verkehrt? Ein Leben lang habe ich Wortbrücken gebaut und Satzbauten errichtet und stehe daher ziemlich hilflos vor den stummen und abwaschbaren Surrogaten des Menschen.

Und noch etwas: Neben der Pornoindustrie boomt eine weitere Verschließungsindustrie. Die Hersteller von allem, was abschließt und wegschließt, machen die allergrößten Geschäfte. Da sitzt er nun, der gestöpselte Mitteleuropäer, allein in seiner Wohnung, geschützt von Schlössern und Alarmanlagen, und lebt das Drama der neuesten Art, in dem es keine Auf- und Abtritte mehr gibt, kein Lieben und kein Hassen mehr, kein Reden und Gegenreden, sondern Bilder von solchen Vorgängen, jede gewünschte Menge von Bildern, und die Stille am Ende des Programms. Die aktuellste Ausgabe des Menschen ist das autonome Monster, Selbstdarsteller in einem Einpersonenstück voller Sehnsucht nach dem anderen und voller Angst vor dem anderen und voller Abwehr gegenüber allem, was den eigenen Vorstellungen nicht entspricht.

Am wenigsten entspricht das offensichtlich andere, das Fremde, die Fremden, die Ausländer. Sie sind das Auffangbecken aller Verdächtigungen. An ihnen handelt jeder Dreckskerl seinen eigenen Dreck ab. In Deutschland ist man vom Menschenverdächtigen zum Menschenanzünden übergegangen, und in Österreich wird der nämliche Vorgang vorbereitet, wird das Feuer geschürt, angefacht von den Wortbläsern des Fremdenhasses.

Ich habe es oft gesagt, und ich will es immer wieder sagen: In keinem anderen Lande Europas ist der Fremdenhaß so verbreitet und so idiotisch wie in Österreich. Denn was man hierzulande dem Fremden unterstellt, was man an ihm ablehnt, wessen man ihn verdächtigt, das ist immer ein Teil von einem selbst. Ein Österreicher, der einen Tschechen oder Kroaten beschimpft, beschimpft sich selbst. Der ethnisch reine Österreicher ist eine Erfindung, es gibt ihn nicht. Es gibt keinen österreichischen Bundespräsidenten, es gibt keinen österreichischen Bundeskanzler. Es gibt und gab jüdische und kroatische und tschechische Einwanderer und deren Nachkommen in besagten Positionen. Was man Österreicher nennt, ist ein europäisches Gemisch gleichen Namens, eine Promenadenmischung, die den Glücksfall ihrer Mischung nicht wahrhaben will und sich immer wieder als deutscher Schäferhund ausgibt. Stellen Sie sich das bildlich vor: Eine Promenadenmischung setzt sich die Ohren eines Schäferhundes auf und bellt großdeutsch. Das macht die österreichischen Fremdenhasser so lächerlich und so unberechenbar.

Der Verdacht, allgegenwärtig, unersättlich, trifft einzelne Menschen, trifft Menschengruppen, trifft Klassen. Ist Ihnen aufgefallen, wie nachdrücklich das Wort „Arbeiterklasse" aus unserem Sprachgebrauch verschwunden ist? Und mit dem Wort sind die Menschen, die es bezeichnet, verschwunden. Wir wollen nichts mehr von ihnen wissen, es sei denn, das Abflußrohr ist verstopft oder die Wohnung soll billig renoviert werden. Die Arbeiterklasse ist in den letzten Jahren ununterbrochen verdächtigt worden: der Faulenzerei, der Lohndrückerei, der Sozialschmarotzerei. Die Stadt, in der wir uns hier treffen, war geradezu das Zentrum der Verdächtigungen. Hier war jeder Stahlarbeiter verdächtig, Millionenverluste zu machen. Heute macht die halbe Belegschaft die doppelte Arbeit. Vielleicht war dies das Ziel aller Verdächtigungen? Einem Teil der Arbeiterklasse geht es den Umständen entsprechend, und dem anderen geht es sehr dreckig. Ich komme aus Retz im nördlichen Weinviertel. Dort gibt es bosnische Flüchtlinge, die für dreißig Schilling pro Stunde arbeiten. Und aus Znaim kommen Menschen herüber, die sich für fünfzig Schilling pro Stunde anbieten. Und in der Nähe von Flüchtlingslagern gibt es Arbeiterstriche, wo die Leute für noch weniger Geld zu haben sind. Und in Wiener Kellern und Hinterhöfen arbeiten Hunderte aus ehemals sozialistischen Ländern, werden nicht angemeldet und verdienen viel zu wenig für ihre Arbeitskraft und zahlen viel zu viel für ihre Zimmer. Und im österreichischen Gastgewerbe finden ähnliche Schweinereien statt. Und so weiter und so fort. Das ist uninteressant geworden. Mit dem Wort „Arbeiterklasse“ sind die Menschen und ihre Nöte verschwunden. Wer vom Verdachte aufgefressen wird, wird verdaut und ausgeschieden und hat keinen Anspruch auf Bedeutung.

Die Verdächtiger gewinnen an Macht, die Verdächtigten werden immer ohnmächtiger. Wer nicht zurückreden kann, weil ein anderer das letzte Wort hat, und sei es das dümmste, der verliert das Spiel. Es ist ja schon eine Binsenweisheit, daß die Medien, die Verbreiter des jeweils letzten Wortes, die Macht im Staate übernommen haben, und es ist daher nur konsequent, wenn die Medienzaren Ministerpräsidenten werden. Ich warte auf den Augenblick, und er ist nicht fern, da Herr Dichand als Reinkarnation von Kim il Sung am österreichischen Medienhimmel erscheinen wird.

Der Journalismus ist die meistverbreitete und bestorganisierte Form der Verdächtigung. Politiker regieren kaum mehr, sie reagieren nur noch auf Medien. Längst verbringen sie mehr Zeit mit dem Ausräumen von Verdächtigungen oder mit dem Einräumen von Vorwürfen als mit ihren Amtsgeschäften. Das Glück eines österreichischen Politikers besteht schon lange nicht mehr darin, einen Hochofen anzustechen, eine Autobahn zu eröffnen, sondern darin, drei Tage hindurch in keiner Zeitung verdächtigt zu werden. Es ist völlig unerheblich, ob ein Verdacht Körnchen, Brocken oder ganze Massive von Wahrheit enthält. Entscheidend ist, daß in jener Geschwindigkeit, in der Berichte erscheinen und wieder verschwinden, Wahrheit und Unwahrheit nicht voneinander zu trennen sind. Das Ergebnis dieser Geschwindigkeit ist die Verdachtsgesellschaft, jeder ist verdächtig. Und selbst die Entkräftung eines Verdachts ist machtlos gegen die Geschwindigkeit: Irgend etwas bleibt immer hängen.

Die Geschwindigkeit ist der Feind der Tatsachen und des Tatsächlichen. Wie kann man begreifen, was eine Wiese ist, wenn man mit hundertfünfzig Stundenkilometern an ihr vorbeifährt? Man sieht sie, aber man riecht nur das Benzin. Man braucht eine Panne, eine Pause, eine Rast, um ihr näherzukommen. Welche Wahrheit sollte sich im Durchblättern erschließen, welche Meinung sich im halben Hinschauen, welches die moderne Form des Wegschauens ist, bilden? Das Weltgeschehen wird täglich vollständig veröffentlicht, und man begreift gar nichts. Das einzige, was bleibt, ist das Gefühl, daß alles und alle verdächtig sind. Das einzige, was man empfindet, ist Angst. Und daraus erwächst der Verfolgungswahn und aus ihm neue Verdächtigungen.

Journalisten spüren, daß sie in diesem Brei aus Wahrheit und Lüge zu versinken drohen, und haben ein ständiges Bedürfnis nach irgend etwas Gültigem, Verbindlichem, Bleibendem. Sie legen riesige Archive an, in der Hoffnung, ihr Geschriebenes würde dadurch wahr, beweisbar werden. Sie fragen die Archive ab und vergessen dabei, daß auch die Artikel in den Archiven von Journalisten geschrieben wurden, die ihrerseits die Archive abgefragt haben. So betrachtet, muß man sagen, daß die Zeitungen mit den größten Archiven am meisten lügen.

Ich verstehe die Journalisten, ich bin ja auch ein Lügner. Auch ich vermische Vorgefundenes mit Erfundenem. Aber das Theater, mein Gewerbe, erhebt diesen Schwindel zur Methode, will gar nichts anderes sein als Fiktion und öffnet dadurch das Tor zur Wirklichkeit. Gerade weil Sie wissen, daß Ihnen da oben auf der Bühne etwas vorgespielt wird, glauben Sie, es sei wirklich. Im Journalismus ist es genau umgekehrt. Er fordert sie ständig auf, alles Geschriebene für bare Münze zu nehmen, und gerade dadurch wird alles zu Falschgeld. Ach, wäre der ganze Schwindel doch eingestanden, würde man doch sagen: „Was immer ihr bei uns von der Welt erfahrt, es ist eine Vermutung, eine in der Geschwindigkeit aufgestellte Verdächtigung, eine in der eigenen Redaktion gemästete Ente, denn wir müssen ja auch von etwas leben", wäre dies alles eingestanden, wir könnten Nachrichtensendungen als Unterhaltungssendungen anschauen und Zeitungen als literarische Vorübungen lesen.

Journalisten verdächtigen alles: mächtige Minister und beißende Hechte. Nur sie selbst stehen über jedem Verdacht. Ihr Charakter, ihre Abhängigkeiten stehen nicht zu Debatte: Sie sind die Beschreiber der Hölle, niemals die Betreiber. Sie stehen nicht diesseits, sie stehen jenseits der Verhältnisse. Dies ist übrigens auch der Grund, warum die Sterbebilder auf den Grabsteinen den Kolumnistenbildern in den Zeitungen so sehr ähneln. Die Journalisten sind zwar noch nicht ganz hinüber, aber schon sehr entrückt.

Die verdächtigen Eigenschaften, welche Menschen bei anderen Menschen wahrnehmen, schlummern in ihnen selbst. Die Ungeheuer, die man überall sieht, rumoren unsichtbar in der eigenen Brust, und die Vorstellung, die Hölle seien immer die anderen, ist die verbreitetste und unrichtigste. Die Kindesmißhandlungen, die Frauenmißhandlungen macht höchst selten der fremde Mann mit dem entblößten Zumpferl, sondern fast immer der eigene Vater oder Gatte hinter verdeckten Fenstern. Die Lust, mit der Michael Graff den Selbstmord von Jack Unterweger kommentierte, war die gesammelte österreichische Mordlust. Hinter den sichtbaren Taten von wenigen verstecken sich die Abgründe von vielen. Die meisten Menschen töten nicht, rauben nicht, vergewaltigen nicht, aber die meisten Menschen halten die meisten Menschen für fähig, solche Taten zu begehen, und wirken förmlich erlöst, wenn wieder einmal ein Tatverdächtiger dingfest gemacht wurde.

In einer Verdachtsgesellschaft muß einer tot sein, damit er unverdächtig wird. Ist Ihnen aufgefallen, mit welcher Massivität uns seit einigen Jahren Leichen vorgeführt werden, in Reih und Glied, als müßte man sich versichern, daß Tote wirklich tot sind, daß sich keine Verdächtigungen mehr lohnen? Jede Zeit hat einen zentralen Gegenstand, an dem ihre Obsessionen sichtbar werden. War die Atombombe Kultgegenstand der vierziger Jahre, der Mixer jener der fünfziger Jahre, die Fernbedienung jener der achtziger Jahre, so ist die Leiche, der unverdächtig gewordene Mensch, der Kultgegenstand der neunziger Jahre. Man kann nie genug Leichen haben. Erinnern Sie sich an den Tod des Dichters Thomas Bernhard? Ein Leben lang war er äußerst verdächtig, und im Moment seines Todes war er äußerst beliebt. In Salzburg bekommt man demnächst neben der Mozartkugel auch Bernhardkugeln, sie sind nur etwas bitterer im Geschmack.

Sind Tote wirklich tot? Warum wurde Bernhard so heimlich begraben und konnte als Leiche nicht öffentlich begutachtet werden? Ist die bosnische Fernsehleiche echt, oder hat sie ein Reporter von CNN mit Ketchup drapiert? Sehen Sie, es ist das Wesen des Verdachts, daß er sich niemals sattfressen kann.

Was wäre angesichts dieser mißlichen Situation zu tun, werden Sie mich fragen, und ich werde mich nicht auf die übliche Position des Schriftstellers zurückziehen, der zwar eine Analyse geben kann, aber keinen Rat. Ich werde Ihnen einen Rat geben, oder besser gesagt, ich werde Ihnen einen Vorschlag machen: Verfallen Sie Ihren Mitmenschen gegenüber in allerplumpstes Vertrauen und denken Sie ständig daran, daß es weniger Mörder gibt, als man nach dem Konsum des Fernsehprogrammes annehmen würde. Ich wage mich manchmal, selten genug, an diese Übung heran, und ich habe dabei immer sehr schöne Erfahrungen gemacht. Der Schaden, der mir entstand, war zumeist gering, und der Gewinn, der mir zufiel, war fast immer beträchtlich. Ich weiß, daß man sich in schwachen Zeiten solche Übungen nicht zutraut und anderweitig Trost sucht: beim Hund und bei der Religion. Ich verstehe solche Fluchtversuche, denn in sehr ängstlichen Zeiten nehme auch ich Kontakt mit dem lieben Gott auf, aber mein Verständnis endet, wenn sie ins Fundamentalistische ausarten: Hierzulande leben ja schon mehr Menschen mit einem Tier zusammen als mit einem anderen Menschen.

Was hat das alles, so werden Sie mich am Ende dieser Rede fragen, und dieses Ende steht unmittelbar bevor, was hat das alles mit Anton Bruckner zu tun? Gar nichts. Oder doch einiges. Denn die Menschen flüchten sich nicht nur zum Hund und zur Religion, sie flüchten auch in die Kunst. Die Osterfestspiele und die Sommerfestspiele und die Herbstfestspiele schießen ja nur so aus dem Boden. Der Weg in die Kunst, vor allem in die reproduzierende, vor allem in die musikalische, ist ein immer breiter werdender Fluchtweg. Verstehen Sie mich nicht falsch. Es gibt sehr schöne, sehr berührende Musik, und die von Anton Bruckner ist beides in besonderem Maße. Es ist so verführerisch, sich dieser Schönheit hinzugeben und von den üblen Menschen wegzugehen. Es ist so leicht zu lauschen und so schwer, weniger zu verdächtigen. Wenn Sie sich in den nächsten Tagen mit Hingabe die Brucknerschen Symphonien anhören, dann bedenken Sie für einen Moment, was für ein gepeinigter Kerl dieser Anton Bruckner war. Sein Leben lang litt er unter Verdächtigungen, solchen, die ihm angetan wurden, und solchen, die er sich selbst antat. (1994)

(vom Autor genehmigter Abdruck aus: Peter Turrini, Liebe Mörder! Von der Gegenwart, dem Theater und vom lieben Gott. Hg. v. Silke Hassler und Klaus Siblewski. München 1996, S. 48-55)

Johannes Feichtinger

Innen- und Außensichten der britischen Besatzungsmacht über Österreich*

1 Vorbemerkung

Die Observation, die durch die Besatzungsmacht Großbritannien im Rahmen ihres Kontrollauftrages in Österreich durchgeführt wurde, bezog sich nicht nur auf die augenblicklichen Verhältnisse. Die britischen Behörden machten sich im besonderen ein Bild von vergangenen politischen, sozio-ökonomischen und kulturellen Strukturen. Auch der Zustand des Selbstverständnisses der österreichischen Bevölkerung war für die britische Seite von erheblichem Interesse. Diese Beobachtungen fanden vor dem Hintergrund statt, von außen zur Prägung einer territorialen Identität, die neben den politischen und ökonomischen Prämissen die Grundlage zur Restitution des souveränen österreichischen Staatswesens bildete, beizutragen. Zur Konstruktion dieses „Wir-Gefühls" betonte das britische Element in der Alliierten Kommission für Österreich vor allem die kulturellen, ethnischen und sozialen Differenzen zu Deutschland; und dabei legte es auf die Abkoppelung von der „deutschnationalen" Vergangenheit besonderes Gewicht. Diese war auch mit regionalen Identifikationsmustern, die in der Zwischenkriegszeit die Ausbildung einer territorialen Identität verhindert hatten, verbunden gewesen. Zur Erzeugung eines neuen Österreichbewußtseins, dem die ausgeprägte Differenz zu Deutschland zugrunde liegen mußte, instrumentalisierte die britische Kontrollbehörde in Österreich auch die „Okkupationstheorie". Diese konnte augenblickliches politisches Kalkül erfüllen. Mit der kontinuierlichen Konsolidierung jener angestrebten territorialen österreichischen Identität enthüllte sich aber auch die Kehrseite dieser identitätsstiftenden Methode: nämlich in der Ausprägung des österreichischen „Opfermythos".

Die vorliegende Arbeit untersucht diese Hypothese und beschäftigt sich dabei mit folgenden Fragen:

- Welche waren die Bedingungen für die Rekonstruktion eines unabhängigen österreichischen Staates?
- Inwieweit unterschieden sich die Sichtweisen über Österreich bei den einzelnen Produzenten von Bildern?
- Welche historischen Analysen stellte die britische Besatzungsmacht an? Und inwiefern waren diese Interpretationen auf ein Ziel gerichtet?[1]
- Auf welche Weise wirkte die britische Besatzungsmacht an der Konstruktion einer österreichisch-republikanischen Identität mit?
- Wie interpretierte Großbritannien das österreichische Muster von Demokratie? Und welches Verständnis von Demokratie versuchte Großbritannien nach Österreich zu tragen?
- Was sind die genuin österreichischen Merkmale im kulturellen Bereich, die der britische administrative Apparat beobachtete; und inwiefern wandelten sich diese Bilder über Österreich?

2 Wie, warum und durch wen wurden Bilder von Österreich erzeugt?

Die Bilder, die von Österreich, seiner Bevölkerung und der „negativen territorialen Identität" erzeugt wurden, bildeten nicht nur die Summe von einzelnen, voneinander unabhängigen, augenblicklichen Eindrücken vor Ort. Vor deren Hintergrund entwarfen die britischen Behörden „Innensichten" von Österreich. Daneben überlagerten auch präformierte „Außensichten" von Österreich, die das Produkt einer reichen Tradition von Aufnahmen von außerhalb darstellten, diese konkreten Wahrnehmungen; dabei wurden stehende Bilder, die kaum augenblickliche Erfahrungen aus erster Hand beinhalteten, wachgerufen.

Die Produzenten von diesen Außen- und Innensichten bewegten sich selbst auch auf verschiedenen zeitlichen Ebenen; ihre Einschätzungen wandelten sich daher kontinuierlich. In der hier anzustellenden Analyse sind drei Ebenen zu berücksichtigen:

- eine behördliche Ebene, die sich aus der „British Official Policy“ und der militärischen und zivilen Verwaltung in Österreich zusammensetzte,
- eine quasi behördliche Ebene, die sich zum Teil aus amtlichen Einrichtungen, wie z. B. dem British Council, aus quasi amtlichen Berichterstattern und zum Teil durch Angehörige von Truppen konstituierte,
- und eine informelle Ebene, die die öffentliche Meinung auch als Reflex von veröffentlichter Meinung durch Medien repräsentierte; begründet wurde letztere wieder durch die Standpunkte der „British Official Policy“, internalisierte Wahrnehmungen der Organe der britischen Behörden in Österreich und durch die Selbstdarstellung der österreichischen Exilorganisationen in London.

Diese differenzierte Sichtweise zieht die Behandlung von folgenden Sachverhalten nach sich:

- Welche Außensichten von Österreich produzierte die britische Außenpolitik seit dem „Anschluß“?
- Welche Bilder kolportierte dazu die britische Presse?
- Übernahmen die militärischen und zivilen Behörden bzw. andere quasi-amtliche Einrichtungen in Österreich die Außensichten der „foreign policy“ oder wurden durch die unmittelbare Wahrnehmung vor Ort auch andere Bilder von Österreich erzeugt?

Die Quellen, die dieser Untersuchung zugrunde liegen, referieren – vorausgesetzt, daß man sie unter diesem Blickwinkel liest – die britischen Bilder von Österreich; andere wieder – wie beispielsweise Vorträge, Reden und Appelle – richten sich direkt an die Bevölkerung, um gezielt die Ausbildung eines Österreichbewußtseins zu forcieren.

3 „...the lack of a distinctively Austrian attitude". Die historische Analyse von innen

Die Wiedererrichtung eines unabhängigen, souveränen österreichischen Staates wurde von seiten der britischen Politik als vordringliches Ziel erachtet. Dafür mußten drei Voraussetzungen erfüllt werden. Die erste – nämlich die politische – Prämisse bestand in der Rekonstruktion von demokratischen Strukturen in Österreich, welchen eine intakte österreichische Wirtschaft zugrunde liegen mußte. Die zweite – und zwar ökonomische – Prämisse lag daher in der wechselseitigen Abhängigkeit von Wirtschaftsaufschwung und politischer – also demokratischer – Stabilisierung.[2] Beide Prämissen – die zügige wirtschaftliche Rekonstruktion und die politisch-demokratische Festigung – folgten einer Zielrichtung: und zwar der Ausschließung des alternativen kommunistischen Modells für Österreich. Als dritte – in der Forschung bisher weitgehend unbeachtete, aber elementare – Voraussetzung führte Großbritannien die Zielvorstellung ins Treffen, eine neue, kollektive Identifikation der Bevölkerung mit jenem Österreich auszubilden, das im Deutschen Reich aufgegangen war, aber gemäß der alliierten Vereinbarungen wieder den souveränen Status erhalten konnte. Diese von außen forcierte Hervorkehrung eines österreichischen Bewußtseins war zunächst noch nicht aus antikommunistischen Überlegungen erfolgt. Sie wurde hingegen als maßgebend für die Abkoppelung von der auf das Deutsche Reich ausgerichteten Identität der Zwischenkriegszeit betrachtet. Darüber hinaus sollten durch die Betonung dieses österreichischen Selbstverständnisses auch die traditionellen regionalen Patriotismen zurückgedrängt werden.

Der administrative Apparat der alliierten Kontrollmacht Großbritannien hatte nach eingehender Beobachtung für das neu entstandene unabhängige Österreich „ the lack of a distinctively Austrian attitude"[3] konstatiert; er begründete dieses Manko historisch: „Since, in spite of the long record of culture and scholarship in the 'Danubian and Alpine Provinces', there have only been about twenty years of specifically Austrian history."[4]

In der Zwischenkriegszeit hatte sich in der kurzen republikanischen Phase auch infolge des Verlusts der vormals integrativen Kräfte (Dynastie, Armee und Bürokratie) kaum ein gemäßes Österreichbewußtsein entwickelt.[5] Ein genuin österreichisch-monarchischer Patriotismus hatte den Zusammenbruch der Monarchie überdauert. Dieser sollte zwar auch noch im republikanischen Milieu virulent bleiben; daneben überlagerte aber ein nationales Gefühl, das sich auf Deutschland bezog, diesen Reichspatriotismus kontinuierlich. Schließlich erlangte das deutschnationale Element im republikanischen Österreich die Dominanz. Auch hatte sich der österreichische „Rest" der Monarchie als Staat Deutsch-Österreich konstituiert. Über die politischen Lager hinweg strebten seine Staatsbürger den „Anschluß" an Deutschland an. Als retardierendes Moment äußerte sich seit Mitte der dreißiger Jahre die ständestaatliche Interpretation von der historisch begründeten Eigenständigkeit, dergemäß Österreich unabhängig bleiben mußte. Als spezifische Verbindung von Deutschtum und Katholizismus unterschied sich Österreich als „zweiter Deutscher Staat" im ständestaatlichen Geschichtsbewußtsein fundamental vom nationalsozialistischen Reich.[6] Der Unabhängigkeitsanspruch wurde vermittels historischer Argumente begründet: in diesen firmierte Österreich als Bewahrer des übernationalen Heiligen Reiches, in dem sich das wahre, universale Deutschtum entfaltet hatte; als Konservator der katholischen Reichsidee, entgegen der preußischen säkularisierten, nationalistischen Staatsauffassung und als Vorkämpfer für einen dem Reich und dem deutschen Wesen angemessenen Föderalismus entgegen dem preußischen bzw. nunmehr nationalsozialistischen Zentralismus.

Die auf das Deutsche Reich ausgerichtete Identifikation des überwiegenden Teils der österreichischen Bevölkerung überlagerte aber zusehends das „von oben" verordnete, einheitliche ständestaatliche Bild von Österreich: der Anschluß an das nationalsozialistische Reich markierte schließlich das Ende des selbständigen Österreich.

Diese dominante, auf das Deutsche Reich ausgerichtete Identifikation in der Zwischenkriegszeit wurde auch von seiten des britischen Kontrollapparats in Österreich bald diagnostiziert. Sie konnte nicht die emotionale Grundlage für die Wiedererrichtung eines souveränen Staates darstellen. Nach britischer Einschätzung konnte auch das weltanschaulich inhomogene republikanische Staatsbeamtentum, das in der imperialen, kulturell aber deutschen – nicht deutschnationalen – (Hoch)Bürokratie verwurzelt war, nur mit Schwierigkeiten zur Rekonstruktion des unabhängigen Staates berufen werden: „Before 1918, the distinctively Austrian threads can hardly be separated administratively from the Austro-Hungarian or Imperial warp on the one hand or culturally from the general German woof on the other."[7]

Die Kontrollmacht Großbritannien mußte aus Gründen der Stabilität für den wiedererrichteten Staat eine solche Selbstinterpretation verstärken, die zur Ausbildung einer genuin österreichisch-territorialen Identität beitragen konnte:

> We have adopted the point of view that there is such an individual entity as Austria, and that it is a natural meeting place of many different cultural influences, of which most have something of value to offer but none has a claim to exclusive dominance.[8]

Österreich konnte als „individual entity", unabhängig und selbständig, nur unter der Voraussetzung bestehen, daß es von signifikanten Merkmalen der Ersten Republik abrückte. Neue, auch von außen hereingetragene, distinguierende und tragfähige Fundamente mußten dafür instrumentalisiert werden.

Für die Erste Republik war die „negative territoriale Identität"[9] (Gerhard Botz, Albert Müller) insofern charakteristisch, als diese darauf ausgerichtet gewesen war, im Deutschen Reich aufzugehen. Begünstigt wurde diese Negation des geschlossenen Territoriums[10] durch den historisch und sozio-ökonomisch begründeten Kron- (und Bundes-) Land-Wien-Konflikt. Der Verwaltungsapparat der alliierten Kontrollmacht Großbritannien betrachtete diesen genuin österreichischen Konflikt als „one of the most delicate internal problems":

> Indeed there is perhaps no country in Europe where the distinction between the capital city, and the provinces is so marked a feature of national life, [...] and the phenomenon in Austria is of comparatively recent growth.[11]

Für die britische Militär- und Zivilverwaltung in Österreich stellte sich die Erste Republik als ein Staat dar, „den keiner wollte", „without having behind them either a national or a republican tradition."[12] Für sie waren hingegen zwei traditionelle Strukturelemente staatstragend gewesen: das dynastische Prinzip und jenes „towards their province of origin". Als signifikant betrachtete die britische Besatzungsmacht für die Erste Republik, daß „a national and specifically Austrian consciousness, which would have lain somewhere in the middle, was but faintly felt."[13]

Zwei Folgen waren gemäß der britischen Analyse unausweichlich geblieben:

Erstens war der Verlust der Administrations- und Kontrollfunktion und die Verminderung der wirtschaftlichen Aufgaben, die die deutschsprachigen bürgerlichen Eliten und Mittelschichten in der Österreichisch-Ungarischen Monarchie ausgeübt hatten, in der Ersten Republik durch eine auf das Deutsche Reich gerichtete Identität kompensiert worden. Das ursprünglich gemäßigt deutsche, dynastisch loyale Bürgertum hatte nach 1918 einen Ausgleich – und Sicherheit – für die Auflösung des „interdependenten Wirtschaftsraumes" (Gerhard Botz, Albert Müller) und für den „Verlust seiner Herrschaftsfunktion" (Gerhard Botz, Albert Müller) im „Anschluß" an Deutschland gesucht.

Zweitens war – mit Ausnahme von einigen intellektuellen und künstlerischen Kreisen, von Teilen der Bürokratie, des Militärs, der Kirche und der Politik, in denen latent ein habsburgischer Mythos fortwirkte – eine Akzentverschiebung innerhalb der beiden Strukturelemente erfolgt: „When dynastic loyalty lost the focal point of its emperor, provincial Austrian sentiments tended therefore to be the strongest in the field."[14]

Politisch war der historisch und sozio-ökonomisch begründete Antagonismus zwischen der Hauptstadt Wien und den Bundesländern auch durch den ideologischen Gegensatz der konservativ oder deutschnational dominierten Peripherie und dem sozialdemokratisch regierten Zentrum zugespitzt worden:

> Vigorous efforts were made to build up an Austrian patriotism, but the course of events made the going very hard. The intense drive between the wars to save Austria from hunger by increasing home food production

aggravated, for example, the hostility between farmer and townsman. This was, of course, a common enough tendency in Europe at the time, but in Austria it took on a sharper form, since in Vienna the provinces had a capital to feed which accounted for nearly a third of the whole population of the country and which, from the view-point of the peasant farmer, therefore, represented a hive of drones of unparalleled size. Nor did the course of Party politics do anything to bridge the gap: indeed, the distinction between Socialist Vienna and the Conservative provinces came to be one of the accepted phenomena of the first Republic.“[15]

Eine eigenständige (gesamt-)österreichische Identität, die die Grundlage für die Rekonstruktion eines unabhängigen Staates bildete, konnte 1945 daher nur durch die „prononcierte Abkoppelung von wesentlichen Teilen seiner jüngeren Vergangenheit“[16] konstruiert werden. Vor allem sollten daher – gemäß den Analysen der Militär- und Zivilverwaltung der alliierten Macht Großbritannien – die traditionellen österreichischen („Kron- und Bundes-Land“) – Identitäten durch ein neues integratives Bewußtsein überlagert werden.

Der britische Verwaltungsapparat hatte in Österreich bald starke dissoziierende Kräfte konstatiert. Gleichzeitig entwickelte er auch eine ihm als geeignet erscheinende Methode, um dagegen einzuwirken.

Gerade am wirtschaftlichen Sektor hatte er – nicht selten auch durch besatzungspolitisches Kalkül mitverursacht – zunehmend föderalistische „Patriotismen“, „Egoismen“ und „Partikularismen“ (Eduard G. Staudinger) beobachtet:[17]

> The division of Austria into four zones, [...], lent a new impetus to provincialism by weakening those centrifugal forces which alone could hold it in check. The zonal boundaries became difficult to cross, and even today, a free economic inter-change has not, in practice, been established. Communication troubles made central control from Vienna often impossible and in these circumstances the Austrian Länder have tended to develop their own political personalities, often influence, wittingly or unwittingly, by the presence of a particular occupation power in their territory.[18]

Für Großbritannien war die Gefahr eines auf die Besatzungszonen bezogenen Partikularismus in der Wirtschaft virulent. Der wiedergewonnene Handlungsspielraum der Länder eröffnete mangels einer von den westlichen Alliierten anerkannten (gesamt-)österreichischen Regierung die Möglichkeit, an den traditionellen Länderpartikularismus, der durch die nationalsozialistische Herrschaft unterbunden worden war, anzuknüpfen.

Wie in der Wirtschaft mußten die britischen Beobachter auch im Bereich der Infrastruktur für Bildung, Wissenschaft und Forschung starke separatistische Interessen von regionaler Seite feststellen. Die Universitäten in Innsbruck und Graz waren schon unmittelbar nach Kriegsende in die Administration der Bundesländer eingegliedert worden. Nachdem die gewählte und anerkannte österreichische Bundesregierung in ihr Amt eingeführt worden war und diese ihre traditionelle Kontrollfunktion über die Hochschulen beansprucht hatte, gestaltete sich die Rückführung dieser Kompetenzen an den Bund schwierig: „In practise however, the Ministry of Education had some initial difficulty in establishing its power over the fairly strong provincial tendencies of Innsbruck and Graz, especially the former which relied to some extend on French support."[19]

Lt. Col. K. C. Boyd, der stellvertretende Senior Military Government Officer, Land Steiermark, äußerte sich darüber in seiner Ansprache anläßlich der Eröffnung der Hochschulwoche in Graz kritisch:

> Sie hier in Steiermark, insbesonders die Universität und die Technische Hochschule, haben sich ein hohes Ansehen zu verschaffen gewußt. Dieses Ansehen, zusammen mit der jahrhundertealten Tradition des Landes, kann zu einer isolierten oder provinziellen Anschauung der Dinge verleiten, im Gegensatz zu einer nationalen oder kontinentalen Beurteilung.[20]

Er paraphrasierte dabei das bekannte Wilkinson-Wort „Alles für Steiermark!" mit einem Gegenentwurf: „Für den Bereich der wissenschaftlichen Arbeit möchte ich dieses Wort ausweiten in dem Gedanken: 'Ziemlich viel für Steiermark und alles für Österrreich!'"[21]

Dennoch sollte es gelingen, das Bewußtsein für Österreich als einer „individual entity" in Segmenten der Gesellschaft zu internalisieren. Die Methode, die das britische Element zur Unterstützung der Stabilität für den Bundesstaat entwickelt hatte, eine prononciert negative historische Kontinuität zu den Strukturprinzipien der Ersten Republik herzustellen, sollte bei Teilen der Adressaten von sichtbarem Erfolg getragen sein.[22] Insbesondere für den österreichischen Schul- und Universitätsverwaltungsapparat konnte C. W. Baty, der Direktor der Education Division, im Juni 1947 über die erfolgreiche Internalisierung des britischen Standpunkts von Österreich „as an individual entity“ berichten:

> This would seem also to be the view of those Austrians, ministerial and official, with whom we are in contact: but it has to be admitted that their loyalties to particular provinces only to often cause them to lose sight of it.[23]

4 Die neue österreichische Identität. Eine Konstruktionsanleitung „von außen“

Der „österreichisch“-nationale Konsens[24], der zum Bestandteil der genuin österreichischen Wesensart der Jahrzehnte nach 1945 wurde, wurde nicht durch die gemeinsame loyalitätsstiftende „Erinnerung an kollektive Heldentaten“ – die nicht selbständig, sondern im Schulterschluß mit Deutschland begangen worden waren – erreicht, „er ist realistisch, wenig überschwenglich, zeigt Zufriedenheit mit der Gegenwart, schöpft aus dem alltäglichen Zusammenleben, kennt aber auch keinen 'Verfassungspatriotismus', kaum so etwas wie zentrale Identifikationsbilder.“[25]

Für die Wahrnehmung eines originär österreichischen Bewußtseins, für das die Mehrheit der österreichischen Bevölkerung noch nicht sensibilisiert war, mußte daher in der Bevölkerung mangels längerfristiger identitätsstiftender Traditionen erst das Fundament errichtet werden. Dabei übernahm die Besatzungsmacht Großbritannien die Rolle des Baumeisters. Die Ausbildung dieser genuin österreichischen Identität beruhte auf einem von außen hereingetragenen distinguierenden

Spiel [– oder dem Experiment der Abgrenzung (Distinktion) und Einschließung (Kohärenz) –], das formgebend wirken sollte; einer Methode, die auch von Gerhard Botz und Albert Müller näher beschrieben wird.[26]

Der neue österreichisch-republikanische Patriotismus konnte vor allem durch zwei Maßnahmen gestiftet werden: einerseits durch die Ausschließung der unmittelbaren Vergangenheit, die als das diachrone Spiel oder als die historische Differenz zu verstehen ist, anderseits durch die räumliche Abgrenzung oder die Betonung von synchronen oder kulturellen, ethnischen und sozialen Differenzen.

Das vordringliche Ziel von Großbritannien war die Rekonstruktion des unabhängigen österreichischen Staates. Wie schon einleitend betont, mußten dafür drei Voraussetzungen erfüllt sein: die politische, die wirtschaftliche und die der kontinuierlichen Ausbildung einer Identität. Letztere, nämlich die Ausbildung des „österreichisch"-nationalen Konsenses, bot die Grundlage zur Stabilität der beiden ersteren. Die Option zur Rekonstruktion der Unabhängigkeit des österreichischen Staates wurde durch das Britische Element der Alliierten Kommission für Österreich [=(ACA (BE)] von folgendem Grundsatz bestimmt: „Before she can achieve this independence, however, she must win recognition of her own and purely Austrian national identity — first, among her own people, and second, among her friends abroad."[27]

Zur Konstruktion dieses Österreichbewußtseins bediente sich die „Befreiungs- und Besatzungs"-Macht Großbritannien des oben beschriebenen dualistischen Prinzips der räumlichen und historischen Abgrenzung.

Die Ausbildung einer neuen (gesamt-)österreichischen Identität in der Bevölkerung konnte mangels Vorbilder in der Ersten Republik nur durch eine Negation der Kontinuität von wesentlichen Teilen der unmittelbaren Vergangenheit erfolgen. Der traditionelle „Bundesland"-Patriotismus, der sich in der Ersten Republik als krisenfest erwiesen hatte, mußte daher zurückgedrängt und die mit ihm verschränkten deutschnationalen Gefühle in ein kollektives territoriales Bewußtsein transformiert werden. In Verbindung damit forcierten die britischen Stellen mit Nachdruck alle kulturellen, ethnischen und sozialen Distinktionen zu Deutschland.

5 Die informelle Sichtweise. Wie sieht die britische Presse Österreich im Jahr 1938?

Die veröffentlichte Meinung über Österreich bewirkte in der Öffentlichkeit in Großbritannien einen hohen Grad an Zustimmung; auch reflektierte die britische Presse vordringlich die „British Official Policy". Diese wiederum orientierte sich an etablierten Bildern über Österreich.

Die „appeasement policy" der Regierung Neville Chamberlain gegenüber Deutschland wurde von seiten der britischen „daily's" im allgemeinen unterstützt.[28] Deren Pro-"appeasement"-Profil, das die Grundlage für eine kritische Auseinandersetzung der Öffentlichkeit mit der britischen Außenpolitik demolierte, reflektierte sich auch im marginalen öffentlichen Widerstand gegen die Zustimmung zur Revision des Friedensvertrages von Versailles – und der anderen „legitimen" deutschen Forderungen –, vor allem in der Phase von 1937 bis zum Münchner Abkommen im September 1938.[29]

Die *Times*, die als das offizielle Sprachrohr der Regierung betrachtet wurde, unterstützte die „appeasement policy" vor dem Hintergrund der Bewahrung des „British Empire": aus diesem Grund mußte ein Konflikt in Europa – insbesondere mit dem Deutschen Reich – verhindert werden.[30]

Für die *Times* stellte sich die Verurteilung des Vertrags von Versailles – im speziellen des Anschlußverbots von Österreich an Deutschland – als natürliche Forderung dar: „One of the least rational, most brittle, and most provocative artificialities of the peace settlement was the ban on the incorporation of Austria in the Reich."[31] Robert Barrington-Ward, der stellvertretende Editor, brachte seinen Leitartikel *Austria* mit der Feststellung „no treaty could ever take Austria permanently out of the German orbit"[32] auf den Punkt.

Die *Times* bewertete die Einheit von Deutschland und Österreich als „the most natural thing"[33]. Das liberale „popular paper" *News Chronicle* analysierte das Verhältnis von Deutschland und Österreich, dessen Inkorporation in das Reich nur im Falle der Unterstützung durch Großbritannien und Frankreich abwendbar wäre, folgendermaßen:

> The Austrian people are German by race, and, in normal conditions, German by sympathies. Germany has a legitimate right to economic influence. To this extent, what has now happened is no more than the fulfilment of an evolutionary historic process.[34]

Die „unabhängige" und auflagenstärkste Zeitung *Daily Express* fand keine Einwände gegen die Vereinigung Österreichs mit Deutschland: „Austria is German"[35].

Das liberale „quality paper" *Manchester Guardian* konstatierte hingegen „a strong spirit of independence in Austria for resistance to be offered to Nazi pressure"[36], nicht ohne dabei die wahrscheinlichen Folgen zu nennen: „though it is likely to mean tragedy rather than success." Ein friedlicher „Anschluß" an ein liberales Deutschland hatte auch der *Manchester Guardian* unterstützt: „The German attitude towards Austria has always been plain: Austria is geographically and racially a part of the Greater Germany, and must sooner or later be incorporated in it."[37] Die Aussicht auf die Einverleibung in das nationalsozialistische Deutschland wies er aber entschieden zurück.

Der „Anschluß" selbst wurde vom Großteil der Presse in Großbritannien nicht in Frage gestellt: „She [Austria] was destined sooner or later to find herself in close association with the German Reich."[38] Verurteilt wurden allerdings einhellig – mit Ausnahme des *Daily Express* – die „means", die Art und Weise der Vereinigung, nämlich: „... the employment of violent means [...] to secure an end, even a legitimate end."[39] Der auflagenstarke *Daily Express* betonte nach wie vor, daß das Schicksal Österreichs für Großbritannien ohne Belang wäre: „Austria was German before Hitler moved a man or gun."[40] Den „Anschluß" kommentierte er lapidar: „Hitler, an Austrian, has annexed his homeland."[41]

Nachdem die Inkorporation Österreichs in das Deutsche Reich durch die Regierung anerkannt worden war, legte die *Times* nochmals ihren Standpunkt über Österreich dar:

> No one in this country has ever seriously maintained that the status quo in Austria could necessarily be maintained for all the time. If the Anschluss had been effected by legal and constitutional means, with due regard for

> the rights of a dissident minority, British public opinion at all events would have had no criticism to offer. [...] What has shocked public feeling throughout the world are the brutal methods by which Germany's 'special interests' have been asserted.[42]

Der *Daily Telegraph*, das auflagenstarke „class paper", dessen Leserschaft sich in erster Linie aus Mitgliedern der konservativen Mittelklasse und der Oberschicht zusammensetzte, hatte in seiner Berichterstattung die Person des österreichischen Bundeskanzlers Kurt Schuschnigg in den Mittelpunkt gerückt. Das unabhängige Österreich wurde mit seiner Person identifiziert. Der *Daily Telegraph* kritisierte den „Anschluß" heftig; auch stimmte er nicht in den allgemeinen Tenor von veröffentlichter Meinung in Großbritannien ein: „The claim, that Austria, by reason of race, is an 'internal affair' of Germany is inadmissible and indefensible."[43] Der *Daily Telegraph* legte besonderen Nachdruck auf die gewünschte Eigenständigkeit Österreichs, vor allem auf seine Bedeutung als Bewahrer der kontinentalen Stabilität; insbesondere bedauerte er das Ende des „Alten Österreich" und seiner Werte: „Civilisation, tolerance, religious spirit and personal good humour."[44]

Auch der *Daily Harold*, das Organ von Labour Party und TUC, und *News Chronicle* verurteilten die gewaltsam erreichte Annexion Österreichs durch das nationalsozialistische Deutschland als Präzedenzfall für einen Krieg in Europa. Der liberale *News Chronicle* forderte sogar die Rücknahme der „appeasement policy" mit dem Hinweis: „Remember that what has happened in Austria over the week-end is largely our own fault."[45]

6 Die behördliche Sichtweise

6.1 Die „Außensicht“ der British Official Policy im Vergleich zur „Innensicht“ der Political Division [ACA (BE)]

Vor dem Hintergrund des überwältigenden Votums für das Deutsche Reich in der Abstimmung vom 10. April 1938 hielten die westlichen Alliierten einen Diskurs über Österreich vorerst hintan. Bedingt war diese einstweilige Zurückhaltung wohl durch die Absicht, dem österreichischen Volk nicht wieder einen unabhängigen „Staat wider Willen“ zu oktroyieren. Maßgebende politische Kreise in London hatten nämlich in den ersten Kriegsjahren die Existenz eines österreichischen Nationalbewußtseins vermißt. Außerdem hatten sie vorderhand die wirtschaftlichen Aussichten für ein solches Staatswesen in Frage gestellt.[46]

Schon Jahre vor dem „Anschluß“ hatten die „British policy makers“ das hohe Maß einer politischen, wirtschaftlichen und kulturellen Durchdringung Österreichs durch Deutschland konstatiert. Das Foreign Office hatte schon vor 1938 keine realistische Alternative zum „Anschluß“ gesehen. Großbritannien hatte sich auch infolge von realpolitischer Hilflosigkeit reserviert gegenüber Österreich verhalten. Alexander Cadogan, der Permanent Under-Secretary im Foreign Office, hatte dazu am 11. März 1938 in sein Tagebuch notiert: „it would be criminal to encourage Schuschnigg to resist when we couldn't help him.“[47] Die zügige Anerkennung der Einverleibung Österreichs in das Deutsche Reich von seiten Großbritanniens übertönte den zögerlichen Protest Neville Chamberlains.[48] Lediglich die diplomatischen Beziehungen Englands zu Deutschland erkalteten vorerst. Schießlich waren die einflußreichen politischen Kreise zu folgender Überzeugung gelangt: „The support which the new regime received within Austria strengthened the view that, however unpleasant the manner of Austria's passing, the corpse need not be mourned unduly.“[49] Der im diplomatischen Corps in Berlin akkreditierte Ivone Kirkpatrick bezog in seinen Memoiren in nicht unrepräsentativer Weise zum „Anschluß“ Stellung:

> I am afraid I never felt much sympathy with the Austrians over the rape of their country. The young and the more energetic of the nation broadly speaking desired the Anschluss because incorporation in the Reich offered more scope for their ambitions, whilst the mass of the people inertly acquiesced in their machinations and where ready to cheer the invaders. Only a very small minority made any serious effort to resist and they were betrayed on every side [...] the majority accommodated themselves to the new regime.[50]

Obwohl die alliierten Westmächte einer Rekonstruktion des österreichischen Staates besorgt und mit Skepsis entgegenblickten, kristallisierte sich in den interalliierten Verhandlungen seit 1943 die einzige auch politisch realisierbare Option für Österreich heraus: nämlich die Errichtung eines (aus strategischen Gründen von Deutschland) unabhängigen Staates, der unter Umständen in eine internationale oder regionale (zentral- oder südosteuropäische) Allianz integriert werden sollte.[51]

Dieser Blickwinkel der „British Official Policy", der im allgemeinen den Standpunkt des Foreign Office widerspiegelte, unterschied sich stark von jenem des britischen Elements der Alliierten Kontrollkommission in Österreich. Dieses – vor Ort akkreditiert – reflektierte in seinen Überlegungen den österreichischen Bezugspunkt. Besonders aussagekräftig darüber ist jener „Rechenschaftsbericht"[52], den John Mair im Jahr 1955 im Auftrag des Royal Institute of International Affairs verfaßt hatte; in diesem hatte er seine „first-hand knowlege" über die Ereignisse in Österreich zu Papier gebracht.[53] John Mair hatte zwischen September 1945 und Oktober 1948 der Politicial Division der Alliierten Kommission für Österreich (Britisches Element) angehört.

Gemäß der Interpretation dieses Angehörigen der Political Division der ACA (BE) deuteten die maßgebenden politischen Kreise in London den „Anschluß" als „Hitlerite aggression"; und Österreich galt daher als das erste Opfer der bald diskreditierten „appeasement policy". Daher hätte sich – nach Mairs Deutung – kontinuierlich folgender offizielle Standpunkt, der auch bald als Auftrag und als „war aim" firmierte, durchgesetzt: nämlich jener der „liberation of the Austrian people [...] from Nazi domination."[54] Der Standpunkt von der Befreiung Österreichs von der Vorherrschaft des Nationalsozialismus, der als von außen hereingetragen begriffen wurde, hätte schließlich auch den Sinn der alliierten Besatzung bestimmt: „To separate Austria from Germany, to eliminate Nazi influence, and to recreate Austria as an independent state without undue delay.“[55]

Diese Auffassung von Österreich als Opfer von nationalsozialistischer Aggression und gescheiterter „appeasement policy“ hätte auch starken Rückhalt in „a genuine feeling of goodwill towards Austria on the part of the British public“[56] gefunden.

Schließlich brachte Mair diese wohlwollende Attitüde gegenüber Österreich auf den Punkt:

> The fact was that there were many people in Britain who found it hard to imagine a people apparently so gay and friendly as being truly sympathetic to so a rigid a creed as German Nazism![57]

Die Terminologie, die in diesem „Rechenschaftsbericht“, der Erfahrungen aus erster Hand reflektiert, verwendet wird, spiegelt ein zentrales interpretatives Moment wider: die österreichische Verstrickung in den Nationalsozialismus wird hierbei als die imperialistische Intervention einer „Macht von außen“ begriffen; die ihr zugrunde liegende Ideologie wird als nicht mit der genuin österreichischen Wesensart, die bestimmt war durch „a people apparently so gay and friendly“, vereinbar interpretiert.

Dieser selektiven Deutung, die den „Anschluß von unten“ vollständig ausblendet, liegt aber eine andere, tiefer gehende Ursache zugrunde. Die affirmative Geste, mit welcher Großbritannien dem österreichischen Volk begegnete, interpretiert John Mair folgendermaßen:

> But underlying these feelings of sympathy [...] was undoubtedly a more general sense of guilt about Britain's share in the West's abandonment of Austria in 1938, and this sense of guilt found relief in assurances by government leaders that the policy would be reversed.[58]

Damit stellte Mair, der Mitglied der Political Division [ACA (BE)] gewesen war, ein tiefer liegendes Schuldgefühl, und zwar das der eigenen Verantwortung für die Okkupation Österreichs bei maßgeblichen

Teilen der politischen Elite in Großbritannien fest. Er verlieh seiner Überzeugung Ausdruck, daß die eigene politische Rehabilitierung aber nur dadurch, daß Österreich „without undue delay“ als selbständiger Staat rekonstruiert werden würde, erfolgen könnte. Retrospektiv hätten sich auch Abgeordnete und Vertreter der Regierung die Verantwortung dafür, daß „Österreich von Deutschland überrannt wurde“, selbst angelastet:

> It was through our weakness in 1938 that Austria was overrun by Germany. I was in Berlin in [...] February and March, 1938, and it was clear then unless a decisive word was spoken by this country Austria would be lost - and Austria was lost. I therefore feel that we have a special responsibility for that unhappy country.[59]

Durch diese selektive Interpretation[60], daß Österreich als völkerrechtliches Subjekt infolge von britischer Vernachlässigung durch das Deutsche Reich okkupiert wurde – und ohne dabei die affirmative Geste der Mehrheit der österreichischen Bevölkerung wahrzunehmen –, erbrachte die britische Administration in Österreich eine bedeutende Vorleistung für den von österreichischer politischer Seite mit aller Raffinesse produzierten und nach innen und außen vertretenen bequemen Topos des Hitlerschen „Opfers“.

6.2 Die formelle Sicht der Militär- und Ziviladministration

Der administrative Apparat der „Befreiungs- und Besatzungs“-Macht Großbritannien in Österreich übernahm einerseits Vorgaben (oder Außensichten) der offiziellen britischen Politik. Anderseits entwickelten sich daneben kontinuierlich individuelle Innensichten. Sie reflektierten mehr den österreichischen Bezugspunkt als die „British Official Policy“. Mit Bezug auf das vordringliche realpolitische Ziel, die Absicherung der österreichischen Unabhängigkeit von Deutschland, bestand eine der wesentlichen Aufgaben der administrativen Institutionen darin, in der Bevölkerung ein neues österreichisch-republikanisches „Wir-Gefühl“ zu konstruieren. Zur Formierung dieser Identität instrumentalisierte die britische Militär- und Ziviladministration das eingangs erwähnte Spiel der historischen und räumlichen Abgrenzung. Inhaltlich kehrte sie die kulturellen, ethnischen und sozialen Differenzen zu Deutschland und die historische Distinktion zur unmittelbaren Vergangenheit hervor.

John Mair wies darauf hin, daß das Britische Element – wie auch das amerikanische und französische – anfangs sowohl Österreich als auch Deutschland durch die selbe Londoner Behörde [– nämlich durch das Control Office for Germany and Austria (= COGA) –] verwaltet hatte. Genauso betonte er für die Phase der Konstituierung der Kontrollinstrumente: „Just there has been a tendency during the planning stage to think of Austria itself in terms of Germany"; dabei fügte er aber hinzu: „But, in fact, the similarities were superficial."[61] Als markantesten Unterschied zwischen den beiden Kontrollkommissionen in Berlin und Wien strich er „the totally different atmosphere" heraus. Als ausschlaggebend dafür nahm er die unterschiedliche personelle Größe der beiden alliierten Kontrollkommissionen an:

> But in Vienna the relative smallness of the city worked together with the gentler purpose of the occupation to give these personal contacts an intimacy which was perhaps less marked elsewhere, and led to a nicer appreciation of national character and outlook than was possible in the harsher atmosphere of Berlin.[62]

Die entscheidende Ursache für die differenzierte Wahrnehmung bestand aber im qualitativen Unterschied der Beziehungen zwischen Besatzern und Besetzten.[63] Ausdrücklich beschreibt Mair den wesentlichen Gegensatz:

> Germany had been defeated. Austria – officially at any rate – had been liberated. And even if Austrians might wryly say: 'We can survive defeat, but heaven help us from another liberation', the difference meant that the Austrians were regarded from the outset, not as ex-enemies to be controlled, but as friends to be helped.[64]

Diese ausschnitthafte Rekonstruktion von seiten eines Vertreters der Political Division, der in der Besatzungsmacht de facto eine differenzierte Sichtweise zugrunde lag[65], stützte nicht nur die Okkupationsthese; sie rechtfertigte auch den Standpunkt der „British Official Policy", Österreich im Zustand vor dem „Anschluß" zu rekonstruieren, um sich damit auch selbst politisch zu rehabilitieren. Darüber hinaus dokumentierte sie auch die Haltung der britischen Militär- und Ziviladministration in der Alliierten Kommission für Österreich, die alle wahrnehmbaren Unterschiede zu Deutschland hervorkehrte: „The difference in the Allied approaches to Austrians and to Germans was there, and it was fundamental."[66]

Diese mit Nachdruck betonte Unterstreichung der Unterschiede passierte im Hinblick auf die Konstruktion einer „purely Austrian national identity". Sie stellte die Basis für die Wiedererrichtung des souveränen österreichischen Staates dar. Auch die internationale Staatengemeinschaft hatte von Österreich folgenden ambivalenten Eindruck gewonnen:

> Austria's seven years of Anschluss with Nazi Germany, coupled with their close political and military association before and throughout the First World War, have led all too readily to a virtual identification of the two countries in the popular mind.[67]

Das britische Element in der Alliierten Kommission kehrte diese Unterschiede zu Deutschland nicht nur zur Bestimmung der Bewußtseinsposition der österreichischen Bevölkerung selbst hervor, sondern auch zur Überzeugung der internationalen Staatengemeinschaft, die die Ausbildung eines österreichischen Nationalbewußtseins als Voraussetzung zur Rekonstruktion der vollständigen staatlichen Souveränität erwartete.

Gemäß dieser vorrangigen Zielvorstellung unterstrich die Political Division der „Befreiungs- und Besatzungs"-Macht Großbritannien beständig alle – insbesondere die politischen – Unterschiede zu Deutschland:

> The Austrian and German backgrounds of today are as different as those of the past. Austria is not, like Germany, a conquered nation, denied for a period of years to come, control over her own destiny. She already possesses her own freely elected Parliament, an administration over which

> she is steadily assuming more control, and her own flag to fly alongside those of the Allies. Whereas Germany has been shorn of great tracts of territory, Austria's boundaries have been guaranteed by the Allied Powers, who are pledged, furthermore, to help her as quickly as possible along the road to democracy and independence.[68]

In Österreich hatten mit 20. Oktober 1945 auch die Westalliierten die provisorische Staatsregierung Karl Renners offiziell anerkannt. Gleichzeitig wurde ihre Regierungsgewalt „unter Führung und Kontrolle des Alliierten Rates" auf das gesamte Bundesgebiet ausgedehnt. Von seiten der Länder wurde die Errichtung einer gemeinsamen Bundesregierung unter Rücknahme von partikularistischen Interessen in drei Länderkonferenzen forciert. Im Unterschied dazu waren in Deutschland die Bekenntnisse zur wirtschaftlichen Einheit und zum Aufbau einer demokratischen Ordnung nur vage Umschreibungen von unterschiedlichen Absichten der Besatzungsmächte gewesen. Der Alliierte Kontrollrat erwies sich dort aufgrund von massiven Interessenskonflikten als entscheidungsunfähig. Seine Kompetenzen übten zunehmend die Militärregierungen in den einzelnen Zonen aus. Die beabsichtigte zentrale Verwaltung von Deutschland scheiterte am Veto Frankreichs, dessen Regierung entschlossen war, jede Wiederbelebung der deutschen Einheit zu blockieren. Die Wirtschaftseinheit fiel den Auseinandersetzungen über die vor allem von der Sowjetunion geforderten Reparationen zum Opfer. In der Frage der Demokratisierung orientierte sich jede Besatzungsmacht am eigenen politischen System. Das britische Konzept folgte etwa – im Unterschied zu dem in Österreich – der Vorstellung eines dezentralisierten Einheitsstaates. Die Bereitschaft, den deutschen Stellen politische Befugnisse zu übertragen, hielt sich dabei in Grenzen. Die Ausbildung dieser zonalen Partikularismen begünstigte die später vollzogene Teilung Deutschlands erheblich.

Der Repräsentant der Political Division [(ACA (BE)] betonte aber auch die Fortschritte, die von Teilen der Bevölkerung in der Bestimmung der eigenen Bewußtseinsposition infolge der Durchführung der reichsdeutschen administrativen Vorgaben in Österreich erzielt worden waren: „Perhaps indeed, if not the sole, advantage of that experience lay in the new coherence and vigour that it had given to Austrian national feeling."[69]

Die reichsdeutschen Nationalsozialisten hatten sukzessive die überlieferten Verwaltungseinheiten in Österreich demoliert. Künstlich konstruierte Reichsgaue ersetzten historisch gewachsene, geschlossene Territorien. Damit sollte von reichsdeutscher Seite auch der historisch bedingte, tief verwurzelte „Bundesland"-Patriotismus untergraben werden; und auch der sozio-ökonomisch begründete Antagonismus zwischen der vormaligen Bundeshauptstadt Wien und der Peripherie sollte dadurch seine Grundlagen verlieren, daß die Reichshauptstadt Berlin die Rolle Wiens übernahm. Letzteres wurde zu einem provinziellen Verwaltungszentrum degradiert.

Schließlich brachte Mair seine Argumentation, die auf der Hervorkehrung der Unterschiede bzw. der Betonung der Kohärenzen beruhte, mit folgender Behauptung auf den Punkt:

> The attraction towards Germany which had made itself felt between the wars had been due more to a belief, born of desperation, that Germany might solve Austria's problems than to any natural affinity.[70]

John Mair interpretierte durch diese Marginalisierung die deutsche Attitüde in der Ersten Republik als eine historische Distinktion zu temporären Konstellationen.[71]

Vermittels dieser distinguierenden Methode, beispielhaft durch die Hervorkehrung von diachronen Differenzen beschrieben, leistete die zivile britische Besatzungsverwaltung in Österreich einen wesentlichen Beitrag zur Konstruktion eines neuen, in dieser Form unbekannten, österreichisch-republikanischen Patriotismus. Begünstigt wurde dieser Standpunkt durch den interpretativen Ansatz, daß der Nationalsozialismus schließlich zumindest insoweit in die österreichische Geschichte eingegangen war, als er 1945 die deutsche Option der Ersten Republik entlegitimiert hatte.

Auch andere Teile der Verwaltung innerhalb der Kontrollmacht Großbritannien betrachteten es als vordringlich, selbst einschneidende synchrone und diachrone Differenzen herzustellen. In diesem Zusammenhang unterstützte z. B. die „Information Services Branch" [ACA (BE)] als Instrument der ihr übergeordneten „Political Division" die Trennung von Deutschland propagandistisch: „Our object is: to liberate Austria from German domination and pave the way for a free and independent Austria."[72] Daher betrachtete es die „Information Services Branch" auch als dringliche Aufgabe, die zentralistischen Strukturen und Einrichtungen aus der NS-Zeit, deren Führungsstäbe weitgehend mit „Reich Germans, Austrian Nazis, Fascists or Pan Germans" besetzt waren, zu zerschlagen: „The Austrians must be encouraged first to participate in the 'de-Germanisation' of their country, and second, to fill vacated posts, both official and commercial."[73]

In diesem Bezugsrahmen mußte der traditionelle „Bundesland"-Patriotismus zurückgedrängt und der ihn begleitende Deutschnationalismus in ein Gefühl von österreichischer Identifikation umgeformt werden: „One of our first objectives will be to destroy this sense of 'provincialism', so to create a solid basis for a free and independent Austria".[74]

Im Hinblick auf die Analyse des identitätsstiftenden Engagements der „Befreiungs- und Besatzungs"-Macht Großbritannien in Österreich kann auch die Untersuchung von sprachlichen Äußerungen, wie z. B. Ansprachen, Vorträgen und Appellen, zielführend sein.

Der Senior Government Officer für das Land Steiermark Col. Alexander C. Wilkinson verkündete schon unmittelbar nach der Errichtung der Militärregierung, Land Steiermark, seine vordringlichen Absichten: „aber es ist unser Wille, jeden Nazieinfluß auszurotten und Eure Verbindung mit dem Deutschen Reich zu trennen."[75] Des weiteren wendete er sich über den Rundfunk mit folgender Rede an die steirische Bevölkerung:

> Ihr dürft nicht vergessen, daß ich der Vertreter der siegreichen Heere des Feldmarschalls Alexander und der verbündeten Heere bin, die den Deutschen, dem Herrenvolk, die vollständigste Niederlage beigebracht haben, die je in der Geschichte verzeichnet worden ist. Man wird gewiß nie mehr sagen können, daß das deutsche Heer niemals geschlagen

> wurde. Ich hoffe, daß die Deutschen, die allein unter den europäischen Völkern diese schrecklichen Kriege planen und beginnen, eine Lektion erhalten haben, die für alle Zeiten dauern wird.[76]

Die individuellen Träger der Handlung wurden darin verdeckt durch die abstrakte Kategorie der "Deutschen". Die österreichische Beteiligung in der Wehrmacht wird dabei bezeichnenderweise ausgeblendet. Durch die kontinuierliche Akzentuierung von Unterschieden, die formgebende Funktion übernahm, beteiligte sich auch die Militärregierung am Spiel um die Konstruktion dieses neuen österreichischen Patriotismus. Diese beinahe konventionalisierte Sprachregelung verlieh dieser nicht selten konstruierten genuin österreichischen Wesensart affirmative Züge. Die deutsche Seite wurde hingegen anhaltend stigmatisiert. Der Nationalsozialismus wurde als ein Herrschafts- und Handlungssystem rekonstruiert, in dem die individuelle Komplizenschaft von Österreichern wenn überhaupt, dann nur beiläufig erwähnt worden war. Abstrakte ethnische Kategorien (wie z. B. die Deutschen) verwischten dabei die individuelle Beteiligung. Diese wurde gleichsam abstrahiert und auf eine andere Ebene verlegt. Deutschland wurde zum Feindbild stilisiert.

6.3 Fazit

Das Spiel der „Befreiungs- und Besatzungs"-Macht Großbritannien mit der synchronen und diachronen Unterscheidung Österreichs von Deutschland sollte erwartungsgemäß zu einem Ergebnis führen: nämlich zur schrittweisen Konstruktion einer neuen, territorialen österreichischen Identität. Diese Operation, die zu diesem Zeitpunkt erfolgreich verlaufen war, verursachte naturgemäß fatale Nachwirkungen. So wurde durch die von maßgebenden Kreisen der Militärregierung und des britischen Elements aus politischem Kalkül instrumentalisierte Okkupationstheorie in weiterer Folge die Konstruktion des „österreichischen" Opfermythos unterstützt. Mit der Konsolidierung der österreichischen Identität, die von britisch-administrativer Seite stark forciert worden war, enthüllte sich aber auch ihre Kehrseite: die Standhaftigkeit des österreichischen Opfermythos.

Die von innerer Seite aufgestellte These, ohnmächtiges Opfer der nationalsozialistischen Aggression gewesen zu sein, wurde auch durch die von außen forcierte Ausbildung von diachronen Distinktionen gestützt. Dabei wurde die traditionelle deutsche Geste der Ersten Republik im Sinne von zeitgemäßer politischer Taktik als temporäre, singuläre und situationsbedingte Erscheinung betrachtet. Damit konnte wohl das vordringliche Ziel, ein österreichisches Nationalbewußtsein zu stiften, erfüllt werden. Die zwingende Folge war aber die sich graduell mit der Konsolidierung der österreichischen Identität verfestigende verkürzte Wahrnehmung von der Beteiligung an den nationalsozialistischen Verbrechen.

Das österreichische Selbstverständnis als nationalsozialistisches Opfer wurde aber vor allem durch die unterlassene Bewußtmachung der (Mit-)Verantwortung für die NS-Herrschaft von außen mitgeprägt. Das Spiel mit der kulturellen, ethnischen und sozialen Distinktion ermöglichte die totale Schuldzuweisung an die abstrakte ethnische Figur des „deutschen Nazi". Österreich hingegen wurde in der konventionalisierten Sprachregelung der „Befreiungs- und Besatzungs"-Macht Großbritannien nicht wie das Deutsche Reich als „conquered nation" begriffen. Durch die politische Strategie, ein unabhängiges Staatswesen zu errichten, dessen Teilnehmer sich auch einen territoriumsübergreifenden Patriotismus zulegten, operierte die „Befreiungs- und Besatzungs"-Macht vor der Bevölkerung mit dem Begriff „liberated". Durch diese terminologische Differenz wurde ein für die Öffentlichkeit bestimmtes „Corporated Design" entworfen; de facto herrschte im administrativen Apparat und seinen zugeteilten Einrichtungen darüber aber keine begriffliche Eindeutigkeit.[77]

Die vielschichtigen Maßnahmen zur Rekonstruktion Österreichs trugen durchaus ambivalente Züge. Einerseits wurde aus politischem Kalkül die österreichische Komplizenschaft am nationalsozialistischen Herrschafts- und Handlungssystem von außen verdeckt; und in einer konventionalisierten Sprachregelung wurde die Verantwortung für den

Nationalsozialismus überhaupt in eine Welt daneben verlegt. Andererseits wurde aber auch die Rekonstruktion von stabilen demokratischen Strukturen als vordringliches Ziel eingestuft. Dafür wurden restriktive Maßnahmen zur Entnazifizierung und „Re-orientation" in den Bereichen Rechtsprechung, Währung und Wirtschaft, Unterricht, Wissenschaft, Volksbildung und Kultur von britischer Seite durchgesetzt.[78]

6.4 Der demokratische Input von seiten Großbritanniens

Die Rekonstruktion von stabilen demokratischen Staatsstrukturen in Österreich sollte vor dem Hintergrund des überlieferten konstitutionell-demokratischen Prinzips, das sich in Großbritannien seit dem Mittelalter ungewöhnlich kontinuierlich und etappenweise ausgebildet hatte, stattfinden. Der insulare Konstitutionalismus hatte schrittweise zur Verbürgerlichung der Gesellschaft geführt. Diese urbanisierte, in sich homogene „Civil Society", in der der Stadt-Land-Antagonismus als eigenständige Tradition nicht zum Tragen kam und die ein ausgeprägtes realistisches nationales Wir-Ideal verinnerlicht hatte[79], suchte ihre Loyalitäten nicht in der Hingabe an eine entrückte Macht „ganz oben", wie dies nach dem Modell des aufgeklärten Absolutismus in Österreich lange praktiziert worden war.[80] Die im aufgeklärten Absolutismus als tief verwurzelte Mentalität grundgelegte „nach oben" gerichtete Ergebenheit mußte aufgeweicht werden. Die Loyalitäten der „bürgerlichen Gesellschaft" mußten schrittweise „nach unten" ausgedehnt werden.

Im Rahmen dieser demokratisch-konstitutionellen Botschaft versuchte die „Befreiungs- und Besatzungs"-Macht Großbritannien das britische Demokratieverständnis nach Österreich zu übertragen. In diesem Zusammenhang mußte auch der historisch und sozio-ökonomisch bedingte Kron- (und Bundes-) Land-Wien-Konflikt, den sie als „one of the most delicate internal problems" bezeichnete, aus der Welt geschaffen werden. Als geeignetes Mittel instrumentalisierte sie jenes distinguierende Spiel, durch das vermittels der Abgrenzungs- und Einschließungsregel ein gefühlsmäßiges Fundament für eine demokratisch-nationalstaatlich organisierte Gesellschaft errichtet werden konnte. Damit sollte nicht nur jener „sense of 'provincialism'" – oder die „negative territoriale Identität" – zerstört werden, der in der Ersten Republik mit dem deutschnationalen Bewußtsein eng verbunden gewesen war – die dynastische Loyalität hatte durch den Zusammenbruch der Monarchie ihren Bezugspunkt verloren und war bald in den „provincial Austrian sentiments" aufgegangen –, sondern es sollte auch eine neue österreichisch-republikanische Identität konstruiert werden. Die britische Botschaft von der Demokratisierung beinhaltete demgemäß antiföderale, anti-deutsche und österreichisch-nationale Elemente.

6.5 Die Parteien

Die „Befreiungs- und Besatzungs"-Macht Großbritannien versuchte an der Konstruktion einer neuen (gesamt-)österreichischen Identität mitzuwirken. Dabei mußten traditionelle Loyalitäten, die die Bevölkerung verinnerlicht hatte, aufgeweicht werden. Im selben Ausmaß und gleichzeitig, wie dies versucht wurde, mußte die britische Administration in Österreich die Vertiefung anderer staatstragender Loyalitäten, die, teils schon ausgebildet, teils neu die traditionellen überlagert hatten, wahrnehmen. Die Ideale der klassischen bürgerlichen Gesellschaft wurden wieder von obrigkeitsstaatlichen Mentalitäten durchdrungen: die österreichischen Parteien setzten sich als staatstragende Instanzen in Szene und ersetzten dabei die von alliierter Seite zurückgedrängten Identifikationsmuster.

Schon bald nach der Errichtung der Militärregierung, Land Steiermark, brachte Col. Alexander C. Wilkinson in einer Radioansprache seine Verwunderung über die machtvolle Stellung der österreichischen Parteien zum Ausdruck:

> In keinem anderen Land aber, welches ich kenne, scheint wie hier in Österreich, Parteipolitik eine derart wichtige Rolle zu spielen. Sie begannen lange Zeit nach uns damit, scheinen darin aber weitaus fortgeschrittener zu sein. Es gibt viele Gebiete, in denen Parteipolitik eine große Rolle spielt, welche in England frei von Politik sind. Und was meiner Meinung nach auch richtig ist, wie zum Beispiel das Erziehungswesen. [...] Hier aber gewann ich den Eindruck, [...] daß sobald überhaupt ein Kind anfängt zu denken, sich die eine oder andere Partei seiner bemächtigt und es zum parteimäßigen Denken erzieht.[81]

Auch der Direktor der Education Division [ACA (BE)], C. W. Baty, äußerte sich in seinem vertraulichen Schlußbericht „Education in Austria, 1947" erstaunt über „the intrusion of party-political considerations into almost all parts of the field of education":

> Not only are many educational problems tackled on entirely irrelevant lines because of party slogans, but appointments, transfers and even dismissals, of inspectors and teachers depend very often less upon personal merit and professional record than on party adherence and the local result of elections.[82]

Anlaß für diese Feststellung war ein konkreter Fall: das kommunistische Parteimitglied Franz Kramer war schon während der sowjetischen Besetzung von Teilen der Steiermark als Grazer Stadtschulinspektor eingesetzt worden. Gemäß dem Ergebnis der ersten Nationalratswahl im November 1945 sollte der Kommunist Kramer seine Stellung verlieren. Der Posten wurde in zwei Positionen aufgeteilt, die von je einer Großpartei beansprucht wurden. Der Leiter der britischen Erziehungsabteilung in Graz, James R. Hands, stellte dazu entrüstet fest:

> The wisdom of some of the dismissals and new appointments seems more than doubtful; some good people have been dismissed and some of poor character have replaced them. The hold of the party politicians on the educational system is unfortunately growing stronger all time.[83]

Die Parteien hatten schon bald nach ihrer Konstitutierung die Medien für ihre Zwecke instrumentalisiert. Schon während der sowjetischen Besetzung von Teilen der Steiermark hatten sie Plakate affichiert und politische Pamphlete verteilt.[84] Nachdem die von der „Psychological Warfare Branch“ herausgegebene *Neue Steirische Zeitung* eingestellt worden war, existierten nur noch den Parteien untergeordnete Tageszeitungen. Lt. Col. K. C. Boyd erklärte dazu in einer Ansprache entmutigt, daß damit auch „die unparteiliche und unvoreingenommene Wiedergabe von Nachrichten“ eingestellt worden wäre. Gleichzeitig erinnerte er alle Redakteure, „daß das lesende Publikum in einem freien und demokratischen Land dazu berechtigt ist, die Wahrheit unparteiisch vorgesetzt zu erhalten.“[85] Schließlich konnte er nur noch resignativ bemerken„„wenn die politischen Parteien die Presse kontrollieren, wie sie dies jetzt hier tun, dann werden die meisten Nachrichten durch die Parteimeinung gefärbt.“

Die politischen Parteien versuchten auch Einfluß auf das kulturelle Leben in Graz und die Kulturträger auszuüben, was einen Berichterstatter des British Council dazu veranlaßte, für den gegensätzlichen Fall nachdrücklich zu bemerken: „and the Senior Military Government Officer, Colonel Wilkinson told me that as soon as he is satisfied that there are no political motives involved.“[86] James R. Hands, der Leiter der Education Branch in Graz, betonte in diesem Zusammenhang auch, daß das Steiermärkische Bildungswerk, dessen Gründung die Education Branch tatkräftig unterstützt hatte, von britischer Seite dem Zugriff der Parteipolitik entzogen und seine Umpolung zu parteipolitischen Zwecken verhindert wurde.[87]

Die hohe „formale politische Durchorganisierung“ (Gerhard Botz, Albert Müller) Österreichs, die den Repräsentanten der westlichen Demokratie Großbritannien auffällig erschien, war Ausdruck der obrigkeitsstaatlichen Mentalität. Die nunmehr staatstragenden Parteien behaupteten sich zunehmend. Darüber verwundert berichtete Charles R. Hiscocks, der in Österreich akkreditierte Vertreter des British Council, an seine vorgesetzte Abteilung in London:

> The political and party issue in Austrian public life is becoming more and more noticeable [...] Fortunately most of us are now accustomed to a situation, inconceivable in England, in which political considerations enter into every cultural society and the whole educational field.[88]

7 Die quasi behördliche Sichtweise. Die Kulturlandschaft Österreich. Ein Reigen von Bildern im Wandel

Im Rahmen der ideellen Rekonstruktion Österreichs instrumentalisierte die Besatzungsmacht Großbritannien auch das kulturelle österreichische Paradigma. Infolge der Unterdrückung einer eigenständigen kulturellen Tradition unter der nationalsozialistischen Herrschaft in Österreich betrachtete die Besatzungsmacht Großbritannien die Wiederbelebung des geistigen Erbes als unentbehrlich. Dabei entdeckte sie darin auch ein Mittel, ihre eigenen Vorstellungen bezüglich der Ausbildung einer genuin österreichischen Identität zu verwirklichen.

Kennzeichnend für die Briten war, daß sie zur Ausführung von kulturpolitischen Konzepten keine selbständige Abteilung in ihrem administrativen Apparat vorgesehen hatten. Lediglich einige engagierte Offiziere der Education Division und der ihr untergeordneten Abteilungen in der Zone beteiligten sich am kulturellen Wiederaufbau in Österreich. Trotzdem wurde von seiten Großbritanniens dem Faktor Kultur – auch als identitätsstiftendes Moment – zentrale Bedeutung beigemessen. Das mit Kulturpolitik betraute Organ „British Council", das auf einer quasi behördlichen Ebene Außensichten über Österreich produzierte, versuchte dabei den besonderen österreichischen kulturellen Bedürfnissen („as the satisfying of the cultural needs, so far as British interests are concerned") entgegenzukommen. Vorerst überwog allerdings das Bedürfnis nach der Selbstdarstellung des „British way of life".

Zu einem der tradierten Blickwinkel gehörte im British Council die Vorstellung von Österreich als einem der „cultural leaders of Europe"[89]. Eingedenk dieses von vornherein verfestigten Bildes von der großen kulturellen Tradition dieses Landes erwartete er auch die Kontaktnahme mit einem außergewöhnlich engagierten, kreativen und begeisterten Kulturvolk. In dieser Erwartung wurde er auch vorerst nicht enttäuscht. Mit Erstaunen – und beinahe beschämt – registrierte der British Council in den ersten Jahren nach Kriegsende die Begeisterung, mit der sich die österreichische Bevölkerung trotz miserabler Lebensumstände am kulturellen Wiederaufbau beteiligte: „In spite of the severest economic difficulties the progress made in the reconstruction of public buildings and the revival of artistic life is stimulating and somewhat shaming to any Englishman who observes it."[90]

Vor dem Hintergrund dieser Wahrnehmung erfaßte den British Council beinahe das Gefühl von kultureller Minderwertigkeit – oder zumindest Zweitrangigkeit – der Kulturnation Großbritannien. Diese Verunsicherung reflektierte sich darin, daß der British Council darauf mit einer exaltierten Form der Selbstdarstellung reagierte. Es mußten daher die großartigsten insularen kulturellen Produkte in Österreich präsentiert werden, um – im Rahmen ihres nunmehr bestätigten Bildes von der großen österreichischen Kulturtradition – im kritischen Vergleich des österreichischen Publikums auch als Kulturnation bestehen zu können. In diesem Zusammenhang erklärten die mit der Verwirklichung einer Ausstellung von britischen Kunstwerken in der Akademie der Bildenden Künste in Wien[91] beauftragten Einrichtungen British Council, Political Division und Monuments, Fine Arts & Archives Branch, „that quality is the first essential, that a reasonably impressive quantity is desirable, and that subject, medium, genre are less important."[92] In bezug auf die Versendung von Musikern bestätigte Valerie Horrow-Hands, die als Geschäftsführerin entscheidend am Wiederaufbau des Musikvereins für Steiermark mitgewirkt hatte, diese überspannte Form der Projektion:

> Mit der Entsendung Sir Malcolm Sargents, des prominentesten Dirigenten Englands nach dem alternden Sir Thomas Beecham, lieferte die britische Regierung den besten Beweis dafür, welche Bedeutung London den kulturellen Aspirationen Österreichs beimaß.[93]

Die würdigende Geste gegenüber der kulturellen Großmacht Österreich kam auch darin zum Ausdruck, daß Charles R. Hiscocks[94], der Österreich-Repräsentant des British Council, für die Rekrutierung des Personals, das in seiner Wiener Vertretung des British Council akkreditiert werden sollte, eine besonders sorgfältige Auswahl reklamierte:

> Further, Vienna is one of the most cultivated and artistic cities in the world. Special qualifications are therefore required for Council Officers

> serving here, and officers with excellent records elsewhere are not necessarily suitable to Vienna.[95]

Die verfestigte Vorstellung von Österreich als kultureller Großmacht determinierte nicht nur die Selbstdarstellung des British Council. Auch die Methode, durch die das nationalsozialistische Gedankengut aus den Köpfen entfernt und ersetzt werden sollte, war durch diese Wahrnehmung mit beeinflußt. Die kultur- bzw. (um-)erziehungspolitische Initiative, die der British Council unter dem Begriff „functional work" zusammenfaßte, resultierte aus den von den Alliierten und der österreichischen Regierung durchgeführten Entnazifizierungsmaßnahmen. Diese hatten – nach britischem Verständnis – besonders in der österreichischen Jugend „a vacuum in the minds" zurückgelassen. Der British Council betrachtete es nun als eine vordringliche Aufgabe vermittels „functional work", die er zu leisten imstande war, dieses Vakuum mit den „right ideas" wieder aufzufüllen.[96] Charles R. Hiscocks betonte dabei die Vordringlichkeit dieser Art der „re-orientation":

> The positive task of replacing Nazi doctrines with a healthy and constructive outlook towards the future requires to be carried out with the same energy as the negative process of de-nazification.[97]

Diese aufklärerische Geste der alliierten Kontrollmacht Großbritannien gegenüber Österreich trug aber kaum kulturimperialistische Züge. Sie wurde eher als notwendiger Beistand verstanden. Die britischen Vorbehalte dagegen, die Aufgabe der „re-orientation" vollständig der österreichischen Verwaltung zu übertragen, resultierten weniger aus dem Gefühl von mangelnder Kompetenz der österreichischen Einrichtungen; vielmehr waren sie in den aus britischer Perspektive fremden Mechanismen begründet, die den omnipräsenten – und staatstragenden – politischen Parteien in Österreich zu große Einflußmöglichkeiten zuschrieben.

Großbritannien machte als Kontrollmacht Österreich auch rhetorische Zugeständnisse. Sie verwendete beifällig den Begriff einer „re-orientation-policy" – und sprach nicht wie in Deutschland von einer „re-education-policy" – für Österreich. Auch John Mair [Political Division, ACA (BE)] differenzierte in seinem „Rechenschaftsbericht" demonstrativ und beschrieb die Aufgabe der Siegermächte hierzulande dahingehend folgendermaßen:

> the Allies' post-war task in Austria was never primarily considered, as was their task in Germany, in terms of the re-education of a people, but rather in terms of the reconstitution of a state.[98]

Der administrative Apparat in der Alliierten Kommission für Österreich (Britisches Element) legte sich auf den Standpunkt fest, daß dank der alliierten – und im besonderen britischen – Mithilfe, „Austria has been already raised from utter prostration up to her knees, as a first step towards the recovery of her independence, and is, indeed, gradually being helped right up on to her feed."[99] Damit, daß das Land „seine verlorene europäische Stellung wiedererlangte", legte sich die Britische Militärregierung intern auch im Sprachgebrauch fest: im besonderen darin, Österreich im Prozeß der Rekonstruktion politisch, wirtschaftlich und ideell „zur Seite [zu] stehen"[100].

In dieser assistierenden Haltung gegenüber Österreich mußten auch immer wieder Rückschläge – auch im Hinblick darauf, daß man „a certain lack of energy and realism on the part of the Austrians themselves" bemängelte – hingenommen werden. Die Prolongierung der oft als bevormundend wahrgenommenen Kontrolle, welche vor dem Zerrbild der österreichischen Opfertheorie als ungerechtfertigt erschien, konstatierte Charles R. Hiscocks als eine Ursache für dieses zunehmend defätistische Lebensgefühl:

> The prolongation of the occupation is bound in the long run to have a demoralising effect on a people inclined by nature to live for the present and shirk strategic responsibilities, and it makes it difficult, if not impossible for them to face the need for working out their own salvation.[101]

Österreich drohte eine neue Gefahr; und Großbritannien konnte diese als Mentor für Österreich 1946 auch nicht von der Hand weisen:

> Austria will, at this rate, be economically and politically ground to pieces before their fulfilment, like an over flimsy washer caught tight between the screw of the East and the hard nut of the West.[102]

Österreich war bald entgegen der ursprünglichen Absicht, das Land nur interimistisch – also bis zur Übertragung der Verantwortlichkeit für die Verwaltung auf eine frei gewählte Regierung – zu besetzen, zu einer Schachfigur im Kalten Krieg avanciert:

> Within this short period of half a year, Austria had become less a state in process of reconstruction than a piece on the chess-board of the cold war – perhaps a minor piece, but, like a King's Pawn in certain opening gambits, a piece whose strategic position lent it a special significance.[103]

Obwohl diese wachsende „rivalry of Austria's liberators" die ursprüngliche Absicht der alliierten Mächte überlagert hatte, handelte aber das Britische Element in der Alliierten Kommission für Österreich weiterhin getreu seiner Ziele als (Wieder-)Geburtshelfer für das österreichische Staatswesen.

Dementsprechend charakterisierte der British Council seinen Auftrag in Österreich mit dem Vergleich „to give fresh nourishment to the arid soil of the past eight years."[104] Das in Teilen der Bevölkerung stark vorhandene Bedürfnis zur Wiederaufnahme von internationalen kulturellen Beziehungen kam den Zielvorstellungen des British Council sehr entgegen: „Austria was indeed a highly cultural country and one particularly susceptible to the cultural approach."[105] Seine Vertreter in Österreich attestierten schließlich, „that an unique opportunity exists to sell the British way in Austria, without exercising the smallest degree of propaganda or even persuasion."[106] B. J. Morse, der 1946 im Auftrag des British Council eine „lecture tour" durch Österreich unternommen hatte und dieses Land schon seit 25 Jahren kannte, betonte in seinem vertraulichen Bericht darüber den wachsenden österreich-internen Antrieb zur Öffnung nach außen, den das isolationistische Moment der NS-Herrschaft verstärkt hatte:

> I have never known British prestige to stand as high as it does at present. All classes of the population trust us implicitly, and though they are aware of our difficulties, they hope for more help from us in the matter of moral and intellectual regeneration than from any other occupying power. This places special moral responsibility on us as a nation, and on the Council in particular.[107]

Der British Council nahm in Österreich auch eine Atmosphäre des intellektuellen Wiedererwachens wahr: „and there are signs of a growing self confidence and a renewed consciousness of academic dignity and traditions." Ein besonderes Kennzeichen dafür war folgender Befund, den Charles R. Hiscocks über die österreichische intellektuelle Mentalität ausstellte:

> One interesting and, on the whole, healthy result of this last development has been that, whereas the universities welcomed with open arms the undistinguished visiting lecturers we offered them in 1946, they have been much more hesitant in their attitude towards the more satisfactory visitors who have come to Austria recently.[108]

Aus einem Gefühl der Anerkennung dafür schlug Charles R. Hiscocks vor, nun auch Vortragende „of full professorial standing, if possible with an international reputation in their own field"[109] nach Österreich einzuladen. Die Beobachtung von Fortschritten wie diesen verstärkte die Erwartungen von britischer Seite, daß sich Österreich im deutschen Sprachraum als intellektueller Kernraum etablieren würde:

> In the future Austria is going to be the focal point of the German speaking lands and the Vienna office of the British Council should therefore be regarded as one of the most important in the whole of Europe.[110]

Diese ursprünglich zuversichtliche Einschätzung des kulturellen Milieus in Österreich wurde mit der Dauer und mit zunehmender Sachkenntnis allerdings sowohl vom British Council als auch von der Education Division vollständig korrigiert. Der British Council mußte sich nach fünf Jahren, in denen er das kulturelle Milieu aufmerksam beobachtet hatte, folgendes Eingeständnis machen: „The work of cultural relations in Austria is complicated by factors at times ignored and by pre-occupations, often strong and sometimes erroneous."[111] Man hatte hinsichtlich der potentiellen kulturellen Ressourcen, die angesichts der Zonenteilung Österreichs und des Krieges stark geschwächt waren, zu hohe Erwartungen gehabt. Jene kulturelle Konjunktur, die mit Kriegsende in Österreich eingesetzt hatte, war – auch vor dem Hintergrund des Kalten Krieges – wieder abgeflaut. Der kurzfristige Anflug von modernen, avantgardistischen Ausdrucksformen wurde wieder durch ein konservatives, anti-urbanes und volksnahes Paradigma überlagert.

Überdies kam der British Council nach einem halben Jahrzehnt eingehender Beobachtung endgültig zu folgendem deprimierenden Schluß: „There is a lack of a distinctively Austrian culture, resulting from the very short period of specifically Austrian History."[112] Ausschlaggebend dafür war folgende Wahrnehmung: „the Austrians are apt to hold up an admiring mirror to their own past, or rather the past of the Habsburg Empire."[113] Um diese Beobachtung Dingfest zu machen, führte der in Wien akkreditierte Repräsentant des British Council folgende Beispiele an:

> The great Museum collections are those of an ex-imperial people, not of the Austrians; the plethora of first-rate executants conceals a present weakness in production, even in music and after making allowance for the repute of a few living composers; Vienna's chance to become a supplanter of Leipzig as a book centre has been lost, [...] Austria's opportunity, never very strong, to become the bulwark of a humaner Germanic tradition during the eclipse of Germany has also vanished.[114]

Im besonderen hatte sich nach fünf Jahren beobachtender Tätigkeit auch folgende Wahrnehmung über die kulturellen Diskrepanzen zwischen den Bundesländern und Wien herauskristallisiert:

> Matrimony may have built an Empire, but it did not contribute to ethnical or cultural selectivity and, though this made Vienna itself a meeting place of cultures and a centre for the diffusion of what was best in each, the forcible dissolution of the dominion entailed a wider distinction than usual between the Capital and the provinces of the remaining land.[115]

In retrospektiver Analyse wurde dem British Council letztlich bewußt, daß er selbst die Vorstellung von einem genuin österreichischen kreativen Milieu verabsolutiert hatte. Durch die übermächtige Erwartungshaltung war die konkrete Wahrnehmung irritiert worden. Der British Council erkannte, daß man sich nicht zu viel von Österreich und insbesondere seiner Hauptstadt Wien erwarten dürfte, auch dann nicht, wenn Verbindungen zu den ehemaligen Kronländern der Monarchie rekonstruiert werden würden. Vor allem die politische Instabilität als Folge des Kalten Krieges „reflected in a number [of people] who keep their passports in order for a hurried emigration, and the strength of pre-1914 tastes and traditions“[116] ließe es als zweifelhaft erscheinen, daß Österreich einen wesentlichen Beitrag zur modernen westlichen Kultur leisten könnte. Trotzdem hätte sich ein hohes Maß an kritischem Bewußtsein ausgebildet, dem zufolge sich die Bevölkerung nur mit der Einfuhr von auserlesenen kulturellen Produkten durch die Alliierten zufrieden gäbe. G. L. Hitchcock, der Nachfolger von Charles R. Hiscocks als Vertreter des British Council in Wien, formulierte schließlich die aussichtsreichste Perspektive für die Zukunft: Österreich sollte sich gegen die kommunistische und auch gegen die deutsche Option entscheiden; denn man würde – was letztere Option betrifft – wohl keineswegs annehmen können, daß Österreich als ein völlig freiwilliger Teilnehmer in einem verlorenen Krieg gesehen werden möchte; vor allem in Anbetracht der Tatsache, daß man diese Annahme durch die großzügig ausgelegte, wenn auch unrealistische Hypothese, daß sein Beitrag zu den Opfern der Konzentrationslager größer gewesen wäre als jener zur Wehrmacht, begründete.[117]

In dieser Phase wurde im ideellen Wiederaufbau der Stellenwert, den die Briten der Abkoppelung von der in der Zwischenkriegszeit auf das Deutsche Reich gerichteten Identität beigemessen hatten, zunehmend geringer. Vor dem Hintergrund des „Kalten Krieges“ wurden die Stabilisierung eines „western cultural link“ und – ex negativo – die Ausbildung eines breiten antikommunistischen Konsenses die Schwerpunkte des britischen Interesses. Der Repräsentant des British Council in Wien betrachtete es zwar als wahrscheinlicher, daß sich Österreich nach dem

Westen ausrichtete; gleichzeitig betonte er aber den erforderlichen Beitrag, der dafür geleistet werden müßte, „but the maintenance of a western cultural link, apart from the American, is a factor of importance, a proof of western faith in Austria and of common interests.“[118]

Die Education Division [ACA (BE)] hatte schon 1947 kulturelle Fehlleistungen in Österreich festgestellt: für den Sektor der Printmedien attestierte C. W. Baty folgendes: „Much of the printed matter which catches the eye is, in the local vernacular, 'Schund' or trash-meretricious, pornographic, sensational, low-quality rubbish.“[119] Darüberhinaus hätte sich die Stadt Wien aufgrund des Mangels an „energy, initiative and urgency which characterise so many sides of the Austrian public life“[120] nicht als Zentrum des europäischen Buchhandels ("which had vanished in the dust and rubble of Leipzig, Munich and other towns“) etablieren können, „an unique chance, such as presents itself once in centuries, of altering the whole intellectual complexion of the Continent, commercial considerations apart.“[121] Österreich wäre aber für die Nachfolge aufgrund folgender Voraussetzungen prädestiniert gewesen: „a key geographical position, ample supplies of paper, a high academic tradition, a splendid cultural continuity and a large measure of international goodwill.“[122]

Für die Sparte Musik stellte C. W. Baty, der Direktor der Education Division, Österreich, das sich im Spiegel seiner eigenen Vergangenheit bewunderte, folgendes Zeugnis aus: „the influx of outstanding foreign conductors, soloists and combinations with the best of their native music, has brought the musical life of the country into abrupt and salutary contact with contemporary reality.“[123]

Auch am marginalen OEuevre von modernen Dramatikern und an der Aufführungspraxis der Theater, die von vielen Österreichern nur als „a shadow of departed glory“ betrachtet würde, übte der Direktor der Education Division heftige Kritik:

> After years of iron censorship, there was a headlong rush to make up lost ground with productions of the classics and unknown contemporary drama from other countries. Although this interim should now be drawing to a close, there is as yet little evidence of exciting new Austrian work,

> though publishers and agents claim that their cabinets are bursting with genius.[124]

Über die wenigen österreichischen (Nachkriegs-) Filmproduktionen, bei denen er „a mood of escape and no sign of inspiration from reality" bemerkte, erübrigte sich – nach Baty – jede Diskussion von vornherein.[125]

Die Wurzeln dieses kulturellen Konservativismus, der sich aus britischer Sicht insbesondere in den fünfziger Jahren fortsetzen sollte, entdeckte der British Council in der Wiener Bürokratie, vor allem verstärkt „by the high average age of the leading personalities in Austrian life and which extends to the Socialist as well as to the normally right-wing parties"[126], die hauptsächlich Ideen verkörperte, „which are long outmoded"[127]. Zum Vergleich für den „definite conservatism" führte G. L. Hitchcock das Aeneas Sylvius Piccolomini-Wort über Österreich „Only old traditions count for them!" an und kommentierte dieses als „nearly as true today as it was in 1438". Begleitet würde dieser Konservativismus aber durch die bedingte Akzeptanz von modernen Ideen, wie z. B. des Gedanken von einer europäischen Föderation. Auch in der österreichischen Bevölkerung vernahm er dieses rückwärtsgewandte Interesse. Dokumentiert würde dieses im Film „1. April 2000"[128] und in der Popularität von Vorträgen über die britische Monarchie und ihre Krönungszeremonie.[129]

Ein hohes Maß an Rückständigkeit konstatierte der Direktor der Education Divison auch am Schul- und Universitätssektor: „there is no doubt that Austria as a whole is far behind Great Britain in the provisions made towards securing equality of opportunity in education."[130] Die Rekonstruktion der Schulverwaltung hatte an der Ersten Republik Anleihe genommen. Das duale System, in dem sich der Bund und die Länder die Schulkompetenzen teilten, war wieder institutionalisiert worden. C. W. Baty bezeugte diesem System beträchtliche Nachteile:

> More serious it means that an official theoretically acting for the Central Government is in fact influenced by local associations to such an extent as to make him ineffective: sometimes it even appears that in his provincial

> capacity he uses his federal information to sabotage his own federal functions.[131]

Die personelle Kontinuität in der obersten Schulbehörde, die in die Monarchie zurückreichte, begünstigte nach C. W. Baty's Analyse diese Rückschrittlichkeit: „They are thus largely men of certain age, with a good background of academic scholarship, now rather conservative and constitutionally averse from drastic methods or vigorous decisions."[132] Für die Landesschulverwaltung konstatierte C. W. Baty ähnliches:

> The Provincial Inspectors, like the chief officials of the Ministry of Education, incline to look backward more often than forward. The best of them are upright, scholarly men: the worst are stiff-necked obstructionists, playing the party or provincial game at the expense of Austria, hiding behind the Ministry or under heaps of paper of their own spoiling.[133]

Den österreichischen Lehrern stellte der Direktor der Education Division folgendes zwiespältige Zeugnis aus:

> It is only fair to say that on the whole we have gained a clear impression that actual nazism is extinct in schools, and that most teachers are honestly co-operating with either the Allies, or the Austrian State or their own political party-whichever exercises the strongest pressure at the moment.[134]

Ebenfalls antiquiert erschienen C. W. Baty die Lehrinhalte der österreichischen Universitäten: „Today, pre-Anschluß ideas are embodied in a rather uninspiring conservatism."[135] Die Aufrechterhaltung der humanistischen Tradition bewirkte eine Überbetonung der humanistischen Gelehrsamkeit: „And the old practice of training administrators and specialists for a large empire leaves traces in an excess of graduates and a deficiency of vocationally-trained workers."[136] Der British Council berichtete von einer Überalterung der Universitätsprofessoren, deren natürliche Nachfolger durch Verfolgung, Exilierung oder Berufsverbot abhanden gekommen waren.[137] Dem Überangebot an Studenten an der Wiener medizinischen und philosophischen Fakultät stand ein Mangel an qualifizierten Universitätsprofessoren gegenüber. Nicht vorhandene Zugangsbeschränkungen bewirkten ein Überangebot von Akademikern, ohne daß für dieses entsprechende Berufsmöglichkeiten vorhanden wären; damit würde ein akademisches Proletariat geschaffen, das für Extremismen anfällig wäre. Der British Council stellte bis in die Mitte der fünfziger Jahre eine intellektuelle Stagnation fest. Schlechte Gehälter, marginale Dotationen und unzumutbare strukturelle Konditionen veranlaßten die Abwanderung der verbliebenen Professorenschaft in das Ausland. C. W. Baty analysierte die Aussichten für die österreichischen Universitäten:

> Only when Austria has been re-established as an independent state will it be possible to see whether the universities will take the lead in combining the best of their traditions with the social demands of post-war Europe.[138]

8 Schlußbemerkung

Die Bilder, die von britischer Seite über Österreich produziert wurden, waren nicht nur vielfältig; der Blick „von außen" schloß auch divergierende und dadurch, daß sich die britischen Kontrollbehörden auch in Österreich festsetzten, konträre Ansichten mit ein. Dabei standen überlieferte, stehende Bilder von Österreich mit Wahrnehmungen der britischen Behörden aus erster Hand in Kontrast. Die Sicht „von außen" war – bestimmt durch die historische Entwicklung „im Inneren" und durch die Ausdehnung des Blickfeldes – auch einem kontinuierlichen Wandel unterworfen.

Das signifikanteste Merkmal in der bildlichen Aufnahme des besetzten Territoriums bestand darin, daß die Besatzungsorgane „im Inneren" die Ausbildung einer kollektiven österreichischen Identität forcierten. Dazu instrumentalisierten sie auch historische Halbwahrheiten, wie die Okkupationstheorie. Im Gegensatz dazu hatten die „British policy makers" schon seit der Mitte der dreißiger Jahre das hohe Maß von politischer, wirtschaftlicher und kultureller Durchdringung von seiten

Deutschlands konstatiert. Die „Official British Policy“, die in Übereinstimmung mit dem Großteil der britischen Presse ein nationales österreichisches Bewußtsein vermißt hatte, kommentierte den „Anschluß“ an das Deutsche Reich lapidar: „the corps [Österreich] need not be mourned unduly“.

Im Inneren brachte aber der britische Kontrollapparat seine Argumentation damit auf den Punkt, daß er die Verantwortung dafür, daß „Österreich von Deutschland überrannt wurde“, der gescheiterten eigenen „appeasement policy“ zuschrieb.

Der Grund für diese selbstkritischen Töne lag im Bemühen, unter der österreichischen Bevölkerung ein kollektives Bewußtsein, das neben politischen und wirtschaftlichen Prämissen die Grundlage zur Restitution eines souveränen Staatswesens bilden sollte, zu erzeugen. Dafür experimentierte die britische Militär- und Zivilverwaltung im besonderen mit der beharrlichen Betonung von kulturellen, ethnischen und sozialen Differenzen zu Deutschland und der Inanspruchnahme von historischen Distinktionen zur unmittelbaren Vergangenheit. Dabei wurden das traditionelle deutschnationale Selbstverständnis in der Ersten Republik als temporäres, singuläres und situationsbedingtes Phänomen marginalisiert und durch die Hervorkehrung einer österreichischen Wesensart, der kaum Mitschuld am Nationalsozialismus zugewiesen werden konnte, der selektiven Rekonstruktion der Verantwortung für die NS-Herrschaft von alliierter Seite Vorschub geleistet. Die Folgen waren zwingend: mit der zunehmenden Konsolidierung dieses kollektiven österreichischen Bewußtseins verfestigte sich auch die verkürzte Wahrnehmung von der Verstrickung im Nationalsozialismus. Indirekt war dadurch der „österreichische Opfermythos“ auch von alliierter Seite legitimiert worden.

Anmerkungen:

* Diese Arbeit beruht auf archivalischen Studien im Londoner Public Record Office (= PRO), die im Rahmen des von Ass. Prof. Mag. Dr. Siegfried Beer geleiteten und vom „Fonds zur Förderung der wissenschaftlichen Forschung" geförderten Projektes „Die Steiermark unter britischer Besatzung 1945-1955" stattfanden. Die vorliegende Analyse beschäftigt sich ausschließlich mit Großbritannien als Produzentem von Bildern über Österreich. Mit einem ähnlichen Thema, der USA-Perzeption nach 1945 in Österreich, beschäftigte sich jüngst auch Doron Rabinovici in einem Beitrag im DÖW-Jahrbuch von 1995. Besonders bin ich Herrn Univ. Ass. Dr. Eduard G. Staudinger zu Dank verpflichtet; seine kompetenten Hinweise stellten einen konstruktiven Beitrag zum Gelingen dieser Arbeit dar. Ich bedanke mich auch bei Josef Schiffer und Peter Stachel, die verschiedene Fassungen des Aufsatzes lasen und kommentierten.

1 In diesen historischen Analysen blieb z. B. die entscheidende Rolle des "österreichisch-jüdischen" Segments vollständig ausgeblendet. Die historische Rekonstruktion der Diskriminierung, Vertreibung und Vernichtung von "jüdischen" Mitbürgern war nicht mit der Konstruktion einer neuen österreichischen Identität verträglich.

2 Vgl. Eduard G. Staudinger: Ökonomische Aspekte der frühen Besatzungszeit. in: Beiträge zur Historischen Sozialkunde 25 (1995) 2, S. 45.

3 Education in Austria, 1947. Confidential Report by C. W. Baty, Director, Education Division, 30.6.1947. PRO FO 1007/365, S. 3.

4 Vgl. ebda.

5 In Ostösterreich kristallisierte sich ein eher „unsicheres Österreichbewußtsein" weit stärker und selbstbewußter als im Westen heraus. Vgl. Ernst Hanisch: Der lange Schatten des Staates. Österreichische Gesellschaftsgeschichte im 20. Jahrhundert. Wien 1994. (=Österreichische Geschichte in zehn Bänden), S. 159.

6 Vgl. Helmut Konrad/Werner Suppanz: Die Legitimation der österreichischen Eigenständigkeit durch Rückgriff auf die Geschichte im „Ständestaat" und in der frühen Zweiten Republik. in: Gesellschaft und Demokratie nach 1945. Symposium, Oktober 1995. Grenzenloses Österreich. Wien 1996, S. 75.f. Vgl. auch: Werner Suppanz: Geschichtsbilder im Ständestaat. (In diesem Band)

7 Education in Austria, 1947. Confidential Report by C. W. Baty. PRO FO 1007/365, S. 3.

8 Vgl. ebda.

9 Gerhard Botz/Albert Müller: Identität/Differenz in Österreich. Zu Gesellschafts-, Politik- und Kulturgeschichte vor und nach 1945. in: ÖZG 6 (1995)1, S. 8.

10 Nach 1918 setzten die Bundesländer umfassende separatistische Maßnahmen; vielfach betrieben sie eine eigenständige Wirtschafts- und Außenpolitik. Dieser Souveränitätsanspruch der Länder, begründet in einer föderalistischen Tradition, reflektierte einen vielschichtigen Wien-Antagonismus: ein Unbehagen gegenüber der sozialdemokratisch dominierten Großstadt Wien, deren Versorgung durch die christlich-sozial und deutschnational dominierten Länder gewährleistet werden mußte.

11 Austria. A monthly Report and Review. September 1947. Edited by ACA (BE). Editorial. PRO FO 1007/429.

12 Vgl. ebda.

13 Vgl. ebda.

14 Vgl. ebda.

15 Vgl. ebda.

16 Gerhard Botz/Albert Müller: Identität/Differenz in Österreich. in: ÖZG 6 (1995) 1, S. 8.

17 Vgl. Eduard G. Staudinger: Ökonomische Aspekte der frühen Besatzungszeit, S. 46. Vgl. dazu auch: Austria. A monthly Report and Review. September 1947. Editorial: "This is particularly true of Western Austria, where the federal authorities find it most difficult to apply their administration thoroughly. The extreme westerly province of Vorarlberg, for example, tends very close economic ties between Switzerland and France, the occupation power in that province, have helped to accentuate this tendency. In Salzburg, the affinity which has always existed with Bavaria has been emphasised by Salzburg´s seperation from Vienna and Bavaria´s seperation from Berlin, and by the fact that American troops, for a long time under the same command, span the border. For the Tyroleans on the other hand, independent of whatever power might be on their soil or whatever Government might be in Vienna, the provincial issue of the south Tyrol is always uppermost, and again encourages a parochial outlook."

18 Austria. A monthly Report and Review. September 1947. Edited by ACA (BE). Editorial. The Role of Vienna. PRO FO 1007/429.

19 Education in Austria, 1947. Confidential Report by C.W. Baty. PRO FO 1007/365, S. 12.

20 Lt. Col. K. C. Boyd: Ansprache anläßlich der Eröffnung der Hochschulwoche,

6.10.1945. Military Government Styria. Colonel (Oberst) A. C. Wilkinson, D.S.O., M.C., G.M. 24.7.1945-7.2.1946.

21 Vgl. ebda.

22 Vgl. dazu: Confidential Report for Austria, January-September 1949. PRO BW 13/8. Noch 1949 veranlaßte die föderalistische Staatsstruktur von Österreich, Charles Richard Hiscocks, den Vertreter von British Council in Wien, an seine vorgesetzte Abteilung zu berichten: „it must also be remembered that Austria, though a small country, remains a federation, and there is considerable feeling against the dominance of Vienna in the Länder."

23 Education in Austria, 1947. Confidential Report by C. W. Baty. PRO FO 1007/365, S. 3.

24 Meinrad Ziegler: Erinnern und Vergessen. Zum Umgang mit dem Nationalsozialismus in der Zweiten Republik. in: ÖZG 6 (1995) 1, S. 46.

25 Ernst Bruckmüller: Österreichbewußtsein im Wandel. Identität und Selbstverständnis in den 90er Jahren. Wien 1994. (=Schriftenreihe des Zentrums für Angewandte Politikforschung. 4), S. 76.

26 Vgl. Gerhard Botz/Albert Müller: Identität/Differenz in Österreich. in: ÖZG 6 (1995)1, S. 7f.

27 Austria. A monthly Report and Review. October 1946. Edited by ACA (BE). Editorial Foreword. PRO FO 1007/429.

28 Im folgenden beziehe ich mich auf die Dissertation von Désirée Danielle Verdonk: Das Österreichbild in der britischen Presse 1938-1945. Phil. Diss. Wien 1993.

29 Vgl. Anthony Adamthwaite: The British Government and the Media, 1937-38. in: Journal of Comtemporary History 18 (1983) 2, S. 281f. Eine 1949 erschienene Studie (Mass Observation: The Press and its Readers. London 1949) betonte, daß die Inlandspresse auf dem Gebiet der Außenpolitik eine beträchtliche Wirkung in bezug auf die Meinungsbildung ihrer Leser erzielt hatte: „the similarity between daily paper editorial and reader views, in the matter of foreign affairs, is very pronounced."

30 Der Times-Editor Geoffrey Dawson, ein einflußreiches Mitglied des Kreises von Lord Astor, des „prominent appeaser", in dem auch Neville Chamberlain und Lord Halifax verkehrten, war wohl auch aufgrund seiner Sozialisation und seines Status Anhänger der Appeasement-Policy. Er hielt auch das nationalsozialistische Deutschland für ein Bollwerk, das die Ausbreitung des Kommunismus gegen den Westen verhindern konnte.

31 The Times, 17.2.1938, S. 15.

32 Vgl. ebda.

33 Vgl. ebda.

34 News Chronicle, 17.2.1938, S. 10.

35 Daily Express, 17.2.1938, S.10.

36 Manchester Guardian, 16.2.1938, S. 10.

37 Manchester Guardian, 14.2.1938, S. 8. Die Sichtweise des Manchester Guardian von Österreich unterlag einem Wandel. Noch 1938 konstatierte er eine eigenständige österreichische Identität („Austria's seperate identity", 28.6.1938, S. 10), die er durch „Social Democrats, Roman Catholics, Jews, and everything that has a character of its own" (17.2.1938) repräsentiert sah.

38 The Times, 14.3.1938.

39 The Times, 15.3.1938, S.15.

40 Daily Express, 14.3.1938, S. 12.

41 Daily Express, 12.3.1938, S. 12.

42 The Times, 21.3.1938, S. 13.

43 Daily Telegraph, 14.3.1938, S. 13.

44 Vgl. ebda, S. 12.

45 News Chronicle, 14.3.1938, S. 1.

46 Im folgenden beziehe ich mich hauptsächlich auf die Studie von Robert Graham Knight: British Policy towards occupied Austria 1945-1950. Ph.D. London 1986, S. 17 ff. Vgl. dazu: Guy David Stanley: British Policy and the Austrian Question 1938-1945. Ph.D. London 1973. Reinhold Wagnleitner: Großbritannien und die Wiedererrrichtung der Republik Österreich. Phil. Diss. Salzburg 1975. Robert H. Keyserlingk: Austria in World War II. An Anglo-American Dilemma. Kingston, Ontario 1988. Fritz Fellner: Die außenpolitische und völkerrechtliche Situation Österreichs 1938-1945. Österreichs Wiederherstellung als Kriegsziel der Alliierten. in: Österreich. Die Zweite Republik. Hg. v. Erika Weinzierl/Kurt Skalnik. Bd. 1. Graz/Wien/Köln 1992, S. 53 - 90.

47 The Diary of Sir Alexander Cadogan 1938-1945. Ed. David Dilks. London 1971.

48 Die britische Regierung hatte unmittelbar nach Bekanntwerden des Einmarsches der deutschen Truppen in Österreich durch ihren Botschafter in Berlin, Sir Neville

Henderson, ihren scharfen Protest bekundet. Aber erst mit einer Verzögerung beriet das Kabinett über die Situation, die durch die deutsche Aggression geschaffen worden war.

49 Robert Graham Knight: British Policy towards occupied Austria 1945-1950, S. 19.

50 Ivone Kirkpatrick: The Inner Circle. London 1959, S. 107.

51 Vgl. Robert Graham Knight: British Policy towards occupied Austria 1945-1950, S. 23.

52 Four Power Control in Germany and Austria 1945-1946. Austria. By John Mair. London/New York/Toronto 1956 (=Survey of International Affairs 1939-46. Ed. by Arnold Toynbee).

53 Sir William Elliot, der Chairman des Royal Institute of International Affairs betonte, daß Mair seinen Rechenschaftsbericht „without access to official papers" verfaßt hatte. John Mair stellte fest, daß er versucht hatte, die Umstände so wiederzugeben, wie sie ihm vor Ort zur gegebenen Zeit erschienen waren.

54 John Mair: Four Power Control in Germany and Austria 1945-1946, S. 274. House of Lords Deb. 5th ser., vol. 125, coll. 880f.

55 John Mair: Author's Preface. Four Power Control in Germany and Austria 1945-1946.

56 John Mair: Four Power Control in Germany and Austria 1945-1946, S. 274. John Mair erklärte sich diese affirmative Geste von seiten Großbritanniens [anderswo als „the full support of public opinion" (John Mair: Author's Preface. Four Power Control in Germany and Austria 1945-1946.) bezeichnet] gegenüber Österreich dadurch, daß sich die älteren Generationen in Großbritannien gefühlsmäßig mit dem „Vienna of the Habsburgs „ identifiziert hätten; die jüngeren aber hätten mit Österreich „memories of holidays spent in Austrian mountains or by Austrian lakes between the wars" assoziiert.

57 John Mair: Four Power Control in Germany and Austria 1945-1946, S. 274.

58 Vgl. ebda.

59 Vgl. ebda, S. 275. House of Commons Deb. 5th ser., vol. 423, col. 1861, 4.6.1946.

60 Hierbei untersuche ich nicht die realpolitischen Handlungsmöglichkeiten von Großbritannien im Jahr 1938; ich dokumentiere nur die post festum erfolgte

britische Interpretation der Ereignisse von 1938 oder genauer: die Auslegung dieser Interpretation durch einen vormaligen Offizier in der Political Division der Alliierten Kommission für Österreich (Britisches Element).

61 John Mair: Four Power Control in Germany and Austria 1945-1946, S. 314.

62 Vgl. ebda, S. 374.

63 Vgl. ebda, S. 315.

64 Vgl. ebda, S. 316.

65 Ein britisch-amerikanischer Soldatenführer („Austria. A Soldier's Guide") spiegelt die Sicht der Truppen in bezug auf die nationalsozialistische Verstrickung Österreichs wider: „It was in part the Austrian people's own fault that their country was overrun by the Germans and that they found themselves fighting in Hitler's armies. The fact that we have beaten Hitler gives them another chance. They are lucky." Vgl. Siegfried Beer: Aspekte der Besatzungszeit in Österreich – die Besatzungsmacht Großbritannien. in: Beiträge zur Historischen Sozialkunde 25 (1995) 2, S. 40.

66 John Mair: Four Power Control in Germany and Austria 1945-1946, S. 318.

67 Austria. A monthly Report and Review. October 1946. Edited by ACA (BE). Editorial Foreword. PRO FO 1007/429.

68 Vgl. ebda. In seiner stark auf dem Fundus von persönlichen Erinnerungen basierenden historischen Rekonstruktion kehrte Mair im Kapitel „Austria" seines Berichts Four Power Control in Germany and Austria des weiteren folgende kulturelle, soziale und mentale Unterschiede hervor: „In the long run, it meant less suspicion, less nervous strain, less temptation to be arbitrary in the exercise of power, less inhibition on natural compassion for human suffering. It meant, too, that from the outset the Austrians were encouraged on the whole to take charge once again in their own house. As already mentioned, the nuclei of a new administrative system had come into being in a number of places even before the Allies' arrival. [...] All this made, from the outset, for a healthier relationship between the occupying powers and the people than obtained at this stage in Germany." (John Mair: Four Power Control in Germany and Austria 1945-1946, S. 318.)
Weitere Differenzen wurden in hohem Ausmaß durch die österreichische Sprache und Wesensart gebildet; eine Erscheinung, die vor allem John Mair, dem externen Beobachter, im besonderen auffallen mußte: „Austria and Germany spoke the same language, in theory at least. But the temperaments of the two peoples were antipathetic in a number of ways, and the antipathy had

been increased rather than lessened by their war-time association.“ (Vgl. ebda, S. 375. Vgl. dazu auch: Marie Jahoda: Sozialpsychologie der Politik und Kultur. Ausgewählte Schriften. Hg. u. eingel. von Christian Fleck. Graz/Wien 1994. (=Bibliothek sozialwissenschaftlicher Emigranten. 1), S. 342 f. Marie Jahoda erinnerte sich an folgende Episode: „Nach dem Zusammenbruch hatten die Wiener nach jedem Strohhalm gegriffen, um die Welt – und vielleicht auch sich selbst – davon zu überzeugen, daß sie niemals aufgehört hatten, sich von den Deutschen zu unterscheiden. Der Dialekt bot sich hier als Beweismittel an.“) Schließlich beendete der Berichterstatter den Kanon der genuin österreichischen Wesenszüge mit folgender österreich-freundlicher Charakterisierung: „Finally, [...], there was a difference of character between the Austrian and the German peoples which, even supposing that Austria, too, had been defeated instead of liberated, could not have failed to have a significant effect. Such generalisations are notoriously dangerous. Between the inhabitants of southern Germany and of western Austria the difference might be less pronounced. But, taken as a whole, it was there. The Austrians had a quality which their enemies called irresponsibility and slackness, but which their friends preferred to call cheerfulness, tolerance, a refusal to take things to tragically. It was a quality which was a legacy from the give and take of the ‘ramshackle Empire’, from the Austrians’ physical location at one of the cross-roads of Europe, and from their relative proximity to the older civilisations of the Mediterranean. It was symbolised in their preference for the light comedies of Mozart as against the massive heroics of Wagner.“ (Vgl. ebda, S. 319.)

69 Vgl. ebda, S. 376.

70 Vgl. ebda, S. 375.

71 Vgl. The Invention of Tradition. Ed. by Eric Hobsbawm and Terrence Ranger. Cambridge 1983.

72 Supreme Headquarters Allied Expeditionary Force. Directive for Control of Austrian Information Services. Annex A. General Policies for Control of Austrian Information Services, 3.6.1945. PRO FO 1020/340. Vgl. dazu: Johannes Feichtinger: „... fresh nourishment to the arid soil ...“. Britische Kulturpolitik in Österreich nach 1945. in: Besatzung in Österreich. Beiträge zur Historischen Sozialkunde (1995) 2, S. 58. Johannes Feichtinger/Eduard G. Staudinger: Aspekte des kulturellen Wiederaufbaus in der Steiermark zwischen Kooperation und Kontrolle. in: Die „britische“ Steiermark 1945-1955. Hg. v. Siegfried Beer. Unter wissenschaftlicher Mitarbeit von Felix Schneider und Johannes Feichtinger. Graz 1995. (=Forschungen zur Geschichtlichen Landeskunde der Steiermark 38), S. 504.

73 Vgl. ebda.

74 Vgl. dazu auch: Johannes Feichtinger: Die Kulturpolitik der Besatzungsmacht Großbritannien in Österreich. in: Symposion Österreich unter alliierter Besatzung. 1945-1955. (=Studien zu Politik und Verwaltung. 63), Wien/Köln/Weimar 1997.

75 Alexander C. Wilkinson: Ferne Grüße, 26.7.1945. Military Government Styria. Colonel (Oberst) A. C. Wilkinson.

76 Vgl. ebda. In einer anderen Rundfunkansprache erklärte Wilkinson, daß gerade ein Sinn für Humor unter den gegebenen Umständen [angesichts des unmittelbar bevorstehenden Winters 1945/46] das beste Mittel wäre, der Lage Herr zu werden: „Es ist ein großer Vorteil, Sinn für Humor zu haben, wenn vieles auch ungünstig erscheint. Es gibt niemanden, den ich kenne, der diesen Sinn für Humor in größerem Ausmaß hat als der britische Soldat. Die Österreicher haben, so glaube ich, auch einen großen Sinn für Humor, während den Deutschen dieser Sinn völlig zu fehlen scheint." (Alexander C. Wilkinson: Sinn für Humor, 15.9.1945. In der Analyse dieser österreichfreundlichen Gesten muß das weltanschauliche Profil Wilkinsons, das eine gewisse Bewunderung für die k.u.k. Monarchie beinhaltete, berücksichtigt werden. Im Hinblick darauf muß auch auf jenes Umfeld von vornehmlich monarchistisch-legitimistischen Emigranten hingewiesen werden, das Alexander C. Wilkinson in seinem Bild über Österreich beeinflußt hatte. Im allgemeinen sind diese Gesten aber doch für das britische Spiel bezeichnend, in Österreich ein neues Gesamtstaatsbewußtsein zu erzeugen.)
Wieder benutzt Wilkinson jenes distinguierende Spiel, um dabei den freundlichen österreichischen Wesenszug zu betonen. Ein Fußballspiel zwischen Sturm Graz und der 46. Division der British Troops Austria nimmt Wilkinson zum Anlaß, um im Sender Alpenland über den Maßstab für fair play ein Referat zu halten. Dabei spricht er den Deutschen jede „Ahnung von fair play" ab, was die Praxis der deutschen Kriegsführung, wie das „Anfangen mit dem Bombardieren auf Zivilpersonen", im Krieg gezeigt hätte. Auch in diesem Zusammenhang betreibt Wilkinson das Spiel mit der Distinktion: „Mir scheint es aber, daß wir Engländer und Sie, Österreicher, viel gemeinsam haben, und ich möchte sagen, daß wir genau dieselben Ansichten fair play betreffend haben, nämlich, daß wir wissen, was es ist und was es nicht ist." (Alexander C. Wilkinson: Das Gefühl für Fair Play, 1.12.1945. Military Government Styria. Colonel (Oberst) A. C. Wilkinson, D.S.O., M.C., G.M. 24.7.1945-7.2.1946.)
Auch der erste Erziehungsoffizier der Militärregierung, Land Steiermark, James R. Hands differenzierte in seiner Ansprache im Rahmen der vom Landesschulrat 1945 organisierten „Arbeitswoche der steirischen Lehrer" eindeutig

zwischen einer vermeintlich deutschen und einer österreichischen Lebensanschauung: „Die deutsche Kultur legt im allgemeinen überschätzten Wert auf Kraft, Macht, nationale Überlegenheit, auf das Äußere viel mehr als auf das Innere, während die österreichische Kultur, wie es sich so klar in ihrem Barock darstellt, gütiger, freundlicher, feiner und zarter ist." (Unser Weg (1945/46) 1, S. 12. Vgl. auch Siegfried Beer: Die Briten und das steirische Schulwesen 1945-1947. in: Die „britische" Steiermark 1945-1955, S. 447 - 466.)

77 Noch 1947 beklagte sich in diesem Zusammenhang Charles R. Hiscocks, der in Wien akkreditierte Österreich-Repräsentant des British Council, über die allgemein herrschende Unsicherheit, „as to whether Austria should be considered rather as a liberated victim of Nazi aggression or a defeated ex-enemy country." Hiscocks, der Autor der Jahresberichte des British Council, beantwortete sich die Frage selbst, als er meinte: „The decision to set up a branch of the Council in Austria so soon after the end of the war gave some indication of the British attitude." (Annual Report-Austria 1946/47. PRO BW 13/ 13.)

78 Vgl. Robert Knight: Britische Entnazifizierungspolitik 1945-1949. in: Zeitgeschichte 11 (1983/1984) S. 287-301. Felix Schneider: Zur Tätigkeit des militärischen Geheimdienstes FSS und des Public Safety Branch in Graz 1945-1947. in: Graz 1945. Historisches Jahrbuch der Stadt Graz. 25. Graz 1994, S. 215-235. Vgl. folgende Aufsätze im Band Die „britische" Steiermark 1945-1955: Siegfried Beer: Die Briten und der Wiederaufbau des Justizwesens in der Steiermark 1945-1950, S. 111-140. Johannes Feichtinger: „A Step towards Unification." Großbritannien und die Anfänge der Konsolidierung von Währung und Wirtschaft in Österreich, S. 177-212. Siegfried Beer: Die Briten und das steirische Schulwesen 1945-1947, S. 447-466. Johannes Feichtinger, Eduard G. Staudinger: Aspekte des kulturellen Wiederaufbaus in der Steiermark zwischen Kooperation und Kontrolle, S. 499-528.

79 Die Intensivierung der nationalen Gesinnung in Großbritannien erfolgte erst im ausgehenden 19. und beginnenden 20. Jahrhundert. Die schottischen und walisischen nationalistischen Parteien traten überhaupt erst während der Depressionsjahre zwischen den Kriegen in Erscheinung und hatten nur marginalen Einfluß. Vgl. Eric Hobsbawm: Nationen und Nationalismus. Mythos und Realität seit 1780. München 1996, S. 166.

80 Vgl. Helmut Kuzmics: Österreichs bewaffnete Neutralität und „nationaler" Habitus. Überlegungen zur jüngeren Biographie der österreichischen Staatsgesellschaft. in: Geschichte und Gegenwart (1995) 1, S. 41-62.

81 Alexander C. Wilkinson: Politische Parteien und Parteipolitik, 11.8.1945. Military

Government Styria. Colonel (Oberst) A. C. Wilkinson.

82 Education in Austria, 1947. Confidential Report by C. W. Baty. PRO FO 1007/365, S. 4.

83 James R. Hands to C. W. Baty, 22.5.1946 PRO FO 1020/2596. Die Antwort aus Wien signalisierte resignierende Zurückhaltung: „It is doubtful whether we should be justified in intervening." Vgl. dazu: Siegfried Beer: Die Briten und das steirische Schulwesen 1945-1947. in: Die „britische" Steiermark 1945-1955, S. 459 f.

84 Vgl. Re-Organisation of Publicity, Media and Cultural Activities in Occupied Austria. By P.I.D. German and Austrian Intelligence. No. 1, 10.9.1945. PRO FO 371/46604.

85 K. C. Boyd: Freiheit der Presse, 26.1.1946. Military Government Styria. Colonel (Oberst) A. C. Wilkinson.

86 Report on Exploratory Visit to Austria. By Major Dunlop, 29.11.1945. PRO FO 924/196.

87 Vgl. The Work of the Education Branch, H. Q Civil Affairs (BE), Land Steiermark Austria by J. R. Hands, S.O. I, 7.6.1947. PRO FO 1020/2618.

88 Charles R. Hiscocks to The Controller, European Division, The British Council. Confidential Report, Austria: July/December. PRO BW 13/8.

89 Annual Report Austria (1947) PRO FO 924/456.

90 Charles R. Hiscocks to The Controller, European Division, The British Council. Confidential Report, 31.12.1947. PRO BW 13/8. An anderer Stelle betont er: „The co-operation of Austrians in all matters concerning music, the theatre, and fine arts has been enthusiastic, although some of the personalities concerned are temperamental and have a habit of intrigue." (Extract from a Confidential Report. By Charles R. Hiscocks, 27.6.1947. PRO BW 13/11) Im besonderen hob Hiscocks dabei folgendes hervor: „One of the most remarkable features of life in post-war Austria has been the way in which music and the theatre have flourished in spite of the fact that the people as a whole have been without fuel and sufficient food." (Annual Report-Austria 1946/47, 26.3.1947 PRO BW 13/13) Auch James R. Hands, der erste Erziehungsoffizier in der Steiermark, charakterisierte das florierende Musikleben in Graz, wenn er berichtet: „Austria is famous for its artistic life and Styria is no exception to the general rule. In Graz in particular there is a flourishing musical life: choirs large and small abound, musical parties in private houses are common, and the numerous concerts,

organised mostly by the long established Styrian Musical Society are of a very high standard.“ (Vgl. The Work of the Education Branch, HQ Civil Affairs (B.E.) Land Steiermark, Austria. By J. R. Hands, S.O.I., 7.6.1947. PRO FO 1020/2618)

91 Vgl. „British Culture in Austria.“ in: Austria. A monthly Report and Review. November 1946. PRO FO 1007/429. Annual Report-Austria 1946/47. PRO BW 13/13. W. H. B. Mack to C. R. Attlee, 20.11.1946. PRO FO 924/456. Die Tate Gallery, deren Direktor John Rothenstein an der Eröffnung teilnahm, stellte für diese Ausstellung (7.9.-2.10.1946) 120 Werke, die einen Querschnitt der modernen britischen Malerei darstellten, zur Verfügung. Die Ausstellung und die Rahmenveranstaltungen wie z. B. Vorträge von österreichischen und britischen Fachleuten wurden von 11.000 Personen besucht.

92 Michael Grant to Kenneth R. Johnstone, 17.1.1946. Fine Arts Exhibition. PRO BW 13/2.

93 Valerie Horrow-Hands: Der Wiederaufbau des Grazer Kulturbetriebes 1945-1947. in: Die „britische“ Steiermark 1945-1955, S. 617.

94 Charles R. Hiscocks war von Februar 1946 bis Oktober 1949 als Österreich-Repräsentant des British Council in Wien tätig gewesen. 1907 geboren, hatte er zunächst eine Privatschule, von 1917 bis 1926 die Highgate-Schule in seinem Geburtsort Muswell Hill (nördlich von London) besucht und dort die Immatrikulationsprüfung für die Universität London absolviert. Danach studierte er drei Jahre Geschichte in Oxford und erlangte dort 1930 den akademischen Grad „BA“, und 1933 den „Master of Arts“. Von 1929 bis 1932 unterrichtete er Geschichte an der Trinity College School zu Port Hope in Ontario, Kanada. Seit 1933 studierte Hiscocks an der Philosophischen Fakultät der Friedrich-Wilhelms-Universität Berlin bei den Professoren Brinckmann, Nicolai, Hartmann, Hartung, Holtzmann, Kauffmann, Oncken und Windelband Geschichte. 1935 dissertierte er bei Windelband und Oncken mit dem Thema: Der Einfluß der innerpolitischen Lage Frankreichs auf seine Beziehungen zu den Großmächten 1815-1823. Im Anschluß an seine Tätigkeit in Österreich lehrte er an der Universität von Manitoba, Kanada, Geschichte. Zu Österreich verfaßte er die Monographie „The Rebirth of Austria, 1953“ (dt. Österreichs Wiedergeburt, 1954).

95 Charles R. Hiscocks to The Controller, European Division, The British Council. Confidential Report, 31.12.1947. PRO BW 13/8.

96 Vgl. Re-Education in Austria, 1.2.1947. By Charles R. Hiscocks. PRO FO 924/607.

97 Vgl. ebda.

98 John Mair: Author's Preface. Four Power Control in Germany and Austria 1945-1946.

99 Austria. A monthly Report and Review. November 1946. Edited by ACA (BE). Editorial. Christmas Box. PRO FO 1007/429.

100 K. C. Boyd: Die Universitäts-Festwoche, 13.10.1945. Military Government Styria. Colonel (Oberst) A. C. Wilkinson.

101 The British Council. Austria. Annual Report 1948/49. PRO BW 13/13.

102 Austria. A monthly Report and Review. November 1946. Edited by ACA (BE). Editorial. Christmas Box. PRO FO 1007/429.

103 John Mair: Author's Preface. Four Power Control in Germany and Austria 1945-1946.

104 Report on Exploratory Visit to Austria. By Major Dunlop, 29.11.1945. PRO FO 924/196. Vgl. auch: Johannes Feichtinger, „... fresh nourishment to the arid soil ...". Britische Kulturpolitik in Österreich nach 1945. in: Besatzung in Österreich. Beiträge zur Historischen Sozialkunde (1995) 2, S. 57 - 62.

105 The British Council's Work in Austria. Minutes of Meeting held at 3, Hanover Street, 18.4.1947. PRO FO 945/212.

106 ACA (BE) Education Branch, Book Section to J. H. Vinden, British Council, 12.12.1945. Notes on the current attitude to English culture in Austria. PRO BW 13/1.

107 Extract from a Confidential Report submitted to The Director, Lectures Department, The British Council, 3 Hanover Street, London, on lectures tour in Austria, 1946, by Mr. B. J. Morse, Swansea, 28.5.1946. PRO BW 13/11.

108 Charles R. Hiscocks to The Controller, European Division, The British Council. Confidential Report, Austria: July/December, 1948. PRO BW 13/8.

109 Vgl. ebda.

110 Extract from a Confidential Report submitted to The Director, Lectures Department, The British Council, 3 Hanover Street, London, on lectures tour in Austria, 1946, by Mr. B. J. Morse, Swansea, 28.5.1946. PRO BW 13/11.

111 The British Council. Austria. Annual Report 1949/50. PRO BW 13/13.

112 Vgl. ebda.

113 Vgl. ebda.

114 Vgl. ebda.

115 Vgl. ebda.

116 Vgl. ebda.

117 Vgl. ebda.

118 Vgl. ebda.

119 Education in Austria, 1947. Confidential Report by C. W. Baty. PRO FO 1007/365, S. 26.

120 Vgl. ebda.

121 Vgl. ebda.

122 Vgl. ebda.

123 Vgl. ebda, S. 27.

124 Vgl. ebda, S. 28.

125 Vgl. ebda.

126 The British Council. Austria. Annual Report 1951/52. PRO BW 13/13.

127 The British Council. Austria. Annual Report 1949/50. PRO BW 13/13.

128 In diesem Film [Wolfgang Liebeneiner (Regisseur), Ernst Marboe und Rudolf Brunngraber (Buch), Österreich 1952] wird die Österreichische Schuldlosigkeit propagiert; Österreich wird wegen seiner Unabhängigkeitsforderung vor ein internationales Gericht gestellt und freigesprochen.

129 The British Council. Austria. Annual Report 1952/53. PRO BW 13/13.

130 Education in Austria, 1947. Confidential Report by C. W. Baty. PRO FO 1007/365, S. 5.

131 Vgl. ebda, S. 3f.

132 Vgl. ebda, S. 6.

133 Vgl. ebda, S. 10.

134 Vgl. ebda, S. 15.

135 Vgl. ebda, S. 14.

136 Vgl. ebda, S. 4.

137 Vgl. The British Council. Austria. Annual Report 1949/50. PRO BW 13/13.

138 Education in Austria, 1947. Confidential Report by C. W. Baty. PRO FO 1007/ 365, S. 14.

Johannes Steinbauer

„Feierlich, doch nicht zu langsam ..."
Eine kurze Geschichte der Bundeshymnen der Republik Österreich

„Deutschösterreich, du herrliches Land..."

Mit dem Untergang der Donaumonarchie im November 1918 schien auch das musikalische Symbol der Habsburger in Österreich ausgedient zu haben. Der noch vor kurzem von vielen mit Inbrunst gesungene Text zur Melodie des Kaiserliedes von Joseph Haydn, „Gott erhalte, Gott beschütze, unsern Kaiser, unser Land! ..." hatte sich selbst überlebt; mit dem Thronverzicht Karls gab es in der jungen Republik keinen Kaiser mehr, den „Gott zu erhalten hatte".

Doch den sieben Millionen Einwohnern der neuentstandenen Republik Deutschösterreich war in diesen Monaten wohl ohnehin nicht zum Singen zumute: Unzählige Menschen hatten im Ersten Weltkrieg - wie in der zweiten Strophe der alten Kaiser-Hymne gefordert - „Gut und Blut für Kaiser und Vaterland" gegeben, nun standen die Sorgen um die Beseitigung der großen Not sowie die ohnehin noch ungelöste Frage der Fortexistenz Deutschösterreichs als eigenständiger Staat im Mittelpunkt der Bemühungen der neuen Regierung unter Staatskanzler Karl Renner. Wenn man sich schon um etwaige Staatssymbole zu kümmern hatte, so war dies vorerst nur die Sorge um ein offizielles deutschösterreichisches Staatswappen, mit dem man den zu erwartenden Friedensvertrag mit den Alliierten zu besiegeln hatte. Dieses Problem wurde mit dem Wappengesetz vom 8. Mai 1919, unmittelbar vor der Abreise der österreichischen Delegation nach Saint Germain, im Parlament noch einer Lösung zugeführt.[1] Die Frage nach einer Hymne für den neuen Staat stand vorerst nicht zur Debatte. Es gab auch noch keinen

Anlaß, bei dem man als Bürger der jungen Republik deren Existenz hymnisch feiern konnte oder wollte.

Dessen ungeachtet langten bereits im November 1918 im Deutschösterreichischen Staatsamt für Unterricht erste Entwürfe für eine etwaige neue Staatshymne ein. Diese stammten vorwiegend von Persönlichkeiten aus dem Bereich der Musik[2] (Carl Michael Zierer, Rudolf Freiherr von Petz, Ferdinand Rebay, Adolf Kirchl, Eduard Kolbe, u.a.) und lasen sich beispielsweise so:

> Bürger zieht den Hut vom Kopfe,
> Euer Blick schau himmelwärts,
> Daß in eurem Busen klopfe
> Hoch vor Stolz und Kraft das Herz...[3]

Fritz Obermanns Text zu einem Hymnenvorschlag des Komponisten Eduard Kolbe berücksichtigte sogar einen möglichen baldigen Anschluß an Deutschland: er fügte seinem Text bereits Alternativvorschläge zum Namen „Deutschösterreich" bei:[4]

> Wir sind das Volk, das thront: frei nun und gleich
> Wir sind die Majestät Deutschösterreich!*
> Uns ward aus Not und Tod Frieden und Sonnenrot
> Freiheit und Völkerglück, Einheit und Recht
> Treugruß dir, Republik! Mit dir ein stark´Geschlecht!
> (*Deutscheinig´Reich)[5]

Das Staatsamt für Unterricht prüfte alle eingelangten Vorschläge penibel, doch keine dieser Hymnen entsprach den qualitativen Ansprüchen, die an ein solches Lied gestellt wurden.

Im Bemühen um eine möglichst große Distanz des jungen Staates zur Habsburgermonarchie, der schon im Hinblick auf die zu erwartenden Friedensbedingungen - zumindest formal - vermeiden wollte, als einziger direkter Nachfolgestaat der Monarchie auch die alleinige Kriegsschuld aufgebürdet zu bekommen, schien eine bloße Überarbeitung der alten Hymne Joseph Haydns mit dem Ersatz des Seidlschen Textes durch eine „republikanische Version“ nicht besonders ratsam zu sein. Selbst Karl Kraus konnte sich als einzigen geeigneten Text für das Lied Joseph Haydns nur eine Perversion des Originaltextes (in Form einer direkten Negation der Seidlschen Verse) vorstellen, die folgendermaßen hätte lauten können: *Gott erhalte, Gott beschütze /* ***vor*** *dem Kaiser unser Land! / Mächtig* ***ohne*** *seine Stütze, / sicher* ***ohne*** *seine Hand /...*[6] Noch im Jahr 1923 sah man von offizieller Seite in der „vom patriarchalischen Geist des Empire“ erfüllten Melodie Joseph Haydns eine Gefahr für die republikanische Gesinnung der Bürger.[7]

Eine Hymne aus der Feder des Staatskanzlers ...

Die erste - inoffizielle - Staatshymne erhielt die Republik Österreich im 15. Juli 1920 (Datum der Uraufführung). Vermutlich wurde dieser Hymne der offizielle Status nicht zuletzt auch deshalb in der ganzen Zeit ihrer - theoretischen - Gültigkeit von 1920-1929 vorenthalten, weil der Verfasser des Hymnentextes niemand Geringerer war als der Staatskanzler persönlich!

Auch Dr. Karl Renner war sich bewußt, daß eine Weiterverwendung der alten Kaiser-Hymne für den neuen Staat undenkbar war.[8] Für den jungen Staat brauchte man jedoch eine Hymne, nicht zuletzt, um bei internationalen Anlässen den diplomatischen Gepflogenheiten entsprechen zu können.[9] Diese Sorge um die staatlichen Repräsentationspflichten wurde vor allem von militärischer Seite geäußert, wo man die Soldaten des neu aufgestellten Heeres zu Hymnenklängen auf die Republik zu vereidigen gedachte.[10] Warum der Staatskanzler mit dem Verfassen eines Hymnentextes keinen Dichter oder Schriftsteller betraut hatte, sondern selbst zur Feder gegriffen hatte, bleibt unklar. Das erste Ergebnis seiner „hymnischen Aktivitäten“ las sich jedoch folgendermaßen (1. Strophe):

Wir lieben dich,
Du herrliches Land.
Wir lieben dich!
Hoch von der Alm unterm Gletscherdom
Stürzen die Wasser zum Donaustrom:
D´raus tränkt der Sennhirt Rinder und Lämmer,
D´ran schmieden am Absturz die Eisenhämmer,
D´ran reih´n sich wie Perlen in schmucker Kette
Die Weiler und Burgen, die Dörfer und Städte.
Bis die Wasser gesammelt zum Tiefland zieh´n
Dort grüßen sie stolz unser einziges Wien![11]

Um diesen noch etwas holprig klingenden Versen den entsprechend hymnischen Charakter zu verleihen, betraute Renner seinen Freund, den Komponisten Wilhelm Kienzl, mit der Komposition der Melodie der künftigen Hymne. Von Beginn an diesem Unterfangen gegenüber skeptisch eingestellt[12], machte sich der Komponist von Opern wie *Der Evangelimann* und des *Kuhreigen* dennoch ans Werk und vollendete die Komposition am 10. Mai 1920. Nach einigen gemeinsam mit Renner durchgeführten Änderungen am Text, in deren Folge der - durch den Vertrag von Saint Germain an sich verbotene - Staatsname „Deutschösterreich" zum inhaltlichen Leitmotiv der Hymne avancierte[13] und der kurz darauf erfolgten Instrumentierung der neuen Hymne für die Militärmusik durch Militärkapellmeister Willy Wacek,[14] wurde das Lied am 15. Juli 1920 bei der Angelobung von Truppen des neuen Heeres auf dem Burgplatz in Wien erstmals offiziell uraufgeführt. Der endgültige Text der neuen *Volkshymne* lautete nun so:

Deutsch-Österreich, du herrliches Land,
wir lieben dich!
Hoch von der Alm unterm Gletscherdom
stürzen die Wasser zum Donaustrom
tränken im Hochland Hirten und Lämmer,
treiben am Absturz Mühlen und Hämmer;
grüßen viel Dörfer, viel Städte und zieh´n
jauchzend ans Ziel, unserm einzigen Wien!

Du herrliches Land, unser Heimatland,
wir lieben dich, wir schirmen dich.

Deutsch-Österreich, du tüchtiges Volk,
wir lieben dich!
Hart ist dein Boden und karg dein Brot,
stark doch macht dich und klug die Not.
Seelen, die gleich wie Berge beständig,
Sinne, die gleich wie Wasser lebendig,
Herzen so sonnig, mitteilsamer Gunst,
schaffen sich selber ihr Glück, ihre Kunst.
Du tüchtiges Volk, unser Muttervolk,
wir lieben dich, wir schirmen dich.

Deutsch-Österreich, du treusinnig Volk,
wir lieben dich!
Dienende Treu schuf dir Not und Reu´,
sei nun in Freiheit dir selber treu!
Gibt es ein Schlachtfeld rings in den Reichen,
wo deiner Söhne Knochen nicht bleichen?
Endlich brachst du die Ketten entzwei...
diene dir selber, sei dein! Sei frei!
Du treusinnig Volk, unser Duldervolk,
wir lieben dich, wir schirmen dich.

Deutsch-Österreich, du Bergländerbund,
wir lieben dich!
Frei durch die Tat und vereint durch Wahl,
eins durch Geschick und durch Blut zumal.
Einig auf ewig, Ostalpenlande!
Treu unserm Volkstum, treu dem Verbande!
Friede dem Freund, doch dem Feinde, der droht,
wehrhaften Trotz in Kampf und Not!
Du Bergländerbund, unser Ostalpenbund, wir lieben dich, wir schirmen dich.[15]

Obwohl die Erstaufführung ein Erfolg war, und sich in weiterer Folge einige Zeitungen zur Renner-Kienzl-Hymne durchaus wohlwollend äußerten[16] (lediglich Karl Kraus ließ einige Monate später in der Novemberausgabe der *Fackel* an der Hymne kein gutes Haar, was aber wohl mehr auf seine prinzipielle Abneigung gegenüber Staatshymnen zurückzuführen war![17]), wurde die Hymne vom Volk nicht akzeptiert. Einerseits mag das wohl an dem Umstand gelegen haben, daß die Verbindung der Komposition Kienzls mit dem langen Text Renners doch etwas zu kompliziert ausgefallen war. Doch auch die Tatsache, daß die Sozialdemokraten mittlerweile aus der Regierung ausgeschieden waren und die christlichsoziale Regierung nicht die Verse eines sozialdemokratischen Parteiführers fördern wollte, dürfte eine nicht unbedeutende Ursache für den Mißerfolg gewesen sein! Da halfen selbst gutgemeinte Versuche, die Kinder in den Volksschulen mit der neuen Weise vertraut zu machen, nichts[18], die Popularität blieb der Hymne verwehrt. Diese Unpopularität wurde von den Christlichsozialen, die die Existenz der als "BLBL" geschmähten Renner-Hymne im Laufe der zwanziger Jahre zunehmend störte, auch mit dementsprechender Süffisanz in der christlichsozialen *Reichspost* kommentiert:

> Tatsächlich sind heute [1926 - d. Verf.] - von wenigen Spezialisten abgesehen - die Kapellmeister und Musiker des Bundesheeres die einzigen, die zu der österreichischen Hymne eine Beziehung haben. Wird sie öffentlich gespielt und ist nicht zufällig ein hoher Funktionär dabei, der sich vom Sitz erhebt oder eine Kompanie, die die Ehrenbezeigung leistet, dann gibt es bei den Klängen der „österreichischen Bundeshymne" die abenteuerlichsten Vermutungen. Bei einem kürzlich beendeten Kongreß riet ein musikunverständiger Gelehrter sogar auf „Lohengrin", bis er merkte, daß die Regierungsvertreter den Hut abgezogen halten.[19]

Ähnlich äußerte sich drei Jahre später das *Neue Wiener Tagblatt*, das im Oktober 1929, als das Ende der Renner-Hymne bereits von Regierungsseite beschlossen war, folgendes Resümee zog:

> Jedenfalls: Dem Österreicher in Fleisch und Blut übergegangen ist sie [die Hymne - d. Verf.] gewiß nicht. Wurde sie bei feierlichen Anlässen gespielt, durfte man mit sich selbst Wetten abschließen, ob zwei, vier oder fünf der höchsten Funktionäre der Republik die österreichische Bundeshymne erkennen.[20]

Und selbst das christlichsozialen Vorstellungen sicher nicht zugeneigte Blatt *Die Rote Fahne* engt ebenfalls im Oktober 1929 den Kreis der „Hymnenkenner“ ziemlich ein:

> Kenner der Verhältnisse behaupten, daß mit Ausnahme Renners selbst, des Komponisten und Michael Hainisch [der Bundespräsident - d.Verf.] kein Mensch diese Volkshymne kennt. Ob diese Behauptung eine Übertreibung ist, läßt sich natürlich nicht mit Bestimmtheit feststellen. Es heißt, daß alle Mitglieder des sozialdemokratischen Parteivorstandes den Text samt Melodie der Rennerschen Volkshymne vollständig beherrschen. Ob es wahr ist? Wer vermag es mit Sicherheit zu sagen?[21]

Doch das Schicksal der erfolglosen Renner-Kienzl-Hymne war zu dieser Zeit ohnehin bereits besiegelt! Nicht zuletzt auch durch den Umstand, daß Deutschland 1922 das Lied Haydns mit dem Text von Hoffmann von Fallersleben aus dem Jahr 1841 „Deutschland, Deutschland über alles...“ zur offiziellen deutschen Hymne erklärt hatte[22], erachtete die von den Christlichsozialen dominierte Regierung im Oktober 1929 auch in Österreich die Zeit für reif, um die Melodie des Kaiserliedes - mit einem Text von Ottokar Kernstock - wieder als offizielle Hymne in Österreich einzuführen!

„Sei gesegnet ohne Ende...“ Die erste „offizielle“ Staatshymne (1929-1938)

Die Verfassungsreform im Spätherbst des Jahres 1929 schien der von den Christlichsozialen dominierten Regierung unter Bundeskanzler Schober auch eine willkommene Gelegenheit zu bieten, sich zweier ungeliebter Staatssymbole zu entledigen[23]: Während man allerdings mit dem Wunsch nach der Entfernung des mit Hammer und Sichel - laut *Reichspost* zwei „Moskauer Bolschewikensymbole“ [24] - bewehrten Adlers im Bundeswappen keinen Erfolg hatte, da es sich dabei um Verfassungsbestimmungen handelte, fiel der Abschied von der nach wie vor weitgehend unbekannten und von Regierungsseite auch ungeliebten Renner-Kienzl-Hymne umso leichter.

Dennoch, als am 16. Oktober 1929 im Parlament die Einführung einer neuen Bundeshymne - von den Christlichsozialen überschwenglich als „Krönung der Verfassungsreform" tituliert[25] - offiziell verlautbart wurde, war vielen klar, daß mit dieser Maßnahme auch der Grundstein für neue Zwistigkeiten zwischen den Sozialdemokraten und den Christlichsozialen gelegt worden war. So beurteilte die *Neue Freie Presse* diesen Beschluß als „nationalhymnische Gschaftlhuberei"[26] mit dem „bloß ein neuer Zankapfel in den übervollen Obstkorb unserer politischen Probleme geworfen"[27] worden sei.

Dabei war die „neue Bundeshymne" zu diesem Zeitpunkt keineswegs mehr ganz „neu"; sie konnte bereits eine mehr als zehnjährige Geschichte aufweisen und war somit älter als das Werk von Renner und Kienzl!

Bereits um die Jahreswende 1918/1919 hatte der Vorauer Chorherr Ottokar Kernstock, bekannt als Dichter deutschtümelnder Heimatgedichte und markiger Kriegslyrik, auf Drängen der steirischen „Volksrat-Arbeitsgruppe für Heimatpflege" einen neuen Text zur Melodie der Kaiser-Hymne verfaßt. Auch in diesem vierstrophigen Gedicht mit dem Titel *Volkshymne* machte Kernstock keinen Hehl aus seiner deutschnationalen Einstellung:

> Sei gesegnet ohne Ende,
> Deutsche Heimat, wunderhold!
> Freundlich schmücken dein Gelände
> Tannengrün und Ährengold,
> Deutsche Arbeit, ernst und ehrlich,
> Deutsche Liebe, zart und weich,
> Vaterland, wie bist du herrlich!
> Gott mit Dir, Deutschösterreich!
>
> Keine Willkür, keine Knechte!
> Offne Bahn für jede Kraft!
> Gleiche Pflichten, gleiche Rechte!

Frei die Kunst und Wissenschaft!
Starken Mutes, festen Blickes,
Trotzend jedem Schicksalstreich,
Steig empor den Pfad des Glückes,
Gott mit Dir, Deutschösterreich!

Osterland bist du geheißen,
Und vom Osten kommt das Licht.
Nacht und Finsternis zerreißen,
wenn es durch die Wolken bricht.
Seht verklärten Angesichtes
Den ersehnten Tag vor euch!
Land der Freiheit, Land des Lichtes,
Gott mit dir, Deutschösterreich!

Laßt durch keinen Zwist geschieden,
Uns nach e i n e m Ziele schau´n,
Laßt in Eintracht und in Frieden
Uns am Heil der Zukunft bau´n.
Stürmisch wogt heran das Neue,
E i n s nur bleibt im Wandel gleich:
Ewig lebt die alte Treue -
Gott mit Dir, Deutschösterreich![28]

Die Auftraggeber sorgten alsbald für die Verbreitung dieser Verse auf Flugzetteln (Titel: „Die neue Volkshymne“[29]), und schon einige Wochen später, am 19. März 1919, wurde die „neue alte Volkshymne“ in Graz feierlich uraufgeführt.[30] Nach dem Willen der Auftraggeber sollte sich das Gedicht auch bald in ganz Österreich als neue Hymne durchsetzen. Allein die Skepsis der Sozialdemokraten bezüglich einer Weiterverwendung der Haydnmelodie und die Ambitionen Karl Renners verhinderten den Erfolg dieses Unterfangens. Nichtsdestotrotz sorgte man sich rege um die Weiterverbreitung der „Hymne“. Mit einigen kleinen Änderungen versehen (Kernstock änderte im Herbst 1919 den Staatsnamen Deutschösterreich - gemäß den Verpflichtungen des Vertrages von Saint Germain - in „mein Österreich“, und auch die „Deutsche Heimat wunderhold“ mutierte zur - politisch unbelasteteren - „Heimaterde wunderhold“) wurde die *Volkshymne* ab 1921 in mehreren Tageszeitungen veröffentlicht. Im darauffolgenden Jahr erschien der Text auch in Kernstocks Gedichtband *Der redende Born.*[31] In diversen Schul- und Liederbüchern fand sich ab diesem Zeitpunkt bereits das „Sei gesegnet ohne Ende" zur Melodie Joseph Haydns als zweite Staatshymne neben der Hymne von Renner und Kienzl[32] und wurde dieser somit zur ernsthaften Konkurrenz.

In dieser Zeit begannen sich auch private Kreise für die „Kernstock-Hymne" zu engagieren: vor allem in der pensionierten Wiener Bürgerschullehrerin Luise Pibus fand diese Hymne eine eifrige Verfechterin. In den Jahren 1922-1926, jeweils in der Zeit um den 1. Mai, wandte sich Pibus wiederholt an das Bundeskanzleramt mit Eingaben für die Einführung der Hymne.[33] Daneben veranlaßte die rührige Frau auch den Druck von Postkarten mit dem Text und der Melodie der Hymne, um auf diese Weise ihrem Anliegen in der Bevölkerung breites Gehör zu verschaffen. Mehrmaliges Affichieren von Plakaten mit der *Volkshymne*, der Versuch der Einleitung eines Volksbegehrens [„Freudiges Werben von 200.000 Unterschriften Stimmberechtigter für offizielle Genehmigung der „Neuen Volkshymne (Kernstock-Haydn)"], und Interventionen bei Zeitungen und namhaften Persönlichkeiten des politischen Lebens sollten ihrem Anliegen den entsprechenden Erfolg verleihen.[34] Schien Pibus im Bundeskanzleramt und im zuständigen Ministerium zuerst noch auf taube Ohren zu stoßen, so fanden sich ab 1926 auch wohlwollende Anmerkungen in den Aktenvermerken zum „Fall Pibus".

Nachdem sich Bundespräsident Hainisch bereits 1923 in privatem Kreise für die Einführung des „Sei gesegnet ohne Ende" als Bundeshymne ausgesprochen hatte[35], schienen sich ab der Mitte der zwanziger Jahre auch die christlichsozialen Politiker mit dieser Idee zunehmend anzufreunden. Vor allem mit Heeresminister Karl Vaugoin fand sich ein entschiedener Befürworter dieser Hymne. Im Jahr 1926 ließ Vaugoin die Einführung der Melodie Haydns als Bundeshymne für das Bundesheer von seinem Ministerium rechtlich überprüfen, die Untersuchung stellte der Rennerschen Hymne allerdings einen positiven Bescheid aus![36] Mediale Unterstützung erhielt Vaugoin von der *Reichspost*, die in einem Artikel bedauerte, daß Österreich, das „Land der Lieder", als einziges Land Europas bis dato keine Nationalhymne besäße[37]. Die „hymnischen Aktivitäten" der Christlichsozialen wurden allerdings von sozialdemokratischer Seite genau beobachtet, da diese in der Sehnsucht der Christlichsozialen nach der Melodie Haydns auch gewisse restaurative Ambitionen vermuteten.

Drei Jahre später sollte sich Vaugoin seinen „Traum" (Arbeiterzeitung, 6.1.1927) endlich erfüllen können. In der Sitzung des Ministerrates vom 13. Dezember 1929 verlangte Vaugoin, nun auch Vizekanzler, die Wiedereinführung der Haydn-Hymne mit dem Text Ottokar Kernstocks als neue Bundeshymne.[38] Als einen der Gründe für seinen Antrag führt der Heeresminister nicht zuletzt auch den Staatsvertrag von Saint Germain an:

> Wir sind eigentlich staatsrechtlich verpflichtet, die Renner´sche Hymne außer Übung zu setzen und dies deshalb, weil im Text immer von „Deutschösterreich" die Rede ist, obwohl nach dem Staatsvertrag von St. GERMAIN der Name „Österreich" festgesetzt und auch in unsere gesamte Gesetzgebung eingeführt ist.[39]

Allerdings sollte bei der Hymne die 3. Strophe des Kernstockschen Textes („Osterland bist du geheißen, und vom Osten kommt das Licht...") entfallen. Vaugoin befürchtete, daß diese „zu billigen Witzen Anlaß geben könnte".[40] Nach einer kurzen Diskussion um die Vorgangsweise bei der Einführung der neuen Bundeshymne[41] - man ahnte bereits den Widerstand der sozialdemokratischen Opposition voraus - einigten sich die Minister auf eine Einführung der Hymne in zwei Etappen: Zuerst sollte die Hymne per Verordnung beim Bundesheer eingeführt werden (so geschehen am 9. Jänner 1930), einige Zeit später sollte ein Erlaß des Unterrichtsministers Srbik folgen, mit dem das „Sei gesegnet ohne Ende" auch in den Schulen als neue Hymne offiziell verlautbart würde (31.1.1930).[42]

Der Text der - ersten offiziellen - Hymne lautete nun:

Sei gesegnet ohne Ende,
Heimaterde, wunderhold!
Freundlich schmücken dein Gelände
Tannengrün und Ährengold.
Deutsche Arbeit, ernst und ehrlich,
Deutsche Liebe, zart und weich,
Vaterland, wie bist du herrlich!
Gott mit Dir, mein Österreich!

Keine Willkür, keine Knechte!
Offne Bahn für jede Kraft!
Gleiche Pflichten, gleiche Rechte!
Frei die Kunst und Wissenschaft!
Starken Mutes, festen Blickes,
Trotzend jedem Schicksalsstreich,
Steig empor den Pfad des Glückes,
Gott mit Dir, mein Österreich!

Laßt durch keinen Zwist geschieden,
Uns nach einem Ziele schau´n,
Laßt in Eintracht und in Frieden
Uns am Heil der Zukunft bau´n.
Stürmisch wogt heran das Neue,
Eins nur bleibt im Wandel gleich:
Ewig lebt die alte Treue -
Gott mit Dir, mein Österreich![43]

Mit der feierlichen Übernahme des Oberbefehls über das Bundesheer durch den Bundespräsidenten Miklas ergab sich am 1.Jänner 1930 ein offizieller Anlaß zur Verwendung der (noch nicht rechtskräftig eingeführten) neuen Bundeshymne. Vaugoin verabsäumte es nicht, diese Feier zu einem triumphalen „Votum des Volkes“ für das neue Lied zu gestalten. Mediale Unterstützung erhielt er dabei wiederum von der *Reichspost*, die noch am selben Tag in ihrer Abendausgabe berichtete:

> Als dann die Bundeshymne angestimmt wurde, übertönten vieltausendstimmige Heilrufe den Gesang der Soldaten, die sich noch steigerten, als die letzten Klänge der Hymne verklungen waren. Die erste öffentliche Wiederaufführung der alten Haydnschen Hymne erweckte *ungeheure Begeisterung*, die deutlich erwies, daß mit der getroffenen Verfügung einem Herzenswunsch der gesamten gutgesinnten Bevölkerung entsprochen wurde.[44]

Doch diese Jubelmeldungen konnten nicht darüber hinwegtäuschen, daß hinter den Kulissen bereits die ersten Zwistigkeiten zwischen den Christlichsozialen und den Sozialdemokraten wegen der neuen Hymne ausgetragen wurden, die sich vorerst noch auf „mediale Scharmützel" in den jeweiligen Parteiorganen beschränkten.

Bereits im Oktober hatte die *Reichspost* in ihrer ersten Euphorie ob der geplanten Einführung der neuen Hymne eine mediale Abrechnung mit der alten Renner-Hymne gestartet: Von „Bergländerbundlied" und „Revolutionsschutt", der nun endlich fortgeräumt würde, war dabei die Rede[45]. Diesen Affront ließen die Sozialdemokraten natürlich nicht unbeantwortet, und die *Arbeiterzeitung* lieferte bereits am nächsten Tag eine „Textkritik" des Kernstockschen Gedichtes nach, in der sie an den Versen des „Priesterdichters" kein gutes Haar ließ.[46] An und für sich war es aber weniger der Text, der die Sozialdemokraten störte, als vielmehr die Melodie der alten Kaiser-Hymne, die als „Symbol der Habsburgerschande, der Unterdrückung und Niedertracht"[47] als Hymne für ein republikanisches Österreich keineswegs mehr in Frage kommen konnte! So vermutete man hinter dieser Aktion der Christlichsozialen vor allem restaurative Ambitionen, die durch die Wiederaufnahme monarchistischen Traditionsgutes gefördert werden sollten!

Während man auf christlichsozialer Seite vom Ernst und der Würde der neuen Hymne überzeugt war[48], entdeckten die Redakteure der *Arbeiterzeitung* als neues Mittel zur Auseinandersetzung mit der Hymne die Satire: neben Karikaturen erschienen im Blatt auch etliche Abwandlungen des Hymnentextes, wie etwa die folgende:

Sei gespeiset ohne Ende,
Heimatwehr, aus Streikbrechfonds,
Manövriere im Gelände
Hahnschwanzgrün, kanonenbronze!
Dich pries Pater Kernstocks Leier
Ährengold und hirnesweich,
Dank dir ward der Pleitegeier
Wappentier von Österreich.[49]

Vorerst wurden diese satirischen Schmähungen von den Christlichsozialen noch mit Fassung getragen. Man sah darin sogar eine gewisse Auszeichnung für den neuen Text, denn, so das Urteil der *Reichspost*, „Mit Renners *Bergländerbundlied* wußte der Witz nichts anzufangen".[50]

Anläßlich der Europameisterschaften im Eiskunstlauf Ende Jänner 1930 kam es aber zum ersten Eklat um die neue Hymne. Der Wiener Bürgermeister Seitz hatte beim Spielen der Bundeshymne zur Eröffnung der Meisterschaften, entgegen allen Gepflogenheiten, seinen Hut aufbehalten, berichtete das *Wiener Tagblatt* am folgenden Tag voller Entrüstung. Dieser - an und für sich belanglose - Umstand wurde von christlichsozialer Seite sofort zu einem „Skandal" hochgespielt[51], wobei die *Arbeiterzeitung* durch gewundene Erklärungsversuche, die Seitz' Verhalten rechtfertigen sollten, noch dazu ungewollt Öl ins Feuer goß![52] In den folgenden Wochen eskalierte der „Hymnenstreit". So stieß man sich von sozialdemokratischer Seite zunächst an der Inoffizialität der neuen Hymne, da sie ja nicht verfassungsmäßig eingeführt worden war. Der Wiener Stadtschulrat Glöckel ignorierte daher die Existenz der neuen Hymne und verordnete den Schulen bei offiziellen Anlässen das Singen des „Deutschlandliedes" als (National-) Hymne![53] Das Unterrichtsministerium konterte bereits einen Tag nach Glöckels Verordnung mit einem Erlaß, der in den Schulen ausschließlich die Kernstock-Hymne zur Verwendung erlaubte[54], indes versuchte die *Reichspost* ihren Lesern den Unterschied zwischen einer „National-Hymne" (Deutschlandlied (!)) und einer „Staatshymne" (Sei gesegnet ohne Ende...) klarzumachen![55]

Vollends verwirrend wurde die Situation dann in den darauffolgenden Monaten, als auch die Großdeutschen und die Monarchisten (später auch noch die Nationalsozialisten!) ihre Positionen in diesem Hymnenstreit einnahmen und das Chaos um neue Hymnenvarianten erweiterten. Erstere fügten dem Deutschlandlied etwa folgende Strophe an:

> In den Schoß des Mutterlandes
> kehre Österreich zurück
> Nur im Bund der Bruderstämme
> winkt uns Freiheit, blüht uns Glück!
> Auch vom Donaustrom erschall´ es
> Wie ein Schwur zum Himmelszelt
> Deutschland, Deutschland über alles
> Über alles in der Welt.[56]

Und die Monarchisten pflegten bei diversen Anlässen das alte „Gott erhalte..." zu singen, das sie ebenfalls, den aktuellen Verhältnissen angepaßt, um eine Strophe zu erweitern wußten, die dem im Exil lebenden Kaisersohn Otto gewidmet war („In Verbannung, fern den Landen, weilst du Hoffnung Österreichs...") und das mit dem Appell endete „Kehr´zur Heimat bald zurück!"[57]

Doch der größte Widerstand gegen die Kernstock-Hymne kam nach wie vor von der Seite der Sozialdemokraten, die in ihrem Kampf gegen das „Sei gesegnet ohne Ende" auch ihre Mitglieder an der Basis zu mobilisieren verstanden. So berichtete die *Arbeiterzeitung* von einem „freudigen Ereignis" beim Fußballänderspiel Österreich-England vom 14. Mai 1930 in Wien, damit war aber keineswegs das Spiel gemeint, sondern ein Begleitumstand, der nicht im Programm stand.

> Als die Engländer das Spielfeld betraten, begrüßte sie eine übrigens ganz entsetzlich schlechte Militärmusik mit der englischen Nationalhymne. Achtungsvoll erhob sich die gewaltige Masse der Sechzigtausend und mit entblößtem Haupte hörte alles mit feierlichem Schweigen zu. Dann begann das Match und es war bereits einige Minuten im Gange, als plötzlich - der Bundespräsident und der Bundeskanzler kamen zu spät - das Blech der Musikanten neuerdings einsetzte. Man hörte ein paar Töne:

> „Sei gesegnet ohne Ende..." Mehr aber hörte man nicht. Denn in diesem Augenblick antwortete der „Volkshymne" - d i e V o l k s s t i m m e! Aus fünfzigtausend Kehlen erdröhnte es über den Riesenplatz: „P f u i , p f u i , p f u i !" Gellende Pfiffe, lautes Schreien, zorniges Gelächter und allgemeiner Jubel über den spontanen Ausbruch der Verachtung des Volkes gegen das Lied der Reaktion - fünfzigtausend Menschen waren begeistert![58]

Als Folge des Hymnenstreites verbot der Vizepräsident des Wiener Stadtschulrates Otto Glöckel sogar die Abhaltung von Schulfeiern anläßlich des Republikfeiertages am 12. November, ein Fest, das an sich den Sozialdemokraten mehr am Herzen lag als dem bürgerlichen Lager![59] Doch letzteres schien plötzlich seine Sympathien für den bisher so ungeliebten Feiertag entdeckt zu haben und forcierte nun eifrig die Zelebration dieses Tages - natürlich mit der neuen Bundeshymne... So bewirkte der Zank um die Hymne mitunter sogar die völlige Umkehrung von Wertvorstellungen der politischen Lager in der Ersten Republik!

Ein austrofaschistisches „Anhängsel" für die Bundeshymne

Ein vielgepflogenes Ritual im nationalsozialistischen Deutschland und faschistischen Italien der dreißiger Jahre war die Kombination der Staatshymne mit der Hymne der regierenden „Partei" (z.B. „Horst-Wessel-Lied als NS-Parteihymne!), welche bei öffentlichen Anlässen immer gemeinsam gespielt und gesungen werden mußten. Im Bemühen um ein erfolgreiches Kopieren solcher Rituale wurde auch im ständestaatlichen Österreich 1934 die Bundeshymne um eine Parteihymne „erweitert", um so der engen Verwobenheit von Staat und Vaterländischer Front auch akustisch Ausdruck zu verleihen. So wurde dem „Sei gesegnet ohne Ende" das „Lied der Jugend" - bisweilen auch als „Dollfuß-Hymne" bezeichnet - beigefügt. Der Text zur Melodie von Hermann

Leopoldi (Pseudonym: „Austriacus") stammte von Rudolf Henz[60]; er schien sich auf den ersten Blick am nationalsozialistischen Vorbild („Die Fahne hoch, die Reihen fest geschlossen...") zu orientieren[61]:

Ihr Jungen schließt die Reihen gut!
Ein Toter führt uns an.
Er gab für Österreich sein Blut,
ein wahrer deutscher Mann.
Die Mörderkugel, die ihn traf,
die riß das Volk aus Zank und Schlaf.
/: Wir Jungen stehn bereit!
Mit Dollfuß in die neue Zeit! :/

Österreich zu kämpfen lohnt,
daß es gesichert sei,
vor jedem Feind, wo er auch thront,
und vor Verräterei.
Gewalt und Lüge schreckt uns nicht,
wir kennen nur die frohe Pflicht.
/: Wir Jungen stehn bereit!
Mit Dollfuß in die neue Zeit! :/

Schlagt was uns noch hemmen mag
und nach dem Gestern weist.
Die neue Zeit steigt in den Tag
und will den neuen Geist.
Christlich, deutsch, gerecht und frei
von Klassenhaß und Tyrannei.
/: Wir Jungen stehn bereit!
Mit Dollfuß in die neue Zeit! :/[62]

Dieses Lied entsprach auch dem Bemühen der Regierung, mit der quasi kultischen Verehrung des 1934 ermordeten Kanzlers und Wegbereiters des Austrofaschismus eine nationale Identifikationsfigur für die Bevölkerung des „besseren deutschen Staates" aufzubauen. Es mußte in der Folge bei offiziellen Anlässen immer im unmittelbaren Anschluß an die Bundeshymne gespielt werden. Tatsächliche politische Bedeutung erhielt es jedoch nur einmal, und das erst nach dem Untergang der

Ersten Republik. Am 7. Oktober 1938 hatten sich mehrere tausend Jugendliche unter der Leitung Kardinal Innitzers zu einer Andacht im Wiener Stephansdom eingefunden. Was ursprünglich als liturgische Feier gedacht war, entwickelte sich zu einer unerwarteten politischen Demonstation gegen den Nationalsozialismus! Fritz Molden, der an dieser Feier als kaum Sechzehnjähriger teilgenommen hatte, erinnert sich später in seiner Jugendbiographie an dieses beeindruckende Ereignis:

> Ich glaubte Augen und Ohren nicht trauen zu können, als plötzlich Tausende von jungen Leuten, Buben und Mädeln, mit dem alten Österreichergruß, mit erhobener Schwurhand das „Lied der Jugend", das dem im Juli 1934 von den Nazis erschossenen Bundeskanzler Engelbert Dollfuß gewidmet war, anstimmten:
> Ihr Jungen schließt die Reihen gut,
> ein Toter führt uns an. ...
> [...] Zum erstenmal - nach sechs Monaten nationalsozialistischer Herrschaft in Österreich - hatten sich in Wien öffentlich Tausende junge Menschen zum Katholizismus, zu Österreich und zu ihrer dem System widersprechenden Auffassung bekannt. Wir hatten eine Kundgebung am Stephansplatz durchgeführt; siegestrunken und singend zogen wir durch die Stadt und schließlich nach Hause.[63]

Als Folge dieser Vorkommnisse kam es bereits am nächsten Tag zu einer organisierten „Racheaktion" der Nationalsozialisten, die ihren Höhepunkt in der Verwüstung des erzbischöflichen Palais durch die aufgebrachte Hitlerjugend, unterstützt von SA-Truppen, fand.[64]

Was die Melodie der offiziellen Hymne betraf, so hatten die Österreicher nach dem Anschluß wohl keinerlei Umstellungsprobleme. Die Haydnmelodie blieb weiter in Verwendung, nur den Text galt es - nun zum dritten Mal innerhalb von 20 Jahren - neu zu lernen: Das „Sei gesegnet ohne Ende" mußte dem „Deutschland Deutschland, über alles..." weichen, und bald schon sollte Hitler alles dran setzen, die in diesem Text geforderten Grenzen („Von der Maas bis an die Memel, Von der Etsch bis an den Belt") in die Realität umzusetzen.

Land der Berge, Land am Strome...

Wenn Robert Menasse in seinem Essay *Land ohne Eigenschaften* der österreichischen Politik der Zweiten Republik einen gewissen „Wiederholungszwang“ attestiert[65], der noch dazu vor allem den Umgang mit sogenannten „heiklen“ Themen betrifft, wie etwa die offizielle Behandlung der jüngeren Vergangenheit des Staates, so trifft dieses Urteil wohl auch in gewissem Maße auf die Probleme des Staates mit seiner Hymne zu. Wie bereits nach dem Ersten Weltkrieg, war auch nach 1945 die Haydnmelodie „historisch vorbelastet“ und daher für Österreich als Staatshymne undenkbar geworden, wollte man nicht den Anschein einer Kontinuität mit dem Dritten Reich aufkommen lassen. Doch damit nicht genug: Abermals sollte Karl Renner - wiederum als Staatskanzler (!) - als erster die Initiative zur Lösung des Hymnenproblems ergreifen. Allerdings sprach sich der bald darauf zum ersten Bundespräsidenten der Zweiten Republik aufgestiegenen Staatskanzler nun gegenüber Bundeskanzler Figl überraschenderweise für die Wiedereinführung der Haydnmelodie als Bundeshymne aus. Dies begründete er auch mit einem positiven Gutachten der Staatsakademie für Musik und darstellende Kunst, die erst kurz zuvor, auf den persönlichen Wunsch Renners hin, die Sachlage untersucht hatte.[66]

Der Bundeskanzler unterrichtete am 12. März 1946 den Ministerrat vom Wunsch des Präsidenten, doch konnten sich die sozialistischen und kommunistischen Kabinettsmitglieder nicht für eine Neuauflage der Haydnmelodie als Bundeshymne erwärmen.[67] Mit dem weiteren Vorgehen in der Hymnenfrage wurde nun Unterrichtsminister Dr. Felix Hurdes (ÖVP) betraut, der zwar persönlich auch mit der Einführung der Haydn-Hymne sympathisiert hatte, dem allerdings auch die Argumente der Hymnengegner durchaus bewußt waren.

Hurdes erhoffte sich eine Lösung dieses Problems von einer Sitzung eines aus 22 Mitgliedern bestehenden Beratungskomitees, welches am 1. April im Ministerium zusammentreten sollte. Auch in diesem Gremium war man sich der außenpolitischen Brisanz der Wiedereinführung der Haydn-Hymne bewußt, weshalb diese Lösung - vorerst -

nicht in Frage kommen konnte. (Sehr wohl konnte man sich eine spätere Einführung der Melodie vorstellen, weshalb man sogar ein - international abgesichertes - Verbot der Melodie für Deutschland erwog!).[68] Zur Lösung der Hymnenfrage gab es daher nur zwei Alternativen: Zuerst erwog man die Adaption einer bekannten Melodie zu einem neuen („patriotischen") Text, z.B. „Freude schöner Götterfunken", „O du mein Österreich", „Auf zum Schwure Volk und Land", etc. (Bei dieser Gelegenheit wurde erstmals auch die Melodie von Mozarts Bundeslied, der später tatsächlich verwendeten Hymnenmelodie, in Erwägung gezogen!)[69]. Da sich das Komitee jedoch für keinen der oben genannten Vorschläge erwärmen konnte, entschied man sich für die zweite Möglichkeit: Die Veranstaltung eines Preisausschreibens zur Schaffung einer neuen Volkshymne!

Mit diesem Ergebnis des Beratungskomitees trat Minister Hurdes am 9. April 1946 vor den Ministerrat, um - nicht ohne zuvor abermals für die Einführung der Haydn-Hymne zu werben - die Durchführung eines Preisausschreibens vorzuschlagen.[70] Erwartungsgemäß entschied sich der Ministerrat für die Abhaltung des Preisausschreibens, dessen Bedingungen bereits in den darauffolgenden Tagen in den Zeitungen verlautbart wurden:

Gegenstand des Preisausschreibens:

Ein Lied hymnischen Charakters, das den neuen Österreichischen Bundesstaat und seine Menschen im In- und Ausland sowohl textlich als auch musikalisch würdig zu repräsentieren vermag.

Bedingungen des Preisausschreibens:

a) teilnahmsberechtigt ist jeder österreichische Staatsbürger, der das aktive Wahlrecht zur Nationalratswahl vom 25.11.1945 besaß.

b) einzusenden ist eine komplette Hymne mit möglichst drei Textstrophen zur gleichen Melodie, komponiert für Klavier und Singstimme. Allenfalls können auch passende Texte ohne geeignete Melodien allein eingesandt werden.

c) alle Einsendungen sind zu richten an das Bundesministerium für Unterricht, Kunstabteilung, Wien I., Reitschulgasse 2 und sind bereits auf dem Briefumschlag mit dem Vermerk „Preisausschreiben Volkshymne“ zu bezeichnen. Den Einsendungen ist eine eigenhändig unterfertigte Erklärung beizulegen, daß der, bzw. die Autoren weder Mitglied noch Anwärter der NSDAP waren.

d) letzter Einsendetermin ist der 30. Juni 1946. Bis zu diesem Zeitpunkt müssen alle Einsendungen beim Bundesministerium für Unterricht eingelangt sein.

e) über die Auswahl der eingesandten Werke und über die Zuerkennung der Preise entscheidet ein vom Bundesministerium für Unterricht bestelltes Jurorenkomitee nach bestem Wissen und Gewissen unter Ausschluß des Rechtsweges (ca. 20 Persönlichkeiten des österreichischen Musik- und Volksbildungswesens).

f) der erste Preis in der Höhe von 10.000 Schilling entfällt auf das zur künftigen Volkshymne bestimmte Lied, wogegen der Autor, bezw. die Autoren sämtliche Urheberrechte an der Dichtung bezw. Komposition dem österreichischen Bundesstaat abtreten. Falls mit dem ersten Preis nur eine Komposition oder nur eine Dichtung ausgezeichnet wird, so kann der Preis entsprechend verringert werden. Für sonstige Preise ist ein Betrag von 5.000 Schilling ausgesetzt, über dessen Verteilung das Jurorenkomitee ebenfalls unter Ausschluß des Rechtsweges entscheidet.[71]

Obwohl das Preisausschreiben nicht von allen Medien gutgeheißen worden war - die katholische Wochenzeitschrift *Die Furche* avancierte etwa zu einem entschiedenen Verfechter der Melodie Joseph Haydns[72] - , stieß diese Form der „Hymnensuche“ doch auf unerwartet reges Interesse in der Bevölkerung. Bis zum Einsendeschluß am 30. Juni langten insgesamt rund 1800 Vorschläge von Österreichern aus dem In- und Ausland im Ministerium ein. Interessanterweise rechneten viele Einsender mit dem Beibehalt der Melodie Joseph Haydns und stimmten daher auch den Text auf dieses Lied ab. Die Ergebnisse lasen sich dann etwa folgendermaßen:

Gott erhalte und beschütze
unser schönes Österreich
wo nach alter Vätersitte
brüderlich sind alle gleich.
All' die Täler, all' die Berge,
Land, wo meine Wiege stand,
dir gehört mein Herz auf Erden,
Österreich mein Vaterland.[73]

Mehrmals wurde von den Einsendern auch die Wiedereinführung der alten Kernstockschen Verse gefordert, wobei die deutschtümelnden Formulierungen nun natürlich entfallen mußten:

Sei gesegnet ohne Ende,
Heimaterde wunderhold
Freundlich schmücken dein Gelände
Tannengrün und Ährengold.
UNSRE Arbeit, ernst und ehrlich
UNSRE Liebe zart und weich
Vaterland, wie bist du herrlich,
Gott mit dir, mein Österreich[74]

Natürlich wurden neben den zahlreichen Eigenkompositionen und Anlehnungen an mehr oder weniger bekannte Vorbilder (z.B.: „Hoch vom Erzgebirg, wo der Bergmann haust, bis zum Karstgebiet am Meeresstrand...") auch immer wieder Forderungen nach bekannten österreichbezogenen Liedern gestellt, wie etwa „O du mein Österreich", oder gar den ersten Takten des Donauwalzers[75]. Selbst für die bereits vergessen geglaubte Renner-Kienzl Hymne fanden sich bei dieser Gelegenheit noch Befürworter, und natürlich mangelte es auch nicht an weniger ernst gemeinten Vorschlägen, wie etwa folgendem:

O Österreich, o Heimatland
Wie bist du reich an Erbsen
Du weißt allein, wie sie uns bläh'n
Mit Winden und mit Schmerzen.[76]

Im Laufe der Sommermonate wurden die 1800 Vorschläge von einem vierköpfigen Expertenkomitee im Ministerium einer ersten Auswahl unterzogen, und rund 200 Einsendungen für eine weitere Sichtung als geeignet erachtet. Diese wurden an einen, aus vier Kommissionen zu je 6 Mitgliedern bestehenden Unterausschuß weitergeleitet, der in der letzten Septemberwoche insgesamt 29 Vorschläge für die Endjury am 14. Oktober 1946 auswählte.[77] Bei dieser Endausscheidung wurden dem Beratungskomitee die verbliebenen Vorschläge von namhaften Künstlern (Staatsopernsänger Karl Oeggl, Hans Braun, sowie die Schauspieler Solveig Thomas und Oskar Werner) in alphabetischer Reihe vorgetragen[78]. (Eine Ausnahme bildete dabei der einzige „nicht zeitgenössische" Beitrag, das Bundeslied von Mozart, das als letztes Lied gereiht war!)

Das Ergebnis der Endjury war allerdings vorerst noch nicht befriedigend: Zwar hatte sich die Jury eindeutig für die Melodie von Mozarts Bundeslied entschieden, allerdings hatte sie auch relativ deutlich für den Text Ottokar Kernstocks - natürlich in einer überarbeiteten Version - votiert, eine Kombination also, die weder rhythmisch, noch politisch realisierbar war! Nichtsdestotrotz startete Hurdes am 22. Oktober einen dritten Anlauf, um den Ministerrat für Joseph Haydns Hymne zu gewinnen, doch auch dieses Mal wurde sein Vorschlag abgelehnt. Immerhin faßte das Kabinett nun offiziell den Beschluß, die Melodie von Mozarts Bundeslied als Hymne einzuführen. Österreich besaß nun also wieder eine offizielle Staatshymne, allerdings war diese „unsingbar", da ihr noch ein entsprechender Text fehlte. Um diesen sollte sich, laut Ministerratsbeschluß, Hurdes persönlich kümmern, indem er namhafte österreichische Autoren mit dem Verfassen eines solchen Textes betrauen sollte.[79]

Ehe Hurdes an diese heikle Aufgabe herantreten konnte, hatte er noch mit anderen Problemen zu kämpfen. Zuerst galt es jene von der *Furche* und anderen bürgerlichen Zeitungen mit gespielter Entrüstung verbreiteten Vorurteile aus dem Weg zu räumen, wonach es sich bei der Melodie der neuen Hymne um ein „Freimaurerlied" handelte[80]. Diese Vorwürfe ließ Hurdes in einer eigens hiefür einberufenen Sondersitzung des Ministerrates durch einen Mozartexperten relativieren, der den versammelten Ministern und Staatssekretären sowohl über die Salzburger Freimaurer des ausgehenden 18. Jahrhunderts als auch über den moralischen Lebenswandel Mozarts (!) ein positives Gutachten präsentierte. Demnach sei das in Betracht gezogene Lied von jedem freimaurerischen Gedankengut losgelöst, und daher seien auch keinerlei Bedenken an der Verwendbarkeit des Liedes als Hymne gegeben.[81]

Kaum hatten sich diese Aufregungen gelegt, spielte die *Furche* bereits die nächste Karte gegen die neue Hymne aus. Im Zuge der Beschäftigung mit dem Lied Mozarts waren bei Musikexperten Bedenken aufgetaucht, ob diese Melodie überhaupt vom Meister selbst stammte. Und einen „echten Haydn" wollte man natürlich keineswegs gegen einen „falschen Mozart"[82], der noch dazu ein „freimaurerischer Tischrundengesang unbekannter Herkunft"[83] war, eingetauscht wissen!

Tatsächlich sollte sich in den sechziger Jahren herausstellen, daß die Melodie der österreichischen Bundeshymne doch nicht von Mozart, sondern von seinem weit unbekannteren Wiener Zeitgenossen Johann Holzer stammte, und das Werk Holzers lediglich der Freimaurerkantate Mozarts (KV623) vom Wiener Verleger Hraschansky beigefügt worden war.[84] Bis in die Gegenwart wird jedoch in den diversen Liederbüchern noch an der Fiktion festgehalten, die Hymne des Musiklandes Österreich stamme von Mozart selbst.

Immerhin blieb die *Furche* den Beweis für ihre Vorwürfe schuldig, und so konnte das Unterrichtsministerium sich im Herbst 1946 endlich ungestört auf die Suche nach einem geeigneten Text für die neue Bundeshymne begeben. Gemäß den Beschlüssen der Ministerratssitzung vom 22. Oktober kontaktierte das Unterrichtsministerium Ende November eine Anzahl namhafter österreichischer Dichter und Schriftsteller und bat sie um einen Textentwurf für die neue Hymne.[85] Bei den auf diese Weise in die engere Auswahl gekommenen zehn Schriftstellern handelte es sich um Franz Theodor Csokor, Alexander Lernet-Holenia, Rudolf Henz, Hans Nüchtern, Richard Fleischanderl, Paula Molden-Preradovic, Erika Mitterer, Franz Kiesling, Herbert Kohlich und Eva Priester. Letztere ließ Hurdes - aufgrund ihrer kommunistischen Gesinnung - wieder von der Liste streichen und ersetzte sie durch die konservative steirische Schriftstellerin Paula Grogger! Anfang Dezember erhielten noch weitere Dichter die briefliche Einladung zur Einreichung eines Textes. Von diesen 15 Autoren reichten zehn einen Textvorschlag ein. Abermals wählte eine Vorkommission am 28.1.1947 aus den vorliegenden Texten vier geeignet erscheinende aus, die zwei Tage später der Endjury präsentiert werden sollten.

Die Sitzung der aus 18 Mitgliedern bestehenden Endjury unter dem Vorsitz des (ebenfalls stimmberechtigten) Unterrichtsministers fand am 30. Jänner 1947 um 16 Uhr statt.[86] Zum Vortrag kamen die Texte von Ravag-Direktor Dr. Sigmund Guggenberger, Alexander Lernet-Holenia, Paula Molden-Preradovic, Franz Theodor Csokor und der beiden ehemaligen Jurymitglieder Edith Koja und Rudolf Henz, die noch kurz vor Beginn der Endjury je einen Text vorlegten. Jedes Jurymitglied konnte die einzelnen Vorschläge mit Hilfe eines Punktesystems (Höchstnote: 5 Punkte) bewerten, was zu folgendem Ergebnis führte:[87]

1. Paula Molden-Preradovic:	47 Punkte
2. Sigmund Guggenberger:	45 Pkt.
3. Alex. Lernet-Holenia:	44 Pkt.
4. Edith Koja:	38 Pkt.
5. Rudolf Henz:	38 Pkt.
6. Franz Theodor Csokor:	21 Pkt.

Der solcherart gekürte Text der neuen Bundeshymne lautete nun:

Land der Berge, Land am Strome,
Land der Äcker, Hämmer, Dome,
Arbeitssam und liederreich.
Großer Väter freie Söhne,
Volk, begnadet für das Schöne,
Vielgerühmtes Österreich.

Heiß umfehdet, wild umstritten
Liegst dem Erdteil du inmitten,
Einem starken Herzen gleich.

Hast seit frühen Ahnentagen
Hoher Sendung Last getragen,
Vielgeprüftes Österreich.

Aber in die neuen Zeiten
Sieh uns festen Glaubens schreiten,
Stolzen Muts und hoffnungsreich.
Laß in brüderlichen Chören,
Vaterland, dir Treue schwören,
Vielgeliebtes Österreich.

Das Ergebnis war also denkbar knapp für den (kaum mit der Höchstnote 5 prämierten) Text von Paula Molden-Preradovic ausgefallen, wobei anzumerken ist, das Hurdes persönlich eher den Text Guggenbergers favorisiert hatte:

Österreich, du Land in Ehren,
Ewig wird dein Name währen,
Hohes Ziel ist dir gestellt:
Wo sich Stirn und Hände mühen
Für der Völker Heil und Blühen
Gib du noch dein Herz der Welt!
(1.Strophe)

Ehe der zur neuen Bundeshymne gekürte Text am 25. Februar 1947 dem Ministerrat und in weiterer Folge der Öffentlichkeit präsentiert werden konnte, waren noch einige Änderungen notwendig, die die Autorin gemeinsam mit dem Ministerialrat Dr. Peter Lafite in den ersten Februartagen vornahm, wodurch folgender Endtext entstand:

Land der Berge, Land am Strome,
Land der Äcker, Land der Dome,
Land der Hämmer zukunftsreich!
Heimat bist du großer Söhne.
Volk, begnadet für das Schöne,
Vielgerühmtes Österreich.

Heiß umfehdet, wild umstritten,
Liegst dem Erdteil du inmitten
Einem starken Herzen gleich.
Hast seit frühen Ahnentagen
Hoher Sendung Last getragen,
Vielgeprüftes Österreich.

Mutig in die neuen Zeiten,
Frei und gläubig sieh uns schreiten,
arbeitsfroh und hoffnungsreich.
Einig laß in Brüderchören,
Vaterland dir Treue schwören,
vielgeliebtes Österreich!

Nachdem Prof. Viktor Keldorfer, der der Jury im Oktober 1946 das Bundeslied als neue Hymnenmelodie vorgeschlagen hatte, die vokale und instrumentale Einrichtung der neuen Hymne vorgenommen hatte, konnte am 9. März 1947 in der Volksoper die feierliche Erstaufführung inszeniert werden. Anläßlich dieser Präsentation schilderte Hurdes in einer Rundfunkansprache den schwierigen Weg, der zur neuen Hymne geführt hatte und räumte nochmals die Bedenken an der Echtheit des Mozartschen Werkes aus dem Weg:

> Wenn wir uns aber noch einmal vergegenwärtigen, daß es sich hiebei darum gehandelt hat, Ersatz für etwas Unersetzbares *(die Haydn-Hymne - Anm.d. V.)* zu finden, so können wir mit Stolz darauf hinweisen, daß Österreich nun eine Hymne hat, die dem größten Meister der Musik entstammt, den unser Vaterland hervorgebracht hat.[88]

Für Hurdes schien die Haydn-Hymne trotz des nun vorliegenden Ergebnisses unersetzbar zu sein. Bezeichnenderweise brachte der Minister bereits am 11. März, zwei Wochen nach der Entscheidung für die neue Hymne, den Antrag ein,

> daß die österr. Regierung anlässlich der künftigen Verhandlungen zum Staatsvertrag mit Deutschland das offizielle Verlangen stellen soll, daß Deutschland die künftige Verwendung der HAYDN-Hymne als Staats-

> hymne als einem alten österreichischen Kulturgut untersagt werden möge. Dadurch würde vor aller Welt der österreichische Anspruch auf diese Melodie dokumentiert werden.[89]

Der Antrag wurde vom Ministerrat tatsächlich angenommen, und man erwog bereits eine Einschaltung der Alliierten in dieser Frage! Das „Land der Berge“ sollte also keine weitere Funktion haben, als eine „Notlösung“ mit einer „zeitlich begrenzten Lebensdauer“[90] zu sein, bis geänderte politische Umstände wieder eine Einführung der Haydn-Hymne zuließen!

In der Tat stellte Hurdes bereits vier Jahre später im Ministerrat einen Antrag auf Wiedereinführung der Haydn-Hymne, allerdings mit einem neuen Text. Er begründete diesen Entschluß mit der angeblichen Unpopularität der neuen Hymne und dem entsprechenden Wunsch der Bundesländer. Doch selbst der listige Hinweis des Unterrichtsministers, daß selbst Karl Renner sich 1946 persönlich für die Haydn-Melodie eingesetzt habe, änderte nichts an der ablehnenden Haltung der sozialistischen Regierungsmitglieder.[91] Den negativen Bescheid in dieser Frage teilte der Minister drei Wochen später auch dem Parlament als Antwort auf eine parlamentarische Anfrage von ÖVP-Abgeordneten zwecks Wiedereinführung der Haydn-Hymne[92] mit.

Die Bundesrepublik Deutschland hatte indes nicht weniger Probleme auf dem Weg zu einer eigenen Hymne zu bewältigen. Im Unterschied zu Österreich löste Deutschland das Problem mit einer klaren politischen Entscheidung: Nachdem der deutsche Bundeskanzler Adenauer nach längerer Diskussion den Bundespräsidenten Heuss von der Notwendigkeit der Wiedereinführung des Deutschlandliedes als Hymne überzeugt hatte, verlautbarte die deutsche Bundesregierung in einer Presseaussendung am 6. Mai 1952 kurz und bündig die offizielle Wiedereinführung des Deutschlandliedes als Hymne der Bundesrepublik![93] Dieser Schritt traf die Österreicher keineswegs unvorbereitet, hatte doch Hurdes im Dezember 1951 den Ministerrat bereits von einer diesbezüglichen Absicht Deutschlands informiert und seine Kabinettskollegen gebeten, den Deutschen doch durch eine Einführung der Haydn-Hymne in Österreich zuvorzukommen![94] Dennoch stellte die Entscheidung der deutschen Regierung einen „Schock" für viele Österreicher dar, denn bereits zum zweitenmal hatte es Deutschland gewagt, die Haydnsche Hymne zu „annektieren", wie es die *Furche* in einem Leitartikel ausdrückte.[95] Zahlreiche bürgerliche Zeitungen stießen in dasselbe Horn, allerdings auch in der Hoffnung, daß Österreich nun diesem "mutigen" Schritt Deutschlands folgen würde und bald wieder die Melodie Haydns - vielleicht gar zum Text Ottokar Kernstocks (wie es etwa das steirische ÖVP-Organ *Süd-Ost Tagespost* forderte[96]) als Bundeshymne erklänge!

Dieser Wunsch nach der Haydn-Kernstock-Hymne tauchte in den fünfziger Jahren noch mehrmals auf. Diesmal war es nicht die Volkspartei, sondern die FPÖ, die sich schon kurz nach ihrer Gründung, Ende 1955, dieses populären Themas bemächtigte und im Parlament die Einführung der Haydn-Hymne forderte.[97] Allerdings ging diese Rechnung nicht auf, da die FPÖ die Volkspartei nicht mehr für dieses Unterfangen gewinnen konnte, nur vom steirischen Landtag waren noch positive Signale für „Haydn-Kernstock" gekommen.[98] Auch der zu dieser Zeit amtierende Unterrichtsminister Heinrich Drimmel sprach sich für eine Beibehaltung des „Land der Berge" als Hymne aus. Dennoch wagten die Freiheitlichen im Februar 1956 einen zweiten Anlauf und untermauerten ihre neuerliche parlamentarische Anfrage zum Thema Bundeshymne mit einer Umfrage eines Meinungsforschungsinstitutes, welche den Wunsch der Bevölkerung nach der Haydn-Hymne belegen sollte.[99] Diesem Vorstoß war wohl auch deshalb wenig Erfolg beschieden, weil eine Demontage der Mozart-Hymne gerade im "Mozart-Jahr 1956" nicht opportun war.

Das Jahr 1959 war demgegenüber offiziell zum „Haydn-Jahr" proklamiert worden. Und gerade die Feier des 150. Todestages des großen Komponisten hätte eine würdige Kulisse für einen „Hymnenwechsel" abgeben, wäre es nach dem Willen der Verfechter einer „Haydn-Bundeshymne" gegangen. Doch wie schon die Jahre zuvor, war auch diese - nun bereits fünfte - Kampagne für die Haydn-Hymne nicht von Erfolg gekrönt, denn die Zeit arbeitete für die offizielle Bundeshymne, die sich in der Öffentlichkeit bereits einer immer stärkeren Akzeptanz erfreute. Deshalb löste im Sommer 1964 auch die Entdeckung, daß Mozart mit Sicherheit als Komponist der Melodie ausgeschlossen werden konnte[100], keine Grundsatzdiskussion über die Existenz des „Land der Berge" als Staatshymne aus. Die Bundeshymne hatte sich nach über 17 Jahren scheinbar doch die Akzeptanz der Bevölkerung erworben!

An dieser grundsätzlichen Akzeptanz als Symbol für die Republik Österreich hat sich auch in der Zeit seit 1964 nichts geändert. Kritik an der Existenz dieser Hymne wurde seither lediglich von der rechtsextremen Seite laut, als sich der rechtsextreme Publizist Gerd Honsik in der zweiten Hälfte der achziger Jahre in einem „Gedichtband" in unflätiger Weise über die Bundeshymne äußerte („Selbst die Hymne des Staates ist bestellt und erlogen. [...] Besser als eure Bundeshymne ist jeder Fluch."[101]).Honsik wurde deshalb auch prompt zu einer Geldstrafe (19.500.-) verurteilt, wofür er sich bei Gericht mit dem Absingen des „Sei gesegnet ohne Ende" revanchierte - eigenartigerweise gerade mit jener Hymne, die von seinen geistigen Vorfahren in den 30er Jahren so heftig bekämpft worden war! Von der Öffentlichkeit blieben diese Aktionen jedoch weitgehend unbeachtet.

Wenn auch an der grundsätzlichen Existenz des „Land der Berge" heute nicht mehr Anstoß genommen wird, so geriet doch der - obwohl von einer Frau verfaßte - allzu „männliche" Text („Heimat bist du großer Söhne..."; Einig laßt in Bruderchören...") zunehmend ins Kreuzfeuer der Kritik. Seit den vierziger Jahren hatte sich immerhin einiges hinsichtlich der Gleichberechtigung der Frau zum Positiven verändert, und dazu zählte auch eine erhöhte Sensibilität im Gebrauch der Sprache, infolge der Erkenntnis, daß sich geschlechtliche Diskriminierung bereits in der Sprache durch Verwendung maskuliner Ausdrucksformen manifestiere. Im Zuge dieser Bewußtseinsveränderung wurde seit Anfang der neunziger Jahre vermehrt der Wunsch nach der Korrektur der besagten Stellen im Hymnentext laut, wobei zuerst die weiblichen Abgeordneten der Grünen im März 1994 im Parlament die Initiative ergriffen und diese Verse „boykottierten“. Natürlich wurden auch Änderungsvorschläge präsentiert, wie etwa jener doch recht eigenwillige Reim:

> „Heimat bist du großer Söhne
> Auch die Töchter man erwähne“,

der von der damaligen Grazer Frauenbeauftragten Grete Schurz in einem Leserbrief zu diesem Thema zur Diskussion gestellt wurde.[102] Mehr Erfolg könnte der Vorschlag der Vorsitzenden des Liberalen Forums, Heide Schmidt haben, die im Sommer 1995 eine Änderung in „Heimat großer Töchter und Söhne“ angeregt hatte[103], und die die Singbarkeit dieser Reimkonstruktion bei der Wahlkampf-Abschlußveranstaltung zur Nationalratswahl im Dezember 1995 mittels einer professionellen gesanglichen Aufführung unter Beweis stellen ließ! Gerade siegreiche österreichische Sportlerinnen dürften sich wohl mit einer diesbezüglichen Änderung zukünftig mehr identifizieren. Auch wenn die überaus erfolgreiche - und somit oft in den Genuß einer von Hymnenklängen begleiteten Siegerehrung gekommene - Schisportlerin Petra Kronberger in einem Interview bei den Olympischen Winterspielen 1992 in Albertville dem Reporter gestand: „Wenn die Bundeshymne gespielt wird, wird mir schon warm ums Herz.“[104]

Das so lange als „Provisorium“ geschmähte „Land der Berge, Land am Strome“ versteht es mittlerweile bestens, in den Österreicherinnen und Österreichern Gefühle patriotischen Stolzes zu wecken. Doch trotz dieses halben Jahrhunderts, das die Bundeshymne nun schon überdauert hat, kann man vermuten, daß das letzte Wort zu diesem Thema noch lange nicht gesprochen ist!

Anmerkungen:

1 Vgl. F. Gall: Farben, Wappen und Siegel der Republik Österreich. in: Adler 8 (1968) 5, S. 71.

2 Vgl. Franz Grasberger: Die Hymnen Österreichs. Tutzing 1968, S. 98.

3 Vgl. ebda.

4 Vgl. Eduard Kolbe: Vorschlag einer „Nationalhymne aller Deutschen", Deutschösterreichische Staatskanzlei, Zl. 1193/1-1919. Archiv der Republik (AdR).

5 Ebda.

6 Die Fackel, Nr. 554-556 (Nov. 1920), S. 59.

7 Vgl. BM.f.Unterricht, 15 (Musikwesen in genere) Zl.19134/1923 (23.11.1923). Allgemeines Verwaltungsarchiv (AVA), 3258.

8 Vgl. Franz Grasberger: Die Hymnen Österreichs, S. 98.

9 Vgl. Johannes Steinbauer: Markig und Feierlich. Dipl. Arb. Graz 1993, S. 20; Diese wissenschaftliche Arbeit ist in aktualisierter Form im Juni 1997 im Sonderzahl-Verlag, Wien, unter dem Titel "Land der Hymnen. Eine Geschichte der Bundeshymnen Österreichs." erschienen.

10 Vgl. Franz Grasberger: Die Hymnen Österreichs, S. 98.

11 Ebda., S. 104.

12 Vgl. Hans Sittner: Kienzl-Rosegger. Eine Künstlerfreundschaft. Zürich/Leipzig/ Wien 1953, S. 186.

13 Vgl. Johannes Steinbauer: Markig und Feierlich, S. 25. - Zehn Jahre später sollte dieser Umstand der Regierung Schober zur Begründung der Einführung einer neuen Hymne dienen. In einer Beilage zum Ministerratsprotokoll Nr. 603 vom 13.12.1929 zum Thema „Volkshymne" wurde ausdrücklich auf die Nicht-Rechtmäßigkeit der Verwendung des Namens „Deutschösterreich" in der Renner-Kienzl-Hymne hingewiesen. Somit war auch ein juristischer Grund zur Abschaffung dieser Hymne vorhanden!

14 Vgl. Franz Grasberger: Die Hymnen Österreichs, S. 100.

15 Ebda., S. 102 f.

16 Vgl. „Zwei Volkshymnen. Haydn-Haschka - Renner-Kienzl". in: Tagespost (Morgenblatt), 1.8. 1920. Ebenso: vgl. H. Spitzer: Ästhetische Betrachtungen zur neuen Volkshymne. in: Tagespost, 21.8.1920.

17 Vgl. Die Fackel, Nr. 554-556 (Nov. 1920), S. 57ff.

18 So erinnert sich etwa der aus Österreich stammende britische Historiker Eric J. Hobsbawm an seine Volksschulzeit in Österreich in den Zwanziger Jahren, wo man bei den Schülern erfolglos versuchte, mit der Hymne die Begeisterung für das Land zu wecken. (Hobsbawm E.: Nationen und Nationalismus. Frankfurt a.M. 1996, S. 110f.)

19 Das Land der Lieder - ohne Lied. in: Reichspost, 27.6.1926.

20 Die neue alte Hymne. in: Neues Wiener Tagblatt, 17.10.1929.

21 Eckart Früh: Gott erhalte? Gott bewahre! in: Österreich in Geschichte und Literatur 32 (1988) 5, S. 287 (Originalzitat aus: 'Gott mit dir, mein Österreich!' Die neue Volkshymne. in: Die Rote Fahne, 20.10.1929.)

22 Vgl. Guido Knopp/Ekkehard Kuhn: Das Lied der Deutschen. Berlin/Frankfurt a.M. 1988, S. 21 ff.

23 Vgl. Johannes Steinbauer: Markig und feierlich, S. 39.

24 Vgl. Sei gesegnet ohne Ende. in: Reichspost, 17.10.1929.

25 Vgl. V. Goller: Zur Geschichte der „Österreichischen Bundeshymne". in: Reichspost, 22.12.1929.

26 Vgl. Nationalhymnische Gschaftlhuberei. in: Neue Freie Presse, 18.10.1929.

27 Ebda.

28 Volksrat-Arbeitsgruppe für Heimatpflege (Hg.): Die neue Volkshymne. (Flugblatt). Graz 1919.

29 Ebda.

30 Vgl. Programmzettel zur Festveranstaltung des Kath. Schulvereins der Diözese Seckau vom 19.3.1919. Stiftsarchiv Vorau, Kernstock Nachlaß, X/72.

31 Vgl. Grasberger, Die Hymnen Österreichs, S. 115.

32 Vgl. ebda.

33 Vgl. BM f. Unterricht, 15 (Musikwesen i. gre.), 1109625-III. AVA, 3258.

34 Vgl. ebda.

35 Vgl. BM.f. Unterreicht, 15 (Musikwesen i. gre.), 12733-I 1926. AVA, 3258.

36 Vgl. Steinbauer, Markig und Feierlich, S. 60f.

37 Vgl. Land der Lieder ohne Lied. in: Reichspost, 27.6.1927.

38 Vgl. Beilage zu Punkt K des Ministerratsprotokolls Nr. 603 vom 13.12.1929. AdR.

39 Ebda.

40 Ebda.

41 Im Zuge dieser Diskussion bedauerte Justizminister Slama, „daß nicht der im Deutschen Reich gebräuchliche Text zur Haydnschen Melodie [Deutschland, Deutschland über alles...- Anm. d. V.] als Bundeshymne erklärt werde".

42 BM f. Unterricht. Zl 3345.-II/9, 31.1.1930. (BKA - Inneres 1b, Karton 1930-39.) AVA.

43 S. Anm. 38.

44 Ebda.

45 Vgl. Sei gesegnet ohne Ende! in: Reichspost, 17.10 1929.

46 Vgl. Gott erhalte unsere Kaiserhymne. in: Arbeiterzeitung, 18.10.1929.

47 Ebda.

48 Vgl. Steinbauer, Markig und Feierlich, S. 74.

49 Österreichische Revue 1929. in: Arbeiterzeitung, 1.1.1930.

50 Die zwei Texte. in: Reichspost, 19.2.1930.

51 Vgl. Ein Zwischenfall bei den Europameisterschaften im Eiskunstlaufen. in: Neues Wiener Tagblatt, 27.1.1930.

52 Vgl. „Gott erhalte!" Zu der christlichsozialen Hetze gegen Wiens Bürgermeister. in: Arbeiterzeitung, 29.1.1930.

53 Vgl. Die Bundeshymne in den Wiener Schulen. in: Reichspost, 13.2.1930.

54 Vgl. Österreichs Bundeshymne. Ein neuer Erlaß des Unterrichtsministers. in: Reichspost, 15.2.1930.

55 Vgl. Die zwei Texte. in: Reichspost, 19.2.1930.

56 Ebda.

57 Vgl. Feier der Monarchisten. in: Arbeiterzeitung, 19.8.1930.

58 Das Volk pfeift die „Volks"hymne aus. in: Arbeiterzeitung, 15.5.1930.

59 Vgl. Glöckel stellt die Schulfeier der Republik ein. in: Reichspost, 7.11.1930.

60 Vgl. ebda.

61 Vgl. Steinbauer, Markig und Feierlich, S. 92ff.

62 Vaterländische Front (Hg.): Wir Jungen stehn bereit. Wien o.J. (Text und Melodie des „Liedes der Jugend").

63 Fritz Molden: Fepolinski und Waschlapski. Wien/München/Zürich 1976 (2. Aufl.), S. 115.

64 Vgl. Steinbauer, Markig und Feierlich, S. 97.

65 Robert Menasse: Land ohne Eigenschaften. Berlin 1995, S. 60-73.

66 Vgl. Österreichische Bundeshymne. Gutachten der Staatsakademie. StaA.f. Volksaufklärung, Unterricht und Erziehung und Kultus, Zl. 1475-II-2/46 (18.2.1946). AdR.

67 Vgl. Pkt 3 des Beschlußprotokolls Nr. 12 der 12. Sitzung des Ministerrates vom 13.3. 1946. AdR.

68 Vgl. Protokoll der Sitzung am 1.4.1946 über die Neuschaffung der österreichischen Bundeshymne. Beilage zum Akt BM.f.U., Zl 1947-II-4/46 vom 26.3.1946.

69 Vgl. ebda.

70 Vgl. Ministerratsvortrag von BM. Dr. Felix Hurdes vom 9. 4.1946. 24 A, AdR.

71 Ebda.

72 Bundeshymne. in: Die Furche, 24.4.1946.

73 Einsendung Preisausschreiben. BKA 964-Pr/46 (23.5.1946). BKA.474-Pr/47 „Bundeshymne". AdR.

74 Bundeshymne Preisausschreiben - Vorschlag von Julius Böhm. 24 A, AdR.

75 Bei der Eröffnung der Wiener Herbstmesse am 5.10. 1946 wurde laut Wiener Zeitung auf den Donauwalzer als „Ersatzhymne" zurückgegriffen!

76 Bundeshymne Preisausschreiben - Einsendung. 24 A, AdR.

77 Vgl. Steinbauer, Markig und Feierlich, S. 116.

78 Vgl. Österreichische Musikzeitschrift (1946) 10/11, S. 366.

79 Vgl. Beschlußprotokoll Nr.41 der Ministerratssitzung vom 22.10.1946. (BKA 2511-Pr/46). AdR.

80 Vgl. Oliver Rathkolb: Vom Freimaurerlied zur Bundeshymne. in: Begnadet für das Schöne. Hg. v. Gert Kerschbaumer/Karl Müller. Wien 1992. (=Beiträge zur Kulturwissenschaft und Kulturpolitik, Bd 2), S. 25.

81 Vgl. Ministerratsvortrag v. BM. Dr. Felix Hurdes vom 5. 11. 1946.

82 Steinbauer, Markig und feierlich, S. 123.

83 Ein Pseudo Mozart. in: Die Furche, 30.11. 1946.

84 Vgl. Grasberger, Die Hymnen Österreichs, S. 157-161.

85 Bundeshymne. Fortsetzung des Preisausschreibens wegen neuem Text. BM.f.U., Zl 31985-II/4 (20.11.1946).

86 Vgl. Österr. Volkshymne - Einberufung der Jury, Zl 1254-II/4-47. 24 A, AdR.

87 Vgl. Bundeshymne. Abstimmungsliste der Endjury. 24 A, AdR.

88 BM.f.U.Zl. 1486/II-47. 24 A, AdR.

89 Ministerratsvortrag von BM. Hurdes für den Ministerrat vom 25.2.1947. BM.f.U., Zl.1486/II-47. 24 A, AdR.

90 Ministerratsvortrag von BM Hurdes vom 2. 5. 1951. BM.f.U., Zl.16127-II-4/51 (7.4.1951) 24 A, AdR.

91 Vgl. ebda.

92 Vgl. Parlamentar. Anfrage der Abg. Dr. Gorbach, Ludwig, Geisslinger und Genossen (253/J)52 (17.5.1951).

93 Vgl. Knopp/Kuhn, Das Lied der Deutschen, S. 109ff.

94 Ministerratsvortrag von BM. Hurdes am 13.12.1951. BM.f.U., Zl.79297-II-4/51. 24 A, AdR.

95 Vgl. „Deutschlandlied". in: Die Furche, 17.5.1952.

96 Freiheit und Hymne. in: Süd-Ost Tagespost, 7.5.1952.

97 Vgl. Anfrage der Abg. Kandutsch, Kraus u. Genossen an den Bundeskanzler betr. die österr. Bundeshymne. (391/J)83 (6.2.1955).

98 Vgl. Sten.Prot. des Steierm. Landtages, III. Periode, 37. Sitzung (19.,20.,22.,23. und 29. Dezember 1955), S.764 ff.

99 Vgl. Parlamentar. Anfrage der Abg. Kandutsch, Kraus und Genossen an den Bundeskanzler betr. die österr. Bundeshymne. (442/J)93 (8.2.1956).

100 Vgl. Hermann Pschorn: Echt oder unecht? in: Die Österreichische Nation (1965) 3, S. 36f.

101 „Fluchgebet". in: Gerd Honsik: Lüge, wo ist dein Sieg? Dichtung eines österreichischen Dissidenten. Königstetten 1981, S. 116f.

102 Vgl. „Mißratene Töchter". Leserbrief in: Der Standard, 25. März 1994.

103 Vgl. Heimat großer Töchter. in: Der Standard, 23. 6. 1995.

104 M. John: Die Rolle des Sports in der Zweiten Republik. in: Ein-Sichten und Vor-Bilder. Überlegungen, Materialien und Texte zur Identität Österreichs. Hg. v. Grete Anzengruber u.a. Wien 1992. (Schulheft 66/1992), S. 83.

Auswahlbibliographie:

FRÜH Eckart: Gott erhalte? Gott bewahre! Zur Geschichte der österreichischen Hymnen und des Nationalbewußtseins zwischen 1918 und 1938. in: Österreich in Geschichte und Literatur 32 (1988) 5, S. 280 - 315.

FRÜH Eckart: Kernstocktaub? Zur Geschichte der österreichischen Bundeshymne. in: Ein-Sichten und Vor-Bilder. Überlegungen, Materialien und Texte zur Identität Österreichs. Hg. v. Grete Anzengruber u.a. Wien 1992. (Schulheft 66/1992), S. 61 - 71.

GRASBERGER Franz: Die Hymnen Österreichs. Tutzing 1968.

KNOPP Guido/Ekkehard Kuhn: Das Lied der Deutschen. Schicksal einer Hymne. Berlin/Frankfurt a.M. 1988.

MENASSE Robert: Es war zweimal. Der Wiederholungszwang in der Zweiten Republik. in: Ein-Sichten und Vor-Bilder. Überlegungen, Materialien und Texte zur Identität Österreichs. Hg. v. Grete Anzengruber u.a. Wien 1992. (Schulheft 66/1992), S. 23 - 32.

MENASSE Robert: Das Land ohne Eigenschaften. Essay zur österreichischen Identität. Wien 1992.

MOLDEN Fritz: Fepolinski und Waschlapski auf dem berstenden Stern. Bericht einer unruhigen Jugend. Wien/München/Zürich 1976. 2. Aufl.

RATHKOLB Oliver: Vom Freimaurerlied zur Bundeshymne. in: Begnadet für das Schöne. Hg. v. Gert Kerschbaumer/Karl Müller. Wien 1992. (=Beiträge zu Kulturwissenschaft und Kulturpolitik. Bd. 2), S. 22 - 30.

SPANN Gustav: Fahne, Staatswappen und Bundeshymne der Republik Österreich. in: BM. f. Unterricht, Kunst und Sport (Hg.): 26. Oktober. Zur Geschichte des Österreichischen Nationalfeiertages. Wien o.J., S. 35 - 41.

STEINBAUER Johannes: Land der Hymnen. Eine Geschichte der Bundeshymnen Österreichs. Wien 1997.

Gibt es einen österreichischen Fußball?

Ein dem Thema angepaßt seriös geführtes Gespräch von Helmut Konrad, Eduard Staudinger und Manfred Lechner

Manfred Lechner: Gibt es einen österreichischen Fußball? Fußball als etwas Essentielles für das österreichische Selbstverständnis? Es gibt ja in dieser Hinsicht sozusagen einige Ikonen, wie das vom österreichischen „Wunderteam", das als das positive Bild im Raum steht, bis hin zum österreichischen Verlierer-Image... Gibt es so etwas wie einen österreichischen Fußball?

Helmut Konrad: Also ich würde spontan einmal ja sagen. Oder vielleicht: ich weiß nicht. Wir können ja unterschiedlicher Meinung sein, wir sind es auch wahrscheinlich... Aber gerade wenn Du Wunderteam sagst, und wenn man dann weiter hinaufdenkt, an die weniger positiven Aspekte des Nachkriegsfußballs, dann ist sozusagen der österreichische *Kicker* als Spielertyp eine eigenständige Besonderheit; das fängt beim *Papierenen* an, und geht von mir aus zumindest bis zum Erich Hof. Das ist also der eher zarte, weiche Spieler, der Techniker, der es diesem klobigen, deutschen Spielertyp zeigt, indem er ihm etwa die *Gurke* gibt als Symbol der österreichischen Fußballkunst.

Da wird im Stand gespielt, es wird viel mit Schmäh gespielt. Wir schieben da viel in ein so vermeintlich Geniales, da geht es weniger um Taktik, weniger um Athletik, sondern eben um mehr. Ich sag einmal vorsichtig: es gibt so etwas, das Spielwitz genannt werden könnte.

So hat sich sicher ein Bild verfestigt, das eher am Buffi Ettmayer, am Hasil, wahrscheinlich am Happel selber festzumachen wäre. Eher am Sindelar, am Hof und solchen Typen, als etwa am Buzek, der einen ganz anderer Spielertyp verkörpert. Denn ich glaube schon, daß das mit österreichischem Fußball sehr lang verbunden worden ist. Vielleicht heute noch.

Was jetzt dieses wehleidige Looser-Image ausmacht: wir sind halt nicht so athletisch, aber eigentlich sind wir eh die besseren *Kicker*, weil *gaberln* können wir öfter als die anderen, die uns 7 : 0 schlagen...

Eduard Staudinger: Ich habe zuerst einmal in eine andere Richtung gedacht. Die Namen, die du genannt hast, würden aber meiner Meinung eher widersprechen ... ich habe gedacht, daß der Wiener Fußball...

Helmut Konrad: aber Hasil ist kein Wiener...

Eduard Staudinger: Eben - der Hasil, oder der Buffi Ettmayer widersprechen dem ja - aber mein erster Eindruck war, daß es eben der Wiener Fußball ist, der das *Österreichische* ausmacht. Und gerade der Erich Hof ist ja ein Paradebeispiel dafür. Das geht bis dahin, wie man einen Elfmeter schießt, eigentlich vom *Auflegen* weg, aus dem Stand und auch mit der Freude daran, den Tormann wirklich überlistet und *gelegt* zu haben, mit einem Schmäh. Dafür ist gerade der Erich Hof eine Symbolfigur geworden, nur er hat so Elfmeter geschossen.
Ich denke mir manchmal österreichischen Fußball in bezug zu den jeweiligen Kontrahenten, und es zeigt sich eigentlich stärker im bezug auf den deutschen Fußball oder vielleicht auf den ungarischen Fußball. Es wird dann in dem Kontext beurteilt, was das *Österreichische* am Fußball ist. Das ist weniger spürbar, wenn es gegen Spanien oder gegen die Engländer oder gegen ein skandinavisches Team geht ... Ich würde einmal schwerpunktmäßig meinen, österreichischer Fußball konstituiert sich gegen diese beiden Nationen, der ungarischen und der deutschen, gar nicht mehr so im Hinblick auf einen tschechischen oder jugoslawischen Fußball, einmal gefühlsmäßig gesagt...

Helmut Konrad: Komischerweise hat man immer österreichisch-ungarischen Fußball verglichen, und nie österreichisch-tschechischen, oder österreichisch-jugoslawischen oder slowenischen ... obwohl der tschechische Fußball zum Teil ja den Wiener Fußball mitgeprägt hat, so wie der Antonin Panenka. Das waren ja auch Leute, die im Wiener Stil gespielt haben.

Eduard Staudinger: Das war ja eigentlich unserer...

Helmut Konrad: Sehr viel mehr unserer als vieles, was aus Ungarn im Fußball gekommen ist. Da existiert eine stark erkennbare Rivalität, während man den tschechischen Fußball sehr integrativ in Wien betrachtet hat, was vielleicht auch ein wenig mit der Integration des tschechischen Segments in Wien zusammenhängt.
Aber ich glaube, dieser vorher angesprochene Spielertyp ist der, der eigentlich der international gefragte in Österreich ist. Da sind diese *Herzogtypen*, in der Fortsetzung - wenn Du willst. Vom Herzog bist du halt auch den eher schönen und sterbenden Schwan gewohnt, der ja der deutschen Härte entgegengesetzt wird. Und wenn irgendein bulliger Mittelstürmer wie der Toni Polster unbeweglich in irgendeiner Mannschaft herumsteht, hat er noch immer die Schmähfunktion. Auch für das Team, obwohl er weder von der Physis her noch von der Art, Fußball zu spielen, dafür prädestiniert ist. Er ist nicht so *papierern* wie der Sindelar und wie der Hof, um die anzusprechen. Aber ich glaube, daß das Bild schon richtig ist: das wir eigentlich sehr wenig wirklich athletischen Fußball haben. Das, was ein Ivica Vastic im Moment spielt, ist eine eher typisch österreichische Art zu kicken: ein bißchen weich, auch ein bißchen wehleidig, ein bißchen zur *Schwalbe* neigend, aber dann und wann halt doch ein Genieblitz und lieber ein Tor nicht geschossen und dafür irgendjemandem gezeigt, daß man beweglicher ist...

Eduard Staudinger: ...auch ein bisserl versteckt, im Moment. Was kann man dem Gegner antun ... auch der Erich Hof hat das gewußt.
Aber zurück zum Bild vom österreichischen Fußball. Bei den wirklich Großen, bei den Sindelars, kann ich das einfach nicht beurteilen...
Es ist schon interessant, wenn man so die Rezeption der Spielertypen anschaut, wenn sie im Ausland kicken (als Land kommt in

erster Linie Deutschland in Frage). Da hat es im großen und ganzen zwei wichtige Phasen von Österreichern, die in Deutschland gekickt haben, gegeben. In den siebziger Jahren, eigentlich die Phase, wo das Nationalteam recht gut war. Damals war die überwiegende Zahl der Kicker des Teams irgendwie in der Bundesliga engagiert: der Ettmayer, und was ist mit dem Pezzey...

Helmut Konrad: Der Pezzey ist für mich ein Spielertyp, der mich an Ocwirk erinnert. Das ist eine ganz andere Kulturschiene im österreichischen Fußball. Das sind die *Sirs*, wenn man so will ein bißchen auf der Beckenbauer-Linie, die souverän - auch außerhalb des Spielfelds - Vorbilder für die Jugend sind. Die sich gesittet benehmen, hochdeutsch sprechen können usw. Das ist vielleicht eine andere Art von Spielertyp, am stärksten für mich durch Ocwirk geprägt, der als Gentleman auch im italienischen Fußball Würde ausgestrahlt hat am Spielfeld; und nicht das kleine hinterfotzige Genie, das den Fuß stehen läßt. Eher der, wo du dich verlassen kannst, daß kein Foul am Spielfeld ein absichtliches Foul ist. Und so ist auch der Pezzey immer gesehen worden, immer ... mit dem Pezzey kannst du deine kleinen Töchter in den Wald schicken, mit vielen anderen Fußballern würde ich das nicht tun ...

Eduard Staudinger: Das ist aber auch vielschichtiger...

Helmut Konrad: Ich meine eben nicht den pfiffigen Typ, sondern diesen seriösen...

Eduard Staudinger: Den wirklichen Arbeiter am Spielfeld: der Hattenberger ist doch wirklich ein erfolgreicher österreichischer Fußballer, kein Wiener, der wirklich international und in der deutschen Bundesliga mithalten konnte. Dieser *Rackerer*, diese Lunge, dieser kräftige, der sich *reingeschmissen* hat, keinen Ball aufgegeben hat, wirklich. Der körperlich starke, der gleichzeitig auch gute Fußballer...

Helmut Konrad: ... diese Motorenfunktion. Die paßt natürlich - um ein

Vorurteil zu strapazieren - auf den Tiroler. Genauso wie der Pezzey, der mit italienischen Vorfahren eigentlich einen italienischen Fußball präsentiert und keinen typisch österreichischen. Beim Ocwirk weiß ich es eigentlich nicht.

Eduard Staudinger: Wir könnten eigentlich fragen, ob es Regionalismen im österreichischen Fußball gibt?

Helmut Konrad: Na sicher gibt es Regionalismen im österreichischen Fußball. Also ich glaub schon, daß der Fußball ein so urbanes Phänomen ist, daß man lang österreichischen Fußball mit Wiener Fußball synonym setzen konnte. Es gibt dieses wirklich urbane Fußballelement. Dann muß man allerdings schauen, was es für regionale Ausprägungen gibt.
Für Tirol steht sicher der Hattenberger. Das sind diese konditionsstarken Naturburschen, denen die Luft nie ausgeht - vom Spielertyp her. Was für die Steiermark steht, trau ich mich als Nichtsteirer nicht so sagen. Ich würde meinen, eine gewisse prinzipielle gedankliche Langsamkeit, die sich auf dem Spielfeld natürlich auch äußert...

Eduard Staudinger: ... aber fürchterlich fleißig, Stering ...

Helmut Konrad: Stering ...

Eduard Staudinger: ... die wirklich, gewissermaßen auch österreichweit, aber auch international zu einem Begriff geworden sind. Stering ist für mich jemand, der...

Helmut Konrad: ... dieses Arbeitsbienen ...

Eduard Staudinger: ... der letztlich auch Opfer eines schweren Fouls geworden ist ...

Helmut Konrad: Sonst fallen mir keine sonderlichen Regionalismen ein. Es gibt keinen Kärntner Fußball, die Erwähnung des einen oder anderen Kärntner Fußballers ist ein historischer Zufall, ich glaub nicht, daß man in dem Land Fußball spielen kann. Es gibt auch keinen Salzburger Fußball. Das ist eigentlich eine eher zufällige Konstellation. Man hat einen guten Trainer, eine gute Einkaufspolitik ...

Eduard Staudinger: Aber ist das nicht ein Stichwort, Helmut, daß sich da vielleicht in der Struktur der Vereine und in der Art und Weise, wie Teams gebildet und Fußballpolitik gemacht wird, in den letzten Jahren sehr viel geändert hat. Es werden eigentlich in der Tat immer mehr diese - über einen Mäzen, der Geld investiert - Teams zusammengestellt, nach ganz verschiedenen Gesichtspunkten, die eigentlich gar nicht mehr einer lokalen oder regionalen oder sonst irgendeiner Tradition zuordenbar sind. Das ist ja auch international der Fall, wenn du nach Deutschland oder England schaust. Englands Fußball, der ja eine riesige Tradition des eigenen Fußballs hat, ist, jetzt - was viele Spitzenteams betrifft - eine multikulturelle Angelegenheit geworden. Nicht umsonst wurde Liverpool von den englischen Journalisten und von den englischen Fans bis vor kurzem u.a. deshalb so geschätzt, weil das noch ein Team von den Inseln - Engländer, Waliser, Schotten, Iren - war.

Helmut Konrad: Aber schon kein Liverpooler Team mehr. Das ist eine der spannenden Entwicklungen. Früher, wenn du an das Ruhrgebiet in Deutschland denkst, war ja der Fußball extrem regional verortet, das war sozusagen wichtig. Es war eine der Aufstiegsschienen. *Einer von uns* schafft es, in das Team zu kommen. Für Italien etwa: die regionale Aufstiegsschiene ist eine über den Sport, über den Fußball. Also in allen strukturschwachen oder krisenhaften urbanen Milieus war Fußball und der regionale Verein mit einer ganz starken Bodenhaftung versehen, jetzt haben wir das deutlich nicht mehr, jetzt hast du Leute, die im wesentlichen versuchen, über Werbeeinnahmen ein Team, das aber erstaunlicherweise noch immer eigentlich regionale Anhängergruppen hat, zusammenzustellen. Daß wir alle sentimentale Anhänger von Manchester United sind, hat ja in Wahrheit andere Ursachen. Wenn Sturm Graz spielt - ohne daß ich Grazer bin - ist mein Herz bei

Sturm, was ja eigentlich völlig absurd ist, denn wenn Sturm gegen Salzburg spielt, was soll da ich für Gefühle haben. Trotzdem wünsche ich den Sieg Sturm und nicht Salzburg. Oder wenn Sturm gegen Austria Wien verliert, giftet mich das, und ich frage mich: warum eigentlich?
Die Anhängerklientel ist sicher regional, die Teams sind es schon lange nicht mehr. Der Versuch des GAK in Kapfenberg, das war doch ein spannendes Experiment. Die Verpflanzung einer ganzen Mannschaft an einen anderen Ort. Heute kommt es nur darauf an, daß einer Geld hat, dann kann er überall eine Fußballmannschaft haben.

Eduard Staudinger: Es ist eigentlich der Fan, der eine eigene Kategorie darstellt. Der in einer eigenen Bindung an *seinen* Verein, an sein Team lebt, das sich als solches völlig zu verändern begonnen hat...

Manfred Lechner: Das ist doch eine interessante Frage, wie es zu diesen unterschiedlichen Fußballstilen kommt? Das hat man letztlich ja schon in Wien: Austria und Rapid. Identitätsstiftung läßt sich doch eigentlich leichter über das Publikum definieren ...

Helmut Konrad: Ich weiß nicht. Es stimmt für Rapid, es hat im wesentlichen ein durchgängig klar segmentiertes Anhängerpotential. Das ist sozial zuordenbar, das ist partiell politisch zuordenbar, das ist sicher untere Mittelklasse bis *lower class*. Ein Wiener Segment, das sich in einer gewissen Aggressivität, die wiederum einer gewissen sozialen Situation entspricht, ausdrückt. Bei Austria ist das völlig anders. Austria, das ja einmal ein bestimmtes Segment bestritten hat, das sozial eher höher plaziert war, das bestimmt das jüdische Segment in Wien miteingeschlossen hat, das hat seine Plazierung in der Anhängerschaft eigentlich ziemlich verloren. Ein Austria-Segment so klar zu definieren wie ein Rapid-Segment traue ich mich nicht. Das ist viel verwaschener, viel schwammiger, und ob sie im Horr-Stadion spielen oder woanders, ist egal ...

Eduard Staudinger: Die Austria wechselt auch ihre Standorte.

Helmut Konrad: Rapid ist wirklich ein fixierter Club. Es gibt wenige, die so sind. Der FavAC ist auch ein fixierter Wiener Club.

Eduard Staudinger: Die Austria ist da sehr interessant. Ein Motiv für die Austria, ins Horr-Stadion zu gehen, nach Favoriten war - wenn ich mich richtig erinnere - die Diskussion, daß die Austria anstrebte - nachdem sie ja lange Jahre im Stadion gespielt haben, im Wiener 2. Bezirk, wo sie keine Zuschauer hingebracht haben, da waren sie irgendwie anonym in dieser Großstadt, haben sich verlaufen - sich regional innerhalb von Wien in einem Bezirk wieder zu verankern; so sind sie nach Favoriten gegangen. Indessen war Rapid lokal sehr stabil. Manche andere Traditionsclubs der Wiener sind einfach untergegangen, wenn sie versucht haben, ihre Standorte zu wechseln oder sich zu fusionieren. Die Admira, die Fusionierung mit Wacker-Wien hat beide ruiniert, die Vienna ...

Helmut Konrad: ... die Vienna, ein Traditionsclub, genau verortet, höheres soziales Segment, Nobelviertel, auf der Hohen Warte und trotzdem ...

Eduard Staudinger: Weil du vorher gemeint hast, es gibt diesen Aufstieg oder die Identifikation mit der einen Persönlichkeit oder mit dem einen Spielertyp aus der Region. Mir ist da auf Deutschland bezogen Borussia Dortmund aufgefallen. Die beiden Meistertitel von Borussia Dortmund, einer Mannschaft, die ja wirklich so verankert ist im Ruhrgebiet, auch über die Anhängerschaft. Der erste Meistertitel, in den fünfziger und sechziger Jahren war für die Region sehr wichtig, und ist es jetzt für die Region wieder, obwohl das Team nicht aus der Region kommt, mit einer Ausnahme, dem Zorc. Da wird ungemein wichtig, daß der im Team ist. Der Trainer kommt aus der Schweiz, die Stars kommen aus Brasilien und aus anderen Gebieten Deutschlands, aber sie haben den Zorc, der seit seinem 17. oder 18. Lebensjahr bei der Borussia spielt und der gleichzeitig auch ...

Helmut Konrad: ... das Identifikationsvehikel ist. Dieses Image hat natürlich der Schoko Schachner in Donawitz auch gehabt. Das ist sein Verein, und er hätte noch bis hundert spielen können und wär auch immer aufgestellt worden, weil er genau die Funktion hat, daß man in der Krisenregion sagen kann, er hat es zu etwas gebracht, er war in der Welt draußen, und hat noch immer die Verbundenheit zur Region ausgestrahlt. Das war sicher so ein deutlich erkennbarer regionaler Integrationsfaktor.
Für den Fußball bin ich mir nicht sicher, ob es ausreicht, daß ein Team deutlich regional verankert ist. Wenn man an St. Pauli denkt, die wirklich eingebunden sind in eine ganz bestimmte Stuktur. Zum Beispiel der Slogan *Nie wieder Faschismus, nie wieder 2. Liga*, das ist geradezu genial für die Verankerung in ein ganz bestimmtes Segment in der Hamburger Gesellschaft.

Eduard Staudinger: Ein bißchen habe ich das bei Flavia-Solva miterlebt. Flavia Solva war ja immer ein lokal verankertes Team im Dorf. Dann im Markt Wagna und der näheren Umgebung bis ins nördliche Slowenien als Einzugsgebiet. Das war mit einem ganz bestimmten Platz verbunden, der dazu gehört hat. Und das hat dem Club, selbst in der Unterliga, Zuschauer bis an die tausend Leute gebracht, das ist bis in die Landesliga, in die Regionalliga, bis vor der Reform so gegangen. Irgendwann fängt der Bruch an: es wird ein Team, das in ein neues Stadion zieht, das zwar danebenliegt, aber nicht mehr so die *kuschelige* Atmosphäre des alten, des *hügeligen ...*

Helmut Konrad: ... *wellig ...*

Eduard Staudinger: ... des *welligen* Platzes hat, wo du von einem Tor nicht zum anderen siehst, weil ein Hügel dazwischenliegt.

Helmut Konrad: Wo ein Heimvorteil noch ein echter Heimvorteil war.

Eduard Staudinger Wo auf einmal jene Kicker zugekauft werden, die eigentlich bei den beiden Grazer Clubs nicht mehr so reussieren können oder erst in der Aufbauphase sind. Dann verändert sich das Ganze und ist eigentlich ein anderes Team. Die Verbundenheit war auf einmal weg. Es hat sich vielleicht das klassische Fußballpublikum verändert. Die Fans, die in den sechziger Jahren zu ihrem Team gegangen sind, sind jetzt älter, fünfzig. Was ist der jugendliche Fan heute im Vergleich zum damaligen?

Helmut Konrad: Der heute jugendliche Fan kriegt hochklassigen Fußball fünf mal die Woche übers Medium hereingespielt und sich dann Flavia Solva anzuschauen, ist nicht das Wahre. Wenn ich mir meinen Fußballclub - nur von der passiven Seite natürlich - über den WSV Frantschach anschau', war dieser extrem verankert. Es war der Werksportverein. Das Werk war der ganze Stolz vom Dorf. Da wäre niemand zugekauft worden, das wäre gänzlich undenkbar gewesen. Wir sind ja mit den Radln bis St. Veit gefahren, wenn der WSV Frantschach gegen den SV St. Veit gespielt hat. Es war eine wirkliche Identifikation da. Man hat mit den Spielern mitgelitten, war emotional vollständig dabei. Eine Schiedsrichterfehlentscheidung hat sich bis zur Aggressionsentladung am Sportplatz in Frantschach steigern können. Das ist heute im wesentlichen undenkbar. Man schaut sich unterklassige Spiele nur vom humoristischen Aspekt an, zumindest unsere Generation. Es hat sich in der regionalen Verankerung der unteren Vereine relativ viel aufzulösen begonnen, weil einfach jeder über die Medien jeden Tag hohe Fußballqualität vorgesetzt kriegt.

Eduard Staudinger: Ich glaube, die Transfertätigkeit reicht bis in die untere Klasse hinein, wenn man die lokalen Funktionäre anschaut, die schauen sich um am Markt und holen Kicker von überall her. Ich glaube nicht, daß etwa Pöllau ein wirklich lokal verankerter Club ist. Dahinter gibt es eine Funktionärsschicht. Vielleicht gibt es einen, der eine ganz gezielte Einkaufspolitik betreibt, und zwar von der Gebietsliga hinauf bis in die Landesliga hinein.

Manfred Lechner: Pöllau als mein Heimatort ist ein schönes Beispiel. Es war lange nur ein Ortsverein, erste, zweite Klasse. Dann ist einer gekommen, der investiert hat und damit Erfolg hatte. Es gehen so viele Leute auf den Fußballplatz wie bei Bundesligaspielen.

Helmut Konrad: Es ist schon klar, daß der Fußballrubel nicht aus reiner Menschenfreundlichkeit rollt, sondern aus ökonomischen Überlegungen.

Manfred Lechner: Zurück zur Ausgangsfrage: gibt es einen österreichischen Fußball?

Helmut Konrad: Ich glaube, es gibt ihn jetzt weniger. Mit der neuen Situation von Fußballertransfers wird sich dieses Synonym *österreichischer Fußball* ja aufzulösen beginnen. Wenn man das Bild zeichnet, es ist ein wenig dieses Bild der steckengebliebenen Begabungen, gute Ansätze, aber nicht wirklich leistungsorientiert . Wenn man dieses Bild weiterverfolgt: willst du im Fußball etwas werden, mußt du in die Bundesliga, mußt du nach Italien. Jeder erfolgreiche österreichische Fußballer hat ja in Wirklichkeit ein Ziel, sich in die Auslage zu stellen für den internationalen Markt. Der österreichische Fußball kann sich hochqualitativ nicht wirklich entfalten, weil die Fußballer, die wirklich Leistungsträger sind, ja in Bremen oder Genua spielen. Es gibt auch keinen österreichischen Tormann. Da gibt es meines Erachtens das Typische nicht, obwohl man mit dem Begriff *Steirertor* eigentlich etwas Typisches meint: 89 Minuten super, dann aber einen *Roller* zwischen die Füße.

Manfred Lechner: Ist es das, was man meint, das typisch Österreichische ist, mit *fliegenden Fahnen* unterzugehen, gut zu spielen, aber mit Sicherheit zu verlieren.

Helmut Konrad: Nein, absolut nicht. Wenn du eine österreichische Mannschaft spielen siehst, hast du das Gefühl der athletischen Unterlegenheit. Ich glaube, der österreichische Fußball fordert nicht in dem Ausmaß, daß die Spieler am Zenith ihrer körperlichen Leistungsfähigkeit sind. Da ist eine gewisse Bequemlichkeit. Es reicht allemal noch, um in der ersten Mannschaft bei Admira mitzukicken. Da sehe ich eindeutige Defizite, da sehe ich taktische Defizite. Wenn Österreich gute Trainer hat, die oft keine Österreicher sind, da kannst du taktisch viel bewegen, weil da einfach Potential da ist, das im österreichischen Fußball oft nicht ausgenützt wird, in der Nationalmannschaft früher schon gar nicht.

Eduard Staudinger Das heißt eigentlich umgekehrt, daß die Herangehensweise an Fußballer eine andere ist. Deutsche sagen ja nicht umsonst zu den Stadien Arbeitsstätten, und wenn es einmal schlecht abgeht, dann sagt der Reporter, das grenzt ja an Arbeitsverweigerung. Und in dem Zusammenhang gehören gewisse Dinge offensichtlich auch zur Ausübung dieses Berufes. *Erlernt*, dazu gehört Taktik, dazu gehört nicht nur körperliche Fitness. Du mußt trainieren. Der österreichische Fußballer ist etwas lustlos, er ist ein *Freibadkicker* im positiven und negativen Sinn. Kicken macht irrsinnig Spaß. Es gibt ein gewisses Reglement, an das mußt du dich nicht unbedingt halten. Aber wenn es ihn nicht mehr freut, kickt er nicht mehr weiter. Aber wenn du jetzt eineinhalb Stunden Arbeit abliefern mußt, zu der du dich auch qualifizieren mußt ... Das nehme ich auch bei den deutschen Beobachtern der österreichischen Kicker in Deutschland wahr, diese Haßliebe, dieses *Heiß-Kalt* in der Faszination und in der Ablehnung, die wieder zum Ausdruck kommt, wenn der Herzog *geigt*, der *Herzilein*, der *Herzog aus Wien*, der *Johann Strauß der Arbeitsstätte*, der wirklich ein Flair hineinbringt. Aber wehe, es läuft einmal nicht mehr so, dann ist er der *Ösi*, dem eigentlich *die Wadln vorgerichtet gehören*, der einmal lernen sollte, was wirklich Einstellung bedeutet.

Helmut Konrad: Ich glaube, da ist wirklich viel dran, deswegen stimmt es nicht, daß man hochqualitativ mit fliegenden Fahnen untergeht. Das Looser-Image ist es nicht, daß das Pech an den Fersen oder Schuhspitzen klebt, sondern der mangelnde Ernst. Wenn das Nationalteam in einer ernsten Auseinandersetzung ist, gehen die mit bleichen Gesichtern hinein, daß ist für sie im wesentlichen eine neue Erfahrung. Bei Freundschaftsspielen geht das alles sehr viel besser als bei der Ausscheidung, wo man sagt, dieses Spiel muß als Arbeit nach Hause gefahren werden, da ist ein Pflichtprogramm drinnen und nicht nur Kür.

Eduard Staudinger: Das untergehen mit *fliegenden Fahnen*, sagt man auch vom englischen Fußball: *so near and yet so far.*

Helmut Konrad: Vom englischen Fußball stimmt es viel mehr. Die stürmen wirklich vor, manchmal eher hirnlos. Aber es ist herzerfrischend, sie können gegen eine kühl taktische Mannschaft einfach untergehen. Der österreichische Fußball geht ja speziell gegen den englischen Fußball unter, wenn die drüberbrausen mit ihrer Athletik und ihrem körperbetonten Spiel und ihrer Geschwindigkeit, dann sieht der österreichische Fußballer das Spiel nur an sich vorbeilaufen und spätestens ab der 10. Minute packt ihn noch der Frust und dann kommt das zweistellige *Packerl aussa.*

Eduard Staudinger: Ist das, was den österreichischen Fußball ausmacht, nicht ein starkes Erinnerungs- und fast Nostalgieelement, das drinnensteckt, sich über die Jahre hinwegschleppt und fast definierbar ist. Da ist das Wunderteam, da ist die WM in der Schweiz 1954, da ist der Sieg in Wembley, da ist Córdoba und da sind so *Umschütter* wie die Faröer-Inseln. Es sind so bestimmte Elemente, die sich durchziehen, wenn es um das Bild von Österreich geht, dieses fallweise Herausragen, von dem du jahrzehntelang zehrst, wo man glaubt, man muß es nicht dauernd bestätigen. Das unterscheidet den deutschen Fußball, der nicht von der Erinnerung leben will, es zählt, was als Ergebnis dort steht.

Helmut Konrad: Da sind aber auch die Kader größer, da ist der Leistungsdruck größer. Bei uns hat eine normale Mannschaft sechs gute Kicker, die werden immer aufgestellt, und eine deutsche Mannschaft hat 22 gute Kicker, davon werden 11 aufgestellt. In Deutschland sitzt bald jemand auf der Ersatzbank, durch die Breite der Spitze ...

Eduard Staudinger: Es heißt, daß im Prinzip deutsche Fußballmannschaften eher nach unternehmensstrategischen Gesichtspunkten geführt werden, während die österreichischen eher diese *persönliche Partie* darstellen. Die große Phase des FC-Tirol ...

Helmut Konrad: ... das war die Pezzey - Koncilia - Zeit ...

Eduard Staudinger: ... es war ein sehr sehr buntes Team mit einigen Wienern ...

Helmut Konrad: ... aber doch einer starken Bundesländer-Fraktion. Ich glaube schon, daß die prägenden Kräfte bei Tirol die Front der Bundesländer gegen Wien war, das Zusammenkaufen der guten Vorarlberger, Kärntner. Was eben zu mobilisieren war gegen die Großstadt.
Also, es gibt einen österreichischen Fußball. Der österreichische Fußball ist ein gewisser Genußfußball, ein bisserl wehleidig in der Grundstruktur, nicht - zumindest im Moment - im mainstream internationaler Fußballentwicklung.

Eduard Staudinger: Ich würde sagen, in Österreich sagt man: *gemma kicken*, und anderswo sagt man: *gemma arbeiten ...*

Helmut Konrad: ... an di*e Arbeit, Jungs* ...

Eduard Staudinger: Und die Lust am Arbeiten kann sich auch schnell ändern, wenn die Temperaturen nicht passen, wenn der Boden nicht hinhaut ...

Helmut Konrad: Regen ist etwas ganz Schlimmes. Habt Ihr bei Regen gespielt?

Eduard Staudinger: Nein, wir sind sofort in die Kabine gegangen.

Helmut Konrad: Eben, deswegen sind die österreichischen Fußballer auch keinen nassen Rasen gewohnt. Wenn sie einmal im Ernstfall mit einem echten Regen konfrontiert werden, sind sie völlig hilflos.

Eduard Staudinger: Das sind widrige Umstände, die eigentlich den Spaß verderben. Und auch, wenn es zu warm geworden ist. Es gehört vieles dazu, daß Kicken Kicken bleibt.

Helmut Konrad: 18 Grad Außentemperatur, kein Wind, leicht bewölkt, das richtige Publikum dazu. Es gibt viele wichtige Konstellationen, um wirklich brillant zu sein.

Manfred Lechner: Nochmal zurück zum Publikum. Die Rolle von einer Nationalmannschaft im Nation-building-Prozeß im österreichischen Sport. Wer ist am markantesten? Die Schifahrer, oder ist es der Fußball?

*Eduard Staudinger: Da*s wechselt. Es gibt Phasen, wo Fußball absolut wichtig war.

Helmut Konrad: Die Schweiz war wirklich wichtig. Córdoba war wichtig für den Nation-building-Prozeß, aber genauso war Toni Sailer wichtig. Sport ist insgesamt eine ganz wichtige Identifikationsschiene. Da nimmt man sofort den kleineren Erfolg als etwas, wo außenpolitische Übersteigerung fast hineindiskutiert wird. Das hat man bei Österreich in der Unsicherheit im Nation-building-Prozeß auch gesehen, daß den Fußballern sehr viel mehr Bedeutung zukommt.

Eduard Staudinger: Spielt nicht auch eine Rolle, wie Sport zusätzlich zum Nation-building-Prozeß vermittelt wird? Zum Fußball gehören bestimmte Vermittlungsstationen an die Öffentlichkeit. Edi Finger im österreichischen Kontext. Ich glaube, daß es im internationalen Vergleich auch vielleicht momentan ein Vermittlungsproblem ist, wie Fußball präsentiert wird, auch medial, ob in den Printmedien oder den audiovisuellen Medien. Da fehlen die Leitfiguren, wegen denen du auch Fußball schaust, die du an der Stimme und am Vokabular erkennst. Zu Córdoba gehört der Torschrei von Edi Finger und seine Story über Hansi Krankl, der vom *Straßenbahnerbua* diese Karriere bis nach Córdoba gemacht hat.

Helmut Konrad: Es geht nicht nur um die Vermittler, es geht um die ganze mitgeschleppte Symbolik. Wahrscheinlich ist Córdoba deshalb so stark wirksam, weil sie in rot-weiß-roten Dressen gespielt haben, wodurch sich die Symbolik wesentlich erhöht hat, da sie ja sonst noch immer mit dem schwarz und weiß, im deutschen Traditionsdreß unterwegs waren. Das ist für mich einer der Kippunkte. Die Hymne ist auch ein ganz signifikanter Punkt. Wenn die funktioniert, kommt ein starker Patriotismus mit und ist deutlich spürbar. Deswegen ist Córdoba so ganz besonders signifikant positiv im Nation-building-Prozeß zu sehen.

Eduard Staudinger: Ich glaube, daß solche Symbole eine unglaubliche Rolle spielen, es war für die Deutschen sehr folgenreich, weil sie nicht aufgestiegen sind ...

Helmut Konrad: ... und weil es ein wienerisches Element gehabt hat, das den österreichischen Fußball auszeichnet. Daß der Hansi Krankl dort mit dem Schmäh, der die deutsche Verteidigung unbeholfen ausschauen ließ, die Überlegenheit der österreichischen Finte gegenüber der deutschen Athletik hat aufblitzen lassen.

Manfred Lechner: Vielleicht ist es das gemeinsame Publikumserlebnis im Fußball, das viel an Identifikation bewirkt? Ist Fußball eigentlich der einzige Sport, wo man die Nationalhymne mitsingt? Beim Schifahren gibt es doch nicht ein so starkes Gemeinschaftserlebnis.

Eduard Staudinger: Wo gibt es etwas Vergleichbares? Es hat eine Phase des österreichischen Eishockey gegeben, wie sie sich in der B-Liga etabliert haben, dann aufgestiegen sind in die A-Liga ...

Helmut Konrad: Es hat in diesem Land nur eine Phase *Kärntner* Eishokkey gegeben. Die Hymne, die beim Eishockey gesungen worden ist, war *Wiener Blut*, es war nie die österreichische Nationalhymne.

Eduard Staudinger: Was zum gemeinsamen Singen der Hymne dazugehört, ist auch der Schauplatz. Auf einem Schihang singt man das nicht. Im Freien singt man das nicht, aber die Stadienatmosphäre, das eng Aneinanderstehen, die Halle, da funktioniert es.

Manfred Lechner: Ich glaube, es gibt eine Verschiebung in der Aufnahme. Der Clubfußball ist nicht mehr so wichtig, weil man ihn im Fernsehen sieht. Man muß nicht mehr ins Stadion gehen, man geht nicht mehr gemeinsam ins Gasthaus fernsehen, wie in den sechziger, siebziger Jahren. Man kann daheimsitzen und sich athletischen Fußball anschauen. Die großen Nationalevents sind von Firmen, Sponsoren gekauft....

Helmut Konrad: Im Fernsehen wirst du nicht mit Bier angeschüttet. Das ist eine Erlebnisebene, die geht dir eindeutig ab ...

Eduard Staudinger: ... und auch nicht niedergestochen. Eigentlich ist die Bierdusche eine nostalgische Erinnerung. Heute spielen sich um den Fußball andere Formen von Gewalt ab. Die Bierdusche war ärgerlich, hat aber zum Lokalkolorit dazugehört ...

Helmut Konrad: ... es war eher verbal aggressiv. Da waren weniger Schlagstöcke. ... *Aus, ich sag' kein Wort mehr!*

Manfred Lechner: Gibt es nun einen österreichischen Fußball oder nur eine bestimmte Art über österreichischen Fußball zu sprechen?

PS.: Dieses Gespräch wurde vor der Qualifikation des österreichischen Nationalteams für die WM 1998 in Frankreich und dem Abstieg von St. Pauli in die 2. Deutsche Liga mit o.Univ.Prof. Dr. Helmut Konrad und Ass.Prof. Dr. Eduard Staudinger, beide an der Abteilung Zeitgeschichte der Karl-Franzens-Universität Graz, geführt.

Walter Grond

Österreichbild

Patrick Deville ißt immer Wienerschnitzel, wenn er im Forum Stadtpark zu Gast ist, ob in Restaurants, Gasthäusern oder bei Buffets im Haus, aber ich weiß nicht, ob ihm die österreichische Küche schmeckt. Er ißt das Wiener Schnitzel nicht mit der Inbrunst, mit der wir Österreicher am Sonntag Wienerschnitzel essen, und ich weiß auch nicht, ob seine Zurückhaltung mit unserer Küche zusammenhängt oder mit dem Ernst und der Distanz, die die Franzosen gegenüber Ausländern gern bewahren. Bei Jean-Pierre Lefebvre beobachte ich dieselbe Unnahbarkeit, aber ich weiß nicht einmal, ob dies eine französische Eigenschaft ist, oder eine, die nur Patrick Deville und Jean-Pierre Lefebvre gemeinsam ist. Bei Michel Butor erlebte ich sie auch, als er bei uns zu Gast war, und bei Alain Robbe-Grillet. Ich erinnere mich auch bei Leslie Kaplan und bei Jaques le Rider an jenes selbstgewisse Auftreten, ihre Zurückhaltung gegenüber unserer Gastfreundschaft, ihre indifferente Haltung dem Österreichischen gegenüber, das wir so gern behandelt wissen. Allerdings weiß ich nicht, ob das nicht mit unserem Minderwertigkeitskomplex zu tun hat, und nicht einmal weiß ich, ob man überhaupt sagen kann, wir Österreicher erleben die Franzosen in dieser Weise. Ja ich weiß nicht, ob die Österreicher die Franzosen als arrogant empfinden, weil ich ja nicht einmal weiß, was ein Österreicher ist oder ein Franzose.

Ich finde, die Franzosen hätten allen Grund, uns wie hinterwäldlerische Exoten zu behandeln, aber ob sie es tun, weiß ich nicht. Ein Clochard sprach Franz Innerhofer und mich vor Jahren in einer Pariser Bar an, als wir Pastis tranken und an Joseph Roth dachten, aus welchem Distrikt wir kämen, weil er unseren Dialekt nicht verstand. Wir sagten, wir kämen aus Österreich. Er schüttelte enttäuscht den Kopf, weil wir doch wirklich behaupteten, in Paris gebe es einen Distrikt, dessen Namen er noch nie gehört hatte. Auf Innerhofers Antwort, es sei unmöglich, sich Österreich als einen Pariser Distrikt vorzustellen, meinte der Clochard, auf Napoleon anspielend, "unmöglich gibt es nicht auf Französisch".

Wenn die Deutschen nach Österreich und zu uns ins Forum Stadtpark kommen, haben wir ein klares Bild davon, welches Bild die Deutschen von uns haben. Zum Beispiel verstehen wir und sagen das im Ausland auch laut, warum niemand auf der ganzen Welt die Deutschen mag. Davon sind wir überzeugt. Ja, subsummiert uns ein Deutscher unter die Süddeutschen, schreien wir entsetzt auf. Stephan Dillemuth, der im Forum Stadtpark eingeladen war, äußert sich über alles, was ihm österreichisch erscheint, mit einem "ja mei". So behandeln uns die Deutschen, finden wir Österreicher.

Ist ein Deutscher einmal gnädig mit uns, stellt er für uns eine Ausnahme von der Regel dar. Wir Österreicher kokettieren gern mit unserem Charme, und wenn uns ein schwachsinniger Fauxpas passiert, wenn wir, wie wir sagen, ins Fettnäpfchen treten, drehen wir den Spieß um, und sagen, gerade dieser Charme, um nicht zu sagen, dieser Esprit unterscheide uns von den Deutschen, die ausschließlich auf die Realität fixiert sind. Esprit gefällt uns. Wenn es gegen die Deutschen geht, bedienen wir uns gern der Kulturnation Frankreich.

Die Deutschen beglücken unsere Gastronomie. Seitdem wir öfter nach Frankreich und Italien fahren, wird uns bewußt, wie mittelmäßig unsere Küche ist, auf die wir so stolz gewesen sind. Seitdem wir nach Frankreich und Italien fahren, leiden wir unter unserer Küche, aber ich kenne keinen deutschen Gast, der nicht von unserer Küche begeistert wäre. Cosima von Bonin ißt leidenschaftlich gern Backhuhn, und für eine Portion Backhendel führen wir sie in ein Gasthaus, in das zu führen ich Jean-Pierre Lefebvre nie wagen würde. Hubert Winkels begeistert sich an Riesengarnelen aus dem Tiefkühlschrank, die im Mikrowellenherd aufgetaut worden sind, und Dietrich Diederichsen ißt bei uns Spargel aus der Dose.

Im Vergleich zur deutschen Küche schneiden unsere Gasthäuser hervorragend ab. In allen anderen Angelegenheiten des Lebens ist es für uns selbstverständlich, daß die Deutschen einen Österreicher für minderbemittelt und liebenswert bemitleidenswert halten. Hubert Winkels ißt immer Hausmannskost, wenn er bei uns zu Gast ist, aber auch schon einmal wie erwähnt Riesengarnelen in einem Spätlokal. Er macht uns auch Komplimente, weil für ihn die Aufenthalte in Österreich Erholung vom anstrengenden deutschen Berufsleben bedeuten. Wir sind stolz darauf, Beruf und Erholung unter einen Hut zu bringen. Ob Hubert Winkels, der wirklich der allerfreundlichste Deutsche ist, der bei uns zu Gast war, sich in Deutschland mit den Deutschen versteht, weiß ich nicht. Paul Wühr ist ein Bayer, aber ich weiß nicht, ob man das so behaupten kann. Er lebt in Passignano in Umbrien, das steht fest, und daß seine Frau Inge und er zu den liebenswürdigsten Gastgebern gehören, die ich kenne, kann ich ohne weiteres behaupten. Paul und Inge Wühr bezeichnen das Schloßberghotel in Graz als das weltbeste Hotel. Wir Österreicher, sage ich gern zu ihm, existieren in soviel Minderwertigkeit, daß wir dauernd über die Grenze schauen müssen, deswegen haben wir einen so unglaublichen internationalen Standard. Zum Beispiel ist das Schloßberghotel ein typisch österreichisches Hotel. Sein Besitzer, Helmut Marko, war Formel-I-Rennfahrer. Er notierte sich rund um die Welt, was gut und was schlecht ist in Hotels. In Österreich ist der Weg vom Hotel zu Robert Musil nicht weit. Wir leben in einer Ordnung der Möglichkeit, aber ich weiß nicht, ob Musil überhaupt hätte sagen können, was ein Österreicher ist.

Mein Gott, gibt es freundliche Deutsche, die freundlich über uns Österreicher sprechen, wenn sie zu Gast sind im Forum Stadtpark. Jürgen Ritte gleicht in dieser Hinsicht Hubert Winkels, nein übertrifft ihn. Zum Beispiel weint Jürgen Ritte, wenn er ins Flugzeug, das ihn zurück nach Paris bringt, steigen muß. An Sascha Andersen erinnere ich mich als an einen Deutschen, der 1987 begeistert war von unserer Grazer Eve-Bar, einem Bordell, das wenig später wegen notorischer Erfolglosigkeit geschlossen werden mußte. Die Striptease-Tänzerin ließ Sascha Andersen laut auflachen und in die Hände klatschen, und neben ihm lachte Lisa D., eine Designerin aus Berlin. Sie stammt eigentlich aus Österreich, aber sie sagt gerne "Ik bin eine Berlinerin", aber ich mag sie trotzdem sehr.

Cees Noteboom kam einige Jahre auf jede unserer Einladungen hin nach Graz, und ich glaubte schon, einen wirklich österreichbegeisterten Gast zu begrüßen, bis ich mir eingestehen mußte, daß er plötzlich nicht mehr kam, weil unsere Mitarbeiterin Barbara nicht mehr im Forum Stadtpark arbeitete. Die schöne Barbara, wie sie gern von unseren Gästen gerufen wurde, betreute bei Symposien die eingeladenen Autoren. Sie verstand es, Männern Hoffnungen zu machen, die sie nie ganz erfüllte. Die schöne Barbara ist eigentlich eine Deutsche, aber folge ich den Ausführungen von Yoko Tawada, könnte sie als eine assimilierte Österreicherin die typische österreichische Frau schlechthin sein. Überhaupt fällt mir jetzt auf, daß wir, wenn uns jemand erzählt, wie prüde die Französinnen und Italienerinnen seien, schamlos lachen, und uns vorstellen, die Österreicherinnen seien promiskuitiv. Die Schweizer, erzählen wir uns, glauben das auch. Sie holen zur Fasnacht Österreicherinnen, um sie als halbnackte Kellnerinnen am Po zu grapschen. Hören wir, die Französinnen seien prüde, lachen wir österreichischen Männer. Daß unsere schöne Barbara aus dem Forum Stadtpark Dichter, Kritiker und Lektoren um den Verstand brachte, genießen wir. Cees Noteboom ist wegen ihr gekommen genauso wie Roger Willemsen.

Yoko Tawada hat uns vielleicht etwas über uns Österreicher erzählt, wenn sie vom Japanischen sprach, das sich das Europäische einverleibt und so das Japanische als das Europäischere erscheinen läßt. Des öfteren erhob sie tatsächlich das Österreichische zum Japanischen. Ja, ich habe sie mit eigenen Ohren gehört, als sie sich selbst, die aus Japan stammt und in Hamburg lebt und des öfteren bei uns in Österreich zu Gast ist, eine Österreicherin nannte. Yoko Tawada ist die typische Österreicherin, aber ich könnte nicht sagen, wer Yoko Tawada ist. So oft ich sie treffe, ich komme ihr nicht näher. Sie ist mir andererseits nicht fremd, nicht von einer Eigenschaft, die man sich aneignen könnte, so widerspreche ich ihr gar nicht, wenn sie sich als Österreicherin bezeichnet, weil mir die ganze Frage, was das Österreichische sei, reichlich überflüssig erscheint und ich mich dafür im Grunde nicht interessiere.

Manfred Lechner und Andrea Strutz

Continental divide

Emigration. Austria - New York

Der hier abgedruckte Aufsatz ist die überarbeitete Fassung des Drehbuches der Autoren zur Videodokumentation "continental divide - geteilte leben", die aus dem Projekt *Emigration. Austria - New York* entstanden ist. Bei diesem Projekt ging es um die Sammlung und wissenschaftliche Auswertung von Erfahrungen und Stimmungsbildern von Personen, die nach 1938 Österreich auf der Flucht vor den Nationalsozialisten verlassen mußten.

Im Februar und März 1996 konnten die Autoren mit 23 ehemaligen ÖsterreicherInnen, die heute in New York ansässig sind, Video-Interviews machen, die in einer Gesamtlänge von ca. 40 Stunden im Videoarchiv der Abteilung Zeitgeschichte der Karl-Franzens-Universität Graz zugänglich sind.

Daraus entstand die 46 minütige S-VHS Videodokumentation: continental divide - geteilte leben, deren überarbeitetes Drehbuch hier vorliegt. Die Aussagen, Statements und Wahrnehmungen sind auch ohne die dazugehörige Bildinformation von außergewöhnlicher Anschaulichkeit, wobei v.a. Fragen zur Lebenssituation in Wien vor dem Anschluß, die unmittelbare Zeit unter nationalsozialistischer Herrschaft, die Wege der Flucht, der Neuanfang in einer völlig neuen und anderen Umwelt, Fragen nach einer möglichen Wiedergutmachung und nach dem Bild von Österreich, das bewahrt, neu definiert und von außen bewertet wurde, gestellt wurden. Das Medium Video gibt von sich aus natürlich eine Konzentration auf bildhafte Aussagen vor, wie die Länge einer Videodokumentation die Auswahl von Aussagen und Statements beschränkt. Wir versuchten in der Konzentration des vorhandenen Interviewmaterials auf zentrale Momente und deren Montage in einer vorgegebenen Sinnfolge, eine anschauliche Bildergalerie sehr persönlicher Eindrücke zusammenzustellen, die gerade deshalb nicht weniger aussagekräftig und von allgemeiner Gültigkeit wurde. Die Interviewpassagen wurden für diese Textfassung grammatikalisch und semantisch geringfügig umgearbeitet, um eine bessere Lesbarkeit zu gewährleisten. Ansonsten folgen sie der Gliederung der Videodokumentation.

Continental divide

Wien

[Abschnitt eins stellt Fragen der Erinnerungen an die Zeit in Wien vor 1938, über Jugend, Familie, soziales Umfeld, Religion, Antisemitismus, den erlebten Alltag in Wien also.]

A. P.: Die ersten Jahre hier in Amerika hatte man ein, wie soll ich sagen, viele von uns hatten ein *almost* physisches Heimweh, an eine Welt die es gar nicht gab. Dort in Europa saßen der Schrecken und die Gauleiter, und es war Krieg.
Aber man erinnert sich an Gerüche - Maroni zum Beispiel. Es war ein fast physisches Heimweh. Das hat nichts mit irgendwelchen politischen oder historischen Beziehungen zu tun, und das ist noch immer so.

E. L.: Ich bin dann eines Tages weinend nach Hause gekommen, weinend wegen des Christbaums. Es hat bei uns zu Hause keinen Christbaum gegeben, ganz im Gegensatz zu anderen Familien, die Christbäume gehabt haben. Aber wir haben eben keine Christbäume gehabt. Irgendwie ist mir das geblieben. Meine Mutter hat das allerdings wirklich sehr gut gemacht. Ich hab sie gefragt: warum haben wir denn keinen Christbaum, der ist doch so schön? Darauf hat meine Mutter gesagt: Wir sind Juden. Juden haben keinen Christbaum. Juden haben Chanukka.

Und Chanukka hat sie auch gefeiert. Sie war in dieser Beziehung sehr *matter of fact*, hat keinen *fuss* gemacht und das war wichtig, weil das hat mich dann in meiner Adoleszenz bereits genug beeinflußt, so daß wenn Leute zu mir gesagt haben: Sie sind eine Jüdin? Sie schauen aber gar nicht so aus. Darauf habe ich geantwortet: Ja, ich bin eine Jüdin und zwar eine polnische!

B. S.: Ich hatte nie das Gefühl: Oh, ich bin ein Jude und deshalb gehöre ich nicht dazu. Ich kann mich daran erinnern, daß ich mit unserem, also mit meinem Kindermädchen zum Beispiel in die Kirche gegangen bin. Ich hab mich zwar etwas gefürchtet, weil es ungewöhnlich war, aber als Gott mich an diesem Abend nicht bestraft hat, hab ich mir gedacht: Es ist alles in Ordnung, man kann in die Kirche gehen, es geschieht einem nichts. ... Mein bester Freund war ein Jude, mein zweitbester Freund war ein Katholik, der um die Ecke von uns gewohnt hat. Wir waren jeden Tag zusammen, wir waren in seinem Haus, er war in unserem Haus. Wie sie vorher sagten, *about* Juden. Ich erinnere mich gerade an eine Geschichte. Er hatte eine jüngere Schwester, und wir zwei Buben - zwölf- oder dreizehn Jahre alt - waren bei ihm zuhause und haben etwas Lärm gemacht, nicht wahr, und seine Mutter hat gerufen: seid nicht so laut, es hört sich ja an wie in einer Judenschul, worauf die jüngere Tochter gesagt hat: aber einer von denen ist doch hier ...

J. E.: Ich kann mich nur an einen Zwischenfall erinnern, bei dem mich jemand einen "Saujud" genannt hat. Daraufhin habe ich ihm eine runtergehauen. Das war dann ein großer Krawall in der Schule, es war noch in der Volksschule, und ich wußte eigentlich nicht, warum das so ernst genommen wird. Aber er hat sich bei der Schule beklagt und meine Eltern mußten dann in die Schule kommen. Ich mußte mich überall groß entschuldigen, aber im allgemeinen berührte mich die Sache nicht besonders.

E. K.: Na schauen Sie, wir waren doch alle sehr assimiliert. Also Religion spielte damals schon keine Rolle mehr. Allerdings hat mein Großvater immer gesagt: mehr als drei Generationen kann ein Jud nicht an einem Platz bleiben, dann müssen wir weg, nicht wahr, das ist schon so. Also in gewisser Weise hat er gewußt, es ist Zeit. Juden können nicht mehr als drei Generationen an einem Platz bleiben.

1938

[Abschnitt zwei beschreibt die Zeit des "Anschlusses", die folgenden Tage und Monate bis zur geglückten Flucht.]

K. E.: Der dreizehnte März war ein unverschämt schöner Tag. Ich bin in Wien spazieren gegangen und bin dabei zum Heldenplatz gekommen; und der Flieder war in voller Blüte, da war mein erster Gedanke: Wut! Wie kann der Flieder blühen, wenn mein Leben zusammenfällt? Das ist eine Unverschämtheit.

R. W.: I remember the smell of the air. It was early spring, it was wonderful. The juices were flowing and who could resist the savior, the savior who would throw you in the mud and within less than ten years, you were down and out.

K. P.: Es war das Gefühl der beständigen Angst. Es war diese - so wie ich mich daran erinnere - es war diese Mischung aus Angst und Unsicherheit. Außerdem war es auch fürchterlich langweilig. Wenn man gewohnt ist, etwas mit seinem Tag anzufangen und etwas zu tun, und auf einmal sitzt man da und fragt sich: werden Sie nun kommen oder werden Sie nicht kommen? Und man hat gehört, der soundso hat es schon geschafft. Und einem anderen sagen wir jetzt auf Wiedersehen.

Man hat sich also hauptsächlich mit solchen Dingen beschäftigt: und hat jetzt Goebbels noch eine besonders bedrohliche Rede gehalten, oder war sie gar nicht so bedrohlich? Man beschäftigte sich mit der Emigration: lassen einen die in Italien einreisen oder nicht? Mit solchen Dingen hat man seine Zeit verbracht.

E. E.: Es war ein Gefühl der vollständigen Rechtlosigkeit. Das Gefühl, daß jeder mit ihnen etwas machen kann. Dieses Gefühl läßt sich nicht beschreiben. Man hat das ganze Leben als ordentlicher Mensch verbracht, mit Werten, mit idealen Werten und auf einmal ist jeder Mensch dein Feind. ... Ich erinnere mich an die Geschichte, daß in jedem Sommer, wenn gerade nicht viel passiert ist, in der Zeitung ein Artikel unter dem Titel: *´s goldene Wienerherz* erschienen ist. Tauben, die sich oben am Dach mit ihren Füßen irgendwie eingeklemmt hatten, wurden befreit. Da ist die Feuerwehr gekommen und hat die Leiter ausgefahren und dann ist der Feuerwehrmann hinaufgeklettert und hat die Taube befreit. *'s goldene Wienerherz,* 's goldene Herz hat Tausende gepeinigt, bestohlen...

J. E.: Man durfte als Jude nach dem Anschluß nicht mehr ins Kino oder ins Theater und in die Oper. Ich muß allerdings zugeben, das ich diese Anordnung nicht immer befolgt habe. Meine Eltern wären schrecklich entsetzt gewesen, wenn sie davon gewußt hätten, aber wir haben uns ein Hakenkreuz beschafft und mit einem Hakenkreuz konnte man ins Kino gehen, es war dann schon weniger gefährlich ...

P. R.: ... und wir sagen: join the jews and see the world, übersetzt: werde Jude und so kannst du auch die Welt kennenlernen. ...
Ich kann ihnen nur eines sagen: unter Hitler, da haben wir uns gegenseitig besucht, da waren wir manchesmal zwanzig Leute, die versuchten sich gegenseitig zu trösten, nicht wahr. Wir sind in den verschiedenen Wohnungen zusammengekommen, dabei gab es mehr Witze damals unter Hitler und mehr Lachen als ich je-

mals, als ich jemals sonst gesehen habe. Das war in Wirklichkeit die einzige Rettung für uns, in seelischer Hinsicht.

Exit

[Abschnitt drei behandelt die Bilder der unmittelbaren Flucht, versucht die Situation der Trennung zu beleben, gibt aber auch Einblicke in die unmenschliche, bürokratische Willkür.]

J. E.: Man hat sofort daran gedacht, wie kann man das überleben. Also am Anfang wußte man nicht, daß erst jede Möglichkeit Geld zu verdienen verschwinden würde, und an einen Holocaust, also dem Umbringen von Menschen, weil sie jüdischer Religion waren, hat man überhaupt nicht gedacht. Noch zwei, drei Jahre später war das eigentlich kaum glaubhaft. Aber man hat an Auswanderung gedacht, an Emigration, und da hat man eben viele dieser Umschulungskurse besucht. Es war in vieler Hinsicht wahrscheinlich ein Schwindel, aber man konnte dadurch, wenn man um ein Visum ansuchte, draufschreiben, daß man einen nützlichen Beruf hatte, was immer das auch sein mochte. Dann hat man viel Zeit damit verbracht, um bei den Konsulaten Visa beantragen zu können. Da mußte man Bewilligungen von den deutschen und österreichischen Behörden bekommen, und von der Polizei. Und eine Bestätigung, daß man keine Steuer schuldet, und das bedeutete immer, daß man die ganze Nacht lang in einer Schlange warten mußte, um am Morgen in ein Büro zu kommen, um dann endlich das Ansuchen stellen zu dürfen. Das hab ich für viele meiner Familienmitglieder gemacht. Ich bin während der Nacht auf der Straße gestanden und dann in der Früh sind die Verwandten gekommen und haben meinen Platz eingenommen. Man hat geglaubt, es ist weniger gefährlich für einen jungen Buben, als für einen Erwachsenen. Es war ja immer die Gefahr, daß man ganz willkürlich verhaftet oder geschlagen wurde, und das hab ich auch einige Male gesehen.

K. P.: ... und dann mußte man also eine sogenannte Reichsfluchtsteuer zahlen. Das hieß, man ging rein - das war in der Prinz Eugen-Straße in Wien, das war das ehemalige Rothschild-Palais, das war das Hauptquartier, der Eichmann saß dort - und da ging man rein und wenn man bei der anderen Seite herauskam, hatte man dann eine Ausreiseerlaubnis und vielleicht blieben einem dann zwanzig Schilling. Fortan hat man also ein Visum, einen deutschen Passport gehabt, der mit einem was die Deutschen *Jot* nennen und wir Österreicher *Je* genannt haben, versehen war. Das J war draufgestempelt und dann haben sie einem noch den Namen Israel hinzugefügt. Bei mir allerdings nicht, weil mein Name war Adolf und die konnten das anscheinend nicht über sich bringen, ein Israel zu dem Adolf zu setzen. Da war die Bürokratie, die konnten den Adolf doch nicht auslöschen, das war der offizielle Name auf dem Geburtsschein, also kriegte ich denn einen deutschen Pass mit meinem Namen und einfach einem J drauf. Den Pass besitze ich heute noch. Dann hatte man endlich dieses kostbare Ausreisevisum und das englische Einreisevisum vom Konsul, und dann ging´s quer durch ganz Deutschland durch zur holländischen Grenze, und dann die Fähre ...

S. B.: Na ja ich meine, man war geschockt und ängstlich. Man hat natürlich sofort versucht, mit Leuten im Ausland Kontakt aufzunehmen, die einem eventuell helfen können, nicht war. Ich hatte in dem Fall einfach mehr Glück, weil ich diese Tante - es war eine Cousine meiner Mutter - in Amerika gehabt habe. So habe ich gewußt, daß sie mir das Affidavit geben wird, nicht wahr. Ich war daher nicht so verzweifelt, wie viele andere. Leute, die etwa Goldstein geheißen haben und einfach im Telefonbuch nachgeschaut haben, ob sie jemanden finden, der auch Goldstein geheißen hat, und dann Briefe geschrieben haben an alle Leute, die Goldstein hießen. Manche haben Glück gehabt, und manche haben keinen Menschen gehabt hier in Amerika.

R. W.: My father through some accident became a czech citizen. When it was decided this boy that I should leave and that the adults would take care of themselves somehow but get the fellow out of there in september [1939], I did so without the slightest difficulty with a czech passport. I went to Paris, which France and Czechoslovakia at that time were political allies, and they did not require visa, so it was one of those incredibly easy things in the face of a horrendous wave of misery and bureaucratic and human upheavals.

L. G.: Mein Bruder und ich sitzen schon im Zug und schauen beim Fenster raus und der Bahnhof war voll mit Gestapo. Die haben ja eine Mode gehabt, das man sie aus hundert Meter Entfernung gleich erkannt hat, die schwarzen Mäntel, die langen. Wir haben auch gehört, wie sie Leute noch aus dem Zug herausgeholt haben. Es war toll, und kurz vor der Abfahrt erscheint einer unserer Freunde unter unserem Abteilfenster. Ich bin furchtbar erschrocken und hab gesagt: was machst du denn da? Sagt er: ich kann euch nicht wegfahren lassen, ohne euch alles Gute zu wünschen; darauf ich: aber du bringst dich in Gefahr. Der ganze Bahnhof ist voll mit jüdischen Emigranten und Gestapo und alles, und du kommst her, um von uns Abschied zu nehmen? Sagt er: ja das mach ich - er hats ganz wienerisch gesagt - ist mir ganz wurscht was passiert. Als dann der Zug zu fahren beginnt, beginnt er mitzugehen, und wirklich mit so weinerlicher Stimme sagt er: also kommts gut raus, vergeßt uns nicht, nehmt Österreich mit ... Am nächsten Tag sind wir nach Cherbourg gefahren und waren am Schiff. Das konnte man nicht glauben, wie das Schiff zu fahren begonnen hat, ein ganz eigenartiges Gefühl, wie die Küste langsam zurückging. Das war nicht ein Touristenabschied. Da ist plötzlich ein ganzes Leben, da hat man gespürt: jetzt geht's weg. Gott sei Dank sind wir dann alle rasch seekrank geworden.

Door

[Abschnitt vier dreht sich um die unmittelbare Ankunft in Amerika und die ersten Eindrücke von einer fremden, noch nicht ganz wahrgenommenen neuen Alltagskultur.]

H. A.: Dann kommt die Behörde, also die Einwanderungsbehörde an Bord und ich geh zu den Tischen und gebe dem Beamten meinen Pass. Ich habe aber ein zweites Dokument vom amerikanischen Botschafter gehabt, *laissez passer*. Ich stand also da, der Beamte nimmt den deutschen Pass, schmeißt ihn so auf den Tisch und nimmt das andere Papier, schaut es an, schaut mich an, lächelt und sagt: *take it easy*. Das hat mir also, ich kann es nicht beschreiben, ich bin einfach zusammengekracht. Wo hat mir ein Beamter in Europa gesagt: *take it easy*.
Am Pier erwartete mich, wie ich hinunterkomme, schon ein Freund mit seiner Frau, und ich steig also aus, große Begrüßung, da sagt er zu mir: willst du einen Kaffee haben? Sag ich: ja! Bringt er mir doch wirklich einen Kaffee in einem Pappendeckel*cup*. Ich hab mein Leben lang keinen Kaffee aus dem Pappendeckel*cup* getrunken - heute sind sie ja aus Plastik - aber damals. Das gab´s doch in Europa nicht, und mein Freund war schon ganz groß amerikanisch. Die zweite Sache, die ich gesehen habe und die mir unvergeßlich ist: da geht eine Straße oben am Pier vorbei und da fahren Taxis, und die Taxis sind alle gelb! Aber die Filme damals, die amerikanischen, die ich in Prag gesehen hatte, waren ja schwarz-weiß gewesen. Ich hab das ja nicht gewußt. Unsere Taxis waren schwarz und die hier waren alle gelb!

L. G.: ... und die Ankunft auf Ellis Island war ja auch lustig. Wie wir die große Terrasse begrüßen, der Eingang ist heute noch genauso wie damals. Man geht rein und da sind ein paar Stufen runter und da ist die große Halle, in der hunderte Leute herumsitzen. Ich dreh mich - ja, bei der Tür stand so ein wild ausschauender *New*

York Policeman, gespreitzte Füße und schaut so grimmig vor sich hin - und ich wende mich zu meinem Bruder und sag in deutsch: na das ist eine schöne Geschichte, da sind wir tausende Kilometer gefahren von einem Gefängnis ins andere. Scheinbar hat der Polizist das gehört und ist auf uns zugekommen. Eine Uniform kommt auf dich zu, nach all den Erfahrungen, ich war momentan sehr verschreckt. Er legt die Hand über die Schultern von meinem Bruder und beginnt jiddisch zu sprechen, übersetzt: wir sollen uns nicht sorgen, wir werden nicht zurückgeschickt werden, es wird schon alles gut ausgehen. Daß einem sowas passiert bei der Ankunft in einem fremden Land. Man ist noch so infiziert von der Hölle, daß ein Polizist jiddisch spricht - überhaupt - und noch dazu beruhigend, wir konnten es nicht fassen.

A. P.: Ich hatte also einige Adressen in meinem Adreßbuch gehabt, aber was ich nicht gewußt habe - das sind so diese Kleinigkeiten, die einen vollkommen vernichten können -, in den meisten Städten gibt's **ein** Telefonbuch, sagen wir in London hat es vier Bände, aber es ist ein Alphabet. Hier in New York gibt's fünf Telefonbücher, weil man diese Boroughs hat, und natürlich da hat mich dann das Glück verlassen und ich hab statt des Telefonbuchs von Manhattan das Queens-Telefonbuch erwischt und hab keine der Adressen gefunden. Dann wußte ich, wo meine Mutter wohnte, aber das war alles was ich wußte. Was mach ich jetzt? Der Sprache nicht so sehr mächtig, des Dialekts noch weniger - ich hatte also zehn Dollar, die mir ein großzügiger Engländer spendiert hatte - da kam ein Taxifahrer und sagt: sind´s grad angekommen? Auf wienerisch würde er sagen: san´s grad ankommen? Ja! Ein Grünhorn? Ja! Wo wollens denn hin? Ich habe ihm dann die Adresse gegeben, worauf er sagt: wieviel Geld haben sie denn bei sich? Ich hatte eben die zehn Dollar, das war mein ganzes Besitztum. Er also: ich werde mit ihnen großzügig umgehen, ich führ sie dorthin und sie geben mir die zehn Dollar. Es hätte zu der Zeit einen Dollar gekostet!

E. L.: Wir haben dann bei diesen Verwandten in der Bronx gewohnt. Also die Bronx hat mit Wien zu tun, wirklich wie die Faust aufs Aug. Wir stehen dort und schauen aus dem Fenster, und ich erinnere mich daran: wie in Hietzing. Also eine Verleugnung der Realität sondergleichen. Wir wußten, wir mußten irgendeinen Zusammenhang für uns finden. Es ist ein irgendwo ein Baum gewesen, die haben einen Hof gehabt mit einem Baum: so wie in Hietzing ist es, Hietzing ...

E. P.: Amerika war fürchterlich, mir hat´s gar nicht gefallen, mir gefällt´s noch heute nicht. Was mich besonders gestört hat und das stört mich noch heute, ich find, das ist so ein furchtbar asoziales Land. Die politische Einstellung stört mich so entsetzlich, die ganze Einstellung dem Arbeiter gegenüber. Ich war immer Sozialdemokratin, komm auch aus einer sozialdemokratischen Familie, und ich finde noch heute, ich finde die Einstellung, die politische Einstellung so entsetzlich. Das stört mich. Ich meine, nette Menschen und ekelhafte Menschen gibt's überall. Aber die politische Einstellung stört mich sehr, meinen Mann stört das nicht so sehr, aber mich stört das sehr.

E. K.: Na schauen sie, ich war zweiundzwanzig, ich war sehr jung und da lernt man solche Sachen leichter als später im Leben, nicht wahr. Es war - ich hab großes Glück gehabt - es war eigentlich ein Moment in einem jungen Menschenleben, wo es natürlich ist, von wo wegzugehen und etwas Neues zu beginnen, nicht wahr. Es war sehr anders für Leute, die älter waren und die schon eine Position hatten und alles neu anfangen mußten. Für Ärzte, die dann hier wieder die Prüfungen machen mußten, für Juristen, wo überhaupt alles ganz anders war. Aber mein Gott - mit zweiundzwanzig ist man sehr bereit für so ein Abenteuer. Ich sage, in dem Sinn bin ich nicht typisch dafür, was Menschen passiert ist. Ich meine, ich habe wahnsinniges Glück gehabt, in allem, es hätte viel schlimmer sein können, als es war. Ganz abgesehen, wenn ich geblieben wäre und umgebracht worden wäre, aber auch der ganze Anfang in dieser Stadt war ungewöhnlich reibungslos, würd ich sagen. Man hat natürlich einige Dinge lernen müssen, erstens das Englisch, daß man nicht die Hand gibt, also daß man die Hand nicht schüttelt, daß man eben anders grüßt. Und so gewisse Sachen haben einen schockiert, nicht, Flüche sind hier anders und sehr sexuell, daß hat mich sehr schockiert, *fuck, you know*, das hat es in Österreich nicht gegeben sowas.

J. W.: Ich kann mich erinnern, also bevor ich aus Wien weggefahren bin - es war zu dieser Zeit noch kein Verbot für Juden, in Kinos zu gehen - bin ich in ein Kino gegangen, wo die Vorschau merkwürdigerweise eine Szene aus New York war. Und zwar war es ein großes elegantes Automobil, das in der Fifth Avenue fährt. Wie ich dann in New York war, bin ich der Sache nachgegangen, und es war noch fürchterlicher, als ich es in Erinnerung hatte. Man hat sich wie eine Ameise oder wie ein Floh, oder wie ein Stäubchen Sand gefühlt, das da in dieses unglaublich wirkende New York verweht wurde. Aber nun ist man selber dabei. Das hatte einen Vorteil, weil es wie eine Art Elektroschock einen aus dieser angeborenen oder in einem solchen Fall natürlichen morosen Stimmung herausgerissen hat. *Keep smiling* war das Ewige, das man gehört hat. *Keep smiling*, und dieses *keep smiling* wird dann eine Art Gewohnheit. Man muß sich so anstellen und darf nicht den Eindruck des Deprimierten geben. Man muß freundlich sein und sagen: es ist alles ganz großartig.

Make a life

[Abschnitt fünf behandelt die Gründung einer neuen beruflichen und gesellschaftlichen Existenz in einem neuen Land, wobei vor allem die unterschiedlichen Bewältigungsstrategien von Männern und Frauen im Umgang mit dieserextremen Situation gezeigt werden.]

S. H.: Oh ich glaube, daß die Frauen sich viel leichter hier eingewöhnt haben als die Männer. Die Männer hatten ja auf einmal kein Einkommen, und Professoren waren auf einmal *dishwasher*, sie haben Geschirr gewaschen oder irgendetwas. Wenn sie studiert hatten, die Ärzte besonders, dann war es nicht sehr lustig für sie. Aber die Frauen, für mich etwa, ich hab zum erstenmal selbst Geld verdient hier, es war phantastisch.
Wir haben in Philadelphia gelebt, weil irgendwelche Verwandte meinem Mann einen Job verschafft haben in einem kleinen Laden, als Mechaniker. Er hat dort wirklich fünfzehn Dollar pro Woche verdient. Wie wir davon gelebt haben weiß ich nicht, aber man konnte für einen Dollar im Tag einkaufen. Es war ja alles viel billiger damals, und ich hab sehr viel Kartoffelgulasch mit ein paar Würstchen drinnen gemacht. Irgendwie ist es gegangen, aber mein Mann war natürlich nicht sehr glücklich. Ich hatte eine Freundin in New York und ich war in Philadelphia und ich war sehr einsam dort, meine Tochter war noch klein. Wenn es sehr schlimm war, bin ich nach New York gefahren, um mich bei ihr zu beklagen. Er war natürlich meistens schlechter Laune, *I mean*, auf einmal - er war ein Fabriksbesitzer - und auf einmal ist er ein kleiner Mechaniker mit fünfzehn Dollar in der Woche. Ich war nicht sehr glücklich, und meine Freundin sagte zu mir: warum sucht er nicht einen anderen Job? Darauf hab ich gesagt: wie stellst du dir das vor? Jetzt wo der Krieg begonnen hat, ist es sehr schwer und er kann sich auch keine Zeit freinehmen, weil so wenig er verdient, so sehr brauchen wir es ja doch. Hat sie gesagt: warum suchst du ihm nicht einen Job ...

S. B.: Dann hat es Ärzte gegeben, wo die Frauen gekocht und gewaschen haben, damit, das hat geheißen *PhT put him through* [Anspielung auf den akademischen Grad PhD], bis er sein Doktorat wieder bekommen hat. Die Frauen haben es viel besser gemacht, nicht wahr, die meisten Männer, die drüberen europäischen Männer, haben ja nie etwas angerührt in der Küche. Das war erst viel später so. Heute, ich weiß nicht wie es drüben in Europa ist, aber alle Männer hier kochen und wechseln Windeln, ziehen die Kinder und die Babys an und um und führen sie aus. Männer sind genauso wie die Frauen, machen alles. Aber drüben war ein Mann anders. Man hat drüben schon gelacht und gesagt: in Amerika schieben die Männer die Kinderwagen ...

E. L.: Die Frauen waren mobiler, flexibler, und die Rolle der Frau war hier von vornherein schon besser. Die Männer haben im Haushalt mehr mitgeholfen. Mein Mann hat total mitgeholfen. Ich meine ich hab von ihm kochen gelernt, also ich meine, da hat er sich auch an die Verhältnisse hier angepaßt und hat nicht den österreichischen Macho gespielt, wissen sie. Das war für die Frauen wahrscheinlich auch ein Punkt, daß die Rolle der Frau hier eben ganz anders war. Viele, die vorher nicht gearbeitet haben, sind in den Arbeitsprozeß eingetreten. Viele, die mit *professional men* verheiratet waren, also mit Ärzten besonders, die ja wieder Ärzte geworden sind, sind in die Fabrik gegangen und haben ihren Männern geholfen, wieder Ärzte zu werden.
Und wieviele Frauen hier - das geht gar nicht in die Bücher hinein - wieviele Frauen zu kochen aufgehört haben usw. Ich koch schon seit Jahren nicht.

B. S.: Ich hatte drei verschiedene Berufe zur selben Zeit. Von acht bis fünf Uhr arbeitete ich in der Fabrik. Danach hab ich so von halb sechs am Abend bis ungefähr elf Uhr im *Burlesque House* [Varieté] als Platzanweiser gearbeitet. Dann bin ich jeden Tag todmüde nach Haus gekommen und um acht Uhr hab ich schon wieder in der Fabrik sein müssen. Dafür hab ich dann am Sonntag am Radio bei Hörspielen mitgespielt, und weil ich deutsch sprechen konnte, können sie sich vorstellen, welche Rollen ich bekommen hab: ich war der Nazi!

Indemnification

[Abschnitt sechs führt zu Fragen der Wiedergutmachung, sowohl aus staatlicher, wirtschaftlicher sowie seelischer Sicht, die Österreich und ÖsterreicherInnen nach 1945 geleistet haben.]

E. E.: Eines Tages kommt ein Mann, ein kleiner Fotohändler aus der Vorstadt, mit einem Brief vom Kaltenbrunner, daß er der Besitzer meines Fotogeschäftes ist. Ich habe das Geschäft verlassen und nie mehr gesehen.
Der Ariseur, dieser Fotohändler aus der Vorstadt, hat alles im Geschäft ausgeräumt und ist in die Berge gegangen, und wie ich - ich bin dann kurz nach dem Krieg nach Wien gekommen, wie alles noch sehr zerstört war - hab ich das leere Geschäft gefunden. Mein Anwalt meinte, ich solle diesen Herrn klagen, und dann eines Tages erhalte ich einen Brief von meinem Anwalt: Herr Ingenieur, sie werden nicht glauben, was passiert ist. Sie wurden verurteilt, einen bescheidenen Betrag diesem Herrn zu bezahlen, weil er in ihrer Abwesenheit das Geschäft geführt hat. Es war kein großer Betrag, aber die Ironie, daß der Mann, der das alles gestohlen hat, mein Geschäft mit Geld, mit Ware, der mein Geschäft einfach in Besitz genommen hat, und alles verschleppt hat, daß ich ihm einen bescheidenen, nicht großen Betrag - symbolisch dafür, daß er mein Geschäft in der Abwesenheit geführt hat - bezahlen mußte, daß ist total unverständlich, denn das Naziregime war vorbei. Aber die Rechtsprechung und die Atmosphäre war eine Fortsetzung der Nazimethoden ...

H. A.: Kurz nach dem Ende des Kriegs wurden wir informiert, daß die Fabrik, die die Nazis übernommen hatten, daß das Gebäude da war, aber alle Maschinen weg. Es haben nämlich die Deutschen, die die Fabrik übernommen hatten, einen Teil der Maschinen gegen Kriegsende in die Tschechoslowakei abtransportiert, weil gedacht wurde, dort sei es sicherer als in Wien. Den Rest haben die

Russen übernommen. Das war aber für uns im Grunde genommen sehr gut, denn wir hatten etwas Geld hier und waren bereit etwas davon in Österreich zu investieren und haben dadurch nach dem Krieg neue moderne Maschinen gekauft. Übrigens kauften wir die Maschinen aus Deutschland. Aber wie ich sagte, das wertvollste, was von der Fabrik übriggeblieben war, waren auf alle Fälle die Arbeiter, die Mechaniker, *forewomen, skilled laborers* etc. So haben wir ziemlich rasch wieder etwas investiert. Am Beginn haben wir das Ganze mehr als eine Wohltätigkeitsangelegenheit betrachtet. Mein Vater sagte: wenn jede Generation immer nur an die alten Sünden denkt, wird die Welt nie besser. *Forget about it* und schauen wir auf die Zukunft. Wir haben die Gebäude ja zurückbekommen und haben keine Forderungen gestellt. Eigentlich aus demselben Grund, weil mein Vater gedacht hat, zu dem Zeitpunkt ist es Österreich so schlecht gegangen, daß er nichts verlangen wollte. Dann später, als es Österreich gut ging, ging es uns auch sehr gut. So die einzige Kompensation, die wir bekamen - ich hab eine Pension aus Österreich, wie fast alle von meinem Jahrgang, die erheblich höher ist, als die eingezahlten Beträge - und ich glaube, jetzt ist noch etwas anderes im Lauf, der Parlamentsfonds [Nationalfonds], wo ich ansuchen werde, es aber noch nicht gemacht habe. Jetzt geht's ja Österreich sehr gut und man hat nicht dasselbe Gefühl, daß man hungrigen Leuten etwas wegnimmt.

E. C.: Ein weiterer Vorzug oder Vorteil der Österreicher ist, daß sie eigentlich immer die geschädigten Lamperln sind, nicht? Sie sind ja völlig unschuldig, sie rutschen in alles hinein. Also sie wurden besetzt von den Deutschen, sie haben sich nicht mit unerhörtem Bahöl und Krawall angeschlossen damals. Und infolgedessen haben sie es auch mit ihrem Gewissen viel besser gemacht als die Deutschen. Leute kommen heute zu mir und erzählen, ihr Papa war im Widerstand usw. Eh, mir braucht man das alles nicht zu erzählen, denn Sippenhaft kenn ich nicht, ich halte die Kinder nicht für verantwortlich für die Taten der Großeltern oder der Eltern. Also mit einem Wort, es ist nicht notwendig, sich vor mir reinzuwaschen, aber die Österreicher haben sehr wenig zur Wiedergutmachung getan. Ich weiß nicht, wahrscheinlich schon wieder mehr für die Heldentenöre ...

E. K.: Es ist nicht so sehr das Geld als solches, aber die Tatsache, daß der Brief aus Österreich, dieses Wiedergutmachungsangebot vom Kanzleramt [Nationalfonds], die richtigen Worte findet, zum erstenmal, zum erstenmal die richtigen Worte findet.
Die österreichischen Regierungen, wenn sie wollen, die Regierungen seit 1946 sind mit dieser Sache nicht ehrlich umgegangen. Es mangelt an Ehrlichkeit, es mangelt an Ehrlichkeit und wenn sie das Bitterkeit nennen wollen, dann ist das Bitterkeit. In der Beziehung fühle ich bitter! Sollte nun das Geld kommen, sagen wir, würde das meine Einstellungen gegenüber Österreich schon verändern. Da hätte ich einfach ein anderes Gefühl, nicht wegen des Geldes, sondern wegen der Tatsache, daß sie es jetzt zugeben und endlich etwas tun. Es steht auch in diesem Brief: Geld kann solche Sachen nie mehr wiedergutmachen, das steht auch da drin, das ist das richtige Wort!

P. R.: Angeblich soll ich jetzt ein paar tausend Dollar bekommen als Wiedergutmachung. Wie ich auch meiner Frau gesagt habe, *I'll take it*, ich werd´s nehmen. Man kann das Geld gebrauchen. Daß es fünfzig Jahre gedauert hat, ist typisch österreichisch, oder typisch wienerisch. Es wundert mich nicht. Was mich wundert ist, daß überhaupt etwas getan wurde. Sie haben es aber billiger gekriegt, weil so viele Leute schon gestorben sind, nicht?

Austria - New York

[Abschnitt sieben umkreist das Verhältnis zum heutigen Österreich, die sentimentalen wie die schmerzlichen Erinnerungen an einen verlorenen Lebensort.]

S. F.: Wir sind hier in Amerika eingesessen. Zweimal emigrieren ist einmal zuviel. Das ist das eine und das andere, ich muß ihnen ehrlich und aufrichtig gestanden sagen: für mich ist die USA ein sehr großzügiges Land. Österreich ist ein recht kleinliches Land.

H. K.: Österreich ist nach wie vor meine Heimat, nicht Amerika, sondern Österreich ist meine richtige Heimat. Sie sehen ja, ist alles Wien [deutet auf alte Wien-Ansichten, die im Zimmer hängen].

A. P.: Ich bin fertig mit Österreich, Österreich ist *water over the damm.* Wenn ich in Wien war, bitte, es ist sehr angenehm, man geht in ein Geschäft und wird mit freundlichem Lächeln begrüßt: was darf es sein? Wenn sie hier in ein *Departmentstore* gehen, macht ihnen die *salesgirl* unmißverständlich deutlich: schon wieder ein gottverfluchter Kunde. Also das ist alles sehr schön, aber dessenungeachtet konnte ich in Österreich das Gefühl nicht unterdrücken, daß die sich irgendwo denkt: noch ein Gaskammerdesserteur.

R. R.-A.: Ich hab so viele *nightmares* gehabt, *you know in my dreams, of getting lost*, daß ich verloren bin. Wie ich dann das erste Mal in Wien zu Besuch war, hab ich versucht, in diese Straßen aus meinen Alpträumen zu gehen, in denen ich immerfort verloren bin, zwischen der Schule und zu Haus usw. So es geht schon tiefer, als man´s anerkennt. Ich glaub nicht, daß das vergeht. Ich glaube eigentlich noch immer, irgendwer wird mich schon wieder rausschmeißen wollen ...

S. B.: *It is like déjà vu* , ich kenn die Straßen, ich weiß, wo meine Schule war. Ich geh in den Volksgarten und seh den Grillparzer und die Kaiserin Elisabeth und den Tempel, wo wir als Kinder gespielt haben. Es ist aber doch fremd. Es ist wie gesagt déjà vu - ich kenn alles und bin doch nicht mehr zu Hause.

J. E.: Österreich ist in bestimmten Dingen meine Heimat geblieben, aber ich kann mich nicht mehr als Österreicher bezeichnen. Man sitzt zwischen zwei Sesseln und man findet seinen Weg so von Tag zu Tag.
Und wie gesagt, bestimmte Sachen, mit denen man aufgewachsen ist: Musik und Lieder und Essen besonders, na, wenn wir Gäste haben, koche ich oft etwas Wienerisches, Schnitzel oder Palatschinken. Aber Beuschel kann ich hier in New York nicht kriegen. No und wer hat Schnitzel und Palatschinken nicht gern?

Epilog

L. G.: Dieses eine Ereignis mit diesem protestantischen Mädel, die ich am Schiff gefragt hab: was ist der letzte Schlager in Amerika? Kannst du dich nicht erinnern? Daraufhin beginnt sie zu singen: bei mir bist du schön. [Bei mir bist du schön. Andrew Sisters 1937] Das war so ein Erlebnis in dem Moment, das da existiert noch eine normale Welt ...

Projektinformationen auch unter der WWW-Adresse
http://www.gewi.kfunigraz.ac.at/institute/geschichte/projekte/emigration.html

Jacqueline Vansant

Österreichbilder im amerikanischen Film nach 1945

Einführung

David O. Selznick, der amerikanische Co-Produzent des Filmes *The Third Man* (*Der dritte Mann*)[1], warf dem britischen Regisseur Carol Reed und dem britischen Drehbuchautor Graham Greene in einem Memorandum vom 25. Oktober 1948 vor, daß ihre Darstellung der Stadt Wien ein verzerrtes Bild biete, das keinen Bezug zu dem Wien, das er kannte, zeige:

> Man sieht nichts von der Traurigkeit Wiens und der Wiener, die ganz besonders rührend ist, da Wien so lange als die Welthauptstadt des Glanzes und der Fröhlichkeit galt. Es war dieser Stoff, der nach dem Ersten Weltkrieg mehreren Filmen wie z.B. von Stroheims FAIR, MERRY-GO-ROUND und THE BLIND HUSBAND ihre Größe verlieh.[2]

Obwohl sich Selznicks Memorandum auf Österreichbilder vor 1945 bezieht, ist es für eine Diskussion der Österreichbilder nach 1945 relevant, denn es zeigt, daß schon 1948 ein unverrückbares Österreichbild auf der US-Leinwand existierte. Darüber hinaus deutet es auf die ungeheure Macht dieser Bilder auf der Leinwand hin. Denn in keinem der vielen Memoranda, die den Film *The Third Man* betreffen, erwähnt Selznick, daß er niemals in Wien gewesen war.[3] Trotzdem glaubte er, Wien zu kennen, da für ihn die populären Bilder auf der Leinwand das echte Wien widerspiegelten. Es waren eben diese Leinwandbilder von Österreich, aus denen oder gegen die das Österreichbild im Film nach 1945 konstruiert wurde. Aus diesem Grund möchte ich in diesem Artikel zuerst die Österreichbilder in amerikanischen Filmen vor 1945 kurz besprechen, bevor ich auf die Österreichbilder nach 1945 und ganz spezifisch auf Billy Wilders *The Emperor Waltz* (*Ich küsse Ihre Hand, Madame*) eingehe.

Österreichbilder in amerikanischen Spielfilmen vor 1945

Die Mehrzahl der über dreißig in Hollywood produzierten und vor 1945 gedrehten Spielfilme,[4] deren Haupthandlung in "Österreich" stattfindet, drehen sich um die Liebe oder stellen ein Sittengemälde dar. Obwohl Liebesgeschichten übliche Hollywoodkost sind, konstruieren die Filme nichtsdestoweniger eine Welt für die Zuschauer, die einzigartig wienerisch oder österreichisch sein soll. Die Liebesgeschichten erinnern sowohl an Schnitzlers oft tragisch endende als auch an die leichten und lustigen Geschichten der Wiener Operetten mit ihrem glücklichen Ende.[5] In diesen Filmen spielen fesche österreichische Aristokraten - reiche und arme, dekadente oder ritterliche - oft eine wichtige Rolle. Diese führt oft dazu, daß Standesunterschiede die Liebesgeschichten zusätzlich komplizieren. Noch dazu scheint Wien eine Brutstätte außerehelicher Beziehungen zu sein. Oft stehen auch berühmte Österreicher im Mittelpunkt der Liebesgeschichten, wodurch die Filme mit einem bestimmten Ort und einer bestimmten Zeit verbunden werden, z.B. Franz Joseph und Elisabeth in *The King Steps Out* und Schubert in *Love Time*, sowie Johann Strauß in *The Great Waltz*.

Ein zweites, hervorstechendes Merkmal der "Österreich"-Filme ist die zentrale Rolle der Musik. In der Mehrzahl der "Musik"-Filme sind die Hauptfiguren logischerweise Musiker, sowohl fiktive (*Serenade, Champagne Waltz, Bitter Sweet* und *Spring Parade*) als auch historisch verbürgte (Strauß in *The Great Waltz* und Schubert in *Love Time* und *New Wine*). Darüber hinaus sind ein paar von den Filmen schlicht und einfach Musicals, wie z.B. *The Smiling Lieutenant* und *The King Steps Out*.

In den späten dreißiger und am Anfang der vierziger Jahre verloren Wien und Österreich ihre Popularität als Schauplatz für Hollywood-Filme. Dieser Trend setzt sich auch in der Nachkriegszeit fort. Was jedoch überrascht, ist die Seltenheit, mit der eine Verbindung zwischen Österreichern und dem Nationalsozialismus hergestellt wird. Im Gegenteil: die Mehrheit der wenigen Österreich-Filme aus dieser Zeit beschwört eher ein sentimentales Bild von Österreich. Die Handlung findet oft vor 1914 statt und zeigt Wien als Heimatstätte der Musik (*Bitter Sweet* und

Spring Parade, und 1941: *New Wine*). Auch *Florian* (1940), dessen Handlung vor und nach dem Ersten Weltkrieg spielt, dreht sich um eine standesungemäße Liebe. Dies scheint besonders merkwürdig, wenn man bedenkt, daß in den Jahren zwischen 1940 und 1945 in Hollywood mehr als 500 Spielfilme über Krieg und damit verbundene Themen gedreht wurden.[6] Während die unzähligen Filme, die in Deutschland oder Europa spielen, die nationalsozialistische Vergangenheit der Deutschen zum Inhalt haben, findet man selten Filme, die diese Thematik mit Österreich in Verbindung bringen. Genau wie Österreich als politische Einheit von der Landkarte verschwand, verschwand das zeitgenössische Österreich fast von der Leinwand. In zwei Filmen spielt Österreich, oder ein erfundener Ort, der eindeutig Österreich sein soll, eine Nebenrolle als Zufluchtsort geflohener Deutscher (1940, *The Mortal Storm* und *The Great Dictator*). Die patriotische Hollywood-Komödie *Once Upon a Honeymoon* (1942) zeigt Ausschnitte aus der Wochenschau von Hitlers Einmarsch in Wien, aber trotzdem stellt der Regisseur fast keine kritische Verbindung zwischen den jubelnden Mengen und Österreichern her. Eigentlich ist ein verräterischer österreichischer Baron, der sich als Patriot ausgibt, der einzige österreichische Nazi, den die Zuschauer näher kennenlernen. In zwei weiteren Filmen aus dem Jahr 1940 zeigt Hollywood Österreicher, die vor den Nazis fliehen (James Whales *They Dare Not Love*) oder den Nazis schon entkommen sind (Bernhard Vorhaus' *Three Faces West*).

Als Selznick 1948 sein Memorandum über Wien verfaßte, verkörperten das Wien und das Österreich der Leinwand sowohl eine Welt von Glanz, Fröhlichkeit und Liebe, die Selznick erwähnte, als auch eine von Dekadenz und Begierde, die er kaum zur Kenntnis nahm. Regisseure, die in Österreich oder in Deutschland geboren und dort aufgewachsen waren, leisteten einen großen Beitrag zur Prägung dieser Klischees, z.B. die Österreicher Erich von Stroheim mit *Merry-Go-Round* und *The Wedding March*, Josef von Sternberg mit *Dishonored* und *The King Steps Out* und Paul L. Stein mit *Her Private Affair.* Deutsche Regisseure, die ebenfalls an der Gestaltung dieses Österreichbildes mitwirkten, waren Ernst Lubitsch mit *The Marriage Circle* und *The Smiling*

Lieutenant, E. A. Dupont mit *Love Me and the World is Mine*, William Dieterle mit *Jewel Robbery* und *The Firebird* und Robert Schünzel mit *New Wine.*[7] Diese Regisseure schienen ein eher sentimentales Bild von Österreich darstellen zu wollen als ein kritisches. Österreichs Beteiligung am Zweiten Weltkrieg änderte äußerst wenig, wenn überhaupt etwas, an diesen idealisierten Vorstellungen von Österreich.

Österreichbilder von 1945 bis zur Gegenwart

Nach dem Zweiten Weltkrieg diente Österreich noch selten als Haupthandlungsort von Filmen. Während in den Jahren 1923-1945 immerhin über dreißig Hollywood-Österreich-Filme gedreht wurden, waren es in den Jahren 1945-1995 weniger als zwanzig Filme, in denen Österreich den Haupthandlungsort abgibt.[8] Trotz dieser geringen Zahl läßt sich feststellen, daß dieselben Themen oder Variationen derselben Themen, die in den Filmen vor 1945 vorkamen, auch in der Mehrzahl der Österreich-Filme nach 1945 wieder auftauchen.

Österreich dient wieder als Ort der Liebe: mit der gewöhnlichen Reichweite der Geschichten mit tragischem und auch märchenhaftem Ausgang. Österreich als Ort verwickelter sozialer und sexueller Sitten findet man in einer Verfilmung einer Novelle von Stefan Zweig. In *Letter from an Unknown Woman* (1948) ist die Protagonistin - sie wird von Joan Fontaine, die im selben Jahr auch eine österreichische Gräfin in *The Emperor Waltz* spielte, dargestellt - von ihrer unerwiderten Liebe zu einem Musiker besessen, welche schließlich zu ihrem Untergang führt.

Meistens ist Österreich aber ein Ort der Märchenbuchliebe. Dadurch verlieren die Liebesgeschichten ihren anrüchigen Ton. In Wilders *The Emperor Waltz* verliebt sich z.B. eine Gräfin in einen amerikanischen Grammophonvertreter. In der Komödie *A Breath of Scandal*, eine schwache Nachahmung von Wilders Film, zeigt Curtiz eine österreichische Prinzessin, die wegen ihrer Indiskretion vom Hof verbannt wurde. Sie darf nach Wien zurück, aber dort wird sie wieder in einen Skandal verwickelt, weil sie sich in einen Amerikaner verliebt. In *The Sound of Music* wird ein strenger Schiffskapitän von der Liebe zu einer Novizin ergriffen. In *Before Sunrise* dient das Wien der neunziger Jahre hauptsächlich als romantischer, märchenhafter Hintergrund der vierundzwanzigstündigen Liebesgeschichte zwischen einer französischen Studentin und einem amerikanischen Studenten.

Das Bild Österreichs als Heimstätte berühmter Komponisten und deren Musik, das schon vor 1945 auf der Leinwand zu sehen war, erweist sich auch nach 1945 als schlagkräftig, wie zwei Beethoven-Filme, zwei Strauß-Filme, darunter eine Neufassung aus dem Jahre 1938 und ein Mozart-Film unter Beweis stellen. Mehr als je zuvor wird Österreich als Heimat der Musik bestätigt. Alte Klischees werden bejaht und neue Mythen geschaffen. *Amadeus* und *Immortal Beloved*, zwei Filme dieser Art, die kritische Anerkennung gewannen, schöpften neue Mythen um die jeweiligen Komponisten, *Amadeus* um die Umstände um Mozarts Tod und *Immortal Beloved* um Beethovens heimliche Liebe.

Österreich wird aber nicht nur in den Komponistenfilmen als Land der Musik dargestellt. In *Almost Angels*, einem Film über die Freundschaft zweier Sängerknaben, und in *The Sound of Music*, wird dieses Klischee ebenfalls bestätigt, während es in *The Emperor Waltz* parodiert wird.

Beliebte Fremdenverkehrsattraktionen gehören auch zum Repertoire der Österreichdarstellung nach 1945. In dem Disneyfilm *The Miracle of the White Stallions* geht es um die Rettung der Lipizzaner vor den Nazis und den Russen am Ende des Zweiten Weltkrieges. Um die Lipizzaner während der Bombardierungen aus Wien zu retten, muß der Direktor der Hofreitschule, auf dessen Memoiren der Film basiert, gegen Befehle handeln und sein Leben für die Pferde riskieren. Nachdem er die Hengste in Sicherheit gebracht hatte, wandte er sich an die Amerikaner, um die Stuten vor den Russen zu retten. Wie oben erwähnt wurde, drehte Disney auch einen Film über die Sängerknaben und griff eine weitere Institution auf, die Amerikaner gern aufsuchen, wenn sie in Wien sind.

Wie schon vor 1945 spielen - abgesehen von Komponisten - aus Österreich stammende Persönlichkeiten selten eine wesentliche Rolle in völlig erfundenen Geschichten. Es gibt jedoch ein paar Ausnahmen. In *The Emperor Waltz* repräsentiert Franz Joseph - eine beliebte Nebenfigur in vielen Filmen vor 1945 - ein altmodisches Österreich, das in der Geschichte erstarrt ist. Sigmund Freud spielt in zwei Filmen sogar eine bedeutende Rolle. John Hustons *Freud* verfolgt das Leben des Vaters der Psychoanalyse. In *The Seven Per Cent Solution* lockt Dr. Watson Sherlock Holmes nach Wien in der Hoffnung, daß Freud Holmes von seiner Drogenabhängigkeit heilen kann. Im Laufe der Geschichte ergibt sich ein echter Kriminalfall, den Holmes, Freud und Watson zu lösen versuchen.[9]

Wie schon vor 1945 wird auch nach 1945 fast jeder soziale und politische Konflikt des zwanzigsten Jahrhunderts aus den Österreich-Filmen ausgeklammert. Österreich und österreichische Institutionen werden als Opfer der deutschen Nationalsozialisten in den Filmen *The Miracle of the White Stallions* und *The Sound of Music* dargestellt. Zwei Filme, in denen Wien nur als Nebenschauplatz fungiert, sind trotzdem für diese Studie erwähnenswert, da sie die politischen Unruhen im Wien der dreißiger Jahre darstellen. Beide Regisseure waren ehemalige Österreicher. Otto Premingers *The Cardinal* zeichnet ein spezielles Bild von der Persönlichkeit Kardinal Innitzers in den Tagen nach dem Anschluß. Innitzer, vom Österreicher Josef Meinrad gespielt, erscheint als ein naiver Kardinal, der glaubt, daß er die Kirche durch seine Anpassung vor Hitler schützt. Er erfährt sehr schnell, daß er sich irrt und entschließt sich, in Wien zu bleiben, um gegen den gottlosen Faschismus zu kämpfen. Auch Fred Zinnemann zeigt in *Julia*, wenn auch nur ganz kurz, die Unruhen von 1934 und die Maßnahmen der faschistischen Regierung. In seiner Interpretation des Bürgerkriegs werden die Austrofaschisten den Nationalsozialisten gleichgestellt. Nur ein einziger Film - eine Disney-Produktion - behandelt in erster Linie die Ära des Nationalsozialismus. Der Disney-Fernsehfilm *A Friendship in Vienna* stellt anhand einer Freundschaft zwischen zwei Mädchen die Brutalität des nationalsozialistischen Regimes dar.

Völlig neu auf der Leinwand und durch die politischen Umstände bedingt sind die Österreich-Filme, die im Schatten des Kalten Krieges gedreht wurden. *The Red Danube* ist eine Liebesgeschichte im geteilten Wien mit einer stark antikommunistischen, religiösen Botschaft. In *The Salzburg Connection*, eigentlich eine Spionagegeschichte mitten im Kalten Krieg, ist dieser zum Alltag geworden. In diesem Film, wo Gegner, u.a. die Großmächte, auf der Suche nach einem Nazi-“Schatz” sind, wird keine eindeutige Position bezogen.

Wenn man die Österreich-Filme im Zeitraum 1945 bis 1996 betrachtet, heben sich die sechziger und siebziger Jahre durch die Anzahl der Österreich-Filme ab. Die Disney-Studios, die ihre Filme sowohl dem Fernsehen als auch den Kinos freigaben, konzentrierten sich auf berühmte Musiker, beliebte Touristeninstitutionen wie die Lipizzaner und die Sängerknaben - also auf Themen, die für die ganze Familie geeignet waren. In Anbetracht der Anzahl der Disney-Filme und der Reichweite des Fernsehens ist anzunehmen, daß Disney wesentlich zu Österreichs Leinwandidentität beigetragen hat.[10]

Es ist jedoch wahrscheinlich Twentieth-Century-Fox, das mit seiner Produktion von *The Sound of Music* mehr als alle anderen Studios das Östereichbild der Amerikaner prägte. Die amerikanische Verfilmung des erfolgreichen Broadway-Musicals lief auch zum ersten Mal in den sechziger Jahren im Kino.[11] *Sound of Music*, der 1965 mit einem Oscar zum besten Film gekürt wurde, zählt auch zu den Filmen mit dem größten Umsatz aller Zeiten.[12] Ironischerweise präsentiert dieser Film vielleicht eines der verzerrtesten Leinwandbilder von Österreich.

Robert Wise, der Regisseur, benutzt die atemberaubende Landschaft um und in Salzburg, um sein Österreich als einen Ort außerhalb der Geschichte zu konstruieren.[13] In diesem Film wird die österreichische Identität nicht von einer politischen oder sozialen Realität bedingt, sondern von bestimmten Werten, wie Liebe zu Heimat, Kindern, Musik und Familie. Durch ein ausgeprägt ahistorisches Österreich gekoppelt mit amerikanischer Musik wird *The Sound of Music* zu einem amerikanischen Heimatfilm, der wenig mit dem echten Österreich zu tun hat und weit entfernt von den ursprünglichen Österreichbildern der frühen

Erich von Stroheim-Filme ist.

Als Ganzes betrachtet, projizieren die Filme ein ahistorisches Bild von einem Österreich, das in der Vergangenheit erstarrt ist und daher als Märchenwelt erscheint. Die reichen, geschichteten, wenn auch z.T. klischeehaften, Bilder von Stroheim verschwinden fast völlig von der Leinwand. Die komplexen und verwickelten Beziehungen der frühen Filme weichen unkomplizierten, leicht vorauszusehenden Geschichten. In den Filmen nach 1945 wird Österreich einer Trivialisierung oder "Disneyfizierung" unterzogen, die schon vor 1945 angefangen hatte. Besonders in den sechziger und siebziger Jahren wird das Österreich auf der Leinwand zu einem Zufluchtsort für Amerikaner, die die politischen und sozialen Konflikte im eigenen Land vergessen wollen.

Wenn europäische, besonders deutsche und österreichische Regisseure und Drehbuchautoren in den zwanziger Jahren und in der ersten Hälfte der dreißiger Jahre eine bedeutende Rolle bei der Prägung der Österreichbilder auf der Leinwand spielten, kann das für die Zeit nach 1945 nicht mehr behauptet werden. Trotz österreichischer und deutscher Beteiligung an den Drehbüchern für *The Emperor Waltz* und *The Red Danube* und an der Regie der Filme *The Emperor Waltz, Letter from an Unknown Woman, The Cardinal, A Breath of Scandal* und *Julia*, hatten diese Filme wenig Einfluß auf die bereits vorhandenen Österreichbilder der Amerikaner. Es ist eigentlich *The Sound of Music*, der Film des Amerikaners Robert Wise, der das Österreichbild über Generationen am meisten geprägt hat und noch prägt.

The Emperor Waltz, einer der Filme eines ehemaligen Österreichers, spielt jedoch mit Leinwandklischees und kulturellen Stereotypen von Österreich und Amerika und parodiert sie auch. Als österreichischer Emigrant bietet der amerikanische Filmemacher Billy Wilder mit seinem *The Emperor Waltz* ein einzigartiges Österreichbild. In der Begegnung eines Amerikaners mit der österreichischen Gesellschaft in den frühen Jahren des 20. Jahrhunderts parodiert er sentimentale Schilderungen Österreichs und kritisiert Österreich als Land der muffigen Traditionen. Darüber hinaus greift er Österreicher wegen ihres Rassismus an, aber da er seine Geschichte in das frühe 20. Jahrhundert versetzte und auch mit alten Klischees spielte, übersahen viele Kritiker diesen ernsteren Aspekt des Filmes. Wegen Wilders einzigartiger Position als Insider und Außenseiter und seiner Schilderung eines kulturellen Zusammenstoßes zwischen Österreich und Amerika scheint eine Diskussion des Filmes *The Emperor Waltz* für einen Band über Innen- und Außensichten besonders passend.

Billy Wilders *The Emperor Waltz*

Das schon erfolgreiche Team Billy Wilder und Charles Brackett arbeitete zusammen an dem Drehbuch zu dem Film *The Emperor Waltz*, dessen Regie Wilder übernahm und den Charles Brackett produzierte. Diese Komödie, die im Juni 1948 zum ersten Mal in den Kinos anlief, steht im krassen Gegensatz zu dem vorherigen Werk des Teams Wilder-Brackett, dem dunklen Drama *Lost Weekend* vom Jahre 1945, das die Geschichte eines Alkoholikers erzählt. Das Szenario von *The Emperor Waltz* bevölkern ein alternder Kaiser, hochnäsige (und auch dekadente) Aristokraten, einige musikalische Tiroler, ein unternehmerischer Amerikaner und liebeskranke Hunde. Der amerikanische Grammophonvertreter Virgil Smith (Bing Crosby) erscheint mit seinem Mischlingshund Buttons am Hof von Kaiser Franz Joseph, um dem Kaiser seine Ware vorzuführen und zu verkaufen. Der wagemutige Smith meint, daß ganz Österreich sein Grammophon kaufen werde, wenn der Kaiser mit gutem Beispiel voranginge. Am selben Tag wird die Gräfin Johanna Franziska Augusta von Stolzenberg-Stolzenberg (Joan Fontaine) - genauso stolz wie der Name sagt - samt Vater und Hund zu einer Audienz beim Kaiser gebeten. Dieser hat eine wichtige Mission für Johannas Pudel Scheherazade. Sie soll seinem Hund würdige Nachkommen gebären. Im Laufe des Vormittags beim Kaiser raufen sich Buttons und Scheherazade, und der Rest ist vorauszusehen. Die Beziehung zwischen den Hunden spiegelt jene zwischen Smith und von Stolzenberg-Stolzenberg wider.[14]

Als der Film zuerst anlief, fand er unter den Kritikern allgemeine Zustimmung, die von zurückhaltender Freundlichkeit bis zu hohem Lob reichte. Aber anstatt die Parodie vieler traditioneller Österreichbilder zu erkennen, sahen die zeitgenössischen Kritiker *The Emperor Waltz* gerade als Tradierung ebendieser. Der Kritiker der Zeitschrift *Life* nannte den Film "pures Schlagobers - mit wenig Substanz, aber sehr schmackhaft" (21. Juni 1948, S. 70-71). Der Film bekam auch vom Kritiker von *Time* eine gute Rezension. Er meinte, "abgesehen von ein paar Rückfällen in die Geschmacklosigkeit und einer anmaßenden Heiterkeit ist der Film ein flinkes und unterhaltsames Musical" (19. Juli 1948, S. 98). *Newsweek* nannte die Dreiecksbeziehung der Hunde Buttons (Smiths Hund), Scheherazade (Johannas Pudel) und Louis XIV (des Kaisers Pudel) "ein elastisches Sprungbrett für einige der entzückendsten, ungezwungensten Späße des Jahres" (28. Juni 1948, S. 88).

Positive, wenn nicht begeisterte Rezensionen bekam der Film sowohl im *New Yorker* als auch in der *New York Times*. *The Emperor Waltz* wurde als "ein angenehmes bißchen Schwindel" (*New Yorker*, 26. Juni 1948, S. 55) und "ein Projekt, das die blaue Donau in funkelndes Gold verwandeln" solle (*New York Times*, 18. Juni 1948), beschrieben. Die begeistertste der Kritiken fand sich in *Cosmopolitan*, wo dem Film "eine Cosmopolitan-Auszeichnung des Monats als beste musikalische Aufführung" verliehen wurde, "diesen prächtigen, flaumigen, regenbogenfarbenen melodischen Genuß" zu erleben (Juni 1948, S. 123).

Die Kritiker von *The Nation* und *The New Republic* waren etwas weniger angetan von dem Film. James Agee von *The Nation* schrieb: "Im günstigsten Falle ist dieses Halb-Musical amüsant und wohlgeformt, weil Charles Brackett und Billy Wilder einiges von den Komödien von Lubitsch gelernt haben. Im allgemeinen bietet es eine recht gute Unterhaltung. Im schlimmsten Falle kläfft es und umschlingt es jedes unbewachte Bein in Sicht" (24. Juli 1948). Der Kritiker von *The New Republic* äußerte sich am negativsten: "Die Handlung dreht sich um die Liebschaften zweier Hunde, eine Art sexuelle Sprödigkeit, die manche genau so lustig finden wie den Anblick eines Kindes, das abgeschmackte Liedertexte singt" (28. Juni 1948, S. 28).

Obwohl dieser Film vielleicht nicht eine von Billy Wilders größten Leistungen ist und der Regisseur sich davon distanzierte[15], fällt seine Österreich-Darstellung auf, besonders im Vergleich zu dem anderen "Europa-Film", *A Foreign Affair*, der im selben Jahr herausgekommen ist. Für seinen "Österreich-Film" wählte Billy Wilder das kaiserliche Österreich seiner frühen Jahre, statt des zeitgenössischen Österreich, das an dem Zweiten Weltkrieg und der Verfolgung der Juden beteiligt war. Wilder, der im Jahre 1906 in Sucha, Galizien geboren wurde, beginnt und endet seinen Film "an einem Dezemberabend vor mehr oder weniger vierzig Jahren", wie in der ersten Szene über dem verschneiten Bild des Kaiserschlosses steht. Im Gegensatz dazu setzt Billy Wilder die Handlung seiner anderen Komödie desselben Jahres *A Foreign Affair* in das Nachkriegsberlin, eine Stadt in Trümmern, wo noch jede Menge Nazis den Frieden bedrohen und der Kontakt zwischen den amerikanischen Soldaten und der deutschen Bevölkerung im Mittelpunkt der Geschichte steht.

In seiner Studie *America's Germany - National Self and Cultural Other after World War II* konstatiert Georg Schmundt-Thomas, daß Billy Wilders *A Foreign Affair* "das Problem der Fraternisierung aufgreift" und zu zeigen versucht, "was geschehen wird, wenn Amerika zu tief mit dem korrupten Deutschland verwickelt wird".[16] Wenn, wie Schmundt-Thomas argumentiert, *A Foreign Affair* "die ideologischen Ängste vor amerikanischem Engagement im Ausland und die Gefahren der neuen globalen hegemonischen Rolle als Geschlechterkampf" karikiere[17], dann tut dies *The Emperor Waltz* mit der europäischen Überheblichkeit Amerikanern gegenüber, bejubelt er amerikanische Flexibilität und Anpassungsfähigkeit und greift österreichischen Opportunismus und Rassismus an.[18] Bernard Dick faßt die Aussage des Filmes folgendermaßen zusammen: "Statt eine überschwengliche Liebeserklärung an Wien zu sein, wird der Film *The Emperor Waltz* zu einem patriotischen Salut an Amerika. Amerikanisches Know-How übertrifft das unpraktische Barock"[19]. Während der frühen Nachkriegsjahre, als die Amerikaner als Sieger bestimmt auf anti-amerikanische Ressentiments stießen und amerikanische Unternehmer gleichzeitig an neue europäische Märkte dachten, drehte Billy

Wilder, der erst seit 1939 offizieller amerikanischer Staatsbürger, aber schon seit seiner Jugend "geistiger Amerikaner" war, einen Film, in dem Amerikas mangelnde Tradition und kurze Geschichte im Vergleich zu einem Österreich, das in Tradition zu ersticken drohte, positiv dargestellt werden. Dabei bediente sich Wilder populärer Österreichbilder und parodierte sie nach Herzenslust.

Von Anfang an unterminiert Wilder jegliche Identifikation mit den Österreichern, noch läßt er Zuneigung für sie aufkommen. In der ersten Ballszene erzählen mehrere Leute die Geschichte der skandalösen Liebesaffäre zwischen Smith und Stolzenberg-Stolzenberg. Smith wird als "vulgär, unmöglich, widerlich, unmanierlich" vorgestellt, "mit einem Wort, er ist Amerikaner". Auch wenn das amerikanische Publikum die Geschichte von Smith und von Stolzenberg-Stolzenberg noch nicht kennt, kann es diese Bemerkungen doch nicht ernst nehmen, da der beim amerikanischen Publikum rundum beliebte Bing Crosby die Rolle des "unmöglichen Amerikaners" besetzt.

In diesem Film, in dem die Österreicher fortwährend die Nase über die Geldgier und das schlechte Benehmen der Amerikaner rümpfen, werden die österreichischen Aristokraten durch ihre Begegnung mit einem "niedrigen" Amerikaner als präpotent, heuchlerisch, altmodisch, etwas anrüchig, voller Vorurteile gegen alles aus Amerika kommende, unflexibel, von der Tradition und einem starren Klassensystem beherrscht, entlarvt. Amerikaner werden von den Österreichern als geldgierig etikettiert. Einmal wird behauptet: "Als Amerikaner, wie Sie natürlich wissen, werden die alles in der Jagd nach dem allmächtigen Dollar unternehmen". Aber im Gegensatz dazu zeigt Wilder einen Amerikaner, der durch ehrliche Arbeit an sein Geld kommen möchte, wobei Johannes Vater sie zu einer reichen Partie ermutigt, damit wieder Geld in seine leeren Geldtruhen - leer, weil er sein Geld verspielt hat - kommt.

Durch ihre Reaktionen auf den Amerikaner werden die Österreicher als unflexibel und fortschrittsfeindlich entlarvt. Virgil erkennt den Widerstand der Österreicher gegen alles Neue und sieht deshalb den Kaiser als Schlüssel für seinen Plan. Als ein Lakai versucht, Smith vom Hof zu entfernen, schreit er ihn an: "Ihr [Österreicher] seid nichts als alte, staubige Tanten, ihr habt Angst vor allem Neuen. Ihr hättet keinen Strom, wenn der Kaiser das nicht eingeführt hätte, und ihr hättet kein Auto, wenn der Kaiser nicht eins gekauft hätte." Ironischerweise wird der Kaiser als der Österreicher dargestellt, der Erneuerungen am offensten gegenüber steht, was nicht der Realität entsprach.

Wilder konstruiert Österreich als einen Ort, der in Tradition zu ersticken droht, einen Ort, wo sogar der Kaiser ein Gefangener der Tradition und des Scheins ist. Während seiner Audienz schlägt der naive Virgil dem Kaiser vor, daß dieser seine Koteletten, über die er sich selber beschwert hatte, abschneiden sollte. Obwohl der Kaiser zugibt, daß er des Backenbartes müde sei, ruft er aus, daß das zu einer Katastrophe führen würde: "Wenn ich diese Koteletten abschneiden würde, würde Österreich in eine Staatskrise geraten. Denken Sie an unsere Münzen, unsere Briefmarken und unser Geld!" Gebunden an die Tradition und den Schein wirkt dieses Österreich sehr zerbrechlich, da des Kaisers Koteletten allein die Monarchie durcheinanderbringen könnten.

Tradition hindert auch Johanna daran, ihrem Herzen zu folgen. Sie zählt viele Gründe auf, warum sie Virgil nicht heiraten kann, wogegen er nur an einen Grund denken kann. "Wo ich herkomme, gibt es nur ein einziges echtes Problem. Hast du genug Kohle für die Heiratsurkunde?" Johanna erwidert: "Wo ich herkomme, gibt es Traditionen und Konventionen und familiäre Verpflichtungen und Verantwortungen." Im Kontext der Geschichte werden diese Traditionen und Verpflichtungen mehr als Mühlstein denn als Bereicherung verstanden.

Im Laufe des Filmes macht sich Wilder über seine Österreicher lustig, die von der Reinrassigkeit sowohl von Hunden als auch Menschen besessen sind. Er benutzt die Hunde dafür, um den Glauben an die Bedeutung derselben ins Lächerliche zu ziehen. Der Witz besteht oft darin, daß es nicht klar ist, ob über Menschen oder Hunde gesprochen wird. In einem Gespräch mit Johanna und ihrem Vater meint der Kaiser, daß er eine wichtige Mission für die Familie habe. Als alternder Monarch habe er viel Trauriges erlebt und er möchte neues Leben um sich sehen. Es sei auch wichtig, zwei bedeutende Blutlinien zusammenbringen. Ursprünglich meinen Johanna und ihr Vater, daß der Kaiser über Johanna und nicht über die Hunde redet. Später streiten Johanna und Virgil über ihre Hunde, wobei sie eine Auseinandersetzung über Klassenunterschiede haben, die auch zeigen soll, wie tief Johanna im Klassensystem verankert und wie ungeeignet Virgil als möglicher Partner ist.

Am Ende des Filmes hält aber Smith eine feurige Rede in bezug auf Blutlinien und Klassenunterschiede, die wenig mit den anderen Witzen im Film zu tun hat und dem Film eine ernste Seite verleiht. Die Situation ist folgende: Scheherazade wirft Junge, wobei der Kaiser und die anderen meinen, daß Louis XIV der Vater sei und erwartungsvoll darauf warten. Aber es ist gleich zu erkennen, daß Buttons der Vater ist. Um einen Eklat zu vermeiden, erklärt Johannas Vater dem Kaiser, bevor er die Jungen sieht, daß sie alle totgeboren wurden, und dann befiehlt er dem Arzt, sie zu töten. Virgil rettet sie im letzten Moment vor dem Tod und wird mit ihnen ins Schloß gejagt, wo er den Kaiser mit den Tatsachen konfrontiert, von dem er irrtümlicherweise glaubt, den Mord der Hunde angeordnet zu haben:

> Sie werden sie nicht umbringen, Sie werden es nicht machen, verstehen Sie mich. Denn ich werde es nicht zulassen. Nicht reinrassig genug für Sie. Nicht ganz von Ihrer Sorte, oder? Mißgeburten. Kleine Mischlinge, die Sie nicht um sich dulden wollen. [..] Mir ist es egal, wie viele von Ihnen hier sind. Es ist doch wahrscheinlich gut, daß es so viele von Ihnen gibt. Vielleicht können Sie alle gemeinsam genug Anständigkeit zusammenkratzen, um drei kleine Stümper alleine zu lassen, die erst zu atmen angefangen haben.

Im Kontext des sonst lustigen Tons des Filmes überrascht die Ernsthaftigkeit dieser Rede. Die Verbindung des Tötens der Tiere mit der Geringschätzung derselben erinnert an die Ermordung anderer unerwünschter Österreicher und stellt den Film in ein anderes Licht.[20]

Die Diskussionen über die Rassenunterschiede unter den Hunden findet ein Echo in den Diskussionen über das Liebesverhältnis und die mögliche Heirat zwischen Johanna und Virgil. Aber sie drehen sich nicht nur um Stand und Klasse, sondern auch um nationale Identität und nationale Überlegenheit, wobei oft Klasse und Nationalität gleichgestellt werden. Durch den ganzen Film hindurch finden die Österreicher Virgil abstoßend, weil er ein "niedriger" Amerikaner sei. Während eines Gesprächs zwischen dem Kaiser und Virgil äußert sich der Kaiser überraschenderweise kritisch über die Österreicher und seine "Kaste".[21] Der Kaiser vergleicht Österreicher mit Schnecken, die, wie er behauptet, "eigentlich majestätische Wesen mit kleinen kronförmigen Köpfen" seien, "die mit viel Stolz aus ihren Schlösserln schauen. [...] Nehmen Sie sie aus ihren Schneckenhäusern und sie sterben. Das sind wir, Mr. Smith." Der Kaiser argumentiert, daß der Klassenunterschied zwischen Virgil und Johanna wahrscheinlich die Chancen einer glücklichen Ehe ausschließt, und daß Johanna ihre Wurzeln vergessen müßte, um nicht todunglücklich zu werden. Virgil führt dann dem Kaiser vor: "Vergessen, wo sie herkommt!! Weil ihr besser seid als wir?!" Schließlich gibt der Kaiser eine amerikanische Überlegenheit zu: "Ich habe nicht gesagt, daß wir besser sind. Eigentlich halte ich euch für besser. Ihr seid einfacher, ihr seid stärker. Am Ende wird euch die Welt gehören." Einfachheit und Stärke zählen mehr als Tradition und Geschichte in einer Welt, die gerade von den Amerikanern erobert wurde, und die von neuen Marktverhältnissen bedingt wird. Wilder dreht das übliche Vorurteil um, wertet die Traditionslosigkeit auf und lobt amerikanische Flexibilität und Anpassungsfähigkeit.

Als der einzige Amerikaner im Film wird Virgil Smith das Paradebeispiel des "überlegenen" Amerikaners. Wir sehen ihn nicht nur als ungezwungen, ehrlich und als einen, der sich für die Rechte Schwächerer einsetzt, sondern auch als Beispiel des neuen amerikanischen Geschäftsmannes, der den Weltmarkt durch seine Anpassungsfähigkeit erobern wird. Als Smith jodelnd in Lederhose und Steirerhut über die Alpen wandert, hält er Johanna, eine Österreicherin, unbeabsichtigt zum Narren, denn sie glaubt, daß er Österreicher ist. Zu ihrem Vater sagt sie: "Hör dir das Jodeln an! Das ist die Stimme Österreichs, nicht wahr? In den Bergen geboren, hier tief verwurzelt, ewig." Empört, als sie entdeckt, daß ihr Urösterreicher "der unangenehme Amerikaner" sei, verlangt sie eine Erklärung seines österreichischen Aussehens. Er erwidert blitzartig: "Also, wenn ich mit dem Sultan von Marokko Geschäfte machen wollte, würde ich mich wie ein Derwisch anziehen." Der Amerikaner zeigt scharfen Geschäftssinn und erkennt die Vorteile des Sich-Anpassens, um die eigenen Waren zu verkaufen.

Wilder schildert auch eine alte Tradition, die durch das Amerikanische wieder belebt wird. Der Amerikaner kann Österreicher nicht nur überzeugend nachahmen, sondern er eignet sich österreichische Idiome an und erfüllt sie mit neuem Leben, indem er sie amerikanisiert. Als Smith in der Schlußszene mit seiner Johanna im Walzer wiedervereint ist, singt er einen sehr umgangssprachlichen "amerikanischen" Text zu Strauß' Kaiserwalzer.

Wilder spielt mit populären Österreichbildern und macht sich über sie lustig.[22] Das gilt besonders für das Bild von Österreich als Land der Musik. Wilders Tirol wird z.T. zu einer Parodie einer österreichischen Volkstradition. In einer Szene führt Wilder jodelnde, lustig ausschauende, volkstanzende und knieschlagende "Bauerntöpel" in Lederhosen vor, die mit dirndlbekleideten Frauen singen und tanzen. In einer anderen Szene parodiert Wilder die österreichische Musikalität anhand des Dorfes, dessen Bewohner Geigen bauen und sie nach Dienstschluß spielen. In einer anderen Szene im Dorf läßt Wilder den sehr dünnen Chauffeur des Kaisers mit der dicken Wirtin und einem attraktiven Zimmermädchen in einer Pension einen lustigen "Volkstanz" zu dritt tanzen. In diesen Szenen scheint Wilder schon Jahre vor der Entstehung eine Parodie auf den Film *The Sound of Music* gemacht zu haben.

In *The Emperor Waltz* führt Wilder die üblichen, klischeehaften Österreichbilder, die in Hollywood produziert wurden, ad absurdum, um sich darüber lustig zu machen. Zur gleichen Zeit versteht er es, verborgen in einem Diskurs über Hunde, eine ernste Kritik an Rassismus zu üben. Trotzdem scheinen die Kritiker einen wichtigen Aspekt von Wilders Österreichbild übersehen zu haben. Wenn Billy Wilder noch einen Film drehte, der die gängigen Filmklischees von Österreich parodierte, könnte der Film kaum treffender sein als *The Emperor Waltz*, der die singenden Berge Österreichs auf die Schippe nimmt.

Schluß

Wenn David O. Selznick sein Memorandum heute wieder verfassen könnte, wäre es schwer vorauszusehen, was sein jetziges Wienbild sein würde. Es gibt weniger Wien- und Österreich-Filme und in den Österreich-Filmen kommen die Provinzen stärker zum Vorschein. Da es seit 1945 leichter gewesen ist, vor Ort zu drehen, verleihen jene in Österreich gedrehten Filme dem Österreichbild den Schein der Authentizität. Das Bild "der Hauptstadt des Glanzes und der Fröhlichkeit" weicht dabei dem Bild der atemberaubenden Landschaft und der singenden Trapp-Familie.

Anmerkungen:

1 Zu den deutschen Titeln vgl.: Rudolf Ulrich: Österreicher in Hollywood. Wien 1993; Herbert Holba u.a.: Reclams deutsches Filmlexikon. Stuttgart 1984; website http://www.movieline.de.

2 Selznick, Box 2733.7, S. 12-13. Übersetzungen stammen von der Autorin. Dieses und weitere Memoranda den Film *The Third Man* betreffend befinden sich an der Universität von Texas in Austin am Harry Ransom Humanities Research Center. Ramirez Berg weist in seinem Artikel „The Third Man's Third Man: David O. Selznick's Contribution to the Third Man," in: The Library Chronicle Nr. 36 (1986), S. 96 darauf hin, daß zwei Filmtitel nicht stimmen. *Fair* kommt überhaupt nicht in den Stroheim-Filmbibliographien vor und *The Blind Husband* heißt eigentlich *Blind Husbands.* Stroheims zwei Wien-Filme sind *The Wedding March* und *Merry-Go-Round. Blind Husbands* spielt eigentlich in den italienischen Alpen. *The Merry Widow,* der ab und zu als Wien-Film Erwähnung findet, spielt nicht in Wien. Für eine ausführliche Diskussion über von Stroheim und seine Filme vgl. Richard Koszarski: *The Man You Loved To Hate.* Oxford u.a. 1983. Siehe auch Gernot Heiß: Erich von Stroheim: Wien in Hollywood. Erinnerung, Wirklichkeit, Fiktion. in: Glücklich ist, wer vergißt ...?. Wien/Köln/Graz 1986, S 247-284.

3 Siehe David Thomsons Selznick-Biographie: Showman: The Life of David O. Selznick. New York 1992.

4 Meine Quellen für Filme mit Österreich als Haupthandlungsort waren The American Film Institute Catalogue (1921-1930 & 1931-1941), Halliwell's Film Guide und Alan G. Fetrow: Feature Films, 1940-1940. Jefferson, North Carolina & London 1994.

Film	Datum	Regie
Merry-Go-Round	1923	Erich von Stroheim
The Marriage Circle (Die Ehe in der Krise)	1924	Ernst Lubitsch
The Crimson Runner	1925	Tom Forman
For Wives Only	1926	Victor Heerman
The Greater Glory	1926	Curt Rehfeld
The Enemy	1927	Fred Niblo
Night Life	1927	George Archainbaud
Serenade	1927	Harry DÁbbadie DÁrrast
The Blue Danube	1928	Paul Sloane
Love Me and the World is Mine (Lieb´ mich und die Welt ist mein)	1928	E.A. Dupont
The Masks of the Devil	1928	Victor Seastrom
Three Sinners	1928	Rowland V. Lee
The Wedding March	1928	Erich von Stroheim
Her Private Affair	1929	Paul L. Stein
General Crack	1930	Alan Crosland
Daybreak	1931	Jacques Feyder
The Guardsman	1931	Sidney Franklin
The Smiling Lieutenant (Der lächelnde Leutnant)	1931	Ernst Lubitsch

Film	Datum	Regie
Dishonored	1931	Josef von Sternberg
A Woman of Experience	1931	Harry Joe Brown
Alias the Doctor	1932	Michael Curtiz (laut American Film Inst. Catalog, laut Halliwell´s war es Lloyd Bacon)
Downstairs (Schöner Kerl)	1932	Monta Bell
Evenings for Sale	1932	Stuart Walker
Jewel Robbery (Ein Dieb mit Klasse)	1932	William Dieterle
Reunion in Vienna	1933	Sidney Franklin
The Firebird	1934	William Dieterle
Love Time	1934	James Tinling
Escapade	1935	Robert Z. Leonard
The Night is Young	1935	Dudley Murphy
The King Steps Out	1936	Josef von Sternberg
Champagne Waltz	1937	A. Edward Sutherland
Expensive Husbands	1937	Bobby Connolly
The Great Waltz (Der große Walzer)	1938	Julien Duvivier
Bitter Sweet	1940	W.S. Van Dyke II
Florian	1940	Edwin L. Marin
Spring Parade	1940	Henry Koster
New Wine (Die Unvollendete)	1941	Robert Schünzel

5 Während von Stroheims Filme eine Schnitzlerische Atmosphäre erzeugen - in einem Film wird sogar auf ihn hingewiesen - basieren Cecil B. de Milles *The Affairs of Anatol* (1921) und Jacques Feyders *Daybreak* (1931) auf Werken des Schriftstellers. Mit *The Affairs of Anatol*, einem Film, bei dem Stroheim Regie führen wollte, scheint der amerikanische Regisseur de Mille jedoch den Stoff gezähmt zu haben. Der Film wird von Koszarski als „eine unbequeme Bearbeitung" beschrieben, die es erreicht, „Schnitzlers ironisches Soufflé zu entlüften" (S 89). In *The Genius of the System* New York 1988, erwähnt der Autor Thomas Schatz, daß Schnitzler auch an dem Drehbuch gearbeitet habe.

6 Ilan Avisar: Screening the Holocaust. Cinema's Images of the Unimaginable. Bloomington/Indianapolis 1988, S. 96. Vgl. Jan-Christoph Horaks Artikel: Schauplatz Wien: Österreich im Anti-Nazi Film Hollywoods. in: Aufbruch ins Ungewisse. Hg. v. Christian Cargnelli/Michael Omasta. Wien 1993, S. 199-211.

7 Der Ungar Michael Curtiz, der in Wien bei Saschafilm gearbeitet hat, drehte auch einen Österreichfilm (*Alias the Doctor*). Darüber hinaus arbeitete der Österreicher Walter Reisch an dem Drehbuch von *The Great Waltz*; sein Film *Maskarade* war das Vorbild für Hollywoods *Escapade*. Billy Wilder wirkte an dem Drehbuch von *The Champagne Waltz* mit. Für Kurzbiographien von „Österreichern" und „Deutschen", die in Hollywood tätig waren oder sind, siehe Rudolf Ulrich: Österreicher in Hollywood. Wien 1993 und Herbert Holba u.a.: Reclams deutsches Filmlexikon. Stuttgart 1984.

8 Zu den Filmtiteln vgl.: Halliwell's Film Guide, The American Film Institute Catalogue (1961-1970). Ich habe alle aufgelisteten Filme außer *Freud, The Waltz King*, und *The Great Waltz* gesehen.

Film	Datum	Regie
Letter from an Unknown Woman (Brief einer Unbekannten)	1948	Max Ophüls
The Emperor Waltz (Ich küsse Ihre Hand, Madame)	1948	Billy Wilder
The Red Danube (Schicksal in Wien)	1950	George Sidney

Film	Datum	Regie
A Breath of Scandal (Prinzessin Olympia)	1960	Michael Curtiz
The Magnificent Rebel (Schicksals-Symphonie)	1960*	Georg Tressler
Almost Angels (Ein Gruß aus Wien)	1962*	Steve Previn
Freud	1962	John Huston
The Cardinal (Der Kardinal)	1963	Otto Preminger
The Waltz King	1963*	Steve Previn
The Miracle of the White Stallions	1963*	Arthur Hill
The Sound of Music (Meine Lieder - Meine Träume)	1965	Robert Wise
The Salzburg Connection (Top Secret)	1972	Lee H. Katzen
The Great Waltz	1972	Andrew L. Stone
The Seven Per Cent Solution (Kein Koks für Sherlock Holmes)	1977	Herbert Ross
Julia	1977	Fred Zinnemann
Amadeus	1984	Milos Forman
A Friendship in Vienna	1988*	Arthur Al. Seidelmann
Immortal Beloved (Ludwig van B. - Meine unsterbliche Geliebte)	1994	Bernard Rose
Before Sunrise	1995	Richard Linklater

*Disney or Disney/Buena Vista Productions

In dieser Analyse werden jene Filme untersucht, die von Hollywood Studios produziert wurden und deren Haupthandlungsort Wien ist. Filme wie *The Third Man* oder *Burning Secrets* fehlen, denn sie sind eigentlich britische Produktionen mit amerikanischer Beteiligung. Dagegen zähle ich *Julia* und *The Cardinal* - in beiden werden kurz die Unruhen der dreißiger Jahre dargestellt - von den ehemaligen Österreichern Zinnemann und Preminger sehr wohl zu den Österreich-Filmen. Auch wenn man über einige Eintragungen auf der Liste streiten könnte, halte ich die Liste stellvertretend für Hollywoods Österreich-Filme.

9 Lipizzaner kommen auch in diesem Film vor!

10 Laut Leonard Maltin's 1996 Movie & Video Guide erschien *The Magnificent Rebel* als Zweiteiler im amerikanischen Fernsehen und in europäischen Kinos; *The Waltz King* erschien als Zweiteiler im amerikanischen Fernsehen. *A Friendship in Vienna* wurde für das Kabelfernsehen gedreht. Leonard Maltin's 1996 Movie & Video Guide. Hg. v. Leonard Maltin. New York 1996.

11 Der Film *The Sound of Music* geht auf das Rogers-Hammerstein Musical zurück, das wiederum auf dem deutschen Film *Die Trapp-Familie* beruht. Der Stoff für den deutschen Film stammt aus Maria von Trapps Autobiographie: *The Story of the Trapp Family Singers.*

12 Cobbett S. Steinberg: Film Facts. New York 1980, S. 4.

13 Siehe Jacqueline Vansant: Harry Lime und Maria von Trapp treffen sich am Stammtisch: Die Entnazifizierung Österreichs in amerikanischen Filmen. in: The Sound of Austria. Österreichpolitik und öffentliche Meinung in den USA. Hg. v. John Bunzl. Wien 1995, S. 169-184.

14 Um diesen extravaganten Film zu produzieren, mußte das Studio laut Maurice Zolotow in Billy Wilder in Hollywood (S. 150-152) viel Geld auslegen. Für die Ausgaben verantwortlich waren die vielen verschiedenen Kostüme aus der Zeit, der Ball am Hof und die Szenen in Tirol, die in den kanadischen Rockys aufgenommen wurden. Dafür soll Wilder Fichten importiert haben, denn die einheimischen hätten ihm nicht gefallen. Er ließ angeblich auch die Straßen ockerfarben ummalen, denn sie seien ihm entweder zu dunkel oder zu hell gewesen. Er habe auch Gänseblümchen einführen und umfärben lassen. Darüber hinaus ließ er eine Liebesinsel bauen, die $90.000 kostete. Billy Wilder in Hollywood. New York.1977. Da der Film laut Film Facts (Anm. 18, S. 21) Ende des Jahres 1948 - den Umsatz betreffend - auf Platz sieben stand, konnte das Studio dem Regisseur seine Eigenheiten wahrscheinlich vergeben. Karasek bietet eine sehr logische Erklärung für Wilders „Tücken" an. Wilders „Bemühungen, Blumen und Straßen umzumalen" seien auch Versuche, „die Bonbon-und Eissalon-Farben des Technicolor-Films zu korrigieren" (S. 341). Hellmuth Karasek: Billy Wilder. München 1992.

15 Karasek konstatiert: "Wilder mag seinen Film trotzdem nicht und hat ihn weitge-

hend verdrängt. Es ist verständlich, daß ihm die eher süßliche Story genauso fremd war wie das viele Singen und Klingen, mit dem die Geschichte unterbrochen wurde". (S. 340) Indem er die musikalische Komponente bis „ins Groteske" (S. 341) steigert, wie Karasek richtig bemerkt, persifliert er die vielen Österreich-Filme

16 Georg Schmundt-Thomas: America´s Germany - National Self and Cultural Other after World War II. Diss. Northwestern University, Evanston, Illinois 1992, S. 123.

17 Ebda.

18 Karasek nennt *The Emperor Waltz* „eine Erziehungs-Operette", was insofern nicht stimmt, da die Österreicher nicht das Zielpublikum bilden, S. 338.

19 Bernard F. Dick: Billy Wilder. Boston 1980, S. 126.

20 Vgl. Karasek,.S. 340.

21 Hier diskutiert Wilder nach Karasek „die Borniertheit, Unbeweglichkeit und Arroganz einer Welt, die ihre Schwächen einsieht, aber kaum ändern kann." Ich behaupte dagegen, daß der Kaiser und Johanna (und das erst nach dem Kontakt mit dem Amerikaner) die einzigen sind, die Schwächen einsehen.

22 Vgl. Karasek, S. 340-341.

Auswahlbibliographie:

AVISAR Ilan: Screening the Holocaust. Cinema's Images of the Unimaginable. Bloomington/Indianapolis 1988.

DICK Bernard F.: Billy Wilder. Boston 1980.

HEISS Gernot: "Erich von Stroheim: Wien in Hollywood. Erinnerung, Wirklichkeit, Fiktion." in: Glücklich ist, wer vergißt ...? Hg. v. Hubert Ch. Ehalt/Gernot Heiß/ Hannes Stekl. Wien/Köln/Graz 1986, S. 247-284.

HORAK Jan-Christoph: Schauplatz Wien: Österreich im Anti-Nazi Film Hollywoods. in: Aufbruch ins Ungewisse. Hg. v. Christian Cargnelli/Michael Omasta. Wien 1993, S. 199-211.

KARASEK Hellmuth: Billy Wilder. München 1992.

KOSZARSKI Richard: The Man You Loved to Hate. Oxford u.a. 1983.

SCHMUNDT-THOMAS Georg: America's Germany - National Self and Cultural Other after World War II. Dissertation Northwestern Universität. Evanston, Illinois 1992.

STRASSER Christian: The Sound of Klein-Hollywood. Filmproduktion in Salzburg. Salzburg im Film. Wien/St. Johann i. Pongau 1993.

THOMSON David: Showman: The Life of David O. Selznick. New York 1992.

VANSANT Jacqueline: "Harry Lime und Maria von Trapp treffen sich am Stammtisch: Die Entnazifizierung Österreichs in amerikanischen Filmen." in: The Sound of Austria. Hg. v. John Bunzl. Wien 1995, S. 169-184.

WILDER Billy: The Emperor Waltz. Paramount 1948.

Karin M. Schmidlechner

Splitting Images

US-Impressionen über Österreich

Zumindest hin und wieder kann es für Einwohner, welchen Landes auch immer, interessant sein, in der eigenen Nabelschau innezuhalten und sich damit auseinanderzusetzen, wie das eigene Land und seine Bevölkerung in ihrer nationalen Identität in der übrigen Welt wahrgenommen werden. Ziel oder Ergebnis dieser Reflexion von Außeneinschätzungen könnte unter anderem sein, neue Einsichten und ein etwas differenzierteres Bild vom eigenen Land sowie seinen BewohnerInnen zu erhalten.

Der folgende Beitrag beschäftigt sich einerseits mit Österreich und den Menschen, die sich als ÖsterreicherInnen verstehen, andererseits mit US-AmerikanerInnen, bzw. mit den Eindrücken und Wirkungen, die erstgenannte auf zweitgenannte ausüben. Die im folgenden zitierten Statements, die willkürlich ausgewählt wurden und daher in keiner Weise repräsentativ sind, zeigen ein breites Spektrum von Meinungen über die ÖsterreicherInnen und Österreich. In gewisser Weise geben sie aber auch Auskünfte über die InformantInnen und deren Land. Zur besseren Übersichtlichkeit wurden sie in folgende Kategorien gegliedert:

1. US-AmerikanerInnen, die noch nie in Österreich waren
2. US-AmerikanerInnen, die Österreich als Touristen besucht haben
3. US-AmerikanerInnen, die aus beruflichen (Studium, Job) oder privaten Gründen länger als einen Monat in Österreich gelebt haben
4. US-AmerikanerInnen, die sich intellektuell - als WissenschaftlerInnen, JournalistInnen oder SchriftstellerInnen - mit Österreich und seinen BewohnerInnen auseinandergesetzt haben

1 US-AmerikanerInnen, die noch nie in Österreich waren

Bei den folgenden Äußerungen handelt es sich um Auszüge von Interviews mit US-AmerikanerInnen, die noch nie in Österreich waren. Viele antworteten auf die Frage, was sie über Österreich und dessen EinwohnerInnen wüßten, zunächst spontan mit "nothing". Bei weiteren Fragen stellte sich dann heraus, daß manche zumindest einige Annahmen, die aus unterschiedlichen Quellen stammten, hatten. Einige bezogen ihre Vermutungen aus dem Film *Sound of Music*, der in den USA nicht nur bei älteren Personen, sondern auch bei vielen Jugendlichen noch immer sehr populär ist. Andere hatten schon irgendeinmal zuvor ÖsterreicherInnen kennengelernt. Diesbezüglich scheint erwähnenswert, daß diese Personen insgesamt nicht über deutlich mehr Österreich-Informationen verfügten. Die Aussagen wurden nach dem Geschlecht (weiblich vor männlich) und dem Alter gereiht, wobei keiner dieser Faktoren einen relevanten Einfluß auf das Wissen ausübte.

> Austria reminds me of beautiful white and golden palaces, almost like a fairy tale. It seems to remain a classical country. Also my favorite composer was born there (Mozart) so I hear his wonderful music a lot too.[1]

> German influenced country that likes to consume a large amount of alcohol. Distinctive fashion of earlier time era. Clock makers.[2]

> When I think of Austria, I think about Arnold Schwarzenegger. Austria may be very cold and rainy. The citizens of Austria in my make-believe mind will have blond hair. The women will be very natural looking with no make up. Everyone is probably wearing Birkenstocks and riding bicycles. The Austrian society also seems to be very strict with a strong military influence.[3]

> German-related, same people, maybe, same blood there. Austrian maybe what they speak, some kind of Slavic tongue which I have no idea about. *Location:* I have no idea. *(She knows it is in Europe).*[4]

> I don´t know anything about Austria. *Continent?* Asia. *Language?* Austrian.[5]

> When I think of Austria two things come to my mind. These are World

War II and the movie The *Sound of Music.* I have always been interested in WWII. My grandfather fought in it. I also love old movies and *The Sound of Music* is one of the best. I realize it partially fictional but it really gives the people of Austria a good reputation. Is the national song really "Edelweiß"? I liked it in the movie.[6]

Language? Austrian. *Government?* Sure don't know. *Is it a Democracy?* Don't know. *Location?* Can see it on the map, near Germany, a little country.[7]

Around Germany, beautiful country. *Language?* Austrian. *History?* No, not at all. *Anything else that comes to mind?* Is it a poor country?[8]

Continent? Nope. *Language?* Nope. *Cities?* No.[9]

All I think about Austria is the terrible persecution of the Jews during the WWII.[10]

Speak German, Habsburg rulers. *Think about WWI, WWII?* Ferdinand and someone who were shot there.[11]

I don't know anything about Austria." What Continent? "I have no idea."What language? "German."[12]

We do not know anything about Austria. We know that Arnold Schwarzenegger is from there. And the Alps run through Austria so its probably cold.[13]

My ignorant impression of Austria is that it is politically insignificant (currently). I know that Austria manufactures and exports fine handguns and that a major motion picture actor (you know who I mean) is from Austria. People here in the states frequently refer to the region as ‚Austria- Hungary' instead of just Austria. I have no idea of the geography or topography, nor do I read anything about Austria in the mainstream American press. I do not know its leaders or political history, either.[14]

Vienna is capital, Graz is another major city, Eastern Middle Europe. Much European history: Habsburgs, political power for centuries. Not a leading and conquering country, generally fall in line with other countries when they realize what's going on. They did that in the First and Second World War. Tough people, hearty diet, meat, potatoes, carbohydrates, can't get a good old steak, not available. Is a developed country, functional within the EU. Good wine, good other food items, not aware of independent industry, good skiing, good natural resources, would expect German culture.[15]

Mountains, associate with Germany, have been told that they speak Austrian German. *Where would you locate Austria geographically?* Borders Germany and Italy, landlocked.[16]

Europe. *Language?* Have no idea. *They speak German.* Like the Belgians speak French which they call Flemish. Or some shit like that. Lot of countries realized too damn late that we couldn´t do anything for them. The head of some country which played footsie (collaborated) with the Germans; Prime Minister, Premier, King or whatever.[17]

Eine Zusammenfassung dieser Statements zeigt, daß Österreich für ein kleines, politisch unbedeutendes Land mit unklar-unerfreulicher Nazi- und Kriegsvergangenheit, aber beeindruckender Landschaft (die Alpen) - deshalb allerdings ungünstigen klimatischen Bedingungen - gehalten wird. Es wird mehrheitlich dem deutschen Kultur- und Sprachbereich zugeordnet. Die bekanntesten Österreicher sind Mozart und Schwarzenegger. Österreichs ausschließlich Birkenstocksandalen tragende, nicht geschminkte und sich hauptsächlich mit dem Fahrrad fortbewegende BewohnerInnen werden für konservativ und fromm gehalten, vereinzelt wurde ein starker Einfluß der Armee auf die Gesellschaft angenommen.

2 US-AmerikanerInnen, die als TouristInnen in Österreich waren

Neben Wien sind es vor allem Tirol und Salzburg, die von US-TouristInnen besucht werden. In ihrer Österreich-Beurteilung sind sich die amerikanischen Reisenden, denen vor Antritt ihrer Reise in bezug auf Österreich neben den landschaftlichen Schönheiten vor allem Mozart ein Begriff war, durchaus einig: Alle sind begeistert von der Landschaft und der Freundlichkeit seiner BewohnerInnen. Die Erwartungen der Touristen sind zu einem überwiegenden Teil auf Informationen, die aus Reiseführern[18] bezogen werden, zurückzuführen. In den in den USA gebräuchlichsten Österreich-Reiseführern wird Österreich vorwiegend als landschaftliches Paradies, "the chief crop of provincial Austria is scenery", und Land der Musik und Musiker, "es ist der musikalische Bereich, in dem das Genie Österreichs am weitesten verbreitet ist", präsentiert. Den Beschreibungen zufolge wandert der/die typische ÖsterreicherIn sehr gerne und ist nur beim Schifahren so richtig glücklich. Im übrigen ernähren sich die ÖsterreicherInnen laut Reiseführer hauptsächlich von alkoholischen Getränken. Angeblich trinken viele ihr erstes starkes alkoholisches Getränk bereits morgens, "as a bracer to get them trucking".

Bei der ausführlichen Beschreibung der vielen Wein- und Bierfeste wird der Eindruck vermittelt, "daß der typische Österreicher ständig und immer in einem betrunkenen Zustand auf einem Fest zu finden ist", - mit Ausnahme der WienerInnen, die sich zusätzlich auch noch täglich in Kaffeehäusern aufhalten. Kaffee wird in den Reiseführern als sehr wichtig für die österreichische Identität, und Kaffeetrinken als ein ernstes Ereignis dargestellt.

Weitere ausführlich dargestellte Klischees sind die Habsburger, das Jodeln, Dirndlkleider und Lederhosen, die beiden Filme *The Third Man* und *The Sound of Music* sowie Arnold Schwarzenegger.

3 US-AmerikanerInnen, die aus beruflichen oder privaten Gründen länger als einen Monat in Österreich gelebt haben

Die folgenden Statements stammen von US-BürgerInnen, die sich - als Studierende, Berufstätige oder aufgrund persönlicher Beziehungen - einige Zeit in Österreich aufgehalten haben bzw. noch dort aufhalten.[19] Sie sind nach der jeweiligen Dauer des Aufenthalts geordnet, weil sich diesbezüglich die größten Unterschiede in den Einschätzungen ergeben haben. Gravierende geschlechtsspezifische Differenzen konnten dagegen kaum festgestellt werden. In einer subtileren Analyse könnte allerdings festgehalten werden, daß die Schilderungen der US-Amerikaner distanzierter und unverbindlicher gehalten waren als die der Amerikanerinnen.

> Jetzt bin ich für 3 Wochen in Graz gewesen und ich glaube, ich kann die Stadt und die Leute ziemlich gut beschreiben. Die Leute erinnern mich an Leute aus New York City und Neu England. Sie sind in der Öffentlichkeit ziemlich reserviert. Man schaut normalerweise den Leuten nicht in die Augen. Die Leute sagen auch nicht Entschuldigung, wenn sie in der Straßenbahn gegeneinander stoßen. Es ist schwer zu sagen, daß jemand österreichisch ist, es ist leichter zu sagen, daß die Leute europäisch sind.
> Die Stadt ist gar nicht wie amerikanische Städte - sie sieht so klassisch aus. Es gibt so viele alte Gebäude und es gibt Schlösser in der Nähe. Es gibt ein paar alte Kirchen mit schönen Statuen überall. Die Gassen sind so eng, daß man Zucker von seinem Nachbar leihen könnte, ohne aus dem Haus zu gehen - man kann von Fenster zu Fenster mit der Hand reichen.
> Ich finde es ein bißchen komisch, daß die Leute so früh abschließen. Nach 18h kann man hier nicht einkaufen gehen - und das nur während der Werktage. Am Wochenende muß man am Samstag vor 12h einkaufen. Nachher kann man bis Montag morgen nicht mehr einkaufen. Es ist ärgerlich, aber ich gewöhne mich daran.
> Man benutzt hier fast nie Eiswürfel, und die Bürger glauben, daß es gesünder sei, wenn man eiskalte Getränke nicht trinkt. So glaube ich, ich muß warten, bis ich nach Hause zurückgehe, bevor ich ein eiskaltes Coca-Cola trinke. Das Bier schmeckt aber so gut - viel besser als Budweiser.
> Das letzte Ding, das ich sehr europäisch finde, sind die öffentlichen Verkehrsmittel. In Amerika fahren wir fast immer und überall mit dem Auto. Ja natürlich gibt es hier auch Autos - und viele (deswegen gibt es viele Probleme mit Staus) -, aber es ist ganz normal hier, daß viele Studenten kein eigenes Auto haben. So fährt man oft mit dem Bus und der Straßenbahn - auch mit dem Fahrrad oder geht zu Fuß. Ich bin noch nie im Leben so viel zu Fuß gegangen.[20]

> I expected Austrians to be much more reserved and formal than I found them to be. We were told that it would be a great breach of etiquette if we used a hairdryer; if we showered every day; and if we changed clothes a lot. We were also told that Austrians were much quieter than Americans and that we should be careful not to be loud. Well...I lived with a family of four: father: Gunther; mother: Barbara; son: Fritz; and daughter: Jutta. And...very few of the doors in the house in which I stayed were EVER closed; both teenagers owned hair dryers and used them (Barbara went to the friseur every week); everyone showered or bathed everyday; and the entire family changed clothes more often that I did! MTV, Guns n´ Roses, and Jutta's boyfriends made the household as loud as my own! I

got the feeling that cable TV had something to do with these „new" behaviors.
Barbara and I had some lovely, if difficult, conversations about family life - hers and mine. She often battled with her husband and children about needing more of their help around the house (Barbara is a full-time pharmacist). Her pleas went unheeded. The family spent a LOT of time together. The kids even „hung out" at home with their parents instead of spending all their spare time with their friends. In the urban areas of the US, kids just don't ever stay home! I really think that the different attitude about kids driving private automobiles is responsible for the difference. Also...neither parents nor teens spent time talking on the telephone like we do here.
I was aware of how people behaved in public when we were on excursions and when we were just hanging out downtown. Austrians were more subdued, formal, and unfriendly than they are here in Little Rock, but not more so than in many urban areas I have visited in the US. I wonder if the difference is not rural vs. urban culture rather than Austrian vs. American culture. I am also sure that my inability to speak German very well had a lot to do with my perceptions.
One of the biggest cultural differences I noticed was how people got around. Public transportation was absolutely wonderful. It was convenient, on time, and inexpensive. We also found out that Austrians would tell you that where you needed to get to was only „fünf minuten zu fuß." Well, it never was. It was always at least four times that long - and invariably uphill. But we didn't mind.
A sense of history was always with me wherever I was in Austria; I get no such feeling here in the US. Just walking through Graz was enough to transport me back several centuries!
Speaking of history, I was surprised and delighted by the attitudes of the Austrians we spoke to about religion and the church. Elizabeth (our conversational German instructor) and Barbara both described involvement with the church as being a social obligation or a social event, not motivated by a deep sense of faith, but by a sense of history, of tradition.[21]

Austria is a country about the size of a postage stamp located in Central Europe. It is bordered by Germany, Switzerland, Italy, Hungary and Slovenia. Its form of government is democratic. Austria´s capital city is Vienna and it is divided into nine provinces, each with its own administration center. Austria maintains neutrality and is not a member of NATO. It does belong to the UN.
Austria has a long and varied history of which I know little. Until the first part of this century it was ruled by an emperor. Archduke Ferdinand was killed in Sarajevo and this is often cited as being a cause of World War I. Its people are closely related to the Germans, at least in the North, but many in the provinces identify more closely with their individual territory since boundaries have changed a lot over the years. Austria used to

control much more territory than it does at present. At the beginning of World War II, Hitler´s Nazi army invaded Austria with the tacit approval and cooperation of some Austrians. Hitler was born in Austria.
Austria is about 42% covered by forest and maintains a comprehensive recycling program. All tab water is drinkable, but few actually drink it. I don´t know why - probably the same reason there is no ice available. The terrain is mountainous or hilly with the hills suitable for the planting of grapes, especially grapes for winemaking. The Alpine range covers part of the country. The weather is generally mild in the summer with considerable snow in the winter.
Austrian´s seven million citizens speak a soft-sounding form of German (if that is possible). They scurry about, tending to their own business and rarely smile at or acknowledge each other in public. The public transportation system is well developed, as is the school system. The children are fond of boating which is strange because only a few of them have boats. Snow skiing is popular. The unit of exchange is the Schilling and prices are high compared to the US.[22]

Ich habe insgesamt fünf Monate in Österreich gelebt und während dieser Zeit erlebte ich es, wie ehrfürchtig die Österreicher vor Autorität sind, bzw. wurden mir einige Geschichten erzählt, die meiner Meinung nach eine Tendenz anzeigen, der Autorität zu gehorchen, ohne "warum" zu fragen. Als Amerikanerin habe ich Interesse daran und versuche zu verstehen, wodurch das begründet ist. Ich kam zu dem Schluß, daß dies ihre Weise ist, Ordnung zu halten und Kontinuität zu sichern.
Als ich einmal in Österreich campte, passierte mir der folgende Vorfall: Am Campingplatz gab es vier Waschbecken und ein anderes zum Geschirrspülen. Nur im Geschirrspülbecken gab es heißes Wasser. Ich wusch mir in der Früh das Gesicht im Geschirrspülbecken. Daneben stand eine Frau, die ich vorige Nacht kennengelernt hatte und eine weitere, die ich nie vorher gesehen hatte. Die mir unbekannte Frau starrte mich böse an, als ich mit dem Gesichtwaschen fertig war. Dann sagte sie zu mir in einem drohenden Ton, daß dieses Becken nur zum Geschirrspülen zu verwenden sei. Sie zeigte mir ein Schild, worauf geschrieben war: "Nur zum Geschirrspülen"und fragte mich böse und unhöflich, ob ich wohl lesen könne. Ich antwortete ihr, daß ich einfach nur heißes Wasser haben wollte, weil es mir kalt war und fragte sie, wen es stört, wenn ich das mache. Als Antwort konnte sie nur das wiederholen, was sie ohnehin schon gesagt hatte, während sie mit dem Finger auf das Schild zeigte. Sie ließ mich und die andere Frau stehen. Auf der Suche nach einer Antwort auf meine Frage wendete ich mich an diese Frau und stellte wieder die Frage, wen es störe. Ohne die Frage zu beantworten, sagte sie: "Haben Sie kein Gefäß, um warmes Wasser zu tragen?". Ich erkannte sofort, daß das, worüber wir sprachen, Ordnung war und nicht Logik und mit meinem Gesichtwaschen im Geschirrspülbecken bedrohte ich nicht nur die Ordnung, sondern auch den vorgeplanten Ablauf ihrer Existenz.[23]

My familiarization with Austria, culture and history, commences here at the University of Minnesota where we have one of the two Austrian people funded centers in America. This has afforded me many opportunities to be involved in cultural activities elucidating many facets of Austrian history and life. In the Fall of 1990, going into the winter of 1991, my wife, infant child, and I spent almost six months in Graz while serving on a faculty exchange between the Universities of Minnesota and Graz. In many respects it was a memorable experience, not that we had not visited Austria before, especially in 1983 while participating in an international symposium on the 300th anniversary of the second siege of Vienna in 1983. We also have had occasions to travel from one end of the country to another. As concerns natural beauty, few countries in the world can compare with Austria. One gets an elated feeling when gazing at the majestic mountain peaks and glancing over the beautiful lakes. Equally important is the attitude of the Austrian people, wherever we went we experienced courtesy, warmth and a general sense of Gemütlichkeit. While at the university, I found my Austrian colleagues exceedingly friendly and hospitable. When we first arrived in Graz in September of 1990, our land lady insisted on carrying our suitcases up to the apartment, which of course we would not hear of it. This sense of being helpful on every occasion was heart warming. We were made to feel comfortable, if not at home because of the friendly nature of the people in and out of the university. The food in every respect was a delight to ingest, as was, I might add, the good wine and beer. One can scarcely expect much more to pass an enjoyable long or short stay in Austria.[24]

Ein Unterschied, an den ich mich nur mühsam gewöhnen mußte, sind die Geschäftszeiten. Hier kannst du nicht fast alles um jede Zeit kaufen. Hier schließen die Geschäfte (und daher auch die Städte) um 18 Uhr. Wenn du dein Abendessen nicht gekauft hast, hast du einfach Pech. Was ich so merkwürdig finde ist, daß die Geschäfte am Wochenende geschlossen sind - gerade wenn ich viel Freizeit habe, um einkaufen zu gehen. Aber anscheinend wollen die Österreicher ihre Ruhe haben.
Wenn ich an Österreich denke, denke ich sofort an Mehlspeisen und Kaffee. Die lieben es, in Cafes zu gehen. Die gehen sogar allein ins Kaffeehaus und schauen durchs Fenster oder lesen die Zeitung.
Die Österreicher recyceln auch wie verrückt. Was ich toll finde. Sie sind den Amerikanern um Jahre voraus. Fast alles wird recycelt, auch buntes Papier, Kunststoff und Kompost...[25]

I have been living in Graz for 1 year and 3 months now and I have found it to be very difficult to adapt. Moving to Graz though is my first move out of Michigan as I lived there all my life, so to move to another country was and still is quite difficult to leave friends, family and every thing and everyone that is familiar and comfortable.
I find Austria to be absolutely, breathtakingly beautiful and so very very

clean. I've written letters to friends and included comments on how clean the restrooms are here compared to anywhere else we've traveled. I find it also curious as to how well swept the streets and sidewalks are maintained. It amazes me to see how many people are employed by either the city or the state strictly to clean things.
Relying on public transportation to get around has been a real change for me too. I find it works very well for the amount of people who must rely on it here but feel very bad for the elderly and disabled who must do so much walking.
I have also been amazed at the amount of walking that is required living here as compared to the states. I realize that this is *so* much healthier for everyone but again feel bad for the elderly and disabled who have *no* choice but to get out... to get their groceries everyday.
Of course, the size of the refrigerators here has also buffled me. Why don't people buy larger refrigerators so that they don't have to shop everyday!
And the shopping hours are very inconvenient. Everyone having to rush around on Saturday am or Thursday eve just seems prehistoric. I don't know how families with both parents working even manage to keep up with the shopping - always stress on how to fit it in.
I have a daughter who attends school here also and the fact that she must go on Saturday I also find being very inconvenient - but I guess it's all what you used to.
Seeing the way Austrians like to spend their Sunday afternoons has been interesting - just taking leisure strolls up the most steep hill ...just floors me. I'm always thinking I can't believe they *want* to do this on their day off. The longer I'm here though - the more I've come to like the idea of Sunday's being leisure and familiy oriented.
The Austrian people are very difficult to feel comfortable around when you don't know them but once you make a friend, they seem to be a friend for life. They are *quite* cold faced while on Trams and around town - but curiously lately I've been noticing more people smiling and making *small* gestures of contact. I'm not quite sure if my attitude or comfort level here has grown and consequently it shows on my face or what has caused this small change.
All in all, I think the longer that I'm here the more I come to like it. But I think that would hold true for most new places.[26]

I spent almost two years living in Austria, minus Christmas vacations and summer break, which I spent in the US. It was extremely difficult moving there all alone, without the support of a program or other Americans in a group. When you move to another culture, EVERYTHING is strange. Usually, when you're in familiar surroundings (in your own culture), your subconscious filters out most of what is going on around you, because it's nothing you need to pay attention to. But when you move to another culture with another language, that filter doesn't work. Every sign, every sound, every word, every movement must be attended to, lest you miss

something important, and everthing is just so overwhelming, your brain just doesn't know what's important for a long time.
EVERYTHING is different, or so it seems: the procedure for seating in a restaurant, for paying the waiter, for flushing the toilet, for tipping, for buying flowers, for riding public transportation, for returning merchandise to a store ... well, I could go on and on - but the point is, everything you took for granted in your own culture is different in a strange culture.
One of the things I noted about Austria in particular, as opposed to just any foreign culture, was the closed look on people's faces: the looks on people's faces did not invite one to speak or to make eye contact. In the American South, it's very different. At first, I thought Austrians were unfriendly, but, after I got to know people (and after I made a habit of just talking to people anyway) I found Austrians to be VERY friendly people. Once an Austrian is your friend, it seems there is almost nothing they won't do to help you. I learned there is a very distinct difference between a friend and an acquaintance in Austria - a distinction we don't often make in America. Even people who probably wouldn't have struck up a conversation with another Austrian were talkative, helpful, and interested when I began talking to them and when they found out I was from the US.
I finally learned another important lesson: after I had been there a while, I learned to appreciate the „closed-face-look". It allows one to withdraw into one's own thoughts and not always have to put a smile on (even when you don't feel like smiling). Graz is very crowded compared to the US (at least where I come from) and if a person had to react to every person they encountered, it would wear you out! After a while, I became very comfortable with just sitting on the Strassenbahn, minding my own business. But, although it can be nice at times, I think Austrians are probably lonelier or more alienated than in some other places - sometimes that human contact can be comforting or it can make a tiresome process, like standing in line, a lot more pleasant.
Another thing I noticed about Graz was the way people did not queue up for things. Austrians just push and cut in line (although there usually isn't a line), and the old ladies are the worst! For the first six months I was there, I was always the last one on the bus or Straßenbahn!
Another impression I had is that the pace of life is slower in Austria. A lot of time is consumed in sitting in restaurants and cafes with friends. No one is TOO particular about getting to an appointment or a meeting exactly on time. And I thought people didn't worry about stuff so much. For example, whenever I encountered some aspect of Austrian culture that didn't make sense to me, I would ask people WHY it was that way or WHY such and such happened. But people would just shrug their shoulders and say „Na ja."
I tried to return a purse to Stiefelkönig one time. It was defective and they didn't have another one like it, so I wanted my money back. The saleswoman told me I couldn't GET my money back, I could only get a Gutschein. I explained to her that I didn't WANT a Gutschein. After being stubborn for a long time, they gave me my money back. No Austrian

> would have questioned the policy. It is, of course, a generalization, as all these comments are, but Austrians seem to just accept things that are inefficient or don't make sense, where an American wants to get to the bottom of things and make things right, or at least know WHY it is that way. Whereas it seems the Austrian says „So what can we do about it anyway - we might as well accept it," it seems to me the American would say, „Well, something's not right or doesn't make sense - what can we do to fix it? Nothing is impossible!"
> The good part about the Austrian way is that people weren't so tense. They were just able to shrug their shoulders and forget it, whereas I always got myself in a tizzy and raised my blood pressure! The bad part about this aspect of Austrian behavior is it seems to make Austrians just a little TOO complacent. How is anything ever going to change and how is anything innovative going to happen if people just accept shit instead of questioning it?[27]

Wie die vorangegangenen Statements sehr anschaulich zeigen, hängt die Bewertung und Beurteilung einer neuen bzw. ungewohnten Lebenssituation auch sehr stark von der individuellen psychischen Befindlichkeit der jeweiligen Person ab, wobei nicht alle eine Umstellung gleich schnell oder gleich probemlos verkraften können. Eine sehr große Rolle bei Bewertungen spielen auch individuelle Werthaltungen. So waren religiöse Personen von der Rolle, die die österreichische Kirche in der Gesellschaft spielt, sehr angetan und liberal Denkende von der - im Vergleich zu den USA beeindruckenden - Wohlfahrtspolitik begeistert. Dadurch, daß fast immer mit der US-Situation verglichen wurde, ergaben sich auch interessante Aufschlüsse über die USA bzw. die US-Bevölkerung selbst, wobei durch die unterschiedliche Herkunft der InformantInnen die regionale und strukturelle Verschiedenheit des Landes sehr gut zum Ausdruck kam. Aber auch unter Berücksichtigung all dieser Faktoren lassen sich in den individuellen Erfahrungsberichten einige immer wieder auftauchende generelle Übereinstimmungen feststellen. Dazu gehört die uneingeschränkte Bewunderung für das öffentliche Verkehrswesen, welches in den meisten Städten der USA eher unterentwickelt ist, genauso wie das Gefühl des sich „sicher Fühlens", auf welches vor allem Bewohnerinnen amerikanischer Großstädte hinwiesen, weil es ihren Bewegungsspielraum und damit verbunden auch ihre Lebensqualität erheblich steigerte. Dazu gehört aber auch eine gewisse Verwunderung über und Unzufriedenheit mit Ladenöffnungszeiten, an die sich uneingeschränkt alle US-BürgerInnen nur sehr schwer, wenn überhaupt gewöhnen konnten. Probleme hatten viele auch mit dem distanzierten Verhalten der ÖsterreicherInnen in öffentlichen Interaktionen. Sehr geschätzt wurde dagegen die Herzlichkeit und Freundlichkeit im privaten Umgang. Manche erlebten hier zum erstenmal, daß es einen Unterschied zwischen Freundschaft und Bekanntschaft geben kann. Allerdings war den meisten auch klar, daß diese österreichische Freundlichkeit ihnen gegenüber zu einem Großteil auf ihre amerikanische Herkunft zurückzuführen war und der Umgang der ÖsterreicherInnen mit AusländerInnen ein sehr differenzierter ist, d. h. daß sie nicht allen Fremden gegenüber so freundlich sind. Neben der Gastfreundschaft hielt auch die berühmte und in vielen Reiseführern hervorgehobene „österreichische Gemütlichkeit“ einer Realitätsüberprüfung nicht durchgehend stand. Wer sie erlebte, empfand sie - und hier ganz deutlich im Vergleich zur eigenen Gesellschaft gesehen - im Gegensatz zur Hektik des amerikanischen *business* als ausgesprochen wohltuend. Sie wurde aber auch mit als Grund für einen mangelnden Veränderungswillen der ÖsterreicherInnen gesehen - "wie soll sich jemals etwas ändern, wenn die Leute alles akzeptieren, anstatt es in Frage zu stellen?“ Vor allem jene, die sich für längere Zeit in Österreich aufhielten und mit öffentlichen Institutionen und Behörden konfrontiert wurden, erwähnten häufig, daß die ÖsterreicherInnen autoritäts- und obrigkeitsgläubig seien.

4 US-AmerikanerInnen, die sich intellektuell mit Österreich auseinandergesetzt haben

Die nächsten beiden Statements nehmen eine Übergangsstellung ein. Sie stammen von zwei Historikern, die sich einerseits privat regelmäßig in Österreich auf(ge)halten (haben), sich andererseits aber auch in ihrer wissenschaftlichen Tätigkeit immer wieder mit Österreich auseinandergesetzt haben. Im ersten kommt der Mittelalterhistoriker Chuck Bowlus zu Wort, der sich in seiner Reflexion in erster Linie auf die Problematisierung des Österreichbegriffs konzentriert:

> As a historian of the European Middle Ages I tend to think of Austria's constituent parts. I have great difficulty seeing the Republic of Austria as a sovereign political entity with deep historical roots. Of course, I am obviously aware of the fact this republic has existed throughout most of the twentieth century. From my perspective, however, the modern republic is hardly a hoary vintage. In spite of the heroic efforts on their part, colleagues at the Institut für österreichische Geschichtsforschung have failed to produce a coherent „Medieval History of Austria", one that includes only the territories within the boundaries of the contemporary republic. Austrian history during the middle ages must be written within the frame work of the medieval empire, a fact recognized by Otto Brunner, a former director of IOEG, and, I would add, such a history is only possible with numerous references to the Slavic and Hungarian lands of the middle Danube. But should this history be called „Austrian History"? I think not. Of course, if I were a contemporary historian, like my good friend and colleague, Professor James W. Miller, the history of Austria and the current republic's quest for identity would be of a great interest to me.
>
> Because of my perspectives as a medievalist it is difficult for me to respond „Austria" to such everyday questions as: Where did you go on vacation? I am much more likely to answer „Styria"' „Salzburg", „Vienna" or „Burgenland". I know this for a fact, because my American acquaintances frequently respond to my answer with another question: „And where is Styria?" There are times when I must pay for my medieval sense of perspective. I knew that we would not be visiting Styria in the summer of 1996; therefore, when I purchased my Eurorail pass in the United States, I failed to list Austria as a country through which we would be traveling, although I knew also perfectly well that we would be taking the train from Munich to Zurich at least once during the summer, as we always do. This train goes through Bregenz. Of course I know that Vorarlberg is a province in the Republic of Austria, but it is difficult for me to think of Vorarlberg as Austria. As a punishment for my lack of sensibility for modern boundaries, I had to pay for a supplemental ticket.
>
> I hope that my Styrian friends are not offended by the fact that I tend to recognize their provincial identity rather than their „national" one. They should not be offended...
>
> For deep historical reasons I am convinced that if a „new" Europe is to emerge, it must reintegrate into western civilization lands such as the former East Germany, Poland, the Czech Republic, Hungary, Slovenia and Croatia. Modern Austria could play a great role in this reintegration. Whether they will or not is open to question. I find that many Austrians are primarily interested in defining themselves in terms of their „cold war" western neighbors and are uneasy about their relationship with the so-

> called „eastern" countries, as if Prague were really to the East of Vienna. Austrians seem eager to learn English, French and Italian, but are reluctant to attempt to master Slavic languages or Hungarian. On the other hand, Austrians seem to intent to convince the world that they are not „Germans". Perhaps a way to accomplish this task is to show the world that Austria is a real bridge to the east. Much of Austria's history is indeed a part of the poly-ethnic history of east-central Europe.[28]

Jim Miller, Historiker von der University of Arkansas in Little Rock, leitet mit seinen Überlegungen, welches Verhältnis die ÖsterreicherInnen zu ihrer Vergangenheit haben, bereits zum nächsten Abschnitt über, in welchem genau diese Frage einen zentralen Punkt der Reflexionen darstellen wird:

> Writing a brief set of impressions of Austria comes very difficult to me, mainly because I have so very many of them - from encounters with unrepentant Nazis to an hour-long interview with Bruno Kreisky in the year before his death. But as I am forced to summarize my image of Austria, I think I would emphasize the country's astounding diversity despite its small size.
> Perhaps it would be useful to begin with my first impressions of the country. I first visited Austria while I was an AFS exchange student to Germany in 1973/74. I actually went to Austria four times that year, once on a class trip to Vienna, once on a school ski trip to Bad Goisern, once to a lonely upper Austrian farmhouse to rehearse for a college play that I was in with an English club at the University of Regensburg and once on my own in the Spring of 1974 to the Lungau. Of these the trip to the Lungau had the most lasting impact on my view of Austria. I travelled by Postautobus from Salzburg across the Tauern Pass from Radstadt to Mariapfarr. It was as if the pass were temporal as well as topographic. The family I was going to visit had been host to my brother as an AFS student four years earlier. They are farmers, inhabiting a house built in the eighteenth century. At one time it housed approximately thirty people. The Prodingers were still very bound to tradition. The house was heated by wood, there were still Gesinde living on the farm, and despite Vatican II, Fridays were still meatless. I was there during the presidential election campaign that eventually resulted in Rudolf Kirschschläger becoming president. I remember listening to Kirschschläger's address about „saure Wiesen" and talking about politics with the family, and then going up onto the ridge behind the house with two of the family's nine children (the last two adopted) to collect wildflowers for the altar of the family chapel. I have since gotten to know many other traditional Austrian farmers, but that initial impression of this very Catholic family is still with me. It anchors one end of my spectrum of Austrian images.
> The other is anchored by Vienna. I lived for a year in Vienna while working

> on my dissertation, and used the time to visit the various monuments to Fin-de-siecle and Red Vienna. Vienna was at the forefront in the building of social welfare institutions and an intensely secular society. It is the symbol of a highly industrialized country with all the benefits and problems that have accompanied industrialization.
> But Austria is also home to hand weavers working on hundred-year-old looms, farmers who continue to use horses as draft animals and who still depend on Alpine summer pastures with Huetten lacking all modern conveniences. This incongruity is reflected in a political system that has been much more ideologically split than the U.S., despite the latter's much greater ethnic diversity. It is reflected in a class structure that is more fully entrenched than in the U.S., this despite the fact that the disparity between rich and poor in the U.S. is undoubtably greater. Social mobility, however, seems to me to be greater in the U.S. than in Austria. These apparent contradictions are the product of a peculiar anchoring in the past that seems to me to be emblematic of Austria. Austrians are much more conscious of the past than Americans are. If you ask Americans about their own past, most of them are incapable of doing more than drawing anything more than a minimalist sketch of American history. Austrians on the other hand, while not always fully informed about Austrian history, live with an awareness of the past that is quite extraordinary. I remember telling a new acquaintance in 1983 about my dissertation topic. She became irate that I should be writing about so evil a man as Engelbert Dollfuß - his history was taboo. In the U.S., I would never have had the same reaction to Herbert Hoover or FDR, or anyone else from the thirties for that matter. Most Americans her age would have hardly heard of these past American presidents much less formed enough of an impression to become irate about someone doing research about them. In fact, this Austrian anchoring in the past was probably what made me decide to become an historian. When I studied in Graz in 1976, I became fascinated by a country for which the past was so very important. Thus if I were asked to describe Austria in a single phrase, I would probably borrow from the title of Lonnie Johnson and Inge Lehne's little book on Vienna: „the past in the present."[29]

Im letzten Abschnitt sollen noch zwei weitere amerikanische Intellektuelle und zwar speziell in ihrer Auseinandersetzung mit Österreichs Verhältnis zu seiner NS-Vergangenheit zu Wort kommen. Wie in einigen der folgenden Äußerungen sehr deutlich zum Ausdruck kommt, hat vor allem die in Österreich Mitte der achtziger Jahre anläßlich der Bundespräsidentenwahl entstandene Kontroverse um die NS-Involviertheit des Kandidaten des konservativen Lagers das Österreich-Bild vieler amerikanischer Intellektueller massiv beeinflußt. Zu diesen ist auch Nicholas Frazer zu zählen, der sich anläßlich eines Forschungsaufenthaltes einige Zeit in Wien und Österreich aufgehalten und über seine Beobachtungen bzw. dabei gewonnenen Eindrücke einen Essay verfaßt hat .[30] Was in den Bemerkungen und Beobachtungen der vorher zitierten Personen oft nur intuitiv vermerkt wird, sozusagen als leises Unbehagen zwischen den Zeilen auftaucht, verdichtet sich in Harpers Reflexionen zu einer stimmigen These. Österreich ist für ihn ein Land, dessen BewohnerInnen sich nie mit seiner 'dunklen´ Vergangenheit auseinandergesetzt, sondern diese nur verdrängt haben, dessen demokratische Strukturen lediglich aufgesetzte, sozusagen darübergestülpte sind, um die darunterliegende faschistische, obrigkeitshörige Grundhaltung zu übertünchen.

> In Vienna early last summer, sitting in the Cafe' Griensteidl, surrounded by quiet opera-loving couples in expensive English tweeds, I looked at the gate through which Emperor Franz Joseph was driven by horse drawn carriage, even after the automobile was invented, and idly wondered whether I should go to the Museum of the Austrian Undertaker to see the special exhibit of mortuary ceremonial through the ages. I had come to Vienna looking for signs of recrudescent Nazism, primed for a siege of journalistic outrage, but two days spent scrutinizing the evasions of right-wing politicians made the emotions seem superfluous and at a cafe table behind the old imperial palace, looking at the exquisitly modern Looshaus, ...it occurred to me that although history is said to be everywhere in Europe these days, it has mysteriously lost its value....
> Vienna showed me not that the past could be brought back, or made use of, but that it could pile up gratuitously, horror upon horror, and lose its significance. The only lessons available in Vienna were those conventionally associated with death or whipped cream[31]...
> The Austrians, as everyone knows, have a problem with their past- their Nazi past above all- but after spending a full week at the edge of the Vienna woods I was beginning to feel that the questions posed by their history were larger ones, encapsulating the European collapse and, beyond that, perhaps the limits of memory itself. The dusk was bluish and full of the clanking noises of trams when I stood outside the Opera House on the night the Vienna bourgeoisie attended a sold-out concert dedicated to the memory of the Jewish musicians and singers who were purged in 1938 and later murdered. People *grüssgotted* in polite whispers and kissed one another on the cheeks with laborious precision. Most of them were embarrassed, as people are when they attend the funeral of someone they never really knew, and I felt nervously party - again, the some lingering fear - to the pervasive air of bad faith. It was as if Margaret Thatcher, acting against her better judgement, had chosen to attend a commemorative function celebrating the heroic lives of martyred animal rights activist or Irish republicans[32]...

The Austrian prosecution of neo-Nazis amounted to petty harassment; one could be jailed for sporting the swastika. Meanwhile, most gestures of reparation came too late and consisted of too little. Why had the Austrian Parliament finally, in 1995, offered only $50 million to the survivors of Kristallnacht? Why had it taken all this time for Austrian politicians to acknowledge that the country was participant in the war as well as a victim?[33]...
You can get around Austria quickly, and on a rainy Saturday morning I drove clockwise from Vienna, first east and southwards to the Hungarian border, and then to the west, into the old German provinces of the Empire. Between long, dark tunnels and distant, snowy Alps, I saw von Trapp-like meadows and, as I passed roadside Gasthäuser or small houses, brazen pink or red flowers lodged picturesquely on dark-wood window ledges from which leaned twinkly eyed, leathery peasants dressed in dark blue and wearing caps or checked kerchiefs. At the German frontier, I stopped in the gabled *platz* of Braunau on the Inn and walked the few hundreds yards to Hitler´s birthplace, a three-story, comfortable bourgeois building, exactly the sort of homely, dignified place where one might expect to find the family of a minor imperial official. The Hitler apartment has tactfully been turned into a children´s library, and I could glimpse the side of Big Bird´s head through the window amid stacks of neatly piled books and primary-colored building blocks. In the street stood a lump of stone to mark the site, piously dedicated to the victims of fascism, scrubbed free of furtive graffiti and the stains of hastily dropped bouquets. I drove back to the Danube, following the route taken by Hitler´s troops when he returned in 1938, driving through village after village, each of them spotless, hung with red-and-white flags, eerily empty in the sunlight. Finally I parked the car by the river in Linz, where Hitler attended the Realschule from 1900 to 1902 (his grades were poor and he lied about them), learning about disgruntled German nationalism from a militant schoolmaster. The Führer loved Linz as an ideal great German place as much as he detested cosmopolitan Jew-dominated Vienna....From time to time a debate arises over whether some sort of public acknowledgement of Hitler´s Austrianness should be made, but the answeres, sustained by the expressed fear that such a site might become a cult object or a sacred place of pilgrimage, is always no. I walked around the city, which was green and leafy, boring in a distinctively German way. On the *platz* teenagers took part in a skateboarding contest sponsored by the makers of ski lifts, and as I ate a Linzertorte -chocolate-free, unlike its superior Vienna counterparts, brown, full of jam and marzipan - I tried to imagine how the members of Musil´s Parallel Campaign, given the assignment, would have tackled the problem of commemorating Hitler[34]...
We want memory in Europe, but not its evil or painful consequences. Knowing and not knowing, which is the Austrian style of correctness, has become our ideal state, reflected in the absurd but pervasive concept of "heritage", affixed to any site tasteful enough to accommodate paying visitors[35]...
Walking by the Danube, where Hitler wanted to erect an opera house

seating 35.000, an art gallery, and a 300-foot bell tower dedicated to German culture, I came across lighted stores and enormous tents. Outside, children bought and hugged huge fair-haired dolls, or were twirled upside-down screaming in machines from Stuttgart; inside, while I ate a Bauernwurst and Frankfurters; Ferdy and his Outlaws, an all-male oompah band wearing Lederhosen, high heels, D-cup bras, and blond wigs plated with red braid, sang very loud songs in which the words *Prosit* and *Gemütlichkeit* occurred with great regularity. With each chorus, people banged their mugs on the table, swaying happily. A stout waitress came by and asked if I wanted a Torte. I looked at the quaking chocolate alps and the streaming glacier cakes. No, I said, perhaps later; and I walked out into the night, which was still full of noise and light, heavy with the smell of burning meat.
Standing by the glass-black Danube, I finally located the source of the fear that had pursued me in Austria. It came not from the biblical realization that everything ultimately would be forgotten but from the acknowledgement that death, in particular the death of those with whom one shares nothing, doesn´t matter. I recalled that Karl Kraus had described Austria as ´the experimental ground of European destruction´, and in this, as in so many other things, he surely was correct. But now I was certain that the real Austrian mistake - it´s a common one, easily made - was to have insisted so unequivocally, so very tactlessy and unhypocritically, on the right to forget. I´ll think of tortes and the Danube as each tedious bar of the coming *fin de siecle* waltz jogs us closer to oblivion.[36]

Ähnlich äußert sich auch der amerikanische Schriftsteller John Irving, der sich im Jahre 1962 für längere Zeit und später immer wieder in Wien aufgehalten hat und sich als Folge davon in einigen seiner Romane mit Österreich und seinen BewohnerInnen auseinandersetzt.[36] Wie Frazer zuvor kritisiert auch Irving besonders den latenten Antisemitismus der Wiener Bevölkerung, der seiner Meinung nach seine Fortsetzung in der gegenwärtigen Ausländerfeindlichkeit der Bevölkerung findet. Auch die vielgepriesene Wiener Gemütlichkeit hält er für unecht und verlogen:[38]

...It was with J.Y's encouragement that I applied to a study-abroad program; as it turned out, the Institute for European Studies in Vienna admitted me[39]...In Vienna, I shared an appartement on the Schwindgasse...with a fellow American named Eric Ross; he was from Chicago. Eric was tall and athletic, with honey-colored, curly hair; on skis, especially, he was a picture of Aryan perfection, but of course he was Jewish - and most savy of the myriad, insidious forms of anti-Semitism in Austria. I

knew nothing about anti-Semitism, but I learned. I was short and dark and my last name was Irving - a Scots name, but common enough as a Jewish first name so that several Viennese anti-Semites were confused... Eric and I developed a routine for exposing anti-Semites. Whether I was mistreated by a waiter or a shopkeeper, or by a fellow student at the University of Vienna, it was only necessary for the faintest hint of an anti-Semitic slur to emerge; I would not infrequently miss the slur - my German being as flawed as ist was - but Eric, whose German was much better than mine, would instantly alert me to the insult.
' You are being treated like a Jew again,' Eric would tell me.
Whereupon, pointing to Eric, I would deliver my well-rehearsed line to the offending anti - Semite: "He's the Jew, you idiot." (*"Er ist der Jude, Du Idiot."*) Eric had always to help me with the correct pronounciation, but we usually got our point across: Jew baiting was not merely distasteful - those with the inclination to do it were also stupid enough to think that they could tell who was Jewish and who wasn't.
Eric and I traveled to Istanbul together, and to Athens; we often went skiing together, too - in Kaprun. But while we both loved the experience of being on our own in Europe, we did not love - we *do* not love - Vienna. It is a small town; its notorious anti-Semitism is only part of a mean-spirited provincialism - an overall xenophobia, a suspicion (leading to hatred) of *all* outsiders. "*Das geht bei uns nicht,*" the Austrians say - "That doesn't go with us." "*Ausländer*"- a foreigner - is always a derogatory word. Viennese *Gemütlichkeit,* a tourist attraction, is the false sweetness of basically *unhöflich* people.
I was last in Vienna to promote the German translation of *A Prayer for Owen Meany,* and I got in trouble with the media for saying these things; at the time, the revelations about Kurt Waldheim's role in World War II appeared to have *enhanced* Waldheim's popularity in Vienna - and I said so. I doubt I'll go back to Vienna again.[40]
...By the time Eric Ross and I arrived in Vienna, the anti-Semitism had long been administered by means more severe than the "ambiguous smile"; it had degenerated to base thuggery - it was impossible ' to make light of it'. Skinheads with swastika earrings, while not unusual, were not commonplace; what *were* commonplace were the shy citizens who looked away from the skinheads, pretending not to have seen them. As young, idealistic Americans, Eric and I could do no more than hold up a mirror to this inexplicable tolerance of intolerance. More than 30 years later, it is still a frequent topic of conversation between Eric and me: not simple intolerance but the tolerance of intolerance, which allows the intolerance to persist...[41]

Kehren wir nach diesem Exkurs in eine sehr spezielle und schwierige Problematik mit für die ÖsterreierInnen nicht gerade schmeichelhaften Schlußfolgerungen wieder zum Ausgangspunkt zurück und versuchen, eine Quintessenz aus unseren neu gewonnenen Erkenntnissen zu ziehen. Insgesamt hat Österreich bei den US-AmerikanerInnen ein durchaus positives Image, unter denjenen, die sich als Touristen oder für eine nicht zu lange Zeit im Land aufgehalten haben, gibt es sogar ausgesprochene Österreich-Fans. Bei längerer Verweildauer wird allerdings das Lob seltener, die Begeisterung zurückhaltender und die Beurteilung kritischer. Im Alltag verliert der österreichische Charme viel von seiner Wirkung, und auch die österreichische Gemütlichkeit ist offenbar nur für kurze Zeit zu ertragen.

Vieles von dem, was ÖsterreicherInnen für sich selbst als identitätsbildend sehen, wurde bestätigt, wobei die Frage zu stellen wäre, ob hier nicht vielleicht In- wie Outsider von denselben Klischees beeinflußt sind. Neben den Übereinstimmungen gibt es aber auch beträchtliche Abweichungen, vor allem in der Einschätzung der Bedeutung Österreichs für die übrige Welt. Gerade aus diesen Diskrepanzen könnten sich so manche nützliche Einsichten für zukünftiges Handeln, sowohl individuell als auch auf staatlicher Ebene ergeben.

Anmerkungen:

1 Studentin, 21 Jahre

2 Studentin, 24 Jahre

3 Studentin, 24 Jahre

4 Studentin, 24 Jahre

5 High-School-Absolventin, 25 Jahre

6 Studentin, 28 Jahre

7 Collegeabsolventin, 35 Jahre

8 High-School-Absolventin, 36 Jahre

9 High-School-Absolventin, 43 Jahre

10 Studentin, 53 Jahre

11 Universitätsabsolventin (Pädagogik), 53 Jahre

12 High-School-Absolvent, 20 Jahre

13 Student, 22 Jahre

14 Student, 24 Jahre

15 Student, 31 Jahre

16 Universitätsabsolvent (Ingenieur), 53 Jahre

17 WWII Veteran (Normandie-Invasion), Collegabsolvent, 75 Jahre

18 Let´s go Austria/Switzerland 1994-1995. Frommer´s Comprehensive Travel Guide Austria 1993-1994. Insight Guides Austria 1992.

19 Ein großer Teil der befragten Personen stammt aus Little Rock, der Hauptstadt des amerikanischen Bundesstaates Arkansas, sowie aus Minneapolis (Minnesota). Beide Universitäten stehen mit der Karl-Franzens Universität in Graz durch ein joint-study Abkommen sowie einen ProfessorInnenaustausch in Verbindung, sodaß sich innerhalb der letzten Jahre schon eine größere Anzahl von Studierenden und Lehrenden aus diesen US-Staaten in Graz aufgehalten haben. Aber auch Studierende aus anderen US-Staaten sind in Graz sehr stark vertreten. Ebenfalls zu Wort kommen US-BürgerInnen aus Detroit, die bzw. deren Angehörige in der Grazer Zweigstelle des Chrysler-Autokonzerns beschäftigt sind.

20 Student, 3 Wochen, (South Carolina)

21 Universitätsabsolventin (major degree in history), 48 Jahre, 6 Wochen, (Little Rock, AR)

22 Collegeabsolvent, 31 Jahre, 10 Wochen (Little Rock, AR)

23 Universitätsabsolventin, (major degree), 44 Jahre, 5 Monate, (Briant, AR)

24 Universitätsprofessor (History), 60 Jahre, 4 Monate, (Minneapolis, MN)

25 Studentin, 6 Monate

26 M.B., 35 Jahre, Detroit, (15 Monate)

27 Universitätsabsolventin (major degree), 48 Jahre, 2 Jahre, (Benson, AR)

28 Chuck Bowlus, Historiker, (Little Rock, AR)

29 Jim Miller, Historiker, (Little Rock, AR)

30 Nicholas Frazer: Dèjá Vu. The Habsburg model of the new world order. Letter from Austria. in: Harpers magazine. 1995, S. 65 - 71.

31 Ebda, S. 65.

32 Ebda, S. 67.

33 Ebda, S. 70.

34 Ebda, S. 70f.

35 Ebda, S. 71.

36 Ebda, S. 71.

37 Darunter „Eine Mittelgewichtsehe", „Lasst die Bären los", „Hotel New Hampshire".

38 John Irving: The Imaginary Girlfriend. in: Trying to save Piggy Sneed. New York 1996, S. 25 - 146.

39 Ebda, S. 74.

40 Ebda, S. 75f.

41 Ebda, S. 79.

Die Autoren:

Feichtinger, Johannes

geb. 1967, Studium der Geschichte, Germanistik, Medienkunde an der Karl-Franzens-Universität Graz. Arbeitsfelder: Mitarbeit an der *Wiener Ausgabe* des philosophischen Wittgenstein-Nachlaßes (Cambridge, England);Die Steiermark unter britischerBesatzung. 1945 - 1955. (Graz); The Austrian Refugee Scholars in different Networks of Communication. (Graz). Mehrere Publikationen zur britischen Wirtschafts-, Finanz- und Kulturpolitik in Österreich.

Grond, Walter

geb. 1957 in Mautern/Stmk., lebt in Aggsbach Dorf/Wachau. Hg. der Reihe ESSAY im Droschl Verlag. Gab die Zeitschriften Nebelhorn, ABSOLUT und Liqueur heraus. War u.a. Vorsitzender des Forum Stadtpark. Veröffentlichte u.a. die Romane Landnahme. 1984; Labyrs. 1989; Das Feld. 1991; Stimmen. 1992; ABSOLUT GROND. 1994; GROND ABSOLUT HOMER. 1995.

Lechner, Manfred

geb. 1964 in Hartberg/Stmk., Studium Geschichte, Germanistik, Fächerkombination an der Karl-Franzens-Universität Graz. Schwerpunkte: Politische Kultur Österreichs nach 1945, Mediengeschichte, Video-History. Wissenschaftlicher Mitarbeiter am Ludwig Boltzmann Institut für Gesellschafts- und Kulturgeschichte Linz/Graz/Salzburg. Lektor an der KFU Graz.

Prutsch, Ursula

geb. 1965 in Graz, Mag., Dr. phil.; Historikerin, Schwerpunkte: Migrationsforschung, Lateinamerikanistik, FWF-Projekte über Paul Frischauer und Leopold von Andrian, Lektorin in Graz, Wien und Angers (Frankreich). Publikationen: Das Geschäft mit der Hoffnung. Wien/Köln/Weimar 1996.

Schmidlechner, Karin M.

geb. 1954 in Graz, Studium Geschichte, Germanistik, Philosophie und Soziologie an der Karl-Franzens-Universität Graz, 1995 Habilitation für Allgemeine Zeitgeschichte. Gastprofessuren an der University of Minnesota at Minneapolis und der University of Arkansas at Little Rock, USA. Schwerpunkte: Frauen- und Gendergeschichte, Jugendkultur, Body-Constructions , Identität und Images.

Seeber-Weyrer, Ursula

geb. 1956 in Innsbruck, Dr.phil., Leiterin der Österreichischen Exilbibliothek im Literaturhaus in Wien. Publikationen zur österreichischen Literatur des 20. Jahrhunderts und zur Exilliteratur. Auswahl: Die Zeit gibt die Bilder. Schriftsteller, die Österreich zur Heimat hatten. Fotografiert von Alisa Douer. Hg. mit Evelyne Polt-Heinzl. Wien 1992; Wie weit ist Wien. Lateinamerika als Exil für österreichische Schriftsteller und Künstler. Hg. mit Alisa Douer. Wien 1995.

Steinbauer, Johannes

geb. 1967 in Hartberg/Stmk., Studium der Geschichte, Theologie und Medienkunde an der Karl-Franzens-Universität Graz. Derzeit AHS-Lehrer in Graz. Publikation: Land der Hymnen. Eine Geschichte der Bundeshymnen Österreichs. Wien 1997.

Strutz, Andrea

geb. 1964 in Judenburg, Diplomstudium Geschichte und Philosophie sowie Medienkundlicher Lehrgang an der Karl-Franzens-Universität Graz. Seit 1992 Mitarbeiterin an der Abteilung Zeitgeschichte der Karl-Franzens-Univeristät Graz. Forschung und Lehre: Wiederstand und Verfolgung in der Steiermark 1934 - 1945; Wiedergutmachung nationalsozialistischen Unrechts in Österreich nach 1945; Gender und Film; Oral- und Video-History; verschiedene Videoprojekte, darunter: Emigration. Austria - New York.

Suppanz, Werner

geb. 1957 in Graz, Studium der Rechtswissenschaften von 1979 bis 1983 und der Geschichte/Fächerkombination von 1983 bis 1993 an der Karl-Franzens-Universität Graz. 1993 bis 1995 Forschungsprojekt des BMWF über österreichische Geschichtsbilder; seit 1996 Mitarbeiter beim Spezialforschungsbereich Moderne an der KFU Graz. Forschungsschwerpunkte: Sozialgeschichte, Ideologiegeschichte, Politische Kultur.

Turrini, Peter

geb. 1944 in St. Margarethen/Kärnten, aufgewachsen in Maria Saal, lebt in Wien und Retz. Für seine Stücke und Filme wurde er mit vielen Preisen ausgezeichnet. Turrini ist einer der wenigen lebenden deutschsprachigen Dramatiker, die weltweit gespielt werden. Auswahl: Rozznjagd. 1971; Die Minderleister. 1980; Tod und Teufel. 1990; Die Schlacht um Wien. 1995.

Vansant, Jacqueline

geb. 1954 ind Lewes, Delaware USA, promoviert 1986 an der University of Texas at Austin mit der Dissertation zu Marlen Haushofer, Ingeborg Bachmann, Barbara Frischmuth, Elfriede Jelinek und Brigitte Schwaiger. Zahlreiche Publikationen zu zeitgenössischer österreichischer Literatur und österreichischem Film und zu Memoirenliteratur. Zur Zeit an der University of Michigan-Dearborn als Associate Professor of German tätig.

Woldrich, Thomas

geb. 1970 in Innsbruck, wuchs in Seefeld in Tirol auf und studierte in Innsbruck und Paris Marketing und Tourismus. In seiner Diplomarbeit befaßte er sich mit der Geschichte des Reisens und der Reisemotive. Er arbeitete im Bereich Incoming im Tiroler Landesreisebüro und ist derzeit im Tourismusverband Seefeld mit der Aquisition, Planung und Durchführung von Kongressen, Veranstaltungen und Incentives betraut.

Zeyringer, Klaus

geb. 1953 in Graz, Dr. phil., Habil. (Graz), o.Univ.Prof. am IPLV, Université Catholique de l´Quest, Angers (Frankreich). Zahlreiche Veröffentlichungen zur Literatur des 18., 19. und 20. Jahrhunderts, insbesondere österreichische Literatur.